壁上觀

细读山西古代壁画

上海博物馆 编

北京大学出版社

主编

石金鸣
（特邀）

葛兆光
（特邀）

杨志刚

目录

序言

009　博物馆艺术史体系的超越与跨越
　　　杨志刚

山西的寺观与墓葬壁画

014　另一类美术史
　　　——山西古代壁画漫谈
　　　李维琨

036　山西寺观壁画：跨宗教的视觉文化档案
　　　李凇

066　空间、图像和思想，关于山西和壁画
　　　陈曾路

082　献给另一个世界的画作
　　　——北魏平城墓葬壁画
　　　张庆捷

096　山西大同北魏墓葬壁画研究
　　　韦正

112　大同沙岭北魏壁画墓文化渊源解析
　　　张志忠

128　太原北齐徐显秀壁画墓的发掘与保护
　　　常一民

156　九原岗《升天图》与南北朝《山海经》图像
　　　渠传福

170　宋元时期山西地区墓葬的发现和研究
　　　秦大树　钟燕娣

226　门里门外
　　　——山西汾阳东龙观宋金墓地发掘及初步研究
　　　王俊

248　古壁丹青尚有文
　　——稷山兴化寺元代壁画遗存及其研究
　　孟嗣徽

270　元墓中的山水图像
　　——从山西大同冯道真墓谈起
　　邓菲

壁画与艺术史研究

292　成为文献：从图像看传统中国之"外"与"内"
　　葛兆光

304　中国墓葬和绘画中的"画中画"
　　巫鸿

334　入画的墙壁
　　黄小峰

358　生与死——墓葬壁画中的世界
　　齐东方

374　前朝楷模　后世之范
　　——谈新发现的南京狮子冲和石子冈南朝墓竹林七贤壁画
　　郑岩

390　壁上之墨　万象由生
　　——以壁画材料观察唐代山水画与佛教思想的关联
　　李星明

416　唐墓壁画中的渊明嗅菊与望云思亲
　　沈睿文

壁画的保护与修复

436　北齐徐显秀墓壁画价值及其原址保护
　　汪万福

458　加拿大皇家安大略博物馆藏壁画《弥勒说法图》的保护
　　Bonnie McLean, Ewa Dziadowiec and Roumen Kirinkov
　　邦妮·麦克利恩　伊娃·奇亚多维克　卢曼·奇利科夫
　　朱亮亮　译

序言

博物馆艺术史体系的超越与跨越

上海博物馆是一座以中国古代艺术为主的博物馆，这个定位与其藏品基础和常设陈列的体系都很贴近，或者说是对后两者比较准确的反映。但是假如引入发展的观点，问题就来了：这样的定位是必须的、必然的、必定的吗？一个月前，上海博物馆东馆开工当日，有感于开工活动的报道，馆内一位青年学人在微信朋友圈发声，表示应该用一百年的时间完成一项伟业，将上海博物馆建设成世界顶级的世界古代艺术博物馆，使国人不出国门即可遍览世界艺术。我欣赏此类充满理想、激情的憧憬，遂在微信中用表情包跟了一下，送上三个翘起的大拇指。

这里，我不想就是否又如何从中国古代艺术的到世界古代艺术的博物馆定位转变，径直展开讨论。我愿继续强调，即使保持在中国古代艺术博物馆这个维度上，引入发展的眼光同样重要。恰好，东馆建设为讨论上海博物馆的发展问题，提供了必要的场域，还有急迫的时间要求。我可以就此谈一些初浅的看法，进而交代本书的缘起。

2015年4月上海博物馆东馆建设提上议事日程，经过一段时间的研讨，馆内逐步形成一个共识：东馆将构建以中国古代文化主题为核心的展陈体系，以中国历史上的文化现象为切入点，打破展品的门类限制，横向构建体系，举办反映中国重要历史文化内涵的主题性陈列展览，让文物说话，讲中国故事。我以为，这一愿景的提出，是基于对上海博物馆现有艺术史体系的反思；而其实现的程度，一定意义上取决于未来三五年对这既存体系自我超越的能力。

上世纪90年代，伴随上海博物馆人民广场馆舍的全面建成开放，一个以扎实的器物学研究为基础，经过反复打造、面貌一新的博物馆艺术史体系惊艳登场，奠定了上海博物馆引领全国、享誉海外的极高地位，也在很长时间内独树一帜、独领风骚。然而二十年后再加审视，特别是置身于博物馆发展的新趋势、新格局中分析，理应清醒看到现状的不足，比如：上海博物馆的藏品在广类上远未覆盖中国古代艺术各个领域，优势与强项集中在青铜、陶瓷、书画及工艺等部门。与此对应，研究队伍亦呈大体同样的结构分布。因为这种结构，造成对于中国古代艺术的通观研究，或注重宏通、强调整体的意识，相对欠缺。

另一方面，一些专业领域鲜少涉足，留有空白。所以，东馆展陈方案提出要横向构建体系、进行文化主题演绎，在保持、发扬固有优势的同时，如何取长补短，就成为一大挑战。

主题演绎，注重触类旁通、融会贯通。讲好中国故事，还需要有所对照和比较，这样才会具体、形象、生动，才能入木三分、传诸久远。"比较"具有多义，这里想突出的是国际视野中的比较、跨文化的比较，这在不少学科都早已推开，并取得相应的成果。中国古代艺术（总体的或分领域的）的本质特点、演进规律、体系构造，各种影响与交流、融合的问题，其在人类文明史上独特的地位、价值、贡献之类，都需要在更开阔宏大的比较视野中揭橥和呈现。这些能力，依然是上海博物馆亟需补强的，又特别需要借助学科建设以臻功效。前不久"大英博物馆百物展：浓缩的世界史"取得轰动效应，其台前幕后的原因尚在进一步总结；如撇除上海博物馆共同精心策划设计、强力组织、高效运营的因素不论，这个特展所反映的包容上下两百万年、涵盖人类历史上各个主要文明的新颖整体史观，和在其背后支撑的大英博物馆"百科全书式"的收藏，正是其魅力所在！此中的启悟可谓深长。

手上这本《壁上观——细读山西古代壁画》，收录了21篇有关壁画的研究文章。它们多数结胎自上海博物馆同名系列讲座"壁上观——中国壁画·山西篇"（2015年9月至2016年3月），由讲座人就演讲记录稿经后续撰著、凝练、充实而成。2015年8月，作为活动策划的预研究环节，上海博物馆、山西博物院、复旦大学三方专家，共同组织了对山西境内壁画的实地考察。2017年11月底，"山西博物院藏古代壁画艺术展"又将在上海博物馆开幕，12月底将举行相关的研讨会。这构成了围绕壁画（目前集中于中国古代壁画）主题涉及展览、学术研究与社教活动的一个系列；或者准确说，是一组围绕壁画的系列活动的发端。为什么要组织这样的系列活动？又为什么选择壁画？在引出博物馆艺术史体系的讨论之后，我可以来略举其中的理由。

壁画原属于不可移动文物的组成部分，进入博物馆（除就地改建的遗址博物馆之外）之前被改变为可移动文物，这种双重的文物属性赋予壁画在博物馆展陈中非同一般的表现力——例如它既是绘画作品，又是背景、场景，在情景塑造方面极具张力。它跨越礼俗，既可登庙堂之高，也可处江湖之远；有些体现礼制的思想与规范，有些反映活泼的民间生活及信仰；佛教、道教兴起后，又成为这两种宗教宣讲推广的重要载体与手段。此种内涵的丰富性，给博物馆的解读、阐释、演绎、再现提供了极大的空间和可能。从艺术特性上讲，如何从文化史的大框架中做进一步的分析、把握、探寻，又如何从人类不同地区的壁画样态中进行比较、观照、省察，博物馆大有可为，作用无可替代。私心以为，这都可变成一种"酵素"，为博物馆艺术史体系的自我超越增添催化的"活性"。此类酶的催化作用，相信当下也不独为上海博物馆所需要。

我还认为，上述自我超越，有可能转化成向着世界性收藏的博物馆转型跨越的第一步。"大英博物馆百物展"带来的火爆，预示了"百科全书式"博物馆一经直抵人心，便会激起观众对中国博物馆全球性收藏的热忱。对于美好未来的这种向往与追求，又会进一步释放出动力，从而促使那位青年人提到的百年伟业之真正开启。至于究竟是选择卢浮宫博物馆、大都会艺术博物馆那一路偏向比较纯粹的"艺术史"体系，还是像大英博物馆那种"百科全书式"的，完全是退居其次的问题。

本书付梓之际，写下以上感想，权作序文。最后感谢所有参与的单位与专家！特别感谢山西博物院石金鸣院长和复旦大学葛兆光教授、李星明教授，大家共同携手推动。博物馆与博物馆之间，博物馆与高校、科研机构之间协同合作的大好前景正在洞开。拜其成效所赐，这本《壁上观》不仅在壁画的专业方向有所掘进或拓展，而且对艺术史的整体提升带来启示与裨益。

杨志刚

上海博物馆馆长

2017 年 10 月 29 日

山西的寺观与墓葬壁画

另一类美术史
——山西古代壁画漫谈

李维琨

本文主要讲述两方面的内容：一方面是简要介绍古代壁画，这是跟我们平时学习的绘画史不太一样的美术史；另一方面与此相关，是基于去年的山西壁画专题考察，对山西壁画的特性作简要的概括。我是研究书画史的，比较关注后半段，即元明清文人画的那一部分。现在大家所读到的中国绘画史、中国美术史，都写有古代建筑、古代雕塑以及各种各样的艺术形态。在新的形势下发扬优秀传统文化，需要我们学会从整体上认识传统绘画。此次壁画考察及后续相关的调研，有助于在以后的实践中构建中华优秀文化传承的体系，树立一种系统性的认识，从而帮助我们在新时代能够成为更有文化自信的中国人。

在古代壁画研究领域，现有的成果比较多，内容非常广泛。从上个世纪80年代编纂《中国美术全集》开始，一直到本世纪头十年，出版了相当多的专著。比如：《中国美术全集》（绘画编12·墓室壁画），文物出版社1989年版；《中国墓室壁画全集》全3卷，河北教育出版社2011年版；《中国寺观壁画全集》全7卷，广东教育出版社2011年版；《中国出土壁画全集》全10册，科学出版社2012年版；柴泽俊《山西寺观壁画》，文物出版社1997年版；贺西林、李清泉《中国墓室壁画史》，高等教育出版社2009年版；楚启恩《中国壁画史》，北京工艺美术出版社2012年版。专家学者们为弄清从古至今的中国壁画到底有哪些内容做了大量的工作，这些书都是比较全面并且有丰富的图像和比较具体的介绍。

这里需要强调，中国传统绘画可以分成非常不同的品类，或者叫门类。根据实际上存世的形态、表现对象和功能，就可分为宫廷绘画、民间绘画和文人绘画三种体系。从功能角度而言，宫廷绘画，作为国家的一种意识形态，用于教化的成分比较多，虽然也有供宫廷贵族享受消遣的方面，但从官方宣传的角度，它的主要目的是鉴戒和教化，即"成教化，助人伦"。大量的民间绘画的功能则属于所谓的存形，"存形莫善于画"，为的是让人们看图识字般地知道一些事情道理。文人画的相关研究比较多，董其昌所说的"以画为寄，以画为乐"很有代表性，说明了其寄乐于画的功能。绘画是作为人们生活中的一种余兴，所以人们会把书法和绘画融合在一起。大致归纳一下三类绘画的功能：宫廷绘画用于鉴戒、教化，民间绘画以存形、宣物，文人绘画则为寄、为乐。

唐代大画家阎立本，官至右丞相，关于他的绘画活动有一则记载："国史云：太宗与侍臣泛游春苑，池中有奇鸟，随波容与。上爱玩不已，召侍从之臣歌咏之，急召立本写貌。阁内传呼：画师阎立本。立本时已为主爵郎中，奔走流汗，俯伏池侧，手挥丹素，目瞻坐宾，不胜愧赧。退戒其子曰：吾少好读书属词，今独以丹青见知。躬厮役之务，辱莫大焉！尔宜深戒，勿习此艺。"（《历代名画记》卷九，另参见《旧唐书》《新唐书》等）唐太宗游园，光有文字侍从还不够，还要叫阎立本来侍候。阎立本满头大汗赶到现场作画，非常狼狈，回到家就对他儿子讲：我从小读书也是非常用功的，现在只是以画闻名了，我感到非常大的耻辱，你们一定要引以为戒。在宫廷画师这一个层面上，尽管阎立本也有学问，有其他方面的成就，但他却觉得做画师是低人一等的。

还有一段故事，讲明代的王绂"尝在京邸，与一商人邻居，月下闻吹箫声，甚喜。明日往访其人，写竹以赠，曰：我为箫声而来，以箫材报之。其人甚不解事，以红氍毹为馈，乞再写一枝为配。孟端大笑，取前画裂之，而还其馈"（钱谦益《列朝诗集小传·乙集》）九龙山人王绂是永乐年间一个非常著名的画家，擅长画山水、人物、墨竹。王绂当时在北京，与一个商人做邻居。古代中国人是以士、农、工、商排序的，商贾位列末尾。有天晚上他听到隔壁有吹箫的乐声，非常好听。第二天他去拜访这位商人，画了一幅竹子送给他，说我用箫的材料报答你的箫声，对文人来说这非常有雅兴。但商人不免产生贪念，用一床贵重的羊毛毯当礼品，想请王绂再画一幅来配对。结果画家不仅拒绝，还把已送出的那张画索回撕了。这个故事表明了与宫廷艺术家不同的一个层面，即文人艺术家对于自己的艺术——文人画的一种态度。

我们所看到的山西永乐宫（图1）的壁画，从大的范畴讲，属于民间绘画，特别是元以后，大量的壁画都没有办法找到确定的作者。在唐代《历代名画记》中，还有专门的章节《记两京外州寺观壁画》，介绍当时在西安和洛阳城里的一些寺观壁画，以及吴道子、尉迟乙僧、张璪这样一些参与制作壁画的宫廷画师，他们在当时都是一流的名家大师。但是宋代以后，因为战火与年代的关系，以及其他各种各样的原因，今天地面遗存的壁画的作者大多没有办法考定。尽管有的壁画留下了名字，但这个人名到底是谁、是哪里人、师承如何，我们无从得知。宋代以后的历史文献上很少记载像吴道子、曹仲达这样的壁画画家，更没有任何关于这些民间画师的记载。所以如何了解当时这一类民间艺术具体作者的情况便成为研究的一大难题。

我们欣赏古代不同作者创作的绘画时，可以先自问：这是宫廷画家、民间画家还是文人画家画的？它有什么作用？这对于认识、品评作品会有很大的作用，能让我们清楚它的基本位置。唐宋的宫廷绘画，带有浓厚的庙堂气息、皇

图1 山西芮城永乐宫

家气派。而民间绘画是老百姓比较喜闻乐见的,像桃花坞、杨柳青民间年画,大家一看就很明白,基本上是单线平涂。当然这些绘画体系在形成过程中是有所交叉、互相关联的,明代陈洪绶就是这样的艺术家。他不单画富有宫廷意味的仕女画,也创作老百姓喜欢的用来行酒令的酒牌,最著名的作品是一套《水浒叶子》。他不单自己起稿,也和民间工匠一起探讨、刻版,比如他和当时非常有名的民间雕版大师黄子立(出生于徽州一个专门从事雕版事业的家族)合作,最后完成的不只是刻工印出来的版画,也含有陈洪绶自己的手迹。所以陈洪绶可能拥有民间画家和文人画家的双重身份,当时称作"亦行亦利"。由于社会的转型和画家创作兴趣的变化,在这些画家身上出现了一种复合的现象。下面探讨壁画,可能会衍生一些新的方向和研究课题。我们在构建传统文化艺术体系的过程当中,应当知道这三大系统有分也有合,形成了整个中国绘画历史的总和。

山西是全国数一数二的古代文物大省,迄今保存有一千余座大小不等的寺庙建筑和遗址,据专家统计,仅自唐代至清代寺庙内存世的壁画,总量已达七千多平方米。经过历代战乱、自然侵蚀与"文化大革命"的动荡,还仍能存至今,实属不易。山西仅晋城高平市就有十余处国家重点保护单位和省级、县级文物保护单位。与地下出土的墓葬壁画不同,寺观壁画依附于建筑墙面上,附近还有雕像,组合起来其功能有点类似宗教艺术中的"三位一体"。近年来考古发现越来越多,尽管国家加大了保护力度,人们的文保意识也提高了,但在人力、专业技术和财力方面还明显跟不上。而且艺术市场兴起以后,盗掘盗挖等不良行为对文保侵害很大。因为山西海拔高，气温较冷，这些壁画就要拿到室内来保存。例如北齐娄叡墓的壁画，就全部搬到了山西博物院库房里。另有一些地下墓葬的壁画如果就地保护，会产生湿度、温度等问题，一旦客观条件变化非常快，壁画就会变颜色，严重影响其艺术价值。所以永乐宫三清殿等有壁画遗存的地方参观需控制人流量。实地考察元代壁画让我们深受震撼。观赏壁画时，在实地跟原生的环境在一起，就让人感觉到古时候寺庙在这一片地区里是一个公众集聚区，除了供人进香朝圣以外，那里还有老百姓自娱自乐的地方，有演戏的戏台，一直延续到现在。

图2　山西汾阳后土圣母庙

山西壁画的内容十分丰富。三清殿永乐宫的壁画是道教题材，稷益庙的壁画画的是古代神话中的农业之神，还有像后土圣母庙（图2）的壁画，不是纯粹的佛和道，而是体现了中国传统对女性的一种信仰。不同于敦煌和克孜尔石窟壁画从佛本生故事、佛传故事引申开来的内容，整个山西现存的壁画包含很多当时当地民间的信仰故事。在表现形式上，中国传统壁画的一种特技是沥粉贴金（或称沥粉堆金），白色的垩粉拌了胶以后，装在去掉帽尖的铜笔帽中挤出图案，有点像现在做裱花蛋糕。画面上用沥粉做好图案之后，将金箔贴在上面，这样图案在壁画上不是完全平面的。繁峙岩山寺的壁画有些部位就用了沥粉贴金技术，这是传统中国壁画尤其是山西壁画很普遍的一种手法。

山西壁画有两大特色，第一是"以形传神，注重细节"。

永乐宫原来在永济的永乐镇，据说是八仙之一吕洞宾的家乡。元代道教兴盛，永乐宫的规模非常大。前面是三清殿，四壁上是《朝元仙仗图》，大头人马一群一群列队，很多道教仙人向元始天尊朝圣行礼。中间是纯阳殿，又叫吕祖殿（吕洞宾道号纯阳子），打开殿的后门，从门外面朝里看，就能看到这幅《钟离权度吕洞宾》（图3）。吕洞宾的老师钟离权坐在那里，正劝说着吕洞宾。吕洞宾其实已经科举中榜了，此时在犹豫究竟为官还是入道，正与老师深入交谈。我们注意到元代艺术家对于表现人物的把握和掌控，刻画出人物内在的神情，正符合中国画讲究的以形传神的要旨。已经得道成仙的钟离权身穿蓝色衣袍，敞着胸，一只脚略微斜搁，很随意豪爽的样子。穿着白袍的吕洞宾毕恭毕敬地听着劝解，两手相交于胸前，陷入沉思。两个人物一静一动、一文一武，当年艺术家在墙壁上创作时，自如地掌控手中的笔来塑造人物内在的心神动态，这是一件耐人寻味的作品。

图3 山西芮城永乐宫纯阳殿壁画／钟离权度吕洞宾

纯阳殿后面的殿叫重阳殿（图4）。王重阳是金代全真道的一个领袖人物，殿内有50多幅传奇故事画讲述了王重阳的一生事迹，他终身致力于学道修炼，最终成仙。其中有幅壁画内容"却介官人"（图5）。介官人是名官员，他来向王重阳讨教，请求化度，跪在地上，很虔诚的样子。"却介官人"就是王重阳拒绝收介官人入道。整个画面跟一般的叙事描绘非常接近，主要情节发生在院子里，院门口一匹马，形象独特，它也许站立很久了，两条后腿正轮换交替。小马夫百无聊赖，就玩起自己的鞋带。这些很小的细节就让人觉得很有趣味。画中的山水形象同以元四家为代表的文人山水不一样。壁画的每个故事都是一段一段地图释王重阳的传记，有榜题文字。老百姓看到这样的壁画，就像是读到一部故事书。正如西方教堂壁画是不识字的人要读的《圣经》，它就是教义的宣传。今天从研究者、爱好者的角度观看，就不是简单地停留在接受教义的这一层面，可以跳开它的历史背景，来欣赏其艺术语言。

山西壁画的第二大艺术特色是"师法造化，从民间中来；迁想妙得，想象力无穷"。这里举三个例子。

第一个例子是水神庙壁画，当地称明应王庙。广胜寺所在的洪洞县还有一座很重要的寺庙叫水神庙。水神庙和稷益庙一样，是拜自然神的，要神保佑风

图 4 山西芮城永乐宫重阳殿

图 5 山西芮城永乐宫重阳殿壁画／却介官人

图6　山西洪洞广胜寺水神庙壁画/戏班子作场

图7　山西洪洞广胜寺水神庙壁画/戴髯口的老生

调雨顺，农业丰收。这张戏班子作场图创作于元代的泰定元年（1324），上书"大行散乐忠都秀在此作场"，这是当时本地一个很有名的戏班子，演戏的七男四女为生旦净末丑等，是当时全部角色的亮相（图6）。中间扮官员的可能就是戏班子班主忠都秀。一个人戴着髯口（图7），就是武老生演戏用的胡须套，和今天京剧的道具非常类似。历史上记载的元曲都只是文字，山西壁画则提供了直观图像，这是一种真实的形象记载。在其他记载资料缺乏的情况下，元代壁画图像提供了图史互证、以图证史的宝贵的材料。

水神庙里还有彩塑，高度跟真人一样大小（图8）。如果人跪在地上，仰望这些高高在上的菩萨像，就会深感震撼。虔诚的信众面临这样一种场景，就会产生特殊的宗教情感。这便是寺观彩塑和壁画的目的，它们主要是给活人看的，其艺术效果会影响来到寺观祭拜的人。

第二个例子是2007年山西繁峙南关村发掘的一座金代墓葬的壁画（图9）。如果不算带装饰的拱门，一共有五块壁画，每块中央都有一扇闭合的门或者窗。这组壁画可能是叙事性的，大概记载了死者的一生。其一表现了墓主人年轻时外出求功名，在明显的位置画了一男一女两仆人，突出他们送主人远行的样

图8 山西洪洞广胜寺水神庙彩塑

子（图9.1）。再有两块绘一文一武两官员，象征仕途顺遂。壁画四边画出的边框跟陕西地方出土的墓葬壁画都一样，用土红加黑色粗犷地勾出整个画面的框缘，分隔各段故事。紧靠拱门的那块画着一位老人，很可能是死者本人（图9.2）。此人坐的凳子凳脚是圆形的，雕琢有纹样，肩头搭着的拐杖又叫作鸠杖，杖首有一只木头雕的鸟，是其非常有特征的一个细节。传说鸠为不噎之鸟，手持此杖可使老人饮食时防噎。其实这个墓葬的真实主人现在尚不清楚，壁画所叙述的故事也只是推测。画面主体基本上是白描，其中一块两侧都画有仙鹤、竹林，竹子为双勾，线描细腻，刻画生动传神，水平比较高（图9.3）。墓葬壁画跟寺观壁画有一个明显区别：寺

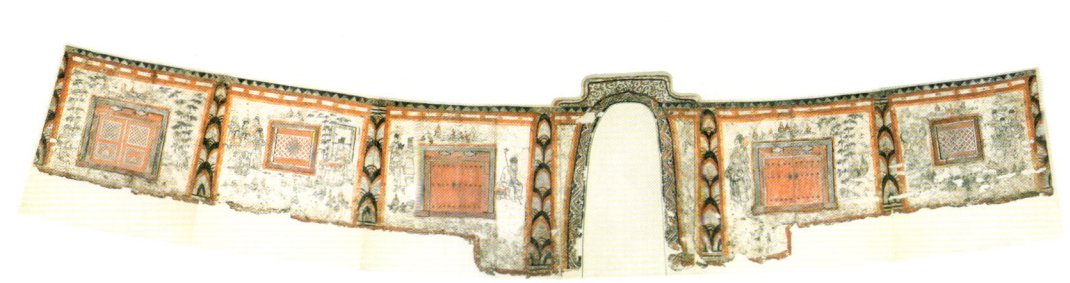

图9 山西繁峙南关村金代壁画墓

图 9.1　山西繁峙南关村金代壁画墓西南壁

图 9.2　山西繁峙南关村金墓壁画东南壁局部

图 9.3 山西繁峙南关村金代壁画墓北壁

观壁画置于公共场所,内容比较具有公众性;而墓葬壁画就比较具有私密性,内容多与墓主人的身世、死后升天、转世彼岸相关。寺观壁画的大量情景,不管是佛本生故事还是王重阳的故事,大多是描绘人的生活和活动的场景,比较多地着眼于此时此地。墓葬壁画则是在彼岸,面对的是死亡。当然生与死也并非完全无关,古人讲"事死如事生",《论语》里谈到"祭如在",从而探讨其中一些规律性的东西也非常有趣。随着出土的材料越来越多,有的学者注意到墓葬壁画中的空间关系、各种情景跟彼岸阶层的关联、生活风俗习惯与人们审美感觉的表现等,这些都是可以深入探讨的。

第三个例子是汾阳的后土圣母庙,重建于明嘉靖二十八年(1549),壁画是嘉靖年间的绘画风格,是省级文物保护单位。皇天厚土圣母庙,是讴歌女性的。人间的一些享乐活动如琴棋书画也在壁画上得到表现(图10-11)。画

图 10 山西汾阳后土圣母庙壁画／仕女图

图 11 山西汾阳后土圣母庙壁画／乐队图

图12 山西汾阳后土圣母庙壁画／降赐子嗣图

图 13　山西繁峙公主寺大雄宝殿壁画局部一

上一群女子据说在等待圣母赐给的子嗣，圣母就像佛教里的送子观音，她大发慈悲，为不能生育的女子送来婴孩。民间艺术家为了表达多子多福，就画一辆平板车，将车上众多婴孩的脑袋一个个并排画在一起，婴孩的身体四肢被省略了（图12）。像这样的赐福送子的情景，民间艺术家绝对是敢想敢画，如此夸张的场面，如此豁朗的手法，却让人觉得很自然。古代绘画中有各种《百子图》，也有很多描写多子多福的场景。但是这样夸张的表现只有在寺观壁画中才能见到。壁画将想象和现实相结合，黄天厚土，黄天是男性属阳，厚土是女性属阴，阴阳合体，这样的一种信仰，我们很难把它归纳到道教、佛教里去。

还有像繁峙岩山寺金代壁画、公主寺明代壁画等，画面反映了当时当地人的民俗风俗，老百姓的穿着打扮、生活习惯、手中的农具，还有一些个人的相貌特征（图13），这种壁画的珍贵性体现在它具有证实历史的功能。画面中的每个故事都有一个榜题，像水陆画、《十王图》等，是为故逝的人来做道场的纪念仪式的。佛教做水陆道场并绘制水陆壁画，将社会上三教九流各色人物集中在一起，为死者哀悼（图14）。其中有孝子贤孙、兽咬虫伤横死的孤魂等形象，真实反映和底层民众生活相关的古代生活风貌。

图 14　山西繁峙公主寺大雄宝殿壁画局部二

文献记载中的"吴带当风"图像，是自由的舒展的，其实都有粉本可以参照，中国的壁画造型有很严格的一套规范，师傅带徒弟，遵照一代一代祖传的图稿绘制。武宗元《朝元仙杖图》、现在徐悲鸿纪念馆藏的《八十七神仙图卷》都可以放大作为绘制壁画的粉本。按照这个粉本，一些有才气且智慧非常的画师还融入了自己独特的艺术表现。

山西高平市开化寺是全国重点文物保护单位（图15），内存有宋代的壁画。地处高远，要爬非常高的石阶才能上去，或许正因如此，它未受到"文化大革命"的破坏，较好地保存了下来。这个典范性遗址内存有石碑，殿内壁画有有题记"上采画匠郭发记并照壁"，当时民间画师都叫画匠。此行参观印象最深的是五台山附近繁峙岩山寺的金代绘画，带着很浓厚的北宋时风格。整个画面富丽堂皇，非常灿烂。岩山寺文殊殿的横梁上有榜题，年款金代大定七年（1167），画师为"御前承应画匠"王逵，顾名思义是皇家的宫廷画师。还有一名"同画人"王道。当时受到官方支持，出资招募名画家进行指导。因此画作水平整体很高，且篇幅巨大。我们走进岩山寺，看到三面墙壁全部画满了壁画。以佛传故事以及和佛教密切相关的金碧山水的画面为主（图16）。这

027

图 15　山西高平开化寺

图 16　山西高平开化寺壁画局部

片山清水秀的画面，是人们想象中的天国模样，壁画细部让人感到整个画面非常灵动，是一处广阔的人间天堂（图17）。想象一下，当时大殿里是烟灰缭绕的香火，川流不息的善男信女，整个真实空间和画面空间，融为一个相呼应的画面，效果非常震撼。即使是现在，当我们面对这些画面，随着时间延伸的变化，也会产生一种虚幻如梦的感觉。画家把当时宫殿建筑的一部分，如色彩缤纷的宫阙、楼阁、亭台、祥云，纳入到这个壁画中间，旁边还有一群侍从，桌上一堆古书，各种各样的器具，共同组成他想象中幻梦般的天国胜景。再看它结构森严的界画，则给人庭院纵深之感（图18）。细看文殊殿西壁壁画的局部，《寻觅太子》讲述悉达多太子要寻找人生的真谛，毅然离家外出，净饭王派人去寻找他（图19）。《牧女献乳》讲饿极的王子获奶得救，图上所绘的是一名妇女蹲地在挤奶，一儿童在旁玩耍以及几头牛的形象，这活生生的例子是来源于现实当中的艺术（图20）。《见死伤心》里有只野狗在啃食死尸，应该描绘的是太子在西门看到这个情形产生了不忍之心（图21）。这些场景完全为平常百姓生活的故事，作为真实的情景，通过宗教题材表现它的现实主

图 17　山西繁峙岩山寺壁画／天国盛景图

图48 山西繁峙岩山寺壁画/庭院图

图 19　山西繁峙岩山寺壁画／寻觅太子图

图 20　山西繁峙岩山寺壁画／牧女献乳图

图 21　山西繁峙岩山寺壁画／见死伤心图

义面貌。岩山寺的壁画不是普通匠师的画作，它在寺观壁画中属于上品。金代传世的卷轴画不多，现存记录确切年代的金代寺观壁画如同一个宝库，可以补充画史中缺少的内容，丰富金代绘画史上的一些图像、技巧和表现形态。随着绘画史提供给我们的信息不断增多，我们只有通过不断的学习，去开拓我们的视野，让文化遗产激发我们的民族自信。

从文化遗产的角度上说，那些现存的图像吸引人们或关注宋元明清的图像，或研究中国的文人画发展演变史；也有人研究汉唐的图像，撰写壁画的发展史。在接触图像的过程中，我觉得每个时间段的画作都有着极为丰富的内涵，引起我们关注，激发兴趣，进而投入相关研究之中。

（作者单位：上海博物馆）

山西寺观壁画：跨宗教的视觉文化档案

李凇

中国现存壁画艺术的最大实体是寺观壁画，而又以山西为最。山西众多的宋、元、明、清寺观壁画，为我们解读中国文化的演变过程提供了丰富的资源。我们可以从这些图像上看到新观念替换、修订和覆盖旧观念的痕迹，看到潜藏在基层民众中建立和谐文明价值观的持续努力。不同的宗教信仰各有一定的指向性和限定性，有些还相互冲突。在一个不同信仰共存的村社，如何恰当地呈现民众的普遍价值期待？以"三教合一"为特征寻找共同的价值框架，是南北朝以来的解决之道。笔者将这些跨宗教的艺术形式概括为三种不同形式的"跨"，并称之为"全民图像"。

中国现存壁画主要分为两部分：地面上的寺观壁画和地下的墓室壁画。寺观壁画兴盛是在唐代，在长安和洛阳由吴道子主持绘制的寺院壁画就有四十多处（明人修订为四百多处），但是这些大都市里的寺院从晚唐开始被毁。目前我国绝大多数寺观壁画都保存在山西，其他则多集中在以山西为中心的陕西北部、河北北部这些区域。山西几乎每一个村子都有寺院，且大多留有壁画，其数量可能远远超出我们的想象。右图显示了山西地区从唐代到明清时期的壁画遗址分布（图1），当然这个分布图非常简单。有一位山西县级市宣传部部长向我展示他所拍摄的山西当地壁画照片，当被问及去过的地点时，他的回答是几乎有100处，有一些还没有去。一个县就有100多处古代寺院壁画，数量实在惊人。它们没有受到关注原因是一般考古队的关注焦点不在于地上的壁画，而在地下。地下墓室常常被严重盗掘，所以考古队必须介入进行勘察保护。此外，考古单位比较关注反映早期历史的壁画，而山西的寺观壁画时代靠后，起于唐代，现存多数为明代，还有一部分属于清代。目前，唐、宋、元的寺院壁画几乎都成了全国重点文物保护单位。在其他地方普遍重视国家级的保护单位，人们也因此倍感自豪。然而在山西，很多县，尤其是一些偏远地区，或许出于避免承担文物保管不善的责任，不愿意申报重点文物保护单位。所以尽管这张图上的点密密麻麻，但实际上山西的寺观壁画远远多于图上显示的数量。目前这项工作还有很多亟待完成的部分，据我所知，山西方面进行寺院壁画相关研究的人才并不很充分。中央美术学院曾进行永乐宫壁画的研究，50年代后出现了中断，

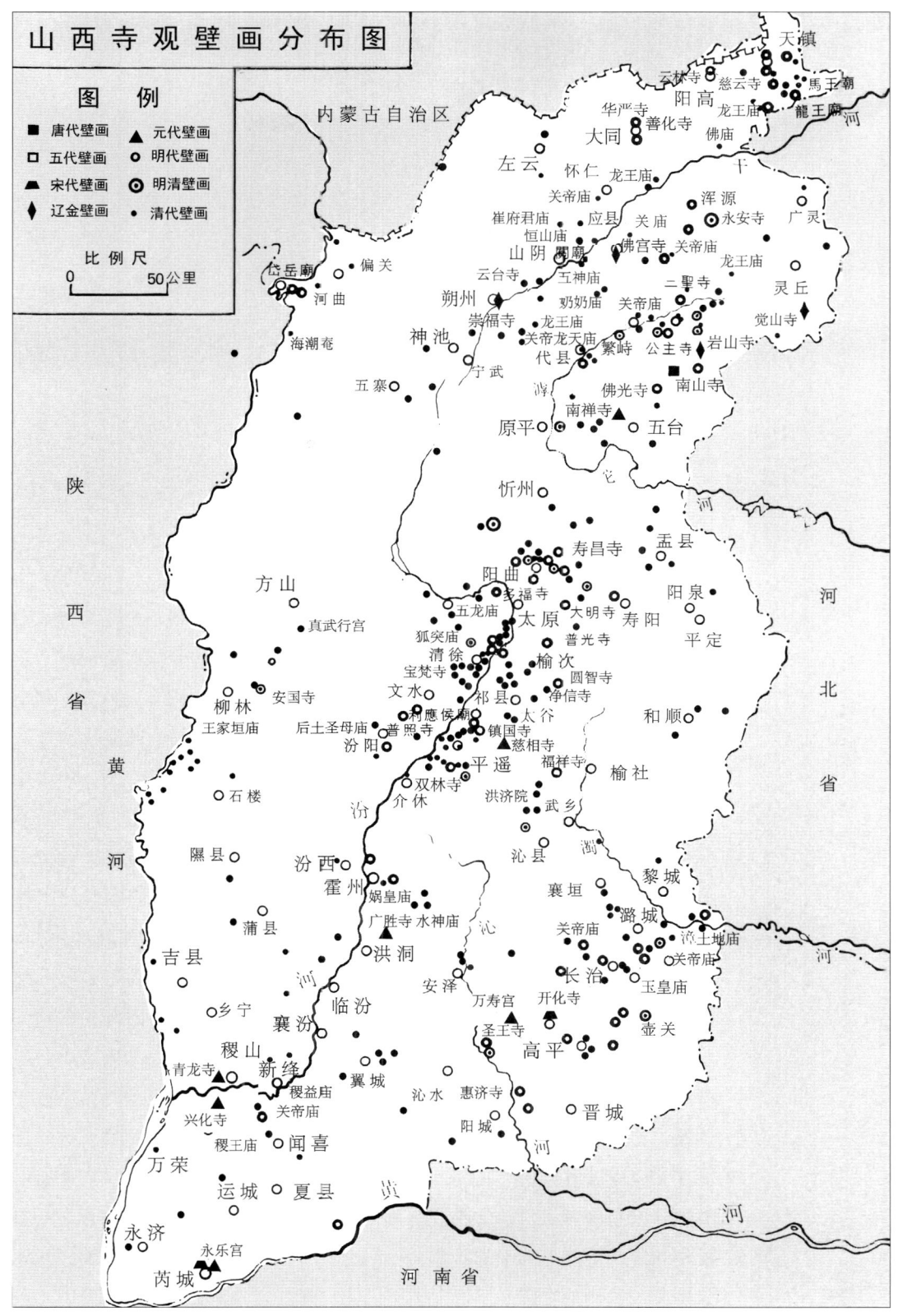

图1 山西省历代寺观壁画分布图(笔者根据柴泽俊有关资料调整改绘)

图2　山西五台山佛光寺

直到80年代才又恢复。近年，一些高校如北京大学、中央美术学院和山西大学等开始有研究生以此课题撰写学位论文，是一个可喜的现象。

　　在此，我将按历史时间顺序概述山西的寺观壁画。现存最早的寺观壁画是五台山佛光寺（图2）。佛光寺本为一处规模中等的寺庙，地点偏僻，多年以来不为人知。唐代现存两处有大殿寺院壁画都在五台山脚下，位置都相当偏，其他的唐代寺院均已不存。1937年6月，佛光寺由中国营造学社调查队梁思成等人重新发现。该寺创建于北魏孝文帝（471—499）时期，隋、唐时期寺况兴盛，声名远扬长安、敦煌等地。唐武宗（841—846）灭佛时，佛光寺遭到破坏。现存东大殿为唐宣宗大中十一年（857）重建，殿内塑像、壁画、石刻，殿外墓塔、经幢都是唐代遗物。殿内佛坛宽及五间，唐代彩塑37尊。栱眼处和佛座上有不多的唐代壁画的遗存，画有诸菩萨和天王。五代开凿的敦煌61窟绘制有一大壁面的五台山图（图3.1），共绘佛寺200多座，其中有局部就是佛光寺（图3.2），这一佛光寺的图像并非唐代原有建筑物。2013年，我还在图上发现了一处很小的道观，让人颇感意外，其位置在上部"中台之顶"附近，画着一个单独的大殿，榜题写称"华原观"，其他均为佛寺。五台山作为佛教圣地，被看作是文殊菩萨的圣地道场，画面上居然出现一处道观，这个发现令我非常吃惊。大殿内的塑像，在唐代原作的基础上不断修改，现在寺庙内还保留有一些可能是唐代的壁画。不断修缮的原因在于因为寺庙里的和尚不愿意寺庙出现过多破烂、陈旧的东西，他们不停地修葺，保持寺庙美观漂亮。如今由文物部门管理的寺庙在"修旧如旧"的主张下，大多看起来比较破旧，以保存其历史文化原貌，而僧人管理的佛教寺院一定是如新修一般的漂亮。唐代的壁画除敦煌外其他地方极少有遗存，敦煌壁画多见经变故事。山西五台山的寺观

图 3.1　甘肃敦煌莫高窟 61 窟五代壁画／五台山图／局部

图 3.2　甘肃敦煌莫高窟 61 窟五代壁画／五台山图／局部／大佛光之寺

图4 山西高平开化寺北宋壁画／草庐

壁画多被后代改绘，只有佛光寺大殿上还有一些唐代壁画的遗留，常见的有阿弥陀佛等题材。通常，佛座下画四个天王，以踩着夜叉和鬼的形象出现，佛光寺唐代天女的图像和在陕西出土唐墓壁画上的形象非常相似。

北宋时期的寺院壁画除了保存在敦煌之外，其次就属高平的开化寺。开化寺位于山西省高平市陈区镇王村，地点同样偏僻。始建于唐末，初名清凉寺，宋代改为开化禅院，后又称开化寺，2001年被列为全国重点文物保护单位。寺坐北朝南，现存大悲阁、大雄宝殿、东西配殿、文昌帝君阁、圣贤殿、观音阁、维摩净室等建筑，其中大雄宝殿为宋代原构，观音阁为金代建筑，东配殿及东西角楼建于元代，余为明清建筑。大雄宝殿面阔三间，进深六椽，单檐歇山顶，内有宋代壁画。在文物部门管理下开化寺目前没有烧香火的香客，壁面较为干净，大体维持了北宋时期的原状。此处壁画为讨论宋画提供了非常好的标本和参照系。画上的榜题提示人们画面所绘的佛经故事。它未曾经过改绘，仍保留着北宋时期的风格。壁画如要改绘，常常不是在原作上修改，而是把墙全部抹刷，然后重新绘制。敦煌的壁画有这样一种现象，墙壁可能有两三层，当把最外层五代的壁画揭掉，第二层唐代壁画就会出现，唐代的一揭掉后，第三层的北朝壁画就会出现。张大千等人在40年代就错误地将莫高窟外层五代的壁画揭掉，以便看到唐代的壁画。壁画的更改不同于塑像，需要覆盖重新绘制，层层累加的壁画呈现了一个不同时间的序列，各有其不可替代的价值，任何一层遭到破坏，都无益于相关研究的进行。开化寺壁画中不仅有佛和菩萨，还有很多体现社会生活的细节。其局部有的是生活场景，有的是佛传故事里的内容，也有打鱼、织布等场面，应该和《清明上河图》属同一时期，不过是一个彩绘本，绘画水平非常高，一定不是出自乡间的普通人之手，通过局部画面可以看出造型能力非常强，眼光细腻，表现了亲切可爱的世俗生活。

西壁《报恩经变》有一则关于鹿女的故事，表现了"南窟仙人"和"北窟仙人"——显然是"外道"，居住在一个草庐之中（图4），茅庐建造于双树之下，狭小的空间里布置井然有序，窄小的单人床（只有一个瓷枕——暗示独居）几乎占了全部面积，书卷整齐地摆在床头——两种形式的书：一种是传统的卷轴形式、一种是宋代时兴的折页形式，可见主人既关心经典又注意时尚。上方隔板放有衣物、碗钵、剪刀，其上悬有一个硕大的葫芦。南窟仙人和北窟仙人的草庐都悬挂有大葫芦。这个葫芦很有意思：内或有酒或药丸——正是"外道"的标志，两个"仙人"也正是道教徒的装扮，蓄须，头戴芙蓉冠，身披绿色道袍。草庐门口插着一根竹杖，表现主人有外出云游的习惯。外面有炉子正在煮茶，也是文人的习俗。画面传递了很多信息，展示了一个真实可信的独居读书人（学道者）的日常生活情景。

应县木塔又称应县佛宫寺释迦塔，在应县城内西北隅，塔内供释迦佛。因塔身全是木制构件叠架而成，俗称应县木塔。佛宫寺建于辽代，历代重修，现存牌坊、钟鼓楼、大雄宝殿、配殿等均经明清改制，惟辽清宁二年（1056）建造的释迦塔巍然独存，后金明昌二年至六年（1191—1195）曾予加固性补修，但原状未变，是世界上现存最古老、最高大的全木结构高层塔式建筑。1933年中国营造学社对木塔进行过考察研究。塔为平面八角形五层六檐楼阁式，总高67米多。塔身矗立在一个大型砖石基座之上，基座分两层，高4.4米。该塔每层之间平座内设一级暗层，致使塔身实为9层，内有辽代壁画。

从建筑角度说，应县木塔是中国唯一留存下来的巨型木塔，从辽代开始千年来竟能保存至今，的确堪称奇迹。塔的第一层，八边形的佛座周围还能看到一些壁画残留，四天王没有被覆盖，显示出典型的辽代风格。底下则是类似于屏风一类的画法，画有四大天王和两个弟子阿难、迦叶，均画成半身像的形式，比较少见。我还发现在塔外的塔基部嵌有一块八边形的石头，中间主要绘有八卦符号，上刻有"儒释道"三字，年代不可考（可能是辽代以后补修时候添加），中央有双鱼构成的太极图案，以鱼的形状出现可能是中外文化交流的产物，在西亚地区有类似的鱼形太极图。"儒释道"的顺序，由右念起"释"在中间，维持了佛教主导的地位，将"儒"置于首位又符合文人的习惯。

山西辽代的崇福寺，是现存辽金三大佛殿之一，位于朔县城内东街北侧。唐麟德二年（665）由唐代大将军、朔州人鄂国公尉迟敬德奉旨建造。辽时曾作为林太师衙署，亦称林衙院。辽统和年间改名林衙寺，金天德二年（1150）题额"崇福禅伟"，建筑壮丽。现存山门及观音、弥陀、地藏、文殊诸佛殿，并有藏经阁、钟鼓楼等，布局严谨、主次分明。藏经阁位居殿前，为他处所罕见。弥陀殿是规模较大的金代建筑，殿内金代塑像壁画保存完好，是近年寺庙维修中比较成功的案例，出版过维修报告。其中的壁画是极为罕见的辽代的壁画，还有辽代的塑像。两边的天王像向前倾斜严重，不知是不是由于重量所致，两旁用两根大木头撑着，观众进门时，会有两边的天王扑面而来的压迫感，大像旁的菩萨庄严肃穆，殿里的塑像有着典型的辽代风格。殿本身为弥陀殿，其壁画以西方净土为主，金代进行过修缮。殿中的千手观音像受南方影响，无胡须，呈女像特征。

2005年去崇福寺时，正值观音殿维修。我询问维修人员关于维修的原则，他答："我们修旧如旧。"我很担心以后的人会误认为这处修补的雕塑属于辽代而不知道是21世纪新补的作品。这是我对整个山西的寺院普遍担心的问题。2004年我到长子县法兴寺（全国重点文物保护单位），其中的宋代的塑像十分精彩，尤其十二圆觉像，令我十分兴奋。稍后，庙里一位美院雕塑系毕业生说"十二圆觉像"里面有两三个是他重修，并展示了已经残缺的原作照片。我很意外，它们从外表上很难看出区别，让人有被欺骗之感。雕塑家告诉我，他被要求做到视觉上和原作高度仿真的标准进行修复，原来缺失的手和足进行补足，塑造完成后再用色彩做旧。我很担心，如果制作者不说明，观众会误认为这是原来的作品。"修旧如旧"的原则是不是值得再思考？在进行文物修复时，应该把后补充的东西和原作进行明显的区分（如用石膏补断了手、足的雕像保留原本的白色），让后代的人知晓此为后补部分，否则如同欺骗，在山西这是一个很普遍、很危险的情况，后代的人就很难去考证区别唐宋时代的原件和20世纪修复的部分。

五台山的岩山寺金代壁画也是一个罕见的标本（图5），位于繁峙县城南峪口天岩村（离中虎峪相近），原名灵岩寺，创建于金正隆三年（1158），元、明、清三代屡有修葺。位于五台山的北面山脚下，比较偏僻。岩山寺坐北朝南，平面呈不规则长方形，寺内正殿已毁，现存建筑主要有南殿三间，东西配殿各三间。除南殿外，其余均为晚清到民国年间的建筑。南殿为文殊殿，面阔五间，进深六椽，单檐歇山顶。殿内残留金代彩塑水月观音、胁侍、天王和文殊坐骑等。四壁有金代壁画，现存总面积约90平方米，完工于金大定七年（1167），由金代宫廷画师王逵牵头绘制。壁画内容均以佛教经传故事为主题。西壁绘释迦牟尼的生平故事，东壁绘太子割肉孝敬父母的故事，北壁绘一组塔寺和五百

图5 山西繁峙岩山寺

商人航海遇难、罗刹女营救的故事,南壁绘楼阁人物和供养人像,所表现的艺术形象,无论帝王将相、宫妃才女、小农工商,还是宫廷楼阁、磨坊酒垆、旗仗车辆等,俨然当时社会生活的反映。有一种观点认为这就是北方的《清明上河图》,表现的是民间的社会生活。这些壁画虽然是佛教题材,但有很多方面体现社会生活风俗。如释迦太子《出游四门图》,描绘太子骑在马上,目视地下躺着的一具尸体被野狗啃食。他看到生老病死不可避免,思索如何使人类避免苦难,因此触动他出家。《出游四门图》是佛传故事里十分重要的画面,从魏晋南北朝时代开始就在各种场合被反复描绘。此图榜题书"此是太子西门见死伤心之处"。可见图像有意与中国文化靠近,在中国,西方位置意味着死(埃及也有同样观念),太阳落下的地方意味着生命的终结,东方则意味着生命的开始,这个观念已被融入到壁画之中。还有一些类似唐代道教的仙女从彩云上飘下来的一些场景,直接画到了佛教的画里。壁画体现了当时人们对鬼神的想象和兴趣,元初龚开的卷轴画《中山出游图》(美国华盛顿佛利尔美术馆藏)也有类似的描绘,有着异曲同工之处。

岩山寺壁画的主持王逵,现有两处留名。其一是1158年的石碑,署有"御前承应画匠王逵,同画人王遵(或读作王道)"。其二是殿内西壁上隅大定七年(1167)墨书题记:"画匠王逵,年六十八,并小起王辉、宋琼、福喜、润喜"。由此可知,王逵生于北宋元符三年(1100),北宋灭亡时28岁,可能曾在北宋徽宗朝画院任职，入金后进入宫廷，任"御前承应画匠"。59岁时携王遵来到岩山寺，绘制主殿的水陆壁画。9年后再到岩山寺绘制文殊殿壁画，当时或已从宫廷退休，因署为"画匠"。他的主要助手王遵（道）、王辉可能是其族人。在表现世俗生活的丰富性方面，岩山寺壁画可与《清明上河图》相媲美。壁画生动展现了宋金时期北方的集市生活状态。如有一处酒店，室内有五六人在饮酒，一人捧书阅读，旁边有两人在拍板说唱，门外悬挂有广告旗幡，书有"野花钻地出，村酒透瓶香"（图6）。相比《清明上河图》众多酒店内的安静景象，这里不仅热闹还有浓厚的文艺气息。

文殊殿主像为文殊菩萨（残），他的坐骑是一头狮子，尽管文殊像已不见，但是狮子仍在，这是五台山信仰的缩影。敦煌莫高窟五代61号窟壁画中央原来也是一尊巨大的文殊像，但是文殊像、狮子均不存，只有基座还在。狮子的尾巴拖在地上，据此推断正中间的位置原来应该是头狮子。岩山寺壁画本来保存比较完好，据说早先维修人员经验不足，用药水洗过一次，结果使整个画面变黑，以后便再也不用这种方式。岩山寺壁画虽然被洗坏，所幸仍留有线条，可惜目前仍没有质量较好的临摹本。关于壁画的临摹，20世纪40年代张大千临摹敦煌壁画的方法是将宣纸靠贴到墙上把线条描下来，拿出洞窟后再上颜色。从50年代到80年代，敦煌壁画用透明纸进行摹绘，但是因为纸太硬，这种方法被认为会损坏壁画，便不再用。目前，临摹壁画的方式主要依靠拍照投影，对岩山寺来说，临摹白描稿是当务之急。

画面中有一处《降魔图》极为有意思，描绘释迦摩尼成道之后，外道来挑战的图像。这个外道常常用三个美女的形象表现，美女来引诱，释迦牟尼不惧引诱和武力，经过调理成佛。印度的降魔，降的是外道，即不同的宗教、异教。中国也是这样，但是不敢把道教的神祇作为反面人物直接画上去，而是隐晦地表现道教的形象。我新近发现，画面中中国雷、电、风、雨的神作为反面形象出现，这些神像至少在汉代已经陆续出现，比较早就进入道教的系统，至宋代构成一个完善的图像系统。图中骑着龙的是龙王（图7），手里拿着一个印符，就像是道士作法用的印符，射出一道妖光直击佛陀。他也是雨师的身份。旁边是电母，画成女性的形象，穿着严整的女性的战斗装，手里拿着两个椭圆的物件，有人说是乐器钹，其实是镜子。镜子是光亮之物，通过光照射、闪烁以表现雷电的力量。镜子上面有两道弯弯曲曲的长线，表示连绵不断的闪电。后面是雷公，环绕有一排鼓、火焰，正轰轰地在打雷。风、雨、雷、电是自然神，这一体系在宋代成熟，比较普遍地出现在道教文化里，此处隐晦地把道教作为外教。下部有披头散发的美女手舞长剑，那是佛经描述的魔女，可见雷电风雨与魔女是一边的，作为佛的对立面出现。

佛教和道教的冲突和矛盾，早在两汉之际佛教一初入时就已产生。汉代以

图6 山西繁峙岩山寺金代壁画／酒店图

前没有道教，本土的道教在佛教的刺激下于东汉初年产生，后逐渐形成组织，有了以《道德经》为主的经典，以及仪式和场所，成为成熟的宗教。它与佛教既相互争斗又相互影响吸收。在元代，佛道两教争斗激烈，有时甚至需要皇帝来裁决。直到明代，两大宗教的矛盾才缓和，水陆画的普遍出现是其表现。岩山寺院内有一块金代正隆三年（1158）石碑，题为"绘制大殿水陆壁画记"，可知当时的大殿里绘制有水陆壁画（现不存）。水陆画是佛教在举行水陆法会时使用的图像系统，通常以佛教图像为主，掺杂有某些道教图像和儒家图像，一般认为起源于南朝梁武帝时，可以看作是民众宗教信仰的大系统，是对不同信仰和观念的重新组合，也是一种非常"中国化"的图像体系。

中国现存最早的水陆画在元代的青龙寺。寺位于稷山县城西4公里马村西侧。该寺也有官府背景，初为唐龙朔二年（662）由工部尚书王政奉敕而建，翌年改名。元、明、清各代多次重建和补修。现存建筑系元、明遗物，占地约6000余平方米，分前后两进院落，大小殿宇八座。前院南有四大天王殿三间（现改为山门），后院以中殿和大殿及东、西两厢为主，中殿三间左右垛殿各一，左为祖师殿，右为青龙门。大殿三间为至正十一年（1351）重修。中殿和大殿

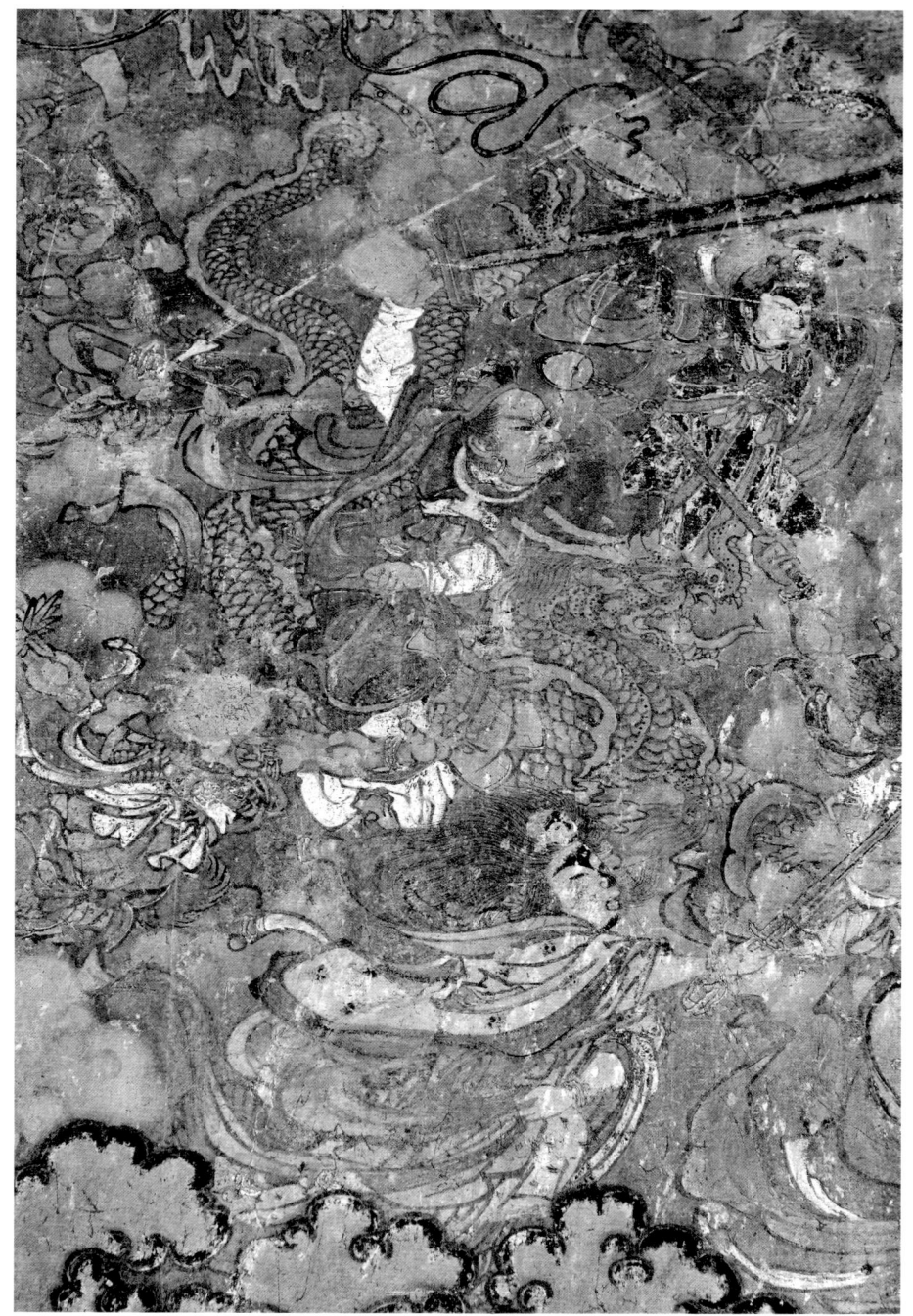

图7 山西繁峙岩山寺金代壁画／降魔图

屋顶均作单檐悬山式,中殿元至元二十六年(1289)重建。各殿塑像虽皆不存,但大殿、中殿和伽蓝殿内保存有壁画196.38平方米,十分珍贵,制作跨元、明两代。腰殿比较破旧,其东西两壁的壁画是现存最早的佛教和道教融合的壁画。殿内东壁绘有《佛说法图》,中间释迦佛像,两侧为二弟子阿难、迦叶和二菩萨文殊、普贤,以及护法金刚;西壁是《弥勒变》,中间是弥勒像,左右为二大菩萨和众弟子,下方西侧为国王和王妃剃度图,有宫人围侍。据南壁窗槛画工题记,大殿壁画为明洪武十八年(1385)补绘或重装。中殿四壁为"水陆画",在130平方米的墙面上,共绘有500余人。西壁上为三世佛和礼佛图,其中有许多道教神祇;北壁为罗汉和十殿阎君、六道轮回等,另有阴曹地府行刑场面。场面宏大,造型有力,儒释道神像杂糅。有佛教的帝释天、大梵天、婆罗门、鬼子母等,道教有普天列曜星君、十二元、月宫天子、日宫天子、四海龙王、五方五帝、南斗六星、元君圣母、五通仙人等,儒家有以孝和忠为主要观念的往古孝子烈女等图像。艺术形式上继承了我国唐宋以来的绘画表现技巧,是元代寺观壁画的杰出代表,构图主次分明,巧妙糅合不同主题,也是现存最早的水陆画。

可惜的是大殿内的壁画被硬器划成方格,上面有一道道的划痕,有些局部已经剥落不存(图8)。这是20世纪初的一段心酸往事。20世纪初,正值中国文化转型期,文物在这一时期却遭到一次劫难,中国的石窟佛雕和寺观壁画大量流入西方,青龙寺大殿的壁画也差点被切割卖出。那时中国文化受到引进的西方文化冲击,国人第一次普遍接触到了ART(艺术)这一概念,这比中国所认为的书画(艺术)的范围要大很多,西方对待壁画艺术的态度和我们有所不同,如我们的传统认为壁画是工匠的作品,文人对此不屑一顾,从不认真讨论,而西方认为它是艺术家的创作,是文明的高端产物,如文艺复兴时期意大利的壁画。在发现佛教雕塑和壁画还能如文人书画一样具有经济价值、能够买卖后,许多中国的文物贩子到乡里把壁画铲下来进行倒卖。如洪洞县广胜寺内一块民国初年的石碑中提到,和尚们眼看寺庙在连日大雨之下将要垮塌,但是没有钱修缮,此时来了几个美国人,他们劝说和尚把寺里的壁画卖给他们,钱款可以用于修殿宇,有种趁火打劫的意味。这些和尚想如果殿宇垮塌,壁画也就不在,便将壁画卖了钱来修殿。为了避免后代人责骂,他们把整件事刻在了碑上存在庙里。当时很多佛头像都是这样流出去。因此现在西方很多博物馆都藏有中国的佛像,一些大型博物馆则藏有中国的壁画。

再来谈几个图像的道教或佛教属性。日和月是全世界普遍崇拜的对象,汉代的月亮图像通常画有兔子和桂树,还有捣药的杵(与西王母仙境有关)。现实中月亮在东面和西面看的角度不同,其中隐隐约约的山形让人产生兔子和树的联想,并诞生了美丽神话;太阳里面则是一只金乌,即三足鸟,图形的产生

图 8　山西稷山县青龙寺腰殿元代壁画局部

有着实物视觉方面的来源，太阳的图像可能与实际上的太阳黑子相关。日月图像在宋代以后渐渐拟人化，变成了日宫天子和月宫天子。再者是元君，它是一个比较大的概念，不具体指某一个神，而是一类道教的神像，其用法或可比佛教的菩萨一词。圣母，则指女性的至尊神。元君和圣母是第二等级别神像（次于三清像），后文我还将述及圣母。这类像一般都有榜题，可以明确身份。南斗六斗也是中国道教的概念，北斗是七星，南斗是六星，一主生，一主死。两个护法神一为"护法善神左"，一为"护法善神右"，形似一般所谓将军，手持弓箭和长剑，头后有熊熊火焰。护法善神这个称谓比较特殊，它有意模糊了佛道属性，图像特征上也弱化了宗教性。此图像看似是属佛教，但通过更改称谓可以获得佛道两教的认可，我认为这是缓和双方矛盾的一种很好的方案。护法善神护佑的不仅是佛教，而是众神，即所有天宫神祇。我们还能从中看到一些婆罗门的图像，中国人认为婆罗门长得比较怪异，一般会把婆罗门丑化，尤其会将其鼻子往上翻，还有源自印度的帝释天和大梵天都是帝王像，帝释天早先在犍陀罗的图像就是三只眼的形象，第三只眼在额上，为纵向。传到中国后，没有流行三只眼形象，倒是唐代的许多明王和后来道教的马王爷出现了三只眼。明代，帝释天和大梵天被做成了一对男女像。鬼子母（图9）在佛教里指代一种由恶向善的形象，开始她并不信佛，专门吃幼孩、做恶事，后来受到佛的惩罚，皈依佛教。最终与民间求子的信仰联系在一起受到崇拜，因此她的周围总

图9　山西稷山县青龙寺元代壁画／鬼子母图

有一群小孩，与后来兴起的送子观音也有联系，主要寄托对孩子的喜爱和乞求的心理。此处也显示了典型中国的神开始出现。

水陆画还体现了儒教的思想，画中出现了历代的著名帝王和忠臣（如苏武、诸葛亮等）。这些画作一开始用于为死者而做的水陆法会，水陆法会短则7天，长则49天，完整的周期为70天。这是一种普遍的超度仪式，针对各种原因而导致的死亡，因此画中出现因各种死亡现象。如因疾病、交通事故和一些意外而死，或者因冤而死，或者上山被猛兽吞食等。儒教的孝也体现在其中，画面上出现许多孝子烈女（图10）。如为国出塞的王昭君。名叫原谷的孝孙因不愿放弃生病的祖父而被千古颂扬，图中他被画在下方，正拖着抬他祖父的担架。戴着鹿头手持箭矢的年轻人是剡子本生，这位来自印度的孝子正为他的父母去打猎，结果却被国三当成鹿射杀。这条孝子图像线索从汉代开始队伍逐渐扩大，发展到宋代形成了一套二十四孝故事。至此可以看出水陆画的一个固定图像模式：中央佛像为主的结构，两旁杂以道教次等神祇，以职能神仙为多（如星象、山河、雷电），下方再杂以儒家崇尚的历史人物，三个等级代表着三个主题。青龙寺壁画是现存最早描绘佛、道、儒三教和平相处的壁画。因寺庙地处一个小乡村里，交通极不便利，反而得以保存至今。

中国现存最庞大、宏伟且精美的道观壁画首推山西芮城永乐宫。它建于元末明初，位于黄河下游的一个小县城，在这极为偏远的地方为什么会有一座如

图10　山西稷山县青龙寺元代壁画／往古孝子烈女图

此恢宏的道观？因为这里传为神仙吕洞宾的故乡。元朝前期的统治者非常支持道教，全真道掌门人丘处机应邀从山东远赴西域会见成吉思汗的历史事迹广为流传。元代三个道教中心分别为北京白云观、山西芮城永乐宫、陕西户县重阳宫（是另一个神仙王重阳的故乡）。当时永乐宫道观林立，阵势浩大，20世纪50年代初因黄河修建三门峡水库，预计会淹及永乐宫，故把永乐宫整体拆掉搬移至上方。把所有砖木构件和壁画拆卸下来，分别编号，再运至山顶，按照原来的位置重新复原。这是一个技术难度极高的工作，最后取得巨大的成功，这一工程本是大型文物迁移的优秀范例。

　　整个壁画有960平方米，不论是壁画面积、人物形象分寸的把握、保存的完好程度、精美的程度乃至宏大的气势，都堪称中国现存寺观壁画之最。壁画分别画在三清殿、纯阳殿和重阳殿。三清殿又称无极殿，是供奉道教最高神三清（太清、上清、玉清）的大殿，为永乐宫的主殿。三清殿壁画主要在东西两壁、后壁和扇面墙上。由于图像都没有榜题，辨识不易。主像有六个，四男二女，在元代有"四帝二后"之称。这四帝二后的所指目前还有争议。东壁上的主像一般认为是玉皇大帝，西壁上的女像可能是西王母或后土，男像或为东王公。

图 11　山西芮城永乐宫三清殿东壁元代壁画／后土

北壁上的主像是勾陈、紫微等一些星宿官（北壁东端一般是紫微大帝、西端一般是勾陈）。扇面墙两边的主像，画两个立像，或有南极长生大帝，其身份争议颇多。殿内中央神坛原有三清塑像（现不存），四壁满布壁画（图11），画面高4.26米，全长94.68米。面积达403.34平方米，画面上共有人物286个。虽然人物众多场面繁杂，但东西两壁面朝中央神坛，秩序井然，展现了近三百个天神朝拜元始天尊（三清之首）的道教礼仪，因此称为"朝元图"。人物按对称仪仗形式排列，以南墙（进大门处）的青龙、白虎星君为前导，东西壁、北壁、中间的扇面墙分别画出玉皇大帝、紫微大帝、后土、西王母、南极长生大帝等二十多位主神。围绕主神有廿八星宿、十二宫辰、四圣等百余名辅神，杂以宫女和侍者数十。武将骁勇威武，玉女天姿端立。整个画面场面浩大，气势不凡，色彩华丽且厚重，造型及衣饰富有变化和想象力，人物线条流畅有力，体现了源自唐代吴道子画派的特征，是中国壁画主流的最高技法。不仅是我国绘画史上的杰作，在世界绘画史上也是罕见的巨制。

现存加拿大多伦多皇家博物馆的一铺元代道教壁画（图12），原先出自山西南部，但不知具体的名称和地名。规模也很大，类似于永乐宫壁画，主像

图 12 山西元代道教壁画·神仙赴会图／加拿大多伦多皇家博物馆藏

也是"四帝二后"（左右壁各两个男像一个女像）。在 20 世纪初，整个壁画被铲下，被做成了卷轴形式，再在博物馆被裱到木板上。景安宁教授做了一个专题研究，得出的结论是这铺壁画原不是出自道观，而是画在佛寺里。由于佛道二教斗争激烈，佛寺就把道教中的神像画在佛殿的两壁，让道教众神朝拜中间的佛，表示他们的臣服。壁画的画风和永乐宫高度相似，甚至可能是同一种技法，这种画法从洛阳开始传至三省交界（晋豫陕）的华山脚下，再到山西南部后来在该地区流行，基本是沿着黄河中游拐直角弯的方向。

山西壁画的风格技法均有来源，尤其是晋南宏大气势的一派，历代研究均认为源自唐代的吴道子画派。吴道子居洛阳附近，在洛阳成名，我曾做过专题研究比较两幅白描图《朝元仙仗图》和《八十七神仙卷》。《八十七神仙卷》由徐悲鸿于 1937 年在香港发现并购藏，他认为是唐代画家吴道子的作品，后来这个观点被学界修正，认为是宋画。传为宋代武宗元所作《朝元仙仗图》，20 世纪初长期归纽约收藏家王季迁所有，王去世后便下落不明。这两幅画的构图高度相似，都属宋画无疑，《朝元仙仗图》应与山西永乐宫壁画属一个系统，联系起来可看出源自唐代吴道子的悠久传统。

纯阳殿位于三清殿后方，为奉祀吕洞宾而建。吕生于唐贞元十四年（798），祖居芮城县永乐镇。壁画绘制了吕洞宾从诞生起至"得道成仙"和"普渡众生""游戏人间"的连环故事，即《纯阳帝君神游显化之图》。壁面图像分为上下两层，共计 52 幅，203 平方米。有墨书题记可得知绘制者是"禽昌（襄汾）朱好古"及其门人多人，画作完工于元代至正十八年（1358）。纯阳殿内对扇后壁的《钟离权度吕洞宾》是一幅极为珍贵的壁画，画面上两个神仙，一文一武，或粗犷或内秀，体现神性即人性。其他的故事画则呈现了不同于宋代的图像叙事方式，比如《八仙过海图》属于这个题材的早期版本。画面中出现的皆为男仙，没有女仙，与后来有所不同。八位神仙用不同工具过海，"海"喻指"人生苦海"，众人所面临的困境相同但排解的方式各异，并没有一个普适的方法，最好的方式就是最具有自身针对性的方式，故谓各显神通。

纯阳殿后则是重阳殿，是供奉道教全真派首领王重阳及其弟子"七真人"的殿宇，绘有表现王重阳事迹的壁画。壁面图像分为上下两层，原说共 49 幅，最新研究认为有 55 幅。壁画以连环画形式描述了王重阳从降生到得道度化"七真人"成道的故事。王重阳融道、佛、儒思想于一炉，主张三教平等、三教合一："儒门释户道相通，三教从来一祖风"，并以《道德经》《般若心经》《孝经》为全真道徒必修经典。殿内壁画总计 150 平方米，不仅情节丰富、选题精细，更是一幅元代社会生活的缩影。图中有城郭乡村、建筑舟桥，有百姓种田、打鱼、梳妆打扮、吃茶、煮饭、砍柴、教书、采药等日常情境，也有达官贵人的宫中朝拜、君臣会谈、开道鸣锣的生活，还有职业道士的活动如设坛、念经等。

图 13　山西芮城永乐宫重阳殿元代壁画 / 叹骷髅

每个故事画都配有较详细的文字说明（榜题），观众可以清楚地了解情节。西壁绘《叹骷髅》（图13），王重阳坐在松树下，手举一副卷轴画在向一男一女（马丹阳夫妇）讲解道义，卷轴画面上是一具骷髅，意指所有人无论是贵是贱，最终的归宿相同，告诉人们该如何对待人生。图上方有榜题："叹骷髅。昔祖师在全真菴，自画一骷髅，以示丹阳夫妇，复赠之诗云：堪叹人人忧里愁，我今须画一骷髅；生前只会贪家业，不到如斯不肯休。"文图相辅，点明了图像的深意。南宋时宫廷画家李嵩画过流行的骷髅木偶戏，表现了相似的主题。王重阳的弟子谭处端有《骷髅歌》："骷髅骷髅颜貌丑，只为生前恋花酒。巧笑轻肥取意欢，血肉肌扶渐衰朽。渐衰朽，尚贪求，贪财漏罐不成收。爱欲无涯身有限，至令今日作骷髅。作骷髅，尔听取，七宝人身非易做。须明性命似悬丝，等闲莫逐人情去。牧将模样画呈伊，看伊今日悟不悟。"据说上海正一派道教在超度亡灵的科仪中，"叹骷髅"是最具代表性的一项。至今在北京白云观道教科仪中，也有所谓"放焰口"的法事，法事中需合唱"叹骷髅"。

神祠是道教中一种特别的类型，洪洞广胜寺是闻名中外的大庙，分为上下两寺，据说始建于东汉年间。早在20世纪30年代就因发现有金代的《大藏经》（后称之为《赵城经藏》）而闻名。其中的大型元代壁画在20世纪初分别流落至美国等地的博物馆，此处不详说。广胜下寺附属的元代水神庙是一处特别的神祠。在中国北方由于缺水严重，大大小小村子都会建龙王庙以祈雨。历代皇帝则到各种庙里进行求雨。清代皇帝曾赴泰山脚下的岱庙反复求雨数次，有皇家建造的石碑为证。

在山西洪洞县，一条溪水出自霍山，灌溉了霍县、洪洞两个县的农田，山脚下一所水神庙供奉着水的主人——明应王。这是目前中国保存最好的一处水神庙。从庙内的石碑得知，现存建筑建造于14世纪初。在相邻的一所大佛寺的僧人的主持下，由地方官吏和民众合力建造，当地工匠绘制了壁画、制作了塑像，历时20余年完成。水神庙主像是水神（明应王），侍者有四位文官、四位内侍女官。东西墙壁有两方壁画，各宽11米、高5.3米，南、北墙壁各有两方，均宽3米、高5.3米，总面积为197平方米。壁画内容丰富，保存完整，表现了水神的威严相貌、庞大的仪仗、游戏、家庭生活及贸易场景。与庙宇配套建造了戏台和公平分配水源的水利设施。有壁画和塑像的庙宇、公共戏台和水利设施，三位一体，构成了民众、水神和自然三者的互动，呈现出14世纪初期一个北方山村精神与社会生活的和谐景象。

西壁为祈雨图，水神端坐中央，周围有水神的部从、行雨龙王的官员，反映人们对神界官吏一体的想象。东壁绘行雨图，水神以不同的形象坐在中央，上方绘有体现水神威力的风、雨、雷、电诸神显灵。有古广胜寺图，展示了寺院昔日的辉煌，唐代敕建兴唐寺是当地妇孺皆知的历史，可以唤起民众自豪感。前壁进门处有文武官员迎送水神的景象，被认为是《唐太宗千里行迳图》，但据我的观察应是山神和土地神迎接水神驾临，和唐太宗没有关系，画面表现的是类似山神土地形象，相关例子还有山西繁峙县公主寺壁画。后壁绘后宫生活，左（北壁东）为尚食，右绘尚宝。表现水神家居景象。

水神庙大殿的入门处两边有墨书造像记（分为南霍渠和北霍渠），记载了1324年重修过程、参与者、绘画者的信息。北霍渠有绘画待诏王彦达等人，南霍渠记载有绘画待诏赵国祥等人，还有对建筑和绘画的夸耀："峻宇雕梁，克用公输之秘；写真图像，善施吴道之玄。"从这两则墨书题记来看，绘画者是附近村子的能工巧匠，且号称"绘画待诏"，视若宫廷官府的称号。民众希望通过盛大的娱乐活动感化神灵，以祈求风调雨顺的目的。在娱神的活动中，民众不仅实现了神人之间的沟通，本身也得到了满足精神生活、团结社区各阶层的目的。北渠与南渠分别绘图，这不仅体现中国寺观壁画的普遍传统，还与当地北渠和南渠的争斗有关，其原因主要针对泉水的分配份额。通常情况下，北渠占上风，以7：3的比例和南渠分水。壁画的分边和分别题书，体现两边既合作又争斗的历史。前壁东还有一幅十分珍贵的戏剧图像，即元杂剧演出场景，绘有一群演员站立在舞台中央，上方题有"大行散乐忠都秀在此作场"。许多学者试图分辨出演出的具体内容，但一直不能确认，应当表现了当地名角

图14　山西洪洞水神庙元代壁画／售鱼图

演出时的一般阵容及常见情境。舞台后面的布景绘有《降龙图》，一武士持剑征服蛟龙，展现自唐代开始的一则治理水怪的神话故事。

水神庙明明是求雨的寺庙，可左右壁画的内容却有日常生活的打球、下棋、卖鱼（图14）、妇女梳妆等生活场景，似乎与敬神求雨无关，原因何在？其实，梳妆（镜）、对弈（棋）、打球（求）、卖鱼（雨）这四幅壁画的内容各取一字之谐音，便是"敬祈求雨"的含意。壁画图像借用了语音的转换，暗藏语音

图 15　山西繁峙公主寺

对应密码。这种语音和图像对应转换，在明代以后就十分普遍地被使用。如明宪宗朱见深绘《岁朝佳兆图》，钟馗手持如意，小鬼托柏枝和柿子，寓意"百事如意"。钟馗目视蝙蝠飞在前方，寓意"福在眼前"。图像的语音转成了同音的其他意义，这是一种巧妙的"图—音—意"互转游戏。

这处水神庙，最重要的组成部分之一还有外部的分水亭，掌管水源分配。为将水合理地分配给 4 个村，分水亭分为几个匝口，形成数个渠，渠的大小依照各个村子的规模决定，因渠中的水来自于水神庙的下方，当时的人便拜祭水神庙。大殿的对面有处戏台，中国的佛寺的一个特点即佛寺和戏台在相对的方位出现。从水神的主位视角南向观看，直接看到的是南壁的演剧图，穿过大门，前方是真实的舞台，再向前则是蓄水池和分水闸，共同构成了从信仰、娱乐到水利设施的三个层面，宗教、艺术与世俗生活整合为一体。

繁峙县的公主寺（图 15），在五台山北边的脚下公主村，也是一座明代的大型庙宇，原作的壁画和塑像保存得相当好。其大佛殿建于明弘治十六年（1503），殿内四壁除了前檐明间为隔扇外，余皆绘满浓笔重彩的壁画。壁画总面积将近 100 平方米，其中东西壁各有 23 平方米，北壁 28 平方米，南壁近 16 平方米。据该殿东壁南上隅题记有塑匠和画匠的名字："真定府塑匠任林、李钦、孟祥、张峰、李珠、赵士孝、敬升、陈义。画匠武钊、高升、高进、张鸾、冯秉相、赵喜。"工匠出自正定府。现在北京法海寺的明代壁画风格和公主寺非常接近，类似的还出现在河北毗卢寺的壁画和北岳庙壁画中，尤其毗卢寺的壁画与之非常接近。殿内塑像占据了主要空间，两边几乎紧贴东、西壁，它们和壁画之间的距离很窄，只有20多厘米。一般而言，应先画壁画，再作塑像。在如此窄小的空间，壁画难以维修重画，所以此处应是明代的原画，这一点从风格上也可以证实。

公主寺大殿的壁画是糅合"儒、释、道"三教的水陆画，东西壁各有40多组神像，佛像在中央（东壁为卢舍那佛、西壁为阿弥陀佛），上下分为多层。佛教部有观音等菩萨、帝释天、天龙八部和天王、罗汉等。道教部有五方五帝、四海龙王、廿八星宿、北斗南斗、九曜星君、十二属相、六曹判官、五岳四渎、雷电风雨、护佑四圣、五通神仙、山神土地等。儒家图像有往古帝王龙子龙孙、往古阵亡将士、忠臣良将、后妃、贞洁烈女、孝子贤孙等。北壁绘弥勒和十大明王。公主寺大殿壁画近接元代青龙寺腰殿壁画的样式和组图规则，远承唐宋造型、线条与色彩传统，由于地处偏僻，保存完好，是明代壁画的佳作。

水陆画发展到明代以后，构图逐渐规则化，每一行、一组条理很清楚，中央为佛、观音、弥勒像，这种形式类似万神庙。中国的儒教、道教和佛教出现在同一画面里，但除佛教以外，其他宗教的核心人物不会进入画面，如道教的三清和老子，儒教的孔子和他的弟子。一些图像体现了跨宗教、跨文明的特色，主要是那些包含自然世界崇拜物，如天地、日月、山川河流、雷电风雨，或某些体现历史、时间、生命轮回的因素的图像；有些图像显现出跨地域的文化交流特色，如通常说的十二宫，将阿拉伯文化、希腊的十二神联系起来，现在人常说的星座其实代表早先的图像，蝎子图像代表天蝎座，螃蟹则代表巨蟹座，以图像来分别表示每个神，二十八星宿同样依照其中的动物来进行判别。

道教的北极四圣，大体模仿和对应于佛里的四大天王的形象。宋代，道教创造了自己的四圣即四个顶级武将，依照《道子墨宝》的榜题为：天蓬大元帅、天猷副元帅、翊圣保德真君、佑圣真君。最著名的是佑圣即真武，明代之前叫玄武，常以脚踩一只龟和一条蛇的形象出现。

新绛县稷益庙也是一处非常有意思的地方，它属于广义的道教，而非狭义。其性质与水神庙相似，是用于祭祀山川土地的神祠。庙在山西新绛县城西南阳王村，现存正殿为明代重修。殿内东、西、南三壁壁画面积130余平方米。主要表现东岳大帝、大禹、后稷、伯益教民稼穑、为民造福的业绩。东岳和地狱图景表现的是对天地生命的敬畏与对恶行的警诫，后稷和伯益歌颂的是以农为本。东壁绘《朝圣图》，三圣帝君坐于殿中，周围是侍臣与宫女以及官民朝拜宏大场景，民众呈现世俗生活特色，或肩扛农具，手持五谷，或挑猎物、捐蝗缚魔，或捧奉果盘，间有烧荒、狩猎、斩蛟、伐木、耕获、祭祀等活动。南壁西侧画丰都狱门、阴曹地府。壁画绘400多个人物神鬼等形象，杂以青绿山水，花草鸟兽穿插其间。工笔重彩，技艺精湛，笔力雄健，色彩纯厚。主要神

图 16 山西新绛稷益庙明代壁画／乡民献祭

祇尺寸较大，附属人物依照身份等级减小，特别是墙壁上方的图像，人物和宫宇建筑渐小，呈现了一种远景的透视效果。根据殿内题记，壁画完成于明正德二年（1507），为民间画师翼城常儒及子和学徒、绛州画师陈园及侄子和学徒等7人所作。

在捆蝗缚魔的情景中（图16），画师将蝗虫画得巨大，被绳索紧缚，表情惊恐，由两位勇士押送，如此夸张的画面十分罕见。蝗虫对农民而言是巨大的威胁。旧时为了治理蝗虫，皇帝甚至带头吃蝗虫，《贞观政要》记载了唐太宗生吃蝗虫的故事："贞观二年，京师旱，蝗虫大起。太宗入苑视禾，见蝗虫，掇数枚而咒曰：'人以谷为命，而汝食之，是害于百姓。百姓有过，在予一人，尔其有灵，但当蚀我心，无害百姓。'将吞之，左右遽谏曰：'恐成疾，不可。'太宗曰：'所冀移灾朕躬，何疾之避？'遂吞之。自是蝗不复成灾。"其实现在很多地方也吃蝗虫，它还可入药。图中这只巨大的"蝗虫"并非写实，头部夸张成狰狞可怖的尖嘴，也没有蝗虫常见的前足和中足，只有后足，爪子也属臆想，或可当作一般昆虫的象征。队伍前方有乡民托有圆盘（盘内盛有两只鸽子），后面有人手提装鸟（或虫子）的笼子，有猎户扛着猎得的鹿和虎，这些是什么含义？联系到画面上方的主神（应是东岳大帝），可以看出画作主题是东岳大帝治下的乡民给神祇献祭的场景，所献均为山珍野味。

画面中还有一个很难得见的皇帝祭祀场面，皇帝祭拜玉皇大帝，祭台上的牌位中央是玉皇大帝，右位是后稷，左位不可见，可能是泰山东岳神。桌案上贡品有牛头羊头等牺牲，有酒杯瓶尊等祭器。下方中央是皇帝本人，他头戴冠冕，持笏低头作虔诚祷告状。左右及后面是众大臣，亦低头祈祷。两侧还有两支乐队，击鼓、敲钟、弹筝（道教里弹的是筝，一般乐队里少见弹琴，琴属于文人个人娱乐的系统）、吹竽、拨箜篌，四周仙云袅袅，整个画面给人一种天宫仙乐飘飘的感觉。后有焚烧黄表，沟通告知上天的场景。庙名现称稷益庙，可能原为东岳稷益庙，三神像之中位者，身着青衣，应是东岳大帝。

宝宁寺水陆画藏于山西博物院，这是国内现存最完整的一套明代水陆画。宝宁寺俗称大寺庙，创建于明天顺四年（1460），位于山西晋北与内蒙古自治区相接的右玉旧城内，右玉自古以来便是中国北方边陲军事重镇，为明长城防御的中段。明代宝宁寺水陆画是作为镇边政治目的的赏赐品，可能绘于明英宗至代宗时期，时间可能在天顺四年至八年间（1460—1464）。

水陆法会在大殿里举行，如果人数过多、场面过大，则会移至殿外，把神像挂起。当时宫廷画师为明代皇后绘制的一批神像代表了宫廷绘画的最高水准，约作于永乐至景泰年间。这些文物部分藏于首都博物馆、法国吉美东方博物馆、美国大都会艺术博物馆等处，展示了明代宫廷画师技法的高超，这些出自宫廷的绘画给山西等地的寺观（特别是佛寺）提供了样本和艺术标准。

我们再来讨论两个比较完整的"万神"系统。

第一是大同的云林寺，坐落在阳高县城内西门南侧，俗称西寺、西大寺，始建年代不详，据雍正七年（1729）《阳高县志》载，云林寺是由皇帝下诏而建，系明代建筑。三面殿墙满绘壁画，有123组壁画，东壁46组，包括佛教的阿罗汉、无色界、四空天众、忉利天帝释天、四大天王、大梵天王等，道教的北极紫微大帝、四龙王、太阳、太阴、金星、水星、土星，十二宫里的金牛、白羊、人马、天蝎、天秤、巨蟹，南斗老人、北斗、三台、北极四圣，儒家的亡故帝王、忠臣、后妃、三教九流等。西壁44组，也是这般复杂。

第二个万神系统是浑源的永安寺，也在五台山的北边，邻近悬空寺。大殿四壁都绘制有水陆壁画，上下分为三层，以彩云为背景。东壁绘有神像468尊，西壁是356尊，通常6至7尊为一组。最早从伏羲、女娲开始（如西方的亚当、夏娃），接下来是历代亡故的帝王、忠臣、后妃、孝子等。很多民间熟知的经典故事都会呈现在壁画上，观摩壁画实际上是接受了中国历史文化的综合教育，壁画承载了中国文化方方面面的价值观，仿佛是一个大学堂。

民间和民众的图像如何进入圣殿、并成为文化标准的一部分？前文谈及其中存在一个跨文化、跨宗教、甚至跨时间的文化系统。我暂且称其为"全民图像"，即虽为寺观神祠之设，但不在乎、不专注于某些特定的宗教立场，图像主题在不同信仰的人群中能够被普遍认可接受，观念重叠，覆盖全民。

这种文化重叠和覆盖，可概括为三种不同形式的"跨"。

第一种是硬性的"跨"，不同宗教属性的图像组合在一起。最早在民间开始出现，不同宗教神像的混杂，早在南北朝时就已经存在，张僧繇在江陵天皇寺画卢舍那佛，配置了孔子与十哲像，时人多不理解。北魏后期，关中地区出现了许多佛教和道教并置的造像石碑，或可称之为"双教碑"。唐代也有，如近年在重庆开县高桥镇发现了一处唐代佛寺"三教寺"，大殿遗址内并置佛、道、儒三像如三兄弟般并列端坐，至今均存。即使上层统治者和贵族可能持反对意见，但往往并不以他们的意志为转移。试举一例，宋徽宗是一个信仰道教的皇帝，他不愿道观里存在佛教内容的壁画，也不赞成道教的神祇又被画到佛教寺院中，所以两次下诏要区分佛和道，各归其所。《佛祖统纪》载，徽宗敕曰："旧来僧居多设三教像，遂以院额殿名。释迦居中，老君居左，圣居右，非所以奉天真与儒教之意。可迎其像归道观、学舍，以正其名。"徽宗所斥，正是如重庆开县三教寺这类有混合造像的佛寺。而民间则不以为然，继续且一直佛道混杂，尤其在一些较为偏远的乡村，如重庆大足石篆山、妙高山等一些石窟，儒释道造像杂糅。民俗和民间传统渗入主流宗教文化。

第二种是柔性的"跨"，图像分不清属性和身份，属性交叉，未分你我。如一种特殊的女神崇拜——含蓄而含糊的圣母。"圣母"一词似乎源自西方，

图 17　山西汾阳圣母庙明代壁画／圣母发送的孩童

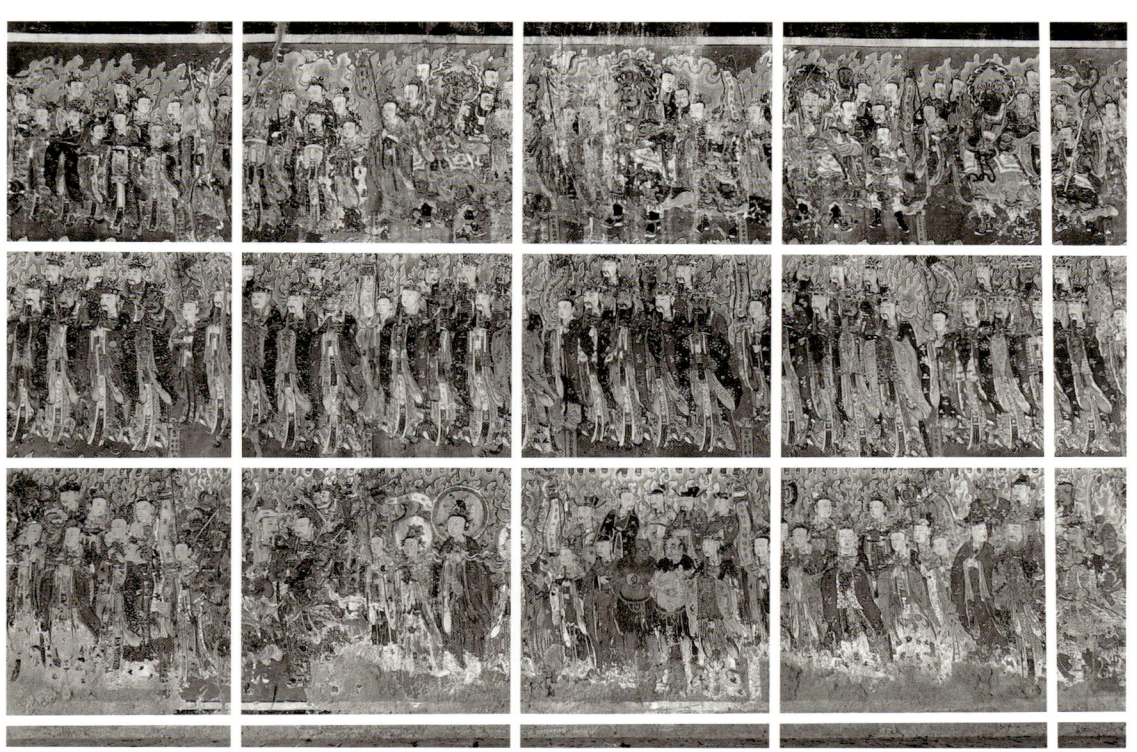

图 18　山西浑源永安寺大殿明代壁画

实则本属中国。中国的"圣母"主要掌管生育。山西许多"圣母殿""圣母庙"中供奉的女神,涵盖了后土、西王母、观音这些不同来源和属性的神仙,无法完全分清——显然她不同于西方基督教的圣母。山西汾阳明代圣母庙,东西壁画分别为圣母出巡和回宫,其中圣母向民众施舍发送孩童的场景(图17),百十名孩童坐于红轮车上,由三头不同颜色的毛驴拖拉红轮车,孩童们整整齐齐,其中还有调皮淘气者跳出车厢,如猴子般游戏。这个功能与佛教的送子观音相同。由原初具体的女神变成颇为抽象的女神,由单一功能发展为全能。

第三种是重叠性的"跨",即本性就可以属于不同的宗教信仰,身份一直明确不变,各种宗教信仰都会神化想象它们,如日月星辰、雷电风雨、山川河流。它们似乎是一切神庙的重合点,是一个跨文明的天神系统。历代帝王都会出面进行国家层面的祭祀活动。如《元史》卷七十六记载元代皇帝祭祀风雨雷电仪式:"风雨雷师之祀,自至元七年十二月大司农请于立春后丑日祭风师于东北郊,立夏后申日祭雷雨师于西南郊。"关于雷电风雨这个主题,我另有专讲,不再详说。

明代殿堂的水陆壁画在构图布置上出现了某些模式化倾向。以浑源永安寺大殿的明代壁画为例,我绘制了一个结构图(图18),通过在照片添加的九宫格我们会发现:上为天(界),中为地(世俗),下为亡故的灵魂,既有空间结构,又有时间结构,还有儒、释、道的属性结构。这种结构呈现了一和多元的价值观:既有尊卑顺序,又平行互让互融。把构图的方式与文明的观念配合起来,体现了并列的方式(不是无序,而是有序的并列,并列中还有相互穿插),尤其是关于天地秩序的观念,三个宗教呈现混融交织的状态。将这些散落在山西乡村的不同时期的寺观壁画连缀起来,就形成了中国文化一个长时段的视觉"连续剧"。其中一些可以看出变化和时尚,另一些则长久和顽强。壁画图像的发展,呈现并促成了文化的沟通和发展。它们既是文化演变史的视觉档案,也是演变进程的推动力量。

(作者单位:北京大学艺术学院)

空间、图像和思想，关于山西和壁画

陈曾路

第一次去山西大约在世纪之交，灰蒙蒙的空气中有煤的味道，那时候北京尚无雾霾之说，冬日的北京远比太原让人亲近。在太原时，去了晋祠和博物馆，很震撼，有一种气相，就是那种很正宗的中国的味道。世纪之交的中国，大城市的最大特点就是冲着理想和想象中的"现代化"疾驰，哪里都像，就是不像中国，太原大概是发展慢，所以让人感慨，大概这就是想象里的中国，酸酸的冲鼻的味道，灰灰的颜色，污染倒没有太讨人嫌。后来又有两次错过山西的经验，一次是在韩城，一次是三门峡，从陕西和河南看山西，也是很有意思，虽然我对陕西更有感情，对河南更为熟悉，我觉得山西才是中国，在蛮狄夷中间的三个中原核心省份，山西在中间的中间，被黄河包围着，黄河真的是中华文明之源。

大概是十年前，第一次很仔细地走了遍山西，主要是看建筑还有遗址，印象最深的倒不是砖雕或者壁画，看过敦煌和意大利的壁画之后，壁画就没有绚烂一说了。印象最深的是应县木塔（图1），惊讶于在几十年后仍然会有当年梁思成考察应县木塔一样的体验，当时对古建和小结构很痴迷，一层层爬上去，看那些个斗拱，那些个构件，看到的是中国工艺的究极之美。壁画也注意了，但和建筑并置在一起就显得不太重要了，另外，比之于敦煌的煌煌和意大利的绚烂，我觉得山西的壁画过于喧哗，很平民，那时候我的认识水平、价值体系、评判标准还很浅薄。

后来又要去山西，就很认真地做了下准备。定了个题目"空间、图像和思想"，其实也和之前的经历有关，这三者是交织在一起的，分不开。

前段时间在日本的京都和奈良，感触很深。正遇到东博做"运庆展"，缘起是奈良兴福寺的金堂在大修，于是那些国宝雕塑能够从环境里提取出来。日本建筑里障子和壁面上的绘画传统毫无疑问来源于中国，反而我们现在对此更为陌生，甚而在艺术史研究中将其割裂开来，壁画变成了卷轴画的巨嶂山水在建筑环境之外显得单薄了许多。也是在后来很久，其实是在看日本人的寺庙的时候我才意识到我们的好些石窟和寺庙是"曼荼罗"的布置。

建筑、壁画和雕像的三位一体所营造的空间在功能上所达成的效果必然呼应的是一个时代的旨趣和思维方式，学术上我们归为思想史的领域其实并非全

图1　山西朔州应县木塔

是经典和思想家的叙述，"一般人"的思想史在近几十年来逐步受到的关注既是学术兴趣转移的结果，当然也是精英思想史的研究边际效益递减的必然。

山、路、城市和地图

大比例尺的地图对于人文学科的意义怎样标榜都不为过，出于保密的因素，在国内其实很难搞到手，幸好现在有电子地图，尤其是地形图，很能说明问题。如果能用行走的方式最好，意义在于细节的发现和用人的尺度感知世界，车行太快，只存大概念了。不同地点的地图就像是不同形状的叶片，道路就像是筋脉，但真正让人神迷的其实是空白，有些是人所未至，有些是人迹罕至，人类的活动其实很容易留下物证，从遗物到遗址，对于未知的探求其实是考古和探险的核心价值。

太行山大概是中国最具人文意义的山脉，横亘于整个华北平原（图2），自商周乃至于蒙元的许多重要时空坐标散布在太行一线。山西的地理格局其实正是随太行而定的，东边将山西同河北、河南分隔开。很多羊肠坂道般的通道贯穿太行，其中最有名的是"太行八陉"，自北而南分别是军都陉、蒲阴陉、飞狐陉、井陉、滏口陉、白陉、太行陉、轵关陉，交通之外也是文化融合的通路。比如滏口陉通往邺城、邯郸和安阳，在商代是商文化西传的必经之路，在

图2　横梗于华北平原的太行山

魏晋南北朝则是通往文化和政治的核心区域，响堂山石窟就在"滏口陉"，其实也是皇家开凿，邺则是北齐的首都。至于山西和河北的北朝壁画有许多共通处，其实也依赖这些通路的存在。又比如"太行陉"，是晋南地区通往洛阳的必经之路，我第一次去永乐宫，走的正是这条道。从洛阳龙门而来，一路山势奇绝，山路回环根本就看不到车子下面的路，有如腾云驾雾一般，同事坐在大巴司机边上的位置无比兴奋。后来常走的"洛太高速"其实也是走这条道，但凌空取直，兴味自然是大减。山西的西界是吕梁山，跨过去是陕西；南边是中

图3　山西洪洞广胜寺水神庙

条山、王屋山和黄河；北边则是长城，是游牧和农业的分界线。高速、国道和省道的感受差的很多，省道其实最接近于古代的道路，一般在谷中顺河而行，国道和高速穿山越岭，尤其高速，天堑的概念就很淡漠了。山定而水行、路通。山为什么重要，因为是脊梁，正是因为脊梁的存在，才有了山西自北而南的大同盆地、忻定盆地、太原盆地、临汾盆地和运城盆地，起伏平缓处才有文明的发生。道路连接人的聚集区，小则为村落，大则是城市，最重要的道路比如从大同一路南下经太原而至于运城蒲州风陵渡的同蒲路，后来同蒲铁路其实走向基本相同，串联山西。

　　一直都很在意村落，山西的寺观是随村落而布局的，某种程度上而言，寺观其实是一个或几个自然村的文化中心、经济中心和政治中心。寺观附近往往还有戏台、文庙、学校、市集等等，其实也是整个文化生态不可或缺的部分。宗教活动、商事集会、娱乐、教化、议事、交流，这些社会功能性活动往往在相对集中的区域展开，这也解释了山西寺观建筑数量巨大，壁画内容驳杂的原因，它的立足点在民间，宗旨也是为民众服务，安置其情绪，引导其思维、规范其行为，以血缘而组织地缘，构建文化上的认同。山西的寺观不是纯粹的宗教场所，故而要在人类学和社会学的维度下思考寺观的分布，山西的许多村落直接以寺名，可见其重要。两年前在山西专门考察壁画，广胜寺水神庙去得最不容易（图3），由于正在对明应王殿壁画进行修复工作，做了很多努力才有幸一睹著名的"大行散乐忠都秀在此作场"以及"祈雨图"（图4），爬上修复人员搭的架子，更是零距离仔细研究了弈棋、打球、梳妆等元代生活场景图的风采。水神庙为祭祀霍泉神而建，庙门前就是霍泉，水神庙和广胜寺、自带舞台的山门、民间的市集正组成了区域的活动中心，文化地理上的标本意义并不亚于壁画的重要性。

图4 山西洪洞广胜寺水神庙壁画／祈雨图

图5 山西五台山佛光寺远眺

现在我们所能看到的山西地图其实都让人纠结，重要的人文信息缺失太多。只是一个个地名标在图上，让人难以生出亲近和探索的冲动。永乐宫、青龙寺、广胜寺、佛光寺（图5）、南禅寺这些名字反而湮没在交错线条之中，其实是可惜。我总希望，山西能有一个包括古建、墓葬、壁画和各种遗址遗迹的数据库，不是"国保"才有资格登记造册，"村保"也应该纳入，一是基本信息，二是动态发展中的情况（比如关键位置一定时间间隔的影像档案，有条件的点甚至应该实时直播）。我们现在的文物地图太不直观，缺乏互相之间的联系，也没有考虑实用性和可持续性。网络上的数据不能代替行万里路的惊喜和愉悦，但是可以解决研究、宣传和保护过程中的许多问题。

山西留下大量地面古建筑的原因主要在于地理和环境因素，整个山西除了北边大同这个出口，四面全是山，交通不便自然也使得外来的破坏以及自身的更替都变得不易。古建留存数量多的另一个原因在于这些建筑在民间一直发挥作用，心理上更早已是当地每个普通人所珍视的传统与认同的组成，在许多寺院前都能见到各个时代记录当地人供养捐赠和修缮的碑石，全民的参与其实一直到当代都是如此，很多寺院塑像的彩画全以当地人的想象和审美为基准，让人哭笑不得，但其实也无可指摘，信仰本就如此。

想象

我觉得我们的美术史研究还不够聪明。很多时候，我们花了很大的力气做一些很难有结果的工作，比如，认神仙。神仙谱系真的是非常重要的事情，关乎源流和认同上的自信。当年叶芝就花了很大的力气来构建爱尔兰的神话体系，北欧神话和希腊罗马神话体系最完整，追根溯源毫无障碍。记得在大英博物馆观摩他们的 k12 的课程，有一节就是讲古希腊神话，一个个神拿出来细读，手持狼牙棒的必定是赫拉克勒斯，三叉戟的肯定是波塞冬，这个不是什么学者研究的成果，是荷马、维吉尔一直到托尔金的功劳，从公元前 10 世纪一直到公元 2000 年，口耳相述，不容质疑，文本和雕塑还有壁画在那边，从漫画到好莱坞电影在那边。

我们的专家不屑于厘清"玉皇"和"三清"的关系，的确这不属于学术的范畴，然而老百姓关心的其实就是官阶高低和神仙法力大小，那边厢倒是连宙斯的私生活都能写成诗（Leda 和天鹅之类）。我是觉得《封神演义》和《西游记》之类的小说真的很重要，神话体系的构建是民族认同的基础。其实，神仙的形象不是定义和规范出来的，是想象和艺术创造的结果，和翻书寻资料掉书袋无关，和逻辑推理勾陈材料无关，有关的是感情，是冲动，是想象力。值得说的是，专家找到了许多水陆仪轨的文本，反过来和壁画内容比对解析，一

图6　山西芮城永乐宫三清殿

图7　山西芮城永乐宫三清殿元代壁画／朝元图

是对号入座，大致搞清楚谁是谁，二是复原仪式过程。"水陆法会"是正式的叫法，对于老百姓而言，做法事的原因是很多样的，从大地震之后的镇魂祈福，到节庆祭祀，神仙的世界是现实存在的，头上三尺有神明。

神仙的班底其实是有的。道教体系最直接的当然是"永乐宫"（图6），水平最高，配置最全。永乐宫的三清殿是其中心主殿，殿内所绘有包括八位主神（所谓的四帝二后加上东王公和西王母）在内的290位神祇的形象（图7）。五十多年前王逊先生就写文章对其进行了辨认，错讹处当然在所难免，但足够当作支撑想象的四梁八柱了。水陆画系统比如稷山青龙寺腰殿。四壁壁画所表现的包括三身佛、炽盛光佛、四方佛、十大明王、十地菩萨乃至于二十八宿、五岳四渎、帝王将相、历史人物，从引导到正位神，从佛道到儒教，从天界到冥府，四周壁画与中间的接引佛组成了完整的水陆法会的仪轨程序，又体现密宗曼荼罗的因素。历史人物比如"稷益庙"，绘制的是大禹、后稷、伯益祭祀、耕获、田猎、授种的场景，这种题材其实比单纯的朝元仙仗式的人物列队有意思得多，因为有许多生活场景在其中，所以建筑、服装、生产生活的场景能给后来的研究者提供许多的乐趣。又比如永乐宫的纯阳殿和重阳殿，绘制的是吕洞宾和王重阳的生平故事，当时的戏曲其实也有许多相关曲目，不仅仅是教化，更是娱乐，应该是很深入人心的。

神话的本质是想象，工匠创作的时候依照的是粉本，粉本的来源也是口耳相传和无垠的想象，这个方面的研究其实还有很大空间。比如所谓的晋南画工团队和绘画技术问题，我就觉得应该做下实验考古或者复原实践，从设计图到最终效果其实挺复杂。神仙菩萨、三皇五帝自有其出处，但实际上神仙体系并非严格，神仙的形象更非一定，根据图像边的榜题而确定神仙的形象固然是最直接的方法，但是也谈不上太靠谱，即便有榜题也不意味这就是标准像，尤其一些偏门和小众的神仙。绝大多数壁画上的人物形象其实是雷同的，这正是专家在辨认人物时遇到困难的根本原因，也是壁画和纸、绢上的绘画根本区别所在，艺术创作和匠作劳动不是一个层次的事情。工匠至多就是技术了得的匠人，没有理由希冀这个群体对画面内容本身有深入了解，在壁画的实例中我们所发现的错绘的情况其实并不罕见。这与古建的情况很相似，《营造法式》里的结构未必是工匠自己的叫法，真正的图纸其实存乎于口耳相传中。

空间和思想

这两年古建的研究很热门，尤其是民间的古建研究和保护。其实这事本来就应该依靠群众的力量，仅靠安保怎么能保得住这么多的古迹，需要的是更广泛的认同。在诸多研究民间的力量中有一支队伍叫"六椽栿"，作了很多次的

图8 山西繁峙岩山寺

图9 山西繁峙岩山寺内景

图10 山西繁峙岩山寺文殊殿金代壁画

古建考察的工作，很有影响力。"六椽栿"是一个很要紧的古建名词，栿就是梁的意思（宋代称为栿，营造法式其实工匠未必明白，但规制基本如其所记），栿上架六根椽子就是"六椽栿"，相应的"四椽栿"就是上托四根椽子的栿。梁架和立柱系统决定了建筑的构造和规模，另外也决定了基本的空间结构。

空间是研究壁画的关键。地上和地下的道理是一样的，宋金的砖雕墓表现的也是建筑空间内的场景。空间和壁画的关系其实不是本体结构和附加装饰的关系，壁画是空间的衍生延展和提升加强。建筑和墓葬都是如此，是用来安置这些视觉形象和雕塑之类的物件的。

比如繁峙岩山寺是宋金时期山西很标准的寺观，主殿为水陆画，但已毁。岩山寺的文殊殿进深六椽，是四椽栿前后劄牵（劄牵就是起联系作用的一步架的短梁，所以岩山寺进深六椽，但并非用六椽栿）用四柱的结构，殿内减柱和移柱的方式同时使用，从而使室内建筑空间最大化，配合满布壁画的东西壁面，视觉上没有遮挡，结构上也牢固（图8-10）。实际上，山西这一时期的许多

图 11　山西忻州九原岗北朝壁画墓墓道北壁

图 12　山西朔州水泉梁北齐壁画墓

此类规模的建筑是这种做法，是功能和内容的统一。地下墓葬同样如此，北朝壁画一般是车马出行，娄叡墓、忻州九原岗（图11）、水泉梁（图12）之类皆是如此，墓葬其实是驿站和接口，沟通生和死、地上和天上的世界。宋金墓更世俗，我们考察稷山、汾阳东龙观乃至于侯马等地的砖雕壁画墓，表现的是院落空间，墓主人对坐观戏，彩绘配合砖雕，细节表现之用心不亚于任何地上建筑。

　　最重要的当然是娄叡墓，在山西博物院的库房两次观看娄叡墓的壁画，都很震撼。其实，娄叡墓壁画作者是谁并不重要，聚焦在某个具体的人身上反而容易引出学术逻辑上的瑕疵，重要的是壁画本身的高水平。尤其是栩栩如生的马匹，让人联想到韩干的马。至于人物，不但生动，而且特别忠实地表现其服装、发型和佩饰，是最标准的北齐人物形象。1981年考古发掘和文物保护的实践和理念与今天不可同日而语，娄叡墓没能原址保护其实可惜，但被切割下来的壁画放在博物馆的库房里，至少是不坏的归宿，得以让人一窥北朝绘画艺术的最高水平。娄叡墓的墓道、甬道、天井、墓室均分栏绘制不同的画面内容。

图 13　山西太原北齐娄叡墓壁画／鞍马游骑图

图 14　山西太原北齐娄叡墓壁画局部一

图 15　山西太原北齐娄叡墓壁画局部二

其中墓道、甬道、天井和墓室的下栏是车马出行，墓室内壁四周是歌舞伎乐，表现的是墓主人内廷的场景（图13-15），墓门、墓道、甬道、天井和墓室最上层表现的是包括星象、青龙、白虎、金翅鸟、雷公、十二生肖等在内的天上世界。娄叡墓壁画的内容属于最典型的北朝墓葬壁画的题材和内容，谈北朝壁画墓，有几座规避不开，在山东是崔芬墓，在河北是茹茹公主墓和湾漳大墓，在山西就属娄叡以及之后发现的徐显秀墓，很可以说明当时的文化交流和相互之间的影响。在墓室中，壁画所再现的的是宇宙空间和时间序列，其实是四维时空的记录和想象，在小空间里营造的是从天地到屋宇，从现下到过往，在小空间里表现动态的时空，这是北朝壁画的最大特点。

我对岩山寺文殊殿壁画感兴趣是因为四壁尤其是西壁上的精美绝伦的建筑，许多研究者甚至将其归为金代皇宫建筑，其实御前承应画匠王逵所绘的是佛传和经变故事，建筑只是背景和环境而已。岩山寺所处地区为宋金战场，本身是金太宗为荐救超度阵亡将士亡灵而作。因为是御制，所以作为主题内容背景的建筑也高度还原都城的宫殿建筑群并非不可能。在建筑的壁面上绘制高度写实的建筑群其实是很有意思的经历，对于观看者而言（水陆道场的参与者或者祭拜者），都城是难以到达之所在，在五台山边这个边缘的地点能有这样宏阔而不凡的视觉体验，在小空间中营造大视觉的初衷得到了很好的实现。

研究壁画，边际研究效益最大的部分在"思想"。遗憾的是，思想这件事情很难用"科学的方法"进行研究，简单讲就是结论难以验证。但也不悲观，人的思想的变化幅度恐怕远小于物质社会的变化幅度，所以一直有这种感觉，与其上下求索，不如独孤冥思。现在的讲的学术概念里的"思想"其实是"追索缘由"，"追索缘由的思想"是可以用科学方法来研究的话题，但是和那个"终极的思想"是此岸和彼岸的关系。在壁画研究的领域，有几个话题很值得注意，起码对于"追寻缘由"很有帮助。一是过程和范式的问题，其实我们到现在还不是很了解从开头到结尾的整个过程，始于何处，终于何处。建筑、装饰、壁画当然是几批不同的人来负责的，设计和施工究竟怎么配合，甲方是谁（地下的大概能明白），乙方有几家，各方的责任权利，这些是基本问题。文献里和碑铭上有线索，但是需要梳理。二是卷轴画和壁画之间的关系，匠和艺之间的关系。现在的美院都有 fine art 和 applied art，当时如何应该要说清楚，这个和将来的发展方向有关系，既然到不了彼岸，就应该考虑经世致用的问题，现在叫设计和创意产业的玩意当年就有。

山西壁画本质是民间信仰的视觉化体现，儒释道的叠加其实是民众心理需求和时代氛围的产物，本质是为了提升信仰者的认同和归属感，扩大受众面的规模。山西是伟大的地方，13亿中国人都应该去的地方，就好像京都之于日本或者罗马之于意大利。在京都祇园四条出来，过了鸭川，随便走进一条小道，遇到一座寺庙，寺前的一块木牌说明这是属于镰仓时期的禅宗寺院，再往前走，短短三五百米的一条路上，遇到不下十座寺院，每座都有来历，让人感叹不已。太行把山西留了下来，是命定的事情，对于中国而言，必须要珍惜，这里是文化的基因。即便再强调国际化，自信和自觉也是前提。

（作者单位：上海博物馆）

献给另一个世界的画作
——北魏平城墓葬壁画

张庆捷

中古制作墓葬壁画的目的是什么？这是探讨墓葬壁画不可避免会遇到的问题。壁画内容主要由两部分组成，一部分是墓主人所在的社会生活环境，另一部分，是当时的神话传说和宗教信仰。制作壁画的目的，就是使用绘画的艺术形式，力图将墓主人的生活状况、社会环境、古代神话信仰以及地位权势等方面表现出来，陪伴墓主到冥世。

墓葬壁画是特殊随葬品，比一般金属、陶瓷、木石之类器物更能直观显示墓主人的生活和信仰。可以说，墓葬壁画犹如古代社会的一面镜子，折射了特定历史阶段的社会情况。

墓葬壁画为谁制作？是生者还是死者？则是研究墓葬壁画面临的又一个问题。回答此问题，当先了解古代葬礼是生者为先还是死者为先？我个人认为，墓葬壁画耗费巨大人力物力，成本高昂，主要是为死者而作，起着"既娱神又娱人"的双重作用。为何这样讲？这是古代人的信仰决定的。我们知道，北朝墓葬壁画的源头不是来自北方草原，而是承袭汉晋。汉代盛行厚葬，社会上流行"重死不顾生，竭财以事神"的行为和观念。在这种观念下，墓葬壁画的性质决定了它与其他随葬品相同，均是献给死者和死者所去的另一个世界。另一个世界就是冥世，古代人是相信冥世的，在墓葬中配上规模颇大的壁画，绘制了死者生前生活的情景，是希望死者进入冥世，延续生前的威风与奢华。另外，墓葬壁画是大型画作，在作画过程中，特别是在画作完成、举行葬礼期间，壁画作为大型墓葬艺术品，必然比其他随葬品更得到人们重视，会向参加葬礼者公开，以显示葬礼的隆重排场和主家对死者的忠孝，同时也会接受参观与评点。

北魏从公元398年迁都平城（今山西省大同市），至太和十八年（494）又迁都洛阳，在平城定都长达96年。近百年期间，北魏迅速兴起发展，北地民族汇聚平城，鲜汉杂居，既建设了一座壮丽的都城，又留下大批遗址、遗迹和墓葬。其中不少带有壁画的墓葬弥足珍贵，表明北魏墓葬逐渐摆脱魏晋以来的薄葬之制，回归并重续了汉代厚葬之风。

北魏平城墓葬基本分砖室墓、土洞墓和土坑墓三类，每一类又分若干形制。继汉晋之做法，北魏的壁画墓多为砖室墓。

根据载体不同，平城墓葬壁画分为三类，第一类是墓葬墓壁上的绘画；第二类是石堂壁上的绘画；第三类是木棺上的绘画，简称棺板画。

根据已发表资料，第一类墓葬壁画见于数座墓内，其中纪年墓有2座，分别是大同沙岭北魏壁画墓和大同富乔垃圾电厂北魏9号墓。无纪年壁画墓有怀仁丹阳王墓、大同云波里北魏壁画墓、大同文瀛路壁画墓、迎宾大道北魏16号墓等。纪年墓时代明确，易于考察壁画演变，自然成为断代标杆。

北魏沙岭壁画墓是现存北魏最早的壁画墓，坐东朝西，由长斜坡墓道、甬道、砖构单室墓组成。据墓内木棺漆皮残留文字记载，破多罗太夫人死于太延元年（435），与丈夫合葬于此。墓主人破多罗太乃鲜卑人，官居侍中、主客尚书、平西大将军[1]。

该墓壁画分布于甬道和墓室。制法是用草拌泥先做地仗层，地仗表层涂一层白灰，然后在白灰上绘画。壁画内容很丰富，甬道有伏羲女娲图、怪兽图和武士图等，墓室四壁都有壁画，东壁为男女墓主人并坐图，北壁是出行图，南壁是露天的群体宴饮图，西壁是镇墓武士图。北、西、南三壁上部另有环绕的奇禽异兽图和男、女侍从图。

第二个纪年墓是大同市全家湾富乔垃圾发电厂北魏9号墓，该墓坐北朝南，为长方形斜坡墓道砖构单室墓，由墓道、过洞、天井、墓门、甬道和墓室几部分组成。据甬道壁上文字记载，墓主人是梁拔胡，官居（散）骑常侍、选部□□，爵位安乐子，葬于北魏和平二年（461）[2]。

壁画分布于墓门上方门楣处、甬道两壁以及墓室四壁，门楣图案已模糊不清。甬道两壁壁画脱落较为严重，但仍可识别有一只镇墓兽的形象。

壁画大部集中于墓室四壁，北壁直对墓门，为正壁，正中部分为墓主人宴饮图；东壁为狩猎图，西壁画面分两个内容，北部是庄园图、南部是露天宴饮图。南壁仅在墓门两侧有壁画，保存情况不好，绘画斑驳难辨。

大同北魏无纪年壁画墓发现数量较多，如怀仁县丹阳王壁画墓，该墓发掘于1995年，是一个多室墓，墓砖上有"丹阳王"三字，《魏书》不载此人。此墓早年曾遭破坏，现已是个空墓，仅在甬道上残留着两个武士形象[3]。

大同文瀛路壁画墓是一座砖室墓，坐北朝南，墓葬顶部破坏严重。在甬道、墓室墙壁及棺床周围绘制壁画，内容有花草、人物等，棺床前壁绘有胡商图[4]。

大同迎宾大道北魏16号墓是砖室墓，也是壁画墓，可惜墓室遭到严重破坏，壁画多已毁坏，在甬道和墓室，还残留武士图、侍者图和龙的图像等[5]。

大同云波里北魏壁画墓也是一座砖室墓，坐西朝东，墓室内尚存部分壁画，内容有写实的宴饮图、狩猎图、侍从图、武士图等，分布在东壁、南壁和甬道两侧[6]。

另有几座壁画墓，因为发掘简报尚未发表，本文暂不讨论。

第二类墓葬壁画是石堂（石椁）绘画，平城北魏墓出土许多石堂，分为素面或雕刻绘画两种，前者不在本文考察范围，故而从略，后者见于大同智家堡北魏墓、雁北师院太和元年宋绍祖墓、御东建设区太安四年解兴墓、大同市公安局建设工地和平元年张智朗墓和大同富乔发电厂出土皇兴三年佛教画像石堂等。除智家堡出土石堂外，其余几座有纪年，时间清楚。

时间较早者为北魏文成帝太安四年（458）解兴石堂，石堂门楣有刻写文字："唯大〔代〕太安四年，岁次戊戌，四月甲戌朔六日己卯。解兴，雁门人也。夫妻王（亡），造石堂（室）一区之神枢（祠），故祭之。"

解兴石堂，前后左右四壁共有四幅绘画，前壁绘画在外表，左右壁和后壁画面在石堂里面。

解兴石堂第一幅画位于石堂正面，画面朝外，内容大体分为四个部分。第一部分是最上部的和左右两侧的梁柱斗栱等建筑构件。第二部分，是立于大门两侧的两个武士。第三部分，是武士上方的树木、花草、飞禽和异兽。第四部分位于武士身体下部，由人物、牛羊、动物、用具等组成，有"放牧图"和"庖厨图"等。

第二幅画是石堂左面壁画，画面中心是两位女性，一个怀抱一阮咸正在弹奏，一个双手握一长箫吹奏。左前方，还立着一个听得入神的侍女。

第三幅画是石堂右侧壁画，内容是二男子跪坐于白色长毡上演奏九弦箜篌和长琴。

第四幅画位于石堂后壁，内容较多，主要是中间的墓主人宴饮图，夫妇二人坐于床榻，女左男右，盘腿而坐。男主人头戴鲜卑帽，左手端一酒杯，右手握一羽扇。女主人头戴中间略洼的鲜卑帽，左手端一酒杯，右手握一个圆扇。他们前面有一块长毡，上面摆着杯盘碗钵和温酒樽，旁边站立男女侍者和乐者。两侧绘着牛车鞍马图[7]。

北魏平城石堂时代排列第二者，是市公安局建设工地出土的北魏文成帝和平元年（460）张智朗石堂。该石堂正面右侧刻着一段文字："惟大代和平元年，岁在庚子七月辛酉朔，乙酉日。故使持节、散骑常侍、镇远将军、汝南庄公、荥阳郡阳武县安平乡禅里里毛德祖妻太原郡榆次县张智朗，年六十八，遘疾终没。夫刊石立铭，书记名德，垂之不朽。欲使爵位荣于当年，美声播于来叶。若后高岸为谷，深谷为陵；千载之下，知有姓字焉。"[8]

该石堂可见前壁和侧壁绘画，后壁已看不清。前壁外表在门两旁各绘一个武士，卷发、尖耳、面目狰狞、身材健硕、上身裸露、赤脚，周身缠绕红色帔帛，左脚直立于兽身、右脚跐脚尖踏兽身。

石堂里面也有壁画，正壁绘画漫漶不清，前壁内面和左右两壁绘着宴饮图、奏乐图、出行图和牛车鞍马图等。

第三个应该是大同智家堡北魏墓石堂，外形为单檐人字坡悬山式顶。彩色壁画分别绘在石撑为四壁、顶部、三角形梁和脊檩上，壁画皆直接绘于石材表面。

北壁（正壁）壁画为宴饮图，东壁壁画是正中绘男性四人，均半侧身面向墓主人，双手袖于胸前。四人头顶上方绘两个羽人，彼此面面相对。西壁画面是四位侍女。南壁壁画是西侧绘牛车一辆，牛侧一人正在驭牛同行。东侧壁画内容与西侧相似，为一戴垂裙黑帽的人牵着一匹马[9]。

第四个石堂即富乔发电厂出土的皇兴年间佛教画像石堂。石堂为长方形屋宇结构，悬山顶，由地栿、四壁、梁和顶板组成。石堂北安放石棺床，雕刻忍冬纹和水波纹。

同时还出土了一方墓碑，形状为上圆下方，纪年为北魏皇兴三年（469），墓主人为幽州燕郡安次县人韩受洛拔的妻子，名为邢合姜。

石堂北壁（正壁）中间为二佛并坐，有头光、背光，面相丰腴，施说法印，头部和上身略微内倾。西侧为一尊坐佛、两边为供养菩萨和婆薮仙，双手捧雀于胸前，仰望着主像，左上角虚空夜叉作飞行状。下层为博山炉，两侧为前导供养僧人紧跟着鲜卑服装的供养人行列。

东壁彩绘两尊坐佛，佛之间为供养菩萨和莲花装饰，下层为博山炉和供养人行列。

西壁彩绘两尊坐佛，佛之间为供养菩萨和莲花装饰，南侧为罗睺罗因缘，坐佛左手举于胸前，施说法印，右手自然下垂，作抚摸状，放于双手合一作胡跪状的罗睺罗头顶。下层为博山炉和供养人行列。

南壁内侧上层彩绘形象、大小相同的七佛坐像，下层为朝向墓门昂首挺胸、张嘴咆哮的镇墓兽。

顶部后坡为三组飞天和莲蕾（缺一块），飞天有头光，圆脸，上身斜披络腋，下穿紧身裙，周身帔帛飘舞，双腿向后微曲，赤脚，双手摆出不同的姿势，或捧莲蕾，或挽飘带在凌空飞舞[10]。

第五个是北魏太和元年（477）宋绍祖墓石堂，宋绍祖墓石堂的绘画内容较为特殊，观其内容为，左壁画面是五人在舞蹈跳跃，上身穿交领宽袖长袍，下身着长裤，长裤在膝盖处扎住，显是汉族服装。

正壁画面是，有两个博衣高冠、面相丰满的汉族中年男子席地而坐，正左奏乐，左方之人面露笑容，膝上平放一筝，双手正在抚弦弹拨。右方之人留有长须，回首笑望着他，双手拨弄着一个架在膝上的月琴，人物服装与南朝"竹林七贤"图中服装相似。

右壁画面漫漶不清，只能看到一清癯较瘦老人穿一宽松长袍坐于石上，石下还跪着一人[11]。三壁画面整个风格都接近魏晋南朝风格，当是魏晋绘画艺术在平城地区的自然延续。

大同北朝艺术博物馆还藏几块石堂壁画，表现了幕天席地的生活场面。在沙岭北魏壁画墓南壁，也有类似内容。还出现了酿酒图、宰羊图等。

第三类壁画是墓葬中的木棺绘画，如大同电焊条厂北魏墓葬出土棺板绘画宴饮图[12]、大同智家堡北魏墓棺板画[13]、破多罗太木棺漆皮画[14]、大同博物馆藏棺板画、湖东1号墓漆棺侧板的伎乐童子[15]、二电厂37号墓漆棺侧板彩绘的瑞兽与童子[16]、湖东棺板启门图和门卫图和大同北朝艺术博物馆藏棺板画[17]等，以上棺板画多是棺板画的的某一部分，保存情况不等，有的内容较多，有的较少。按具体内容看，包括墓主人画像、狩猎场面、生活场面、主人出行、集体宴饮、将士操练和门卫等。

三类图像的面积有大小之别，从制法看，前两类有地仗层，第三类无地仗层，是在木板上先上漆、后绘画。

归纳以上三类壁画内容，可以分为墓主人宴乐图、牛车鞍马出行图、露天宴乐图、狩猎图、武士图、伏羲女娲图、怪兽图、武士图、胡商图、农庄图、山水图、星象图、将士操练图、启门图、伎乐图、佛像图、飞天图、门吏图、四神图等。涉及到北魏社会很多方面。其中，见于甬道的主要是天王图、伏羲女娲图、龙凤图和镇墓兽图，其余图多见于墓室。墓葬图像是一种特殊的历史资料，它表现的社会生活，有的史书缺载，有的语焉不清，故而释读图像内涵，考察图像的来龙去脉，有助于了解当时的文化和社会风情。下面选择几组图像简略考察。

武士图。大同沙岭北魏壁画墓甬道两壁即绘有武士立像，武士戴盔披甲、大眼阔口、面目狰狞、身着盔甲，脚穿黑履，面向墓门。一个是右手持盾、左手握刀，另一个武士左手举刀。

怀仁丹阳王墓甬道也绘武士图像，西壁武士身形健硕，上身裸露，穿短裙，赤足，周身缠绕帔帛，周围装饰莲花或莲蕾。西壁武士有三头，左手持长柄锤、右手持长兵器（图1）。东壁武士有四臂，右手叉腰和上举、左手持长兵器和长柄锤（图2）。

大同文瀛路壁画墓甬道东壁也绘有武士形象，卷发、尖耳，眉心间有一目，身体健硕，上身裸露，赤脚，周身缠绕红色帔帛，左手持黑色长柄锤，右手持长兵器。

迎宾大道北魏16号墓甬道壁画也有武士形象，该墓甬道南壁武士面向墓道，头戴白色兜鍪护耳盔，上身穿鱼鳞状护颈白色铠甲，下身着菱形铠甲裤，双手拄剑于胸前，脚穿黑鞋，踏于圆形覆莲台之上。甬道北壁武士头戴白色护耳兜鍪，上身穿鱼鳞状护颈铠甲，下身着菱形铠甲裤，双手于胸前斜握长矛，脚穿黑鞋踏于圆形莲台之上[18]。

此外在解兴石堂、张智朗石堂前壁门两侧，也有武士形象。

图1 山西怀仁丹阳王墓甬道西壁／武士图　　图2 山西怀仁丹阳王墓甬道东壁／武士图

这些形态怪异的武士，威风凛凛，守护着墓门，意同守护大门或殿堂，应该是中国较早的天王形象，特别是怀仁丹阳王墓武士，三头四臂，与后世天王极为相似。天王形象出现于墓内，与佛教在平城的传播有关。从北魏道武迁都平城，佛教就开始在平城传播，《魏书·释老志》记载："天兴元年（398），下诏曰：'夫佛法之兴，其来远矣。济益之功，冥及存没，神踪遗轨，信可依凭。其敕有司，于京城建饰容范，修整宫舍，令信向之徒，有所居止。'是岁，始作五级佛图、耆阇崛山及须弥山殿，加以缋饰。别构讲堂、禅堂及沙门座，莫不严具焉。太宗践位，遵太祖之业，亦好黄老，又崇佛法，京邑四方，建立图像，仍令沙门敷导民俗。"[19]

这是佛教在平城的最早记载，随后太武帝时，"凉州自张轨后，世信佛教。敦煌地接西域，道俗交得其旧式，村坞相属，多有塔寺。太延中，凉州平，徙其国人于京邑，沙门佛事皆俱东，象教弥增矣。"[20]《水经注》也记载："东郭外，太和中，阉人宕昌公钳耳庆时，立祇洹舍于东皋，椽瓦梁栋，台壁棂陛，尊容圣像，及床坐轩帐，悉青石也。图制可观，所恨惟列壁合石，疏而不密。庭中有《祇洹碑》，碑题大篆，非佳耳。然京邑帝里，佛法丰盛，神图妙塔，桀跱相望，法轮东转，兹为上矣。"[21]

文成帝和平初年（460），命高僧昙曜修建云冈石窟，同时平城内部也出现大量佛教寺院，著名的如八角寺、五缎大寺、天安寺、永宁寺等，天王形象大概就在佛教传播或修建寺院的过程中传入平城。云冈石窟有护法形象，如第

图3 山西大同沙岭北魏壁画墓甬道北壁壁画

图4 山西大同沙岭北魏壁画墓甬道南壁壁画

图5 山西大同北魏太安四年石堂正面图

9窟和第10窟,在窟门两侧,各有一尊护法,左右对立,手执武器。在这种背景下,天王逐步由寺院的守护神,转变为墓葬的守护神。同时,在这种背景下,墓葬中也出现纯佛教的石堂绘画,如前面提到的富乔发电厂出土石堂中的二佛并坐图、坐佛图、飞天图以及供养人图等。

人面兽身或兽首兽身图。如大同沙岭北魏壁画墓甬道内,在武士的身后一侧,各有一个人面兽身的异兽形象,头下身上,前肢着地,面朝墓门。两兽均为男相,宽圆的面庞,还蓄留胡须(图3-4)。类似异兽图也见于御东建筑工地所出北魏太安四年石堂正面武士俑两侧(图5)。

这种人面或兽面的异兽,是人和几种动物的组合,应是墓中经常可见的镇墓兽。镇墓兽最早见于战国楚墓,魏晋南北朝时期开始流行。墓中镇墓兽多以

图6 山西大同沙岭北魏壁画墓甬道壁画/伏羲女娲图

图7 山西大同沙岭北魏壁画墓/墓主图

模型出现[22],这是以图像形式出现。

伏羲女娲图。绘于沙岭北魏壁画墓甬道,两人头戴花冠,双手袖于胸前,上半身是人身,下半身呈龙蛇体,龙蛇盘绕,交缠在一起。两人头部中间有一围绕火焰纹的摩尼宝珠。画面的右边有一龙尾上卷的长龙,龙头刻画清晰(图6)。东汉王延寿《鲁灵光殿赋》中记载伏羲女娲是"伏羲鳞身,女娲蛇躯"[23],指明伏羲下半身是龙身,女娲下半身是蛇,所以他描述为"鳞身蛇躯"。

伏羲女娲图是中国传统图像,在汉墓和河西魏晋墓葬经常出现[24],北魏墓出现不多。汉晋推崇此图,视为诸神之首,乃因他们是传说中人类始祖,怀有感恩之意。同时,将他们画在一起,又具有生殖繁衍的祈愿。该图存在于破多罗氏墓中,令人不禁有些惊讶,惊愕之余,推测到一种可能性,即破多罗氏虽是鲜卑别种,然而择取伏羲女娲图,至少说明破多罗氏认同伏羲女娲,并且开始吸取汉族先祖文化。

墓主人图像。墓室壁画内容较多,精彩纷呈,绝无重复,似无规律,但仔细观察可以发现,也有一定规律可寻。最明显者,就是每个墓室壁画,只有一个中心,即墓主人图像。大同沙岭北魏壁画墓(图7)、云波里北魏壁画墓(图8)、太安四年解兴石堂壁画(图9)和大同智家堡北魏墓石堂壁画都是夫妻并坐于榻上(图10),男右女左,唯富乔发电厂壁画墓是男主人独坐床榻(图11)。

无论夫妻并坐,或是男主人独坐,前面一概陈列着酒食,旁侧站立着侍者,此类图习惯称之为"墓主人宴饮图"。绘制该图的目的,是为保留墓主肖像,

图8 山西大同云波里北魏壁画墓／墓主图

图9 山西太安四年解兴石堂壁画／墓主图

显示墓主的地位和生活，具有纪念意义。由于缺乏相关资料，尚不能确定，墓主图像究竟是写实的还是象征性的？对比几座壁画墓的墓主图，几位墓主面相差别不大，都是椭圆形略显丰腴的脸庞，头戴黑色鲜卑帽，面带微笑，雍容富态，但是有的有胡须，有的无胡须，尤其是沙岭北魏壁画墓，墓葬壁画和棺板画上，都有墓主夫妇画像，前者似乎无胡须，而后者有明显八字胡，暗示象征性与写实性共存。墓主衣着差别较大，如大同云波里北魏壁画墓身着红衫，沙岭北魏壁画墓的女主人身着红衫，男主人身着红条白底长衫，而太安四年石堂

图10　山西大同智家堡北魏墓石堂壁画／墓主图

图11　山西大同富乔发电厂北魏9号墓／宴乐图

壁画墓主人夫妇身着粉红长衫，大同智家堡北魏墓石堂壁画夫妻是身着白衫。在彩绘陶俑中，衣服也是五颜六色，鲜亮夺目，可为旁证。鲜卑人尚黑帽、男子还尚黑鞋，衣服却很艳丽，鲜见皂色，红、白二色居多。衣着色彩的不同，不知是否与季节变化有关。

墓主画像在北魏壁画中出现比率最高，几乎是北魏墓葬壁画的标配。也有个别例外，如富乔发电厂出土佛教画像石堂中不见墓主画像，宋绍祖石堂中的高士抚琴图也应该不是墓主人的写真，至多是表达墓主人寄情山水、抚琴作乐的愿望。在其他几个破坏严重的北魏墓葬壁画墓中,因为画面大面积缺失,也看不到墓主人形象,除此而外,都有墓主图像,位置都在正壁正中,非常突出,是所有图像的核心。其余图像乃环绕墓主人图像而展开,人物比例矮小,位置或偏或远,主从次序一目了然。甚至墓室四壁所有图像,都是墓主图像的附从或延伸,众星拱月一般衬托着墓主图像。墓主图像既是壁画故事的中心,也是壁画故事的起点,是画家有意采用人物不对称比例的方法造出全局协调,主次分明的视觉效果。

在正壁墓主图像外,侧壁是表现当时北魏社会生活的壁画,如沙岭北魏壁画墓的北壁出行图、南壁露天宴饮图,还有富乔发电厂9号墓的东壁狩猎图和西壁露天宴饮图和庄园图等,也都是墓主人日常生活的描写和反映。类似还有御东建设工地出土北魏太安四年石堂东西壁的演奏图,智家堡北魏墓出土石堂东西壁的牛车鞍马图等,都是正壁墓主人图的陪衬,起着细化展示墓主人生活的作用。

牛车鞍马图是墓主人出行图的组成部分,随着时间推移,该图位置和面积均发生变化,在沙岭太延三年北魏壁画墓中,牛车鞍马图位置在墓主图像床榻左下角,面积也小。到太安四年解兴墓石堂,牛车鞍马位置出现在墓主人所坐床榻两侧,面积显著增大,到和平元年张智朗墓石堂中,牛车鞍马图位置在石堂内前壁的下方,面积又增大。但到了智家堡北魏墓出土石堂,牛车鞍马图出现于南壁东西两侧,面积更大,成为南壁的主画面。由此变化,可见牛车鞍马图所代表的出行图,在北魏墓壁画中不断放大上升的演变轨迹,成为仅次于墓主人的题材,而且影响到迁都后的北魏墓葬图像和东魏、北齐墓葬壁画的格局。

北魏墓葬壁画有个显著特点,就是露天宴饮的画面较多,沙岭破多罗氏墓壁画中,南壁都是围绕露天宴饮展开的。该画面左半部是几排人端坐于草地,面前摆放食具,不远处有四人舞蹈,构成大型聚会宴饮的图景。右半部分是毡帐、牛车、马匹和准备宴饮的场面,其中包括酿酒图和宰羊图。类似画面还见于富乔发电厂9号墓西壁壁画左半部分和北朝艺术博物馆藏石堂壁画,在馆板画中,也可见到野外饮酒的画面。这些壁画,反映的都是鲜卑生活的重要内容。

北魏墓葬壁画还有一个亮点,通过壁画可见,丝绸之路与平城有着非常密切的关系。一是在大同御东新区文瀛北路北魏壁画墓有胡商牵驼的画面(图12),在富乔发电厂出土石堂有佛教图像。二是在许多壁画中,都有粟特人奏乐图,最典型如富乔发电厂9号墓正壁的壁画右侧,有杂耍表演,旁边有人弹奏琵琶,从其体貌衣饰而知,这是典型的粟特人;在大同市公安局建设工地出土石椁壁画中,在前壁内右,也有一排粟特人在演奏;在大同云波里北魏壁画墓宴乐图中,演奏者也是粟特人。三是在许多壁画中,有许多丝路传来的纹饰,如葡萄纹、忍冬纹、莲花纹饰等。

图 12　山西大同御东新区文瀛北路北魏壁画墓

北魏孝文帝太和年间以前的墓葬壁画,表现的多是军功贵族的生活,到太和以后,壁画题材有变化,如宋绍祖墓壁画,画高士抚琴图、送葬图、老人图。还有大同县陈村北魏晚期墓葬出现星象图等[25],在司马金龙墓出土漆屏风绘画[26],表现的多是古代名人故事。这种变化,可能与冯太后与孝文帝实行政治改革、推进汉化政策相关。

从题材内容看,各墓所见各有异同,其中墓主人宴饮图最多,其次是出行、狩猎、生活、乐舞等。这些绘画都是北魏王朝迁都洛阳前的遗存,所画人物、车马、生产、生活等景象,展现了浓郁的鲜卑风情。另如丝绸之路的题材,凤毛麟角,见证了丝绸之路的繁盛。同时通过壁画题材的演变,反映了各民族的文化融合过程。总之,这些北魏墓葬壁画,具有很高的艺术价值、考古研究价值及历史研究价值,填补了中国古代绘画史一段空白,反映了北朝民族汇聚和文明互动的特色,为我们观察了解北魏社会增加了新的窗口。

〔1〕 大同市考古研究所《山西大同沙岭北魏壁画墓发掘简报》,《文物》2006年第10期。

〔2〕 山西省考古研究所、大同市考古研究所《山西大同南郊仝家湾北魏墓(M7、M9)发掘简报》,《文物》2015年第12期;张庆捷《大同富乔发电厂北魏壁画墓墓及其壁画题记研究》,《日本龙谷大学国际文化研究所纪要13号》,2011年。

〔3〕 怀仁县文管所《山西怀仁县北魏丹扬王墓及花纹砖》,《文物》2010年第5期;王银田《丹扬王墓主考》,《文物》2010年第5期;倪润安《怀仁丹扬王墓补考》,《考古与文物》2012年第1期。

〔4〕 大同市考古研究所《山西大同文瀛路北魏壁画墓发掘简报》,《文物》2011年第12期。

〔5〕 大同市考古研究所《山西大同迎宾大道北魏墓群》,《文物》2006年第10期。

〔6〕 大同市考古研究所《山西大同市云波里北魏壁画墓发掘简报》,《文物》2011年第12期。

〔7〕 张庆捷《北魏石堂棺床与附属壁画文字——以新发现解兴石堂为例探讨葬俗文化的变迁》,见北京大学中国考古学研究中心编《两个世界的徘徊:中古时期丧葬观念风俗与礼仪制度学术研究论文集》,北京:科学出版社,2016年,页233—249。

〔8〕 持志、刘俊喜《毛德祖妻张智朗石堂铭刻》,《中国书法》2014年第4期。

〔9〕 王银田、刘俊喜《大同智家堡北魏石椁壁画》,《文物》2001年第7期。

〔10〕 张志忠《大同北魏墓葬佛教图像浅议》,德国慕尼黑大学《4—7世纪中国北部的多样文化》国际会议论文集,2017年。

〔11〕 山西省考古研究所、大同市考古研究所《大同市北魏宋绍祖墓发掘简报》2001年第7期。

〔12〕 山西大学历史文化学院、山西省考古研究所、大同市博物馆《大同南郊北魏墓群》,北京:科学出版社,2006年。

〔13〕 刘俊喜、高峰《大同智家堡北魏棺板画》,《文物》2004年12期。

〔14〕 大同市考古研究所《山西大同沙岭北魏壁画墓发掘简报》,《文物》2006年第10期。

〔15〕 大同市考古研究所《大同湖东北魏一号墓》,《文物》2004年第12期。

〔16〕 陶春慧《北魏平城墓葬绘画简述》,王利民主编《博古钩沉——大同市博物馆学术文集》,南京:江苏凤凰美术出版社,2016年,页270—277。

〔17〕 张庆捷《北魏石堂石床与墓葬壁画》,见大同北朝艺术研究院编《青铜器、陶瓷器、墓葬壁画》,北京:文物出版社,页6—21。

〔18〕 古顺芳《大同北魏墓葬图像资料研究》,山西大学硕士论文,2006年。

〔19〕 《魏书》卷一百一十四《释老志》。

〔20〕 同上。

〔21〕 杨守敬、熊会贞疏,段熙仲点校,陈桥驿复校,(北魏)郦道元著《水经注

疏》卷十三，南京：江苏古籍出版社，1999年，页1149。

〔22〕（日）小林仁撰写，朱岩石译《北朝的镇墓兽——胡汉文化融合的一个侧面》，见张庆捷等主编《4—6世纪的北中国与欧亚大陆》，北京：科学出版社，2006年，页148—163。

〔23〕《昭明文选》卷十一，中华书局影印本，1977年。

〔24〕刘文锁《伏羲女娲图考》，《艺术史研究》第8辑，2006年，页117—162。王春梅《嘉峪关魏晋墓出土伏羲女娲图像考析》，《丝绸之路》2013年第8期，页60—61。

〔25〕大同市考古研究所《山西大同市大同县陈庄北魏墓发掘简报》，《文物》2011年第12期。

〔26〕山西省大同市博物馆、山西省文物工作委员会《山西大同石家寨北魏司马金龙墓》，《文物》1972年第3期。

（作者单位：山西省考古研究所）

山西大同北魏墓葬壁画研究

韦正

山西大同北魏墓葬壁画不仅在中国古代墓葬壁画史上，而且在中国古代绘画史上都具有重要地位。中国古代绘画史上，汉风与唐风之间有本质差异。汉风代表华夏传统，唐风融合中外为一体。汉唐之变主要是在南北朝时期完成的，南朝画迹遗留极少，北朝墓室壁画、石窟壁画所幸多有保存，成为今天探讨汉唐之变的主要实物依据。北朝历史不足二百年，北魏定都大同的平城时代占近一百年，而且是奠定北朝历史走向的近一百年。虽然此后北魏迁都洛阳，东魏北齐又移都邺城，西魏北周定鼎关中，都城几经变迁，但在文化上都是平城时代的延续伸展、发扬光大。因此，可以说，不深入了解大同北魏墓葬壁画，很难了解汉唐之变。

平城时代的近一百年，北魏从部落时代步入了封建时代，其间北魏国家社会变化之剧烈，为中国历史上所仅见。墓葬壁画不可能不反映这种剧烈的变化，而且它的表现更加形象而具体、细致，成为我们今天理解北魏平城时代的一面镜子。

应该看到的是，北魏曾将上百万人口迁移到大同附近，大同地下埋藏着平城时代近百年间的北魏墓葬，数量巨大。大同地区的考古工作近年来才有序有规模的开展起来，已经发现的墓葬只是其中很小的一部分，壁画墓葬所占份额更小，还不足以反映平城北魏墓葬壁画的全貌。但已经发现的约二十座墓葬壁画已经呈现出丰富、复杂、奇特的面貌，要完全认识理解这些墓葬壁画还不现实，还只能在我们的能力范围内尝试加以解读。

一、大同北魏墓葬壁画发现概况

大同北魏墓葬壁画大致可分为两种情况：一种为墓室壁画，一种为葬具画像。葬具又可分为两类，一类为房形或模仿房子的石椁，一类为木棺或石棺。还有个别在火炕式棺床前立面绘制壁画的墓葬，可以单独进行讨论。以上墓葬正式发表材料的不足二十座，加上零星发表的则超过二十座。零星发表的材料从来源和材料本身来看，多可以使用，因此，本文讨论的基本材料包括正式发表和零星发表者。这些墓葬材料可分为三个阶段。

第一阶段相当于 5 世纪 50 年代前。可以确定的壁画墓葬只有一例，即大同沙岭 7 号墓（太延元年，435），有墓室壁画。

第二阶段相当于 5 世纪 60 年代前后。大同云波里墓、全家湾 M9（和平二年 461）、大同迎宾大道 M16 有墓室壁画。大同南郊电焊器材厂北魏墓 M185、M229、M238、M253、大同智家堡沙场北魏墓有棺板画[1]。毛德祖妻张智朗墓[2]（和平元年，460）、最近抢救的一座满绘佛像的墓葬[3]属于房形石椁墓。解兴石堂（太安四年，458）外形似棺，但影作木构，介于棺与房形椁之间。

第三阶段相当于 5 世纪 70 年代以后。大同文瀛路墓、怀仁丹阳王墓、大同陈庄墓有墓室壁画。宋绍祖墓（太和元年，477）、大同智家堡沙场墓[4]有房形石椁壁画。大同湖东 1 号墓[5]有彩绘木棺。

墓葬年代是讨论壁画内容和布局的基础。上面所列墓葬有纪年的不多，其他墓葬的年代是通过比定而来，因此，有必要交代比定的依据。第二阶段的墓葬中，大同南郊电焊器材厂北魏墓 M229、M253、大同智家堡沙场北魏墓有棺板画，内容很接近，都是狩猎、出行、宴饮场面（图 1）。大同南郊电焊器材厂北魏墓 M185 只保存局部彩绘棺板，M238 只保留压印在土质墓壁上的棺板画痕迹，但两座墓葬出土陶器的特征都与 M229、M253 的相似，都以器腹近椭圆形的陶器为主，这个特征与大同沙岭 7 号墓出土陶器接近，而与司马金龙等墓葬中的陶器差别较大，因此，这几座墓葬的年代当接近，属于 5 世纪 60 年代前后。大同迎宾大道 M16 据描述也是狩猎、宴饮题材为主[6]。第三阶段墓葬中，477 年的宋绍祖墓是关键墓葬，该墓与同一墓地的 M52 墓葬形制和出土陶器形态接近，年代也应接近。大同文瀛路墓的器物特征与宋绍祖墓和 M52 很相似，年代也当接近。怀仁丹阳王墓有与文瀛路墓相似的三头六臂的神王形象，而且墓砖上的双鸟莲花忍冬纹、双兽莲花忍冬纹都是平城时代较晚阶段的特征。大同陈庄墓器物的晚期特征更明显，简报直接将该墓推定在迁洛以后，是有道理的。湖东 1 号墓没有出土最有年代指示意义的陶器，但这是一座双室墓，而且四角呈圆形，出土的一童子二龙、莲花化生等铜饰件也很成熟（图 2），这些都是年代较晚的标志，将其归入第三阶段比较合理，简报也推测墓葬的营造时间可以晚至太和年间。大同智家堡沙场墓壁画石椁墓年代简报比定在太和十八年前后，依据是装饰纹样与云冈 9、10 窟接近。此外，石椁壁画的布局也支持简报这一年代推断（图 3）。石椁正面是墓主夫妇端坐图，两侧壁是男女侍从侍养形象，前壁是牛车、鞍马和侍从。北魏洛阳时代的石棺床、东魏北齐与西魏北周墓室壁画和石棺床上壁画布局与此非常接近，差异之处不过是将牛车、鞍马安排在墓室两侧壁而已。因此，智家堡沙场墓石椁壁画布局的时代宜靠后不靠前，而且第二阶段的墓葬壁画中也没有这种比较成熟的

图 1　山西大同智家堡沙场北魏墓棺板画

布局方式,所以,简报的年代判断可以接受。

事物的发展具有连续性,以上壁画墓葬三阶段划分是为了认识上的方便,而不是说所有墓葬的特征都如此整齐划一,有些墓葬就表现出过渡性特点,如广远将军妻母墓中,石棺壁画题材包括烹炊、舞蹈、宴饮、饲养牲畜、室内交谈以及毡帐、仓房、车辆等场景,不同场景之间用步障隔开(图4),这种题材和隔离方式与大同沙岭7号墓壁画很相近,而现在已知的5世纪60年代前后墓葬中不再见到如此丰富的内容,因此,从内容上来看将广远将军妻母墓的年代向第一阶段靠拢可能比较合适。但使用石葬具似乎是第二阶段普及起来的现象,那么广远将军妻母墓的年代是否也存在着靠后的可能性?

二、大同北魏墓葬壁画各个阶段特点和成因

第一阶段墓葬壁画最重要的特点是对汉晋十六国墓室壁画的承袭,这在壁画题材方面表现得尤其突出。宴饮图在汉代墓室壁画和画像石中为常见题材,而且表现形式上也没有多大差异,都是主人居于前部,宾客分排席地而坐,面前摆放着食具。配合宴饮图的庖厨、杂技百戏也都是汉代常见的。出行图也是

图 2.1　山西大同湖东 1 号墓出土一童子二龙铜饰件

图 2.2　山西大同湖东 1 号墓出土莲花化生铜饰件

图 3.1　山西大同智家堡沙场墓石椁东壁壁画

图 3.2　山西大同智家堡沙场墓石椁西壁壁画

图 3.3　山西大同智家堡沙场墓石椁南壁壁画

图 3.4　山西大同智家堡沙场墓石椁北壁壁画

图4　山西大同广远将军妻母墓石棺壁画

汉代的常见题材，十六国时期有所发展变化。汉代以车骑行列为主的出行图演化为十六国时期以牛车为中心，前后左右以骑兵、步兵、属吏环绕成方阵的卤簿图，朝鲜安岳郡冬寿墓最具代表性（图5），沙岭7号墓的卤簿图直接承袭十六国而来（图6）。夫妇并坐图在汉代也已经出现，如洛阳朱村汉魏墓中即有（图7），但汉晋十六国墓室壁画中多见的还是夫妇分坐图，沙岭7号墓继承的是汉晋十六国时期较为少见的夫妇并坐图式（图8）。这可能有两方面的原因。其一，沙岭7号墓为单室墓。之前夫妇分坐图都出现在双室或多室墓中，并坐图都出现在单室墓中。继承单室墓的处理方式对沙岭7号墓而言更方便。其二，夫妇并坐可能更适合草原民族女子权力较高的习俗。平城时代及以后发现的北朝墓室壁画都是夫妇并坐形式，既与沙岭7号墓的领头作用有关，深层次上可能还是符合了北方社会"专以妇持门户"[7]的风习。广武将军妻母墓石棺宴饮图中就是夫妇并坐于伞盖下的形象（图9），很反映北方的社会特色。北魏平城时代进入了一个新时代，第一阶段的壁画虽然在题材上尚不能摆脱汉晋十六国的束缚，但还是需要与时俱进，如人物的服饰都是鲜卑服，毡帐、宰羊都具有鲜明的草原特色，杂技人物的形象似具有西域特点，甬道顶部伏羲女

图 5　朝鲜安岳郡冬寿墓／卤簿图

图 6　山西大同沙岭 7 号墓壁画／卤簿图

娲手持者不是传统的规矩而是源自西方的摩尼宝珠……这些都是汉晋十六国墓室壁画见不到的新内容新形式。从这些内容可知，平城时代从一开始就具有极大的开放性和包容性，华夏传统文化、草原文化、西域文化自然而然地在平城交汇碰撞了。

沙岭 7 号墓甬道两侧的武士及其身侧的人首兽身怪物是不见于汉晋十六国时期的新事物。略作观察，就可发现武士青面獠牙，长着的不是人脸，而是一张怪脸，比较接近猪脸（图 10）。结合《续汉书·礼仪志（中）》有关方相氏的记载，可知武士当为打鬼的方相氏。墓门两侧绘侍吏在河西魏晋壁画墓中已见，但在甬道两侧绘方相氏却为首见。方相氏身侧的怪物更为以往所未见，但他们与武士装的方相氏相伴，这很容易让人联想到《续汉书·礼仪志（中）》所载方相氏打鬼时所率"有衣毛角"的"十二兽"或"十二神"——甲作、拂胃、雄伯、腾简、揽诸、伯奇、强梁、祖明、委随、错断、穷奇、腾根。或许甬道中的两个怪物就是十二兽（神）中的两种吧。沙岭 7 号墓的两个怪物都作人面状，后来壁画中的怪物都作一人面、一兽面（见图 10）。陶俑出现以后，始见者是两个作武士装的方相氏，如呼和浩特北魏墓，后来增加了一人面一兽

101

图 7　河南洛阳朱村汉魏墓壁画／夫妇并坐图

面的镇墓兽，如雁北师院 M2（图 11）。这种陶俑组合可视为沙岭 7 号墓壁画武士和怪物的具象化。这种陶俑组合唐代也非常流行，唐代文化与北朝文化一脉相承，王去非和程义先生认为唐代人面和兽面镇墓兽分别为祖明、祖思[8]，北魏时期是否也这样称呼不详，但《续汉书·礼仪志》的"十二兽（神）"中有"祖思"，因此，沙岭 7 号墓甬道中怪物与唐代当一致。伏羲女娲被绘制在甬道顶部也为目前所仅见，其含义颇难理解。伏羲女娲的基本含义是再生，汉代墓室壁画、画像石、画像石棺，河西魏晋木棺，以及时代晚于沙岭 7 号墓的固原北魏漆棺上的伏羲女娲（有"东王父"题名，女性人物题名缺失）都位于墓室、石棺或木棺壁的上部或顶部，都与再生有关，沙岭 7 号墓这个壁画的位置虽然特殊，但基本含义当仍是再生。如果将其与甬道两侧武士怪物合并考虑的话，似乎可以理解为打鬼与再生是有关联性的两件事。打鬼打的是企图闯入墓室的恶鬼，再生必须从墓门出去，两种内容一上一下，于墓门处交汇。打鬼要打地下之鬼，属于第二阶段的解兴石堂武士壁画表现得尤其明显，武士执戟作向地下击刺状，脊梁带刺的怪物作啖食状（图 12），有助于对沙岭 7 号墓甬道武士和怪物的理解。从形象、组合和文化渊源上说，沙岭 7 号墓的武士和怪兽都可以追溯到华夏传统文化，但他们此前不见于墓葬之中。该墓其他壁画

图 8　山西大同沙岭 7 号墓壁画／夫妇并坐图

图 9　山西大同广武将军妻母墓石棺／宴饮图

图 10.1　山西大同沙岭 7 号墓甬道左壁／武士及人首兽身怪物

图 10.2　山西大同沙岭 7 号墓甬道右壁／武士及人首兽身怪物

题材几乎都因袭汉晋十六国时期，却出现这个创新性的内容，着实给人以突兀之感。这个内容为什么在相当于平城时代早期的 5 世纪 30 年代的北魏墓葬中就突然出现了，而且此后一直延续，不能不让人认为平城地区对此有特别强烈的需要，这种特别强烈的需要不能不让人推测其与拓跋鲜卑为首的北方民族来自于草原有关的联想。萨满信仰是草原文化的重要特色，对鬼神世界的想象、对偶像的崇拜异常发达。汉晋时期的汉人打鬼仪式完全有可能随北魏大量移民也带到平城，具有萨满信仰的拓跋鲜卑等草原民族大概对此特别感兴趣，就特地将此绘入墓葬，后来还制成陶俑并延续到唐代了。

　　第二阶段是墓葬壁画内容和表现方式多样化的时代。彩绘木棺、房形石椁

图 11.1 内蒙古呼和浩特北魏墓出土镇墓俑

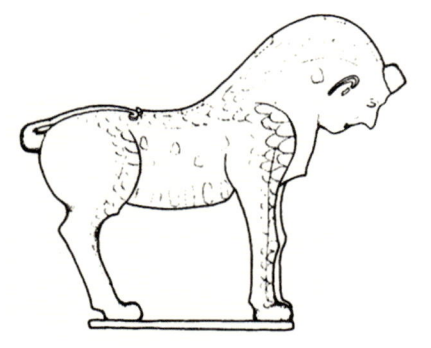

图 11.2 山西大同雁北师院 M2 出土镇墓兽

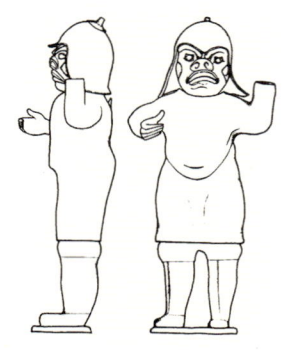

图 11.3 山西大同雁北师院 M2 出土镇墓俑

棺形影作石椁都是不见于第一阶段的新葬具。石质葬具很流行，有图像的只是少数，尚有不少无图像、无雕刻的石葬具，如大同附近的阳高境内就有两座墓葬即尉迟定州墓和阳高县王官屯墓[9]都出土了房形石椁，且年代都是太安三年（457）。2014年发现于大同御河东岸建筑工地、现收藏在大同西京博物馆的解兴石堂题铭中有"造石堂一区"字样（图13），这是一则非常重要的材料。西安北周史君墓房形石椁门楣上有"大周凉州萨宝史君石堂"字样。张庆捷先生认为："北朝始终将仿木构古建筑石葬具命名为'石堂'。"这是一个极富见地的重要认识，以后应该用石堂作为统一名称。这一认识对理解北朝墓葬壁画的布局和内容都有重要的帮助。北朝墓葬壁画中，墓主夫妇始终居于墓室或石堂的正壁，单墓室或石堂两壁的题材几经变化，最终定型为两壁分别为鞍马、牛车，如果墓葬规模够大的话，还会与甬道、墓道中的出行仪仗行列连为一体。这种壁画题材和布局的开放性过去不得确解，解兴墓和史君墓两例"石堂"题铭的发现让我们得以知晓这是由"堂"的开放性所决定的。其实，不唯房形或棺形石椁被称之为"堂"，墓室本身实际上也是个"堂"，或者说"堂"是墓室属性中的一个重要方面。不唯北方，其实南方也称墓室为堂，如浙江嵊县城郊雅致村M76"天打坟"南朝陈祯明二年（588）墓砖铭有"陈清河明堂""陈洗马明堂"字样[10]（见图13）。可见，以墓为堂是南北朝的通识。由此，我们也能够对石堂或居于墓室正壁下、或居于墓室侧壁（说明：朝向墓门者为墓室正壁，正壁两边为侧壁，正壁对面为前壁）下的不同含义有所理解。只要居于墓室正壁下，不论是石堂还是木棺，所表示都是正式的堂的含义，墓主的尸骨还相当于堂上的主人。只要居于墓室侧壁下，也不论是石堂还是木棺，即使题铭为"堂"，实质上都是"室"而不是"堂"，都只是墓主的安寝之所，但

图 12　山西大同北魏解兴石堂前壁壁画

图 13　山西大同北魏解兴石堂题铭

这并不妨碍壁画仍然以墓主夫妇图面向墓门的布局。也就是说，前一种情况下，壁画与棺椁是统一的；后一种情况下，二者是分离的。这个问题大概从曹魏推行薄葬流行单室墓开始就纠结起来了，直到唐代将棺椁都放在墓室侧壁下，墓主人形象不再出现而才消弭，西晋十六国北朝则是各有所据、但只有习俗而没有统一规定的时期。

壁画题材方面的基本状况是草原游牧生活内容得到更多表现、汉晋题材所占据的分量减少且形式有所变化。狩猎图是本阶段最引人注目的新题材，不仅在大同云波里墓、全家湾 M9 中占据一个墓室侧壁（图 14），而且在大同智家堡沙场墓等墓葬的棺板画中也占据显眼位置。狩猎本是拓跋鲜卑为首的北方草原民族的基本生产、军事和娱乐活动，前燕时期的朝阳袁台子墓中已有狩猎图，平城地区在 5 世纪 60 年代前后才有集中表现，大概与 5 世纪上半叶北魏文化发展较为缓慢有关。5 世纪上半叶北魏忙于征战四方，而且太武帝在位时间占了 5 世纪上半叶的一半以上，太武帝本身没什么文化，对文化也没兴趣。太武帝之后的文成帝、献文帝都是文化事业的热心赞助人，他

105

图 14　山西大同全家湾 M9 壁画 / 狩猎图

们谥号中均有"文"字，就能说明问题。反映北方民族自身生活的狩猎图得到大张旗鼓的表现，恐怕与这个大背景有一定关系。狩猎图之外，佛教图像在墓室壁画中的涌现也是一个重要现象，其背景自然也离不开文成帝复兴佛法与云冈石窟昙曜五窟的开凿。张志忠报告石堂中所绘佛像的特点，宿白先生认为属于云冈一期，即 5 世纪 60 年代前后。毛德祖妻张智朗石堂壁画中的莲花、天鹅也与佛教有关，详下。

汉晋特色的宴饮、庖厨、百戏等题材不再像沙岭 7 号墓以及更早的汉晋十六国墓室壁画那样占据一整个墓壁，它们所占画面甚小，现在主要作为墓主夫妇并坐图的从属部分出现了。宴饮场面由过去的主人宴请宾客变为侍从向主人夫妇奉献各种饮食了，如大同云波里墓、全家湾 M9 所示（图 15），这预示着这类题材将逐步退出墓室之中。不过，如上文所说，大同地区北魏墓葬的全貌还没有展现出来，因此，还是有新题材发现，如以毛德祖妻张智朗石堂壁画为例，虽然仅公布了两幅石门壁画，其中就有其他墓葬中不见的羽人形象，侍女的发型也是东晋十六国时期常见的那种多个发环盘绕在一起的形式[11]（图 16）。但与这些旧题材相比，更引人关注是新的表现形式。石门图像的构图和表现方式具有鲜明的西方特点。羽人是西方镜像对称式的，为汉晋时期所未见。侍女的衣带飞动、衣纹细密，与汉晋绘画中的女子服饰绝不相同，而与佛教中的飞天相似。此外，两羽人之间的仙树为大叶树种，树下的仙鸟似天鹅似鸾鸟似孔雀，羽人脑后上方、仙鸟后面和侍女脚前的莲花则是明显的佛教因素。天鹅与佛教有关，象征着云游的僧人，寓意佛法广布，还是贵霜帝国的国徽。犍陀罗奇德里遗址出土的青铜圣骨盒上就装饰着天鹅[12]。圣树似与佛教也脱不了干系，它像从一个容器中长出来似的，不由得让人想到康僧会、佛图澄等高僧的神通。羽人头上装饰着的似乎是仙草。综合这些情况看，汉晋时期的题材正在受到以佛教为主的外来文化的改造，5 世纪中期的平城文化呈

图 15　山西大同云波里北魏墓／宴饮图

现出复杂而奇异的景象。

　　于此可以顺带提及的还有解兴石堂前壁对称式的武士构图,不知是否受也到佛教龛窟和菩萨、护法布置方式的影响。上文我们倾向于沙岭7号墓的方相氏来源于汉晋传统,但难以判断对称分布的形式是否与佛教有关。解兴石堂在沙岭7号墓的基础上有所变化,已经抛弃了方相氏而画成武士形象了。更晚的文瀛路墓、丹阳王墓就直接画成神王了。那么,这种变化是不是在佛法复兴的5世纪中期已经影响到解兴石堂而不易察觉。

　　第三阶段壁画墓葬的数量虽然不多,但几乎每一座墓葬都有特色,形式和内容的文化内涵都很丰富。但从总体上来看,这个阶段还处在推陈出新的过程之中。

　　火炕式棺床的出现是这个阶段墓室内部布置方面的新现象,这给壁画的安排带来新的问题。如果火炕式棺床仅安排在墓葬的正壁下,这实际上相当于将棺木安排在那里,对墓室壁画的布置不会产生什么影响。但火炕式棺床通常在左右正三壁都安排上,有的在正壁、左右壁之一安排上,后者如文瀛路墓,就安排在正壁和左壁。无论是三壁还是两壁,既然是棺床,就是墓室对居室的高度模仿,那么,绘制壁画时就不可能不有所顾忌,文瀛路墓就是其证(图17)。该墓壁画内容中,除甬道的神王式方相氏和墓室顶部的天象图适得其所外,其他都似乎不那么容易理解。如正壁(北壁)棺床前面的胡人牵驼图、西侧棺床南端立面上的力士形象,都看不出与棺床本身有什么联系。正

图16 山西大同北魏毛德祖妻张智朗石堂壁画

壁和西侧棺床之间的矮隔墙上有一鲜卑装向正壁作侍奉状的男子，就内容来说是合理的，但这种矮隔墙为目前所仅见。正壁棺床前的台状踏步也仅见于此墓。从矮隔墙、踏步看，文瀛路墓竭力模仿现实居所，又希望能将丧家或画师熟悉的内容装进墓室中，但这些内容与那些特定的墓室空间之间没有内在必然联系，因而造成比较混乱的局面。不过，这大概倒也真实反映了北魏平城时代各种文化艰难融合的情况。类似文瀛路墓这样的带火炕式棺床的壁画墓葬以后还有望发现，值得期待。大同湖东1号墓彩绘木棺代表了一种新的木棺装饰方式。类似的木棺在宁夏固原雷祖庙也有发现，而且二墓时代相近。它们不同于第二阶段直接在棺板外壁绘制与墓室壁画相似的宴饮、狩猎、出行等图像，而是模拟了盖棺的纺织品，而且纺织品的纹样为具有明显西域特色的联珠纹、奏乐童子等，体现出外来文化影响的加深。陈庄墓的年代更晚些，壁画也有特色，墓葬顶部的天象图之外，影作木构壁画仅见于墓门、墓室四角这些转折性部位，墓室壁面上则没有绘制壁画。洛阳时代北魏墓葬中的墓室壁画、画像石棺、石棺床发现不多，但文瀛路墓、湖东一号墓、陈庄墓中的这些现象都没有见到，反映了第三阶段墓室壁画的探索性。

第三阶段还值得特别注意的有两点。其一，不只是宴饮等汉晋题材，更关

图 17　山西大同文瀛路墓壁画

键的是第二阶段流行的狩猎图的消失。这是令人惊诧但比较容易理解的现象。北魏从一入主中原开始，其本身的草原生活生产方式就面临危机了，文成帝以后又注重发展农业，5世纪70年代以后，北魏立国之本已变为农业，畜牧业和狩猎活动虽然继续留存，但其重要性和在社会生活中的被关注度很低了，因此，第二阶段狩猎图的集中出现实质上只是一次回光返照。其二，陶俑的大规模使用对壁画产生了明显影响。上文指出，墓葬本身也是一个"堂"，它具有开放性，所以，不但壁画可以绘制开放性的内容，而且随葬品中也出现开放性的种类，具代表性的是陶俑，典型的墓葬可以宋绍祖、司马金龙墓为例。大型的卤簿陶俑行列不仅可以替代壁画中的卤簿图，而且比卤簿图在表现等级制度上更直观有效。皇室—军功贵族—国人武装的政权结构又促使北魏皇权和贵族官僚双方面都需要通过墓葬来体现君权和臣子的地位，墓葬及其中随葬的陶俑遂成为权力角逐的场所。汉晋墓室壁画也有表现墓主身份的车马出巡图等内容，但对多数人而言，汉代墓葬是家庭行为，更注重表现的是墓葬空间的私密性和生活性，北朝墓葬的开放性和政治性就显著多了，这也与普遍使用单室墓而不得不如此处理有一定关系。

三、小结

决定墓葬壁画内容和布局方式的只能是社会生活本身，平城时代也是如此。正如平城时代日新月异一样，平城时代的墓葬壁画也不可能不随之百般变化。墓葬壁画的变化有些方面如汉晋题材的逐步消失、狩猎图的出现又消亡，与北魏社会结构层面的变化有关。北魏离散部落、由宗主都护制和大地主土地所有制转变为三长制和均田制、逐步实现以农为本，造成了汉晋壁画题材和狩猎图赖以存在的社会基础的消失。一些新内容，如佛教因素、西域文化因素的出现和增加则与当时的文化环境和民众具体需要有直接关系，陶俑等等级制度内容的出现则与北魏政权的性质有关。房形或棺形石椁式的"堂"、火炕式棺床的出现对壁画题材和布局也有相当显著的影响。墓葬壁画的汉风演变为唐风就是在以上多重因素的综合作用之下完成的，平城时代就是这个过程中的关键阶段。

〔1〕 所以称为棺板画，是由于木棺已散乱破损，无法得知原貌，实际上还是彩绘木棺。

〔2〕 持志、刘俊喜《北魏毛德祖妻张智朗石椁铭刻》，《中国书法》2014年4期。

〔3〕 大同考古研究所张志忠先生2017年1月德国慕尼黑"中国中古世纪（4—7世纪）的文化与文化多样性"会议上展示。

〔4〕 王银田、刘俊喜《大同智家堡北魏石椁壁画墓》，《文物》2001年7期。

〔5〕 山西省大同市考古研究所《大同湖东北魏一号墓》，《文物》2004年12期；宁夏固原博物馆《固原北魏墓漆棺画》，银川：宁夏人民出版社，1988年。

〔6〕 吕朋《北魏壁画墓葬研究》（内蒙古大学2013年硕士学位论文）中有较详细的描述，页10。

〔7〕 《颜氏家训·治家篇》。

〔8〕 王去非《四神、巾子、高髻》，《考古通讯》1956年5期；程义《唐宋墓葬里的"四神"和天关、地轴》，《大众考古》2015年6期。

〔9〕 张庆捷《北魏石堂棺床与附属壁画文字——以新发现解兴石堂为例探讨葬俗文化的变迁》，载大同北朝艺术研究院编《北朝艺术研究院藏品图录：青铜器、陶瓷器、墓葬壁画》，北京：文物出版社，2016年，页8。

〔10〕 嵊县文管会《浙江嵊县六朝墓》，《考古》1991年3期。

〔11〕 石门的主要题材是中国传统式的，构图和表现方式具有较显著的西方特点。羽人、有复杂头饰的侍女都常见于汉晋时期。羽人的存在表明汉代的升仙思想在平城地区仍然存在，这个题材不仅可以与南朝竹林七贤壁画墓中的羽人形象，也可以与忻州九原岗北朝墓中的壁画联系在一起，还可以与大同近年发现的龙、虎纹石椁（资料未发表）联系起来，他们都来源于汉晋时期。这提示我们，平城虽然因为充当北魏都城而勃兴，不能不汇聚各地文化，但平城在两汉时期可以纳入大中原范畴，西晋十六国和北魏时期这里的汉文化根底可能还存在着。与东北、河西地区相比，尽管汉文化根底在西晋十六国墓葬中没有加以表现，但原中原地区士人所保留的汉晋文化大概不比那两个地区少，他们也会将这些文化带到平城。汉晋文化构成平城文化的最重要源头，当然，具体内容北魏是会加以选择的，而且在形式上也会发生一定的变化。

〔12〕 王其钧《印度美术》，重庆：重庆出版社，2010年，页89。

（作者单位：北京大学考古文博学院）

大同沙岭北魏壁画墓文化渊源解析

张志忠

2005年7月，大同市考古研究所在御河东岸沙岭村附近的取土场抢救发掘了12座北魏墓葬，其中7号墓是唯一保存有纪年文字漆画的壁画墓[1]，令人震撼的是墓室四壁和甬道两侧、部顶保存有基本完整的壁画。从出土漆皮上的隶书题记，可知墓主人为"侍中尚书主客平西大将军破多罗氏"的母亲，卒于北魏太武帝太延元年（435）。这是一座鲜卑人的墓葬，壁画和漆画内容展现了北魏太延年间平城的社会现实生活。根据大同地区发掘的北魏墓葬可以看出，北魏建都平城后，逐步统一了北方，随着各地区移民的迁入，墓葬内容显示出多种文化因素集聚的现象，沙岭壁画墓虽仅一座墓葬，却集中反映了当时平城地区各种文化的集聚和交流的场景。

一、墓制及随葬品文化渊源

壁画墓位于墓群的北部，坐东朝西，为长斜坡墓道砖构单室墓，墓道为长方形斜坡状，甬道为长方形拱形券顶，地砖呈"人"字形铺设与墓室相连。墓室平面呈弧边长方形，四角攒尖顶，上部早已被破坏。墓室内扰动严重，填土中有许多木质碎渣，棺底有大量木炭，用以防潮。在墓室的西北角虽存一个北魏墓中惯用的石灰枕，但未见人骨架，仅在墓室东部发现2段牛腿骨。出土器物共27件，其中铜牌饰、铜帐钩、银圆饰、铜泡钉、铁器、釉陶壶、陶壶、陶罐等。

大同地区东汉已经出现并广泛流行长斜坡墓道多室砖墓[2]。东汉末年，由于群雄割据后形成三国鼎立，中国历史进入了长期动荡混乱的阶段，统治者无暇北顾，边塞南移至雁门关一线，平城被迫遗弃塞外，成为少数民族游牧的场所，传统的墓葬制度也相应中断。从315年拓拔猗卢被西晋封为代公，鲜卑人已控制并长期居住在平城地区，一直到迁都平城初期，墓葬形制多以竖井墓道或斜坡墓道梯形墓室为代表，属于鲜卑固有的文化因素。北魏早期长斜坡墓道砖室墓再次出现，目前年代明确的最早墓葬是太延元年沙岭北魏壁画墓，形制为长斜坡墓道单室砖墓、弧边梯形、四角攒尖顶，与本地东汉时期长斜坡墓道多室砖墓、穹庐顶有本质的区别，而且建造方法也存在不同。可见，墓葬形制不可能是对旧传统的延续，而是受到新的文化因素的影响。

这个时期正是在道武帝、太武帝东征西伐之下，北方接近完成统一的阶段。397年北魏道武帝灭后燕，平定关东地区；431年尽灭大夏国，占领关陇地区；436年灭北燕，占领辽西地区；439年灭北凉，占领河西地区。这些被征服地区都有大批官民被迁徙到平城附近居住，平城地区恰在此时再现长斜坡墓道弧边砖室墓，或是受到这些移民的影响。从发表的墓葬材料看，河西魏晋十六国墓葬，砖室墓是其传统，且连绵不绝，其墓葬形制多为长斜坡墓道、弧边梯形、四角攒尖顶，酒泉丁家闸5号墓就是一座魏晋[3]或十六国时期的长斜坡墓道、前后双砖室的大型壁画墓[4]。这样看来，平城地区砖室墓的出现与河西移民的到来有直接关系。沙岭北魏壁画墓的墓主人是破多罗太夫人，他们一家出自赫连夏[5]，与河西走廊比邻，深受河西先进汉代典章文化的影响，迁到平城后，自然借鉴了河西传来的砖室墓文化因素。

虽然如此，沙岭壁画墓仍然保存有许多自己的民族风格，如拓跋鲜卑有以正为上的传统，墓葬保留着坐东朝西的墓道、略呈弧边长方形的墓室。随葬品以陶器为主，平沿壶、罐等器形与早期慕容鲜卑墓葬[6]中流行的同类器形近同，侈口罐与山西右玉县善家堡墓地相似[7]。器表纹样有弦纹、暗纹、水波纹等。弦纹是使用最为普及、文化标记最不明显的纹饰，水波纹和暗纹则是匈奴陶器上的代表性装饰，在长期的民族交往过程中被拓跋鲜卑所接受，逐渐形成本民族独特的以弦纹、暗纹、水波纹和忍冬纹为组合的装饰纹样。两段牛腿骨是游牧民族最寻常的随葬物，殉牲现象以汉魏时期的早期鲜卑墓葬为多，以后逐渐减少，平城时期仍部分保留这一习俗，这与鲜卑人的草原文化背景有关，与当时的经济形态也是吻合的。透雕镂空的铜牌饰是最具拓跋鲜卑风格的装饰品。

随葬的釉陶壶、铜帐钩、漆耳杯是汉墓中的常见物，可见不仅是中原地区，遥远的南朝文化也直接或间接地与鲜卑人有往来交流。墓室的西北角存一个北魏墓中惯用的石灰枕，这种葬俗在辽阳魏晋墓葬[8]就开始使用流行，可见沙岭壁画墓同时受到东北地区墓葬文化因素的影响。

二、漆棺画文化渊源

墓葬中残留着大量破损严重的漆皮，漆皮原漆器形态，性质不明。且原漆器的木、布胎质也已糟朽，但漆皮表面彩绘的图案和文字仍清晰可辨。经过清理拼对，较为清晰的有夫妇并坐、庖厨炊作、打场等画面。

夫妇并坐图：男主人头戴黑色风帽，似用四块皮或布缝缀而成，缝缀的痕迹整齐均匀。五官端正，神情严肃，上唇绘有两撇八字胡，下巴绘有一撮山羊胡，

图 1　山西大同沙岭北魏壁画墓／夫妇并坐图

面部涂朱，身着褐色交领袍衫，有红、黄边饰，服饰通体宽大。左手放在黑色兽足的凭几上，右手握麈尾，上施黑、红两色，图案是一条站立的黄色回首龙。女主人面相圆润秀丽，头戴与男主人相同的黑色风帽，脸上涂着红色的靥妆，嘴唇涂朱。右手握着一个黑柄圆形团扇，与男主人并坐于榻上，榻后为一漆围屏，围屏红色边框，中心部分遍涂黄色，用红色勾画菱形纹。屏后画一有髯的男侍，头戴垂裙皂帽，身着红色交领上衣，左侧身面向男主人，还有一位眉清目秀的女侍，身着红色交领上衣，右侧身面向女主人。两侍者仅露胸部以上，人物比例明显小于墓主人。男女主人前面摆着一个较长的黄色长方形几案，案面下两侧各有五个栅状曲足。案上有两个圆形多子漆盒，案下有漆耳杯（图1）。

庖厨炊作图：画面以黑色作地，然后用红、黄、黑三种颜色绘画。右边以红色线条为界，先绘忍冬纹，依次绘红黑相间侧置的"山"字形作边框。中心部分是一幅男女忙碌的炊作图。厨房阑额上有一斗三升和人字形斗拱，下有横挂的帷幔，侧壁有直棂窗，顶上的瓦垄清晰可见。屋外，有一人正在井栏旁用辘轳汲水，旁边放着一个盛水的大罐。穿曳地长裙的女侍端着小壶往盆里倒水，

图 2　山西大同沙岭北魏壁画墓／庖厨炊作图

一位男侍两膝着地在盆中洗手。左下角有一人正在案上操作,侧面的一位男侍将一柄长斧高举在头顶,做砍柴状。屋内有一人正往灶门里添柴,灶的挡火板呈"山"字形。还有几个人正在不同的位置上忙碌。墙上挂着葫芦、鱼等食材,画面上罐、瓮、盆的形体较大,再现了一处庖厨作坊炊作的场景(图2)。

打场图:遍涂淡黑色作地色,然后用红黑两色绘画。上部有倒置的"山"字纹作框,以红色线条为界,中部是一幅野外生产劳作图。画面上有三个大的粮堆和几棵树木,右下角有一身着鲜卑服的男子手持工具正在打场,另一人高举黑耙也在劳作,两人的上方有一呈半圆形的黑色弧线(图3)。

人物局部图:漆皮残存面积较小,画面内容相对简单,多数仅残留有局部。1. 人物只残留上半身,头戴黑色风帽,两道眉毛又浓又黑,眼睛圆睁,嘴唇点朱,身穿红色上衣,身后有一个陶壶。2. 人物身穿红衣,双手捧圆形多子漆盒于胸前。3. 画面上两人均穿红色交领上衣,一人双手捧碗,一人双手袖于胸前。4. 画面上的人物外着甲片呈菱形的两当铠,腰有带,手挽缰绳。5. 上有倒置的"山"字纹作边框,两名士兵头戴兜鍪,身穿红色衣裤,外着甲片呈菱形的两当铠,左手执剑,右手握盾,似在相互对打。6. 一名士兵头戴兜鍪,身穿红色

图3　山西大同沙岭北魏壁画／打场图

衣裤，外着甲片呈菱形的两当铠，双手紧握一支高过头顶的长矛，上方有一匹身披铠甲的战马。7.两名男子上身穿红色交领衣，下着条形裤，身体前倾，似在相互搀扶（图4）。

漆画题记图：题记外围与夫妇并坐图案相近，底色遍涂黄色作地，用红黑两色勾画线条和侧置的"山"字形作边框，墨书题记三行，以红线为界，右边2行，左边1行可辨识者73字。其文云："□元年岁次豖韦月建中昌廿一日丁未侍中主客尚书领太子少保平西大将军□破多罗太夫人□殡于第宅迄于仲秋八月将袝窆□□□□于殡宫易以□慈颜之永住□无期欲□之德昊天罔极□莫□岁月云。"主要表述了墓主人身份、去世时间、袝葬时间及赞美词（图5）。

壁画墓中虽没有发现人骨架，却发现了几块棺侧板，而且在出土器物中还发现一件铜泡钉，平城地区北魏墓中多以铜泡钉装饰棺椁，说明墓中有木棺存在，由于迁葬等原因而损坏严重。北魏平城时期墓葬发现的木棺均为前宽后窄式样，这种形制的木棺为早期鲜卑部落的葬俗，早在内蒙古扎赉诺尔古墓群就已出现相同式样的桦木棺，一直延续到盛乐、平城的墓葬中，沙岭壁画墓墓主破多罗氏为鲜卑贵族，墓中使用前宽后窄的木棺是自然而然的。

据发掘简报，彩绘漆皮发现于墓室西北距墓底0.6米处的填土中，大量残碎漆皮和木头碎渣相伴出现并一直到墓底，木质葬具可辨识的只有几块棺侧板，棺底有一些木炭用以防潮。发掘简报提供的照片和线图可以看出，棺底的木炭

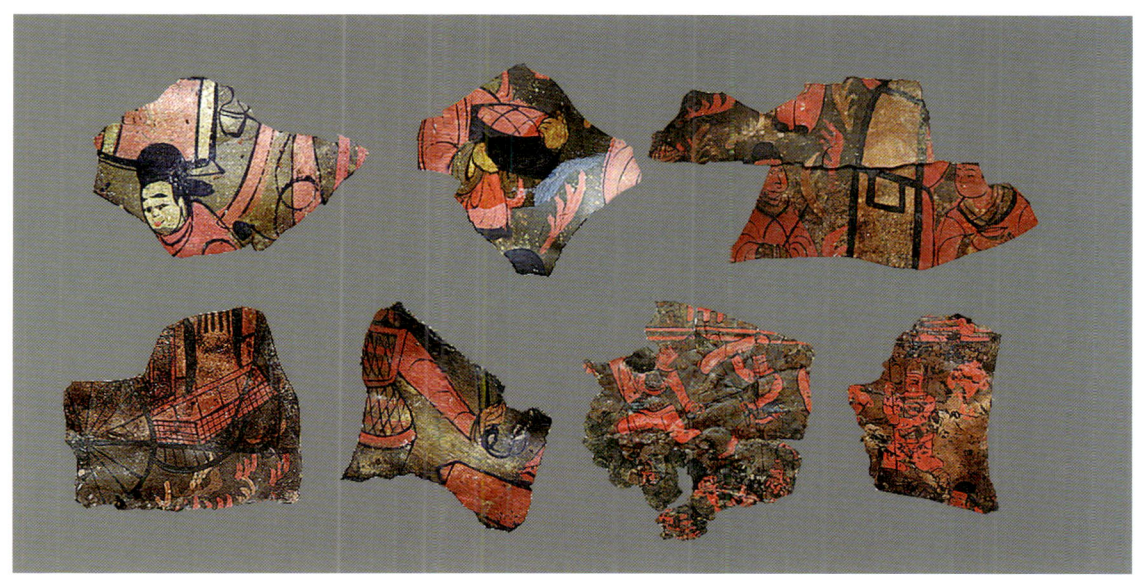

图4　山西大同沙岭北魏壁画墓人物局部图

虽然散乱，但后面保存比较清晰规整，边界略呈梯形，应该是木棺的后部，参照墓室西北角石灰枕位置，可以推测木棺位于墓室北部，头朝西，脚向东，也符合鲜卑以西为上的传统。木棺南面漆皮堆积无论从堆放的位置或散落的形态和长宽比例，都与木棺十分吻合，应该是木棺的一部分。

经过清理拼对出的夫妇并坐、庖厨炊作、打场、人物局部、漆画题记等漆画内容题材，与智家堡棺板画[9]、湖东1号墓[10]、宁夏固原北魏墓[11]出土的漆棺或棺板画有一定相似性；而且每幅漆画在线条运用、着色技法上相互一致，相同的绘画风格显示出极强的完整性；还有三块较大的漆画尺寸在50厘米左右，且部分画面或线条继续向外延伸，说明漆皮包裹的是一件很大的器物；再有连续出现的忍冬纹图案、"山"字形边框侧置或倒置，表明这件器物存在直线拐角，说明这些残碎的漆皮只能是来自于墓中的漆棺。

在棺木外绘制彩色图案，魏晋时期在河西走廊一带墓葬中流行。例如，嘉峪关新城13号墓[12]棺盖板的伏羲女娲图、1号墓棺板人物图和张掖高台县棺板伏羲女娲图[13]等。十六国时期辽宁北票北燕冯素弗墓[14]出土有彩画羽人、星象和建筑等内容的木棺。可见沙岭壁画墓出现的彩画漆棺是受到河西或辽东魏晋十六国时期墓葬文化因素的影响，而且在北魏早期以沙岭壁画墓为开端，平城的鲜卑贵族开始采用在木棺上加以彩绘装饰，如湖东1号墓、智家堡棺板画、大同南郊229号、238号和253号墓[15]均发现有漆棺或彩绘木棺。

图 5　山西大同沙岭北魏壁画墓／漆画题记图

三、壁画文化渊源

　　壁画分布在墓室四壁和甬道两侧和顶部，总面积约 24 平方米。先在墓壁上抹厚约 0.5~1 厘米的白灰，然后用红线勾画局部轮廓大体定位，再以黑线勾画整体轮廓基本定稿，最后用红、黑、蓝进行着色。

　　墓室北壁：以红色水平线隔离为上下两栏。上栏又以红线纵向分为 6 格，每格内画一象征天上星宿的珍禽瑞兽。下栏从上到下共排列 7 行，第一行绘有 19 位女性，头挽高髻、身系飘带、袖于胸前，一直延续到东壁中间。细红线隔离之下整个画面是一幅盛大的车马出行图。第一排是 6 名执缰的导骑，第二排是 6 名吹角的军乐，后有抬鼓、演奏、杂耍的乐伎，还有扛幡持节的侍卫以及身穿披风、手持长矛的仪仗，队伍中间是一辆高大华丽的车辆，顶部呈伞盖状，车前有帷帐，车后有插旗，画面中残存一面目端庄、比例较大的男性头部，应是端坐在车内的主人。车后有头戴鸡冠帽的轻骑兵、甲骑具装的重骑兵、身穿铠甲的步兵和男女侍仆随从（图 6）。

　　墓室东壁：上栏为珍禽瑞兽已经剥落。下栏最上一行与北壁和南壁连为一体，只是一分为二。从中间往北有 8 位女性人物与北壁一致，往南有 10 位男性人物与南壁一致。下栏正中有一高大的建筑物，庑殿顶，鸱尾上翘，顶上中心位置站立一只金翅鸟。阑额与撩檐枋之间有红色人字形和一斗三升斗拱，之下有折叠成半圆形的帷幔，里面端坐着男女二人，应是墓主人夫妇。南侧男子头戴垂裙的黑帽，身着窄袖交领袍衫，右手持麈尾举于肩。北侧女子头戴垂裙的黑帽，身着与男子相同的服饰，右手指于胸前。此二人形体明显大于其他人物，还有数名面向主人的侍仆，形象矮小得多。建筑物的周围有车辆、马匹、人物等，两边各有一棵枝繁叶茂的大树（图 7）。

　　墓室南壁：以红线将画面分为上、下栏。上栏损坏严重。下栏从上到下共排列 7 行，第一行与东壁连为一体，共绘有 24 位男性，面向西，身着斜领长褥，手中持物。用细红线将上面人物和下面场景隔离。场景分为东、西部分。东面不仅有主人居住的庑殿顶房屋，还有数量较多的乐伎、侍仆、食物、酒具、马匹，是一幅场面较大的群体宴饮图。西面第二行有 3 个粮仓和 4 辆装满货物的架子车，其间有 4 棵树点缀。第三行有一辆较高大的红顶卷棚车，上有帐幔一道，覆盖车厢。后面还有一辆似屋顶形式的车辆，但形制较小，最后面是 2 辆装物的架子车和二位女性。第四行有 4 个顶部可以开启的毡帐，大的毡帐中有端坐和站立的女性，周围放有食物和温酒樽等生活用具，前面有侍仆和乐伎，另一个较大的毡帐中有一位站立的女性。第五行有 2 位男性正在杀羊，下边有一火烹，正在炙烤羊肉串（图 8）。

　　墓室西壁：西壁正中为甬道，甬道两侧以红边作框各有一武士。北侧的武

图 6　山西大同沙岭北魏壁画墓北壁

图 7　山西大同沙岭北魏壁画墓东壁

图 8　山西大同沙岭北魏壁画墓南壁

图 9　山西大同沙岭北魏壁画墓西壁

士头部漆黑，身着红色长衣，左手持剑、右手举盾，南侧的武士穿戴一样而动作相反（图9）。

甬道：顶部绘有伏羲女娲神话题材。画面上两人头戴花冠，下半身龙身长尾交缠在一起（图10）。甬道两侧红边作框，各有一名面目丑陋、戴盔披甲、脚穿黑履、拿剑持盾的武士，穿戴一样而动作相反，武士和镇墓兽面向均朝向墓道（图11-12）。

墓室正壁的墓主人夫妇并坐图，早在东汉晚期的河北安平逯家庄壁画墓[16]中就已出现，也是魏晋墓葬中常见的题材，见于东北地区的三燕墓葬和高句丽墓葬，如357年朝鲜岳安冬寿墓[17]、辽阳上王村晋墓[18]、辽宁朝阳北庙村北燕墓北壁[19]、409年朝鲜德兴里壁画墓后室北壁壁画[20]等。此后的固原北魏漆棺画及大同智家堡石椁壁画墓[21]也有相同的画面，特别是墓主人周围配置男女侍从、牛车鞍马的构图方式，与德兴里壁画墓如出一辙。沙岭墓壁画与漆棺画中均有墓主人夫妇像，手持麈尾，怀拥三足凭几，背设屏风，头上设置帷帐，前置曲足案，案上放耳杯，案下有樽，屏后立有侍从，显然承袭了汉魏文化传统，还有珍禽瑞兽、牛车鞍马、案前的伎乐舞者、出行图以及庖厨、酿酒等生产生活场景都是汉魏以来墓葬绘画的主要内容。

南壁室外宴饮图、帱屋、伎乐舞蹈、食桌、车马等图像与酒泉丁家闸5号墓[22]前室西壁壁画相似。南壁西部所见粮仓、毡帐、室外杀羊和该墓漆棺画上的打场等场景，也来自河西魏晋十六国墓，如敦煌佛爷庙湾西晋墓[23]的粮仓图，嘉峪关新城西晋墓的毡帐图、宰羊图，酒泉丁家闸壁画墓的打场图等。南壁的东、西两部分以步障隔断，这两种构图方式见于德兴里壁画墓。

北壁的出行图以墓主人的车驾为中心，近身处是随行侍从、军乐百戏，外围环绕着甲骑具装、轻骑兵和兵士等，在河西和东北壁画墓均有发现，但从构图方式上看，应出自东北安岳冬寿墓、德兴里壁画墓。壁画中不论男女墓主人、随行劳作的侍从、还是骑马驰骋的士兵，大多着鲜卑式样衣饰，头戴垂裙帽，男性上着齐膝长褥、下着裤，女性穿襦裙装。在北壁的出行队伍中，人物既有穿裤褶的，也有穿长至踝骨的长袍，均为鲜卑传统装束，显然是继承了拓跋文化因素。

西壁和甬道有两种武士门吏图，一种是甬道两侧壁上的鱼鳞甲、持盾执刀武士和人面龙身兽的组合，这种把镇墓武士和镇墓兽画在墓壁上的做法，见于内蒙古乌审旗翁滚梁大夏时期的墓葬[24]。另一种是墓室西壁入口两侧对称绘制两武士，四周是仿木构建筑的边框，这种构图与安岳冬寿墓相似。

甬道顶部绘有伏羲女娲图，这种题材在魏晋十六国时期基本上只在河西地区常见，如嘉峪关新城曹魏、西晋，高台县魏晋墓的棺板上所绘。伏羲与女娲之间的火焰摩尼宝珠是佛教艺术的产物，那环绕四周半壁上部的侍女列队，

图 10　山西大同沙岭北魏壁画墓甬道顶部

图 11　山西大同沙岭北魏壁画墓甬道北壁

图 12　山西大同沙岭北魏壁画墓甬道西壁

个个头戴花冠，身着窄袖衣高腰间色裙，身体两侧帔帛上下飘舞，帔帛是佛教艺术产物，大约产生于西亚，后被中亚佛教艺术所接受，又东传至中国。大同南郊轴承厂北魏遗址[25]出土的中亚、西亚鎏金铜高足杯上的高浮雕女像就施帔帛，云冈石窟的菩萨、供养天个个身披帔帛，神采飞扬。而且墓主人夫妇衣饰亦显宽博，袖口略收但衣身褶数较多，表明衣饰宽大，且其坐姿显然已不同于野宴图中的跪坐，可能属佛式的结跏趺坐，两膝外展，双臂于膝上，类似的衣纹见于云冈石窟第5窟等佛像。

通过对墓葬形制、随葬器物、漆棺画以及壁画的比较分析，我们认为沙岭壁画墓的文化渊源，受到来自河西和东北地区的文化因素影响最大。这两个地区在西晋灭亡之后，在继承汉晋文化脉络的基础上，区域性的文化得到较好发展。随着太武帝统一北方，被迫迁徙到平城周围，当它们在平城重新汇聚时，呈现出多民族并存、内容纷繁复杂的文化特征，并以一种缩影形式再现于沙岭北魏壁画墓中[26]。墓主人破多罗太夫人，既不是河西人，又不是东北人，却以开放的心态面对各地文化，大胆地吸收了多种文化的精髓，在北魏平城地区形成了胡汉杂糅博大开放的文化面貌。

总的来讲，沙岭壁画墓的出现不仅有着深刻的历史渊源，还有其特殊的社会发展背景。首先，汉魏壁画是其主要源头，又更多的是直接吸收、继承了河西和东北地区的魏晋壁画墓因素，促使北魏早期壁画墓的产生，由于墓主人来自不同区域，所以不同程度受到当地（河西地区、三燕地区或南朝）文化的影响。其次，拓跋鲜卑是平城时期的统治阶层，代表当地的主流文化，丧葬习俗中保留了浓郁的本民族特色，壁画中随处都可以见到鲜卑文化因素。第三，由于统治者推崇，佛教在平城广泛流行，随着云冈石窟的开凿，佛教文化因素逐渐开始渗透到丧葬习俗中。第四，439年太武帝拓跋焘平北凉，统一黄河流域，开通连接西域丝绸之路，大同作为北魏的都城，也是南北朝丝绸之路的起点。史书记载"诸胡咸服，西域复平"，各国使臣与商贾不断地往来于平城，"贡使往来不绝，商贾经年盈路"。在这以后，更多中亚西亚文化因素不断出现在大同发现的北魏壁画墓中，表现出北魏平城时代开放的社会风气和多元的文化特征。

〔1〕 大同市考古研究所《山西大同沙岭北魏壁画墓发掘简报》，《文物》2006年第10期。

〔2〕 平朔考古队《山西朔县秦汉墓发掘简报》，《文物》1987年第6期；大同市考古研究所《山西广灵北关汉墓发掘简报》，《文物》2001年第7期。

〔3〕 韦正《试谈酒泉丁家闸5号壁画墓的时代》，《文物》2011年第4期。

〔4〕 甘肃省文物考古研究所《酒泉十六国墓壁画》，北京：文物出版社，1989年。

〔5〕 赵瑞民、刘俊喜《山西大同沙岭北魏壁画墓出土漆皮文字考》，《文物》2006年第10期。

〔6〕 内蒙古文物考古研究所《扎赉诺尔古墓群1986年清理发掘报告》，《内蒙古文物考古文集（第一辑）》，北京：中国大百科全书出版社，1994年。

〔7〕 王克林、宁立新、孙春林、胡生《山西省右玉县善家堡墓地》，《文物季刊》1992年第4期。

〔8〕 《中国大百科全书·考古学》，北京：中国大百科全书出版社，1986年，页278。

〔9〕 刘俊喜、高峰《大同智家堡北魏墓棺板画》，《文物》2004年第12期。

〔10〕 山西省大同市考古研究所《大同湖东北魏一号墓》，《文物》2004年第12期。

〔11〕 韩孔乐、罗丰《固原北魏墓漆棺的发现》，《美术研究》1984年第4期。

〔12〕 甘肃省文物队《嘉峪关壁画墓发掘报告》，北京：文物出版社，1985年。

〔13〕 甘肃省文物考古研究所《甘肃省高台县汉晋墓葬发掘简报》，《考古与文物》2005年第5期。

〔14〕 黎瑶渤《辽宁北票县西官营子北燕冯素弗墓》，《文物》1973年第3期。

〔15〕 山西大学历史文化学院、山西省考古研究所、大同市博物馆《大同南郊北魏墓群》，北京：科学出版社，2006年。

〔16〕 河北文物研究所《安平东汉壁画墓发掘简报》，《文物春秋》1989年第1期。

〔17〕 洪晴玉《关于冬寿墓的发现和研究》，《考古》1959年第1期。

〔18〕 李庆发《辽阳上王家村晋代壁画墓清理简报》，《文物》1959年第7期。

〔19〕 朝阳地区博物馆、朝阳县文化馆《辽宁朝阳发现北燕、北魏墓》，《考古》1985年第10期。

〔20〕 平山郁夫《高句丽壁画古坟》，日本：共同通信社，2005年。

〔21〕 王银田、刘俊喜《大同智家堡北魏墓石椁壁画》，《文物》2001年第7期。

〔22〕 张朋川《酒泉丁家闸古墓壁画艺术》，《文物》1979年第6期。

〔23〕 甘肃省文物考古研究所《敦煌佛爷庙湾：西晋画像砖墓》，北京：文物出版社，1998年。

〔24〕 张景明《乌审旗翁滚梁墓葬年代问题》，《内蒙古文物考古》2001年第1期。

〔25〕 大同市博物馆《山西大同南郊出土北魏鎏金铜器》，《考古》1983年第11期。

〔26〕 倪润安《北魏平城时代平城地区墓葬文化的来源》，《首都师范大学学报（社会科学版）》2011年第6期。

（作者单位：大同市考古研究所）

太原北齐徐显秀壁画墓的发掘与保护

常一民

2000年12月1日,一个再平常不过的日子,清晨,大街小巷车水马龙,人头攒动,人们奔忙在上班路上。太原市文物考古研究所的工作人员也像往常一样陆续到岗,谁也不会料到,一个重要考古发现会出现在今天。上午9时左右,群众报告迎泽区王家峰村梨园内发现古墓被盗,所里迅速组织专业人员赶赴现场勘察处理。

王家峰村(图1)梨园,小地名称"王墓坡",属太原东山缓坡地带,地质结构为湿陷性黄土堆积。这里地势高亢,土地肥沃,日照充足,是理想的农作用地。梨园内(图2),碗口粗的梨树纵横排列着,一眼望不到边,树木枝干遒劲有力,冠幅圆阔,在冬日阳光的映衬下,显出旺盛的生命力。梨园深处,一个高耸出地面约4米左右的黄土堆(图3)格外引人注目,这就是所谓的被盗古墓。负责治安的村委梁春生带领考古人员绕到墓侧,爬上土堆,发现一个直径约60厘米的竖直盗洞(图4),旁边堆放着新刨出的黄土和线手套,绳纹砖残块。梁春生反映幸亏村委会发现及时,盗墓行为虽已实施,但盗墓贼并未深入墓室,没有造成大的破坏。盗洞幽深狭窄,工作人员借助绳索、手电筒等工具,采用头下脚上体位,爬进盗洞。勘察发现,盗洞深处,墓顶券砖已经被挖开一个约30厘米宽的口子,考古工作者由这个口子勉强将头探入墓室,只见圆形的室内,四壁满饰壁画,五彩缤纷,令人眼花缭乱(图5)。惊喜之余,迅速拍照。照片冲印出后,太原市考古所邀请省内考古专家讨论,初步判定这座险被盗掘的墓葬是一座北朝晚期高等级墓葬。

事实上,太原东山一线已经发现的北朝晚期墓葬不在少数。如1960年在迎泽区郑村出土的柳子辉墓[1],1984在迎泽区山西煤炭技术职业学校发掘了库狄业墓[2]等。2000年7月发现的狄湛墓[3]就位于王家峰村砖厂,和此座墓葬相距约1000米,据考证墓主人狄湛为盛唐名相狄仁杰四世祖。本次墓葬发现地称作"王墓坡",难道又是一位王侯级人物的墓葬?1981年在太原晋源区发掘出土并轰动一时的北齐东安王娄叡墓地名就叫王郭村[4]。

娄叡墓位于太原市古晋阳城南6公里的王郭村,墓葬出土器物870余件、壁画71幅200余平方米。娄叡墓出土器物十分丰富,件件堪称艺术品。陶俑

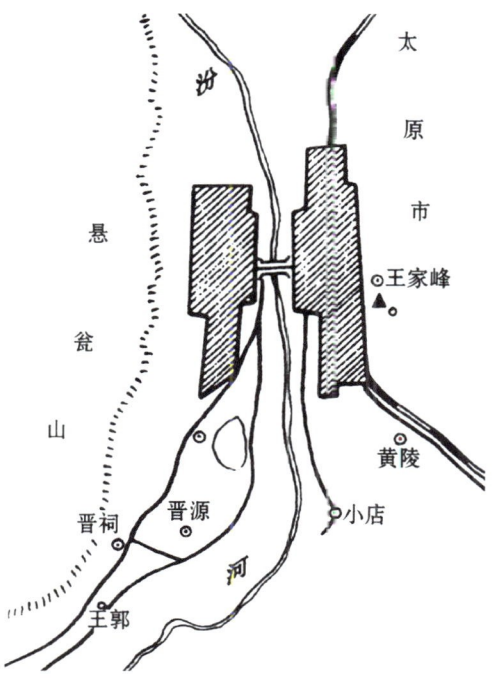

图1 山西太原北齐徐显秀壁画墓墓葬位置图

有镇墓俑、文武俑、女官俑、女侍俑、役夫俑、骑马文武俑、骑马乐俑、驮物骑俑等,陶牲有马、牛、羊、猪、鸡、骆驼等。墓中出土的瓷器和彩釉陶瓷70余件,其中尊、壶、盘、碗、盆、灯、盏、二彩盂(图6)、扣盒等品种成套组合出现,反映出北齐时期贵族的生活中已经大量使用瓷器和彩釉器。瓷器装饰上肥厚的仰莲、忍冬,粗大的联珠、兽头,极富立体感,具有石刻浮雕的艺术效果,可称我国北方陶瓷的典型代表。娄叡墓墓道、天井、甬道、墓室全部绘有壁画,计200多平方米。墓道绘制的出行、回归图分上下两层,

图2 山西太原王家峰村梨园

图3 封土丘

图4 墓侧土堆上方竖直盗洞

图5 从盗洞拍摄照片

图6 二彩盂

图7 山西太原北齐娄叡墓西壁／鞍马游骑图

全长70余米，是一幅气势壮观的巨幅画卷，28组画面，远近有序，构图巧妙，每组画前都有两导骑，随后为八人的主骑或载物驼队。西壁主人坐骑出行，众骑相随（图7），东壁主、从相随，牵马步行回归。200余匹雄健的牡马栩栩如生。壁画采用了铁线勾勒和色彩晕染手法，把人物、马匹刻画得惟妙惟肖、极富动感，其场面宏伟，内容丰富，色彩鲜艳，长卷式构图，主从有序、疏密相宜，构思技法之精彩令人赞叹。甬道的军乐仪仗人物两两相对，昂首鼓腹，长号向天，给人以抑扬顿挫的节奏感。乐手身着赤服，体现出墓主人东安郡王的高贵地位。门卫仪仗身着朱色大袖衫，双手拱于胸前、气态轩昂、神色肃穆，表现出极大的威严与力量。此组壁画体现出一种豪放雄健的风格。墓室四壁所画帷幄几案、歌舞乐伎、列旗羽葆、鞍马扈从，充分展现出墓主人内庭富丽豪华的生活场景及其禄爵的显贵。墓室顶部所画十二支像图，是我国目前所见最早的十二支像形象，其与昊图、雷公、电母相配名，打破了十二支像只刻于墓志边侧的传统说法。这组壁画对于研究中国十二支像的起源、变化都有重要意义。娄叡墓壁画无榜题，故而无法确指其作者；但是从画面内容和技法上可以看出，画师非常熟悉北齐贵戚的生活习尚，具有敏锐细致的艺术观察力，所画人物、马匹形象生动，体现出顾恺之等大师所倡导的以形写神的思想。画师广泛运用了色彩晕染、明暗映衬、远近对比的手法增强所画形象的立体感。娄叡墓壁画的出土，是中国南北朝美术考古的重大发现，轰动了中国整个美术界，填补了中国艺术史上的空白。

事不宜迟，太原市文物考古研究所立即上报太原市政府、省文物局、国家文物局，申请抢救性发掘经费。发掘工作获批后，山西省考古研究所联合太原市文物考古研究所组建考古队。2000年12月9日，考古队进驻工地。隆冬季节，疾风劲吹，寒气逼人，考古工作在恶劣的气候条件下逐步展开。

首先进行的考古勘探数据表明，墓葬坐北朝南，平面呈"甲"字形结构，自北而南分别由砖券单墓室、长方形竖穴天井、斜坡墓道几部分组成。冬去春来，考古队开始墓道的发掘（图8）。清理完上层表土后，逐层下挖，仔细清理平面，墓道线清晰展现在我们面前，在墓道填土和生土之间，隐隐的有一条白灰线，墓道长19米，北宽2.7米，南宽3.8米。中间相隔长3.5米，应是过洞部分。过洞北接天井，天井近方形，长2.3米，宽2.5米。

墓道有没有壁画呢？像这样大型的墓葬应该有。娄叡墓墓道壁画就是那样的精彩绝伦。这座墓葬墓室的壁画那样艳丽，墓道应该也有。可此墓道只有一条隐隐的白灰线，而不是像娄叡墓那样，有明显的为绘制壁画而制作的白灰地仗层。难道此墓道没有壁画？发掘工作伴随着希望和失望逐渐深入。为了保护万一可能存在的壁画，发掘中在墓壁外保留了15~20厘米厚的填土，准备发掘到一定程度后再清理。

图8 前期发掘照片

图9 最初发现的壁画照片

图10 夹在填土和壁画间的草木根

一场春雨后，预留的保护性填土自然塌落，露出了壁画的痕迹（图9）。原来壁画的绘制不像娄叡墓那样，有明显的地仗层，而是在挖掘的墓壁上粉刷了一层白灰水即直接作画。壁画色彩艳丽，却极易剥落。墓道壁画白灰水底层稀薄脆弱，加之空气渗入和草木根系作用（图10），使之与土壁分离，白灰浆层极易脱落，造成壁画残失。形势严峻，来不及辨认绘画内容，考古工作重点转入壁画的清理和保护中。经过反复试验确定了合适的粘结原料和配方，并实践总结了一套有效的清理加固方法，先用小号注射器将粘接剂注入灰皮下，每次约1平方米，再用脱脂棉垫着轻压（图11），使白灰皮和墓壁紧密地粘接在一起，然后才能谈到进一步的清理。清理过程中，将墓道壁画用工程线划分成100×80平方米的工作面，把清理前、清理中和清理后的状况，用录像和摄影记录下来（图12）。一是为了不断地总结经验教训，探讨最适当的清理方法；二是准备接受有关主管部门和专家的审查检验，以保障发掘的严谨性和科学性。6、7、8月，正值盛夏时节，骄阳似火，工棚内密不透风，闷热如蒸气浴室，考古队员们个个汗流浃背，但发掘清理工作又必须耐心细致，一丝不苟，可以说是战战兢兢，如履薄冰。壁画保护工作主要由中国文化遗产院郑

图11 壁画保护专家郑军清理壁画工作照

图12 工作人员清理壁画

图13 墓道照片

军先生指导，市考古研究所文保人员刘晚香负责，郑军工作认真细致，言传身教，晚香虚心学习，进步神速，并且带出了一批熟练的技术工人。不经意间，梨园里花谢花飞，已是果实满枝。

经过艰辛努力，至2001年9月底，约200平方米的墓道、过洞、天井壁画终于清理完成（图13）。墓道上部壁画由于草木根系和昆虫的侵蚀破坏，大多已漫漶不清，但下部壁画经过努力，基本得以保存。壁画描绘的是一支由神兽引导的仪仗队，构图没有受过洞和天井空间分割影响而一气呵成。96个青壮年士兵，服装样式统一而色彩不同，有执三旒旗的，有肩长号的，有佩剑带弓的，还有执缰牵马的，散聚成组，神态各异（图14）。有意思的是，在墓道东壁中部还发现了一个称作"小鬼脸"的形象（图15）。在东壁下部，白灰皮之下，仔细观察，还有一个用树枝之类刻画的人物形象，两个画像的艺术水平显然不能和壁画中的描绘相比。估计是跟着师父学习的小画工或者挖墓的工人所为。

仪仗队列至墓道下底端，进入天井，两侧壁面的队列仍在延续，穿越石雕墓门、砖筑甬道，再过一道封门砖墙就是期盼已久的墓室。墓门两侧正壁绘制

图14　山西太原北齐徐显秀壁画墓墓道西壁／仪仗人物

神态谦卑的门吏,他们身着右衽窄袖长衫,画面色彩艳丽,神情端庄肃穆,在他们的手中,一反常例地拿着一根短鞭(图16.1)。而这一时期考古发现的门吏形象,一般都是挂剑,或执笏板,如太原北齐娄叡墓(图17)、河北湾漳北朝壁画墓。像这样执鞭的门吏,以前还没有发现。检查史料发现北齐有执鞭朝拜的记载,《北史·魏本纪第五》"中兴二年……(高)欢遣四百骑奉迎帝入毡帐,陈诚,泣下沾襟。让以寡德。欢再拜,帝亦拜。欢出,备服御,进汤沐。达夜严警。昧爽,文武执鞭以朝。"《北史·列传第七四》:"尔朱世隆等立长广王晔为主,南赴洛阳。至东郭外,世隆等遣瑗奏废之,瑗执鞭独入禁内,奏愿行尧、舜事,晔遂禅广陵。由是除给事黄门侍郎。"这两个执鞭门吏可以说是史书的图像注解。石门彩色贴金雕饰华丽无比,宗教意味浓重,神鸟怪兽、摩尼宝珠、莲花蔓草使人惊叹不已(图16.2)。面对着墓道天井、墓门处的精彩,对一墙之隔的墓室发掘充满了期盼。

图 15 墓道东壁随意涂画的头像

图 16.1 山西太原北齐徐显秀墓墓门侧面壁画／执鞭门吏

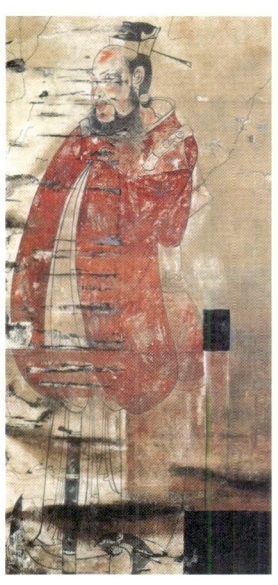

图 17 山西太原北齐娄叡墓／挂剑门吏

图 16.2 山西太原北齐徐显秀墓墓门门额浮雕

图18 墓底未清理前

2002年10月，又是一年金秋时节，墓室封门砖终于开启。首先映入眼帘的是艳丽如新的墓壁四周壁画，低头俯视墓室，地上满布陪葬品，但因多次盗扰而残破不堪（图18）。10月15日，墓室地面清理完成（图19）。墓葬为穹窿顶砖券单室结构，由墓道、过洞、天井、甬道、墓室五部分组成，总长30米。墓室平面呈弧边方形，东西长6.65米，南北长6.3米。墓底距墓顶8.1米（图20）。

墓室除有几处盗洞外，壁面规整，绘画色彩如新，没有任何水渍泥污，仿佛就是一座刚刚绘就的地下美术馆，这种情形在墓葬考古中极少见到。一般而言，古墓埋藏在地下，长期受到地震、水患等自然灾害的破坏，有的发生坍塌，有的被水浸淹。考古工作中，打开墓室，要么室内塞满淤土，要么水锈侵蚀痕迹遍布，泥水横流，显得污秽不堪。而这座墓葬墓室空旷，墓壁干净。正是这样的墓室环境，才为我们保留了完整如新的墓室壁画，难能可贵。

在约40平方米的墓室内。东部为一面积约10平方米的棺床，用于置放墓主人棺木。西部则放置陶俑、瓷器等生活用具类随葬品。由于墓葬经历了不下于五次的盗掘，随葬品大多脱离了埋藏时的位置，且破碎不堪（图21）。

图 19　墓室底部全景俯视

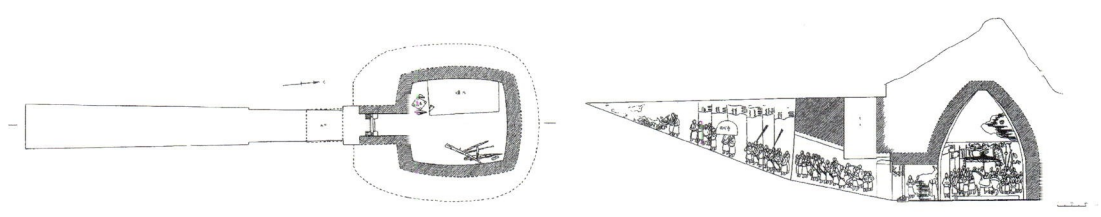

图 20　山西太原北齐徐显秀墓墓室平剖面图

图21 破碎不堪的陪葬品

图21.1 镇墓兽

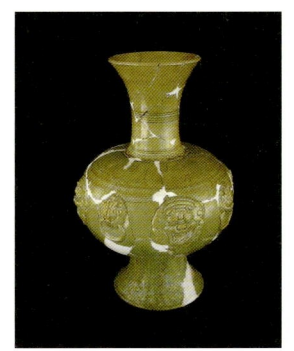

图21.2 瓷尊

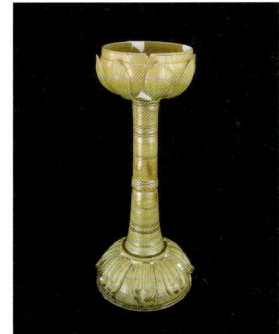

图21.3 瓷灯

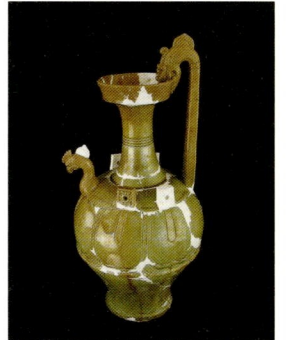

图21.4 鸡首壶标本

图21.5 镇墓武士俑标本

图 22.1　金戒指　　　　　　　图 22.2　金戒指侧面　　　　　　图 22.3　蓝宝石戒面

图 23.1　墓志盖　　　　　　　　　　图 23.2　石桌形墓志

经发掘整理，墓葬出土陶俑、瓷器、金银器等 582 件。嵌宝石金戒指发现于墓室中部的棺床朽木之下，这枚金戒指，由黄金戒托、戒指环与蓝宝石戒面组合而成，戒指环为一对狮形动物，它们张开大口，咬住一蘑菇状黄金戒托，盘座为一圈联珠纹，内嵌蓝色宝石，宝石戒面阴刻一人物，头戴面具，两手持物，不知是在作法事，还是在跳不知名的舞蹈，珠光宝气之间，透露出一股神秘感（图 22）。砖砌棺床与墓室南壁之间系一桌形青石墓志（图 23），根据志文得知墓主徐显秀。忠义郡（在今河北境内）人。他先投奔尔朱荣，后追随高欢，逐步升迁，北齐时功封武安王，历任徐州刺史、大行台尚书右仆射，拜司空公，迁太尉。武平二年（571）70 岁时卒于晋阳。

置身于墓室之中，环顾周围，圆形的穹窿顶上，繁星点点，星座之下，朵朵天莲花点缀其间，给人以飘逸流动之感（图 24）。正面北壁墓主夫妇雍容华贵，手端漆杯坐于帷帐下的床榻之上。两人中间有堆成圆丘形不知名食品，周围 13 个高足托盘盛放着各式菜肴。两个近侍头梳双髻，身穿红色长裙，裙上饰以圈状联珠纹，联珠纹内绘对兽，外披窄袖衫，脚蹬紫色皮靴，手捧漆杯、恭

图 24　山西太原北齐徐显秀壁画墓墓室展开图

恭敬敬。帷帐外两侧，前排是一支 8 人乐队，右边的 4 名男乐伎，分别演奏铙钹、五弦、曲项琵琶和笛子，有意思的是，吹笛人形神具备，而手中的笛子却没有绘出；左边的 4 名女乐伎，分别演奏响板、竖箜篌、笙和琵琶（图 26）。西壁是墓主人准备出行的场面，青罗伞盖下一匹枣红骏马整装待发。马颈下挂一缨子，装饰着忍冬、联珠纹，马背上垂向两侧的鞍袱边上绘有两圈联珠纹，联珠纹内绘制类似菩萨的人头像，骏马前面是 4 个三旒旗手，佩剑武士和马夫，后面是羽葆执事，捧官印肩胡床的随从人员（图 25）。东壁是墓主夫人即将出行的场面。羽葆华盖之下，一辆卷棚顶牛车，豪华富丽。车前御手正在极力控制躁动的公牛，旁边还有一胡仆（或商胡）前后忙碌。车后是一群贴身侍女，分别捧着包袱、梳妆盒和披风之类衣物，频频回首张望，等待老夫人上车（图 27）。其中两侍女头戴卷曲发套。一个内着白色长裙的侍女，裙上也饰有联珠纹，联珠纹内头戴莲花冠的人头像和西壁马袱上的联珠纹装饰如出一辙。南壁墓门门洞上方画一朵硕大莲花，两只威武的神兽头朝下凌空飞翔，西侧神兽，双眼圆瞪，两齿外露，长舌外伸，大三角耳直竖，毛发高耸，着红色短裤，腰系白带，向下俯冲，面目狰狞、凶残可怕。甬道内，是执鞭站立的仪卫，而墓室外则是静静等待的仪仗队列。

墓葬绘画由墓道、过洞、天井、甬道和墓室一气呵成，总面积约 340 平方米，表现了墓主人宴饮出行的壮观场面。画面形象与现实同大。彩绘各类人物 200 余，马匹 7、牛车 1、神兽 8，各色仪仗、兵器、乐器、生活什物和装饰图

案等不胜枚举。对于北齐社会历史文化的研究，无疑是极为难得的视觉形象史料，具有特殊的研究价值和解析空间。

徐显秀墓壁画有着明显的造型特点。娄叡墓和湾漳大墓壁画都以刚劲的铁线勾勒造型和一丝不苟的细节描绘闻名于世。徐显秀墓壁画则以简练的快速用笔准确捕捉人物的动态造型，隐然可见透视之意，颇有些速写味道。墓室东壁的驾车之牛尤为引人注目。此牛体型雄健，神态剽悍，昂首奋蹄，似欲破壁而出。形象既写实又有夸张，写实惟妙惟肖，夸张又恰到好处。而墓室门洞上方通常称为方相氏的神兽，左右对称，俯冲飞翔。造型夸张，形象生动，更难得是这个形象表现出非常成熟的晕染技法（图28）。

根据古代画史文献记述，六朝时中国画家开始传习古印度画技"凹凸法"，亦称"天竺遗法"，一般认为真正的晕染技法要到唐吴道子时代才最后成熟，而且成功的传世作品例证极为罕见。仔细观察这个形象，晕染技法所表现出的身体各部位的关节凸起凹下、肌肉的质感，竟然如此成熟与完美，令人难以置信，但的确如此。这对于研究中国绘画晕染技法的发展，无疑是极其珍贵的典型例证。

中国古代绘画很早就有疏密二体之说，疏体绘画到东魏北齐时成为绘画主流，其代表人物为张僧繇、杨子华等。娄叡墓壁画一经出土，引起轰动，很多学者认为该墓葬壁画出自杨子华之手。徐显秀墓壁画与娄叡墓壁画相近之处在于，绘画采用了铁线勾勒和色彩晕染手法，明暗映衬，画中人物造型体态健壮，面容丰腴适度，服饰疏朗简洁。徐显秀墓壁画继娄叡墓壁画之后，进一步使古

图 25　山西太原北齐徐显秀壁画墓墓室西壁／鞍马仪仗图

图 26 山西太原北齐徐显秀墓墓室正面 / 墓主人和乐伎图

图 27　山西太原北齐徐显秀墓墓室东壁/牛车侍女图

图28 山西太原北齐徐显秀壁画墓墓室南壁／神兽

代疏体绘画的概念更加明晰，其灵动传神的人物形象，简练流畅的线条，完全符合古代文献中描述的"点划离披""简易标美"的疏体风格，可以说是北齐疏体画风的代表作品。两墓壁画也有不同之处，其一，娄叡墓壁画线条严谨精准，而徐显秀墓壁画用笔快速放松，挥洒自如。其二，绘画布局不同。娄叡墓壁画采用分层式布局、内容繁琐、浓墨重彩、铺排喧嚣，而徐显秀墓壁画布局讲究整体效果，主题集中统一，人物服饰简洁，突出宁静含蓄的艺术氛围，改变了娄叡墓所延续的北朝壁画分为天上、人间和地下多层次画面的格局。徐显秀墓壁画布局代表着墓室壁画一种新的格局的产生。它直接影响到唐代墓葬壁画的布置，开唐墓壁画绘画布局之先河，如永泰公主墓壁画就继续了徐显秀墓壁画布局，长卷式一气呵成。众所周知，唐朝政权肇基于晋阳，其文化也有北齐晋阳的浓重色彩，或者可以说北朝晋阳文化为唐文化渊流之一，这或许是徐显秀墓文化信息带给我们的新启示。

徐显秀墓的价值不仅体现在绘画方面，而且表现在对当时现实社会生活的描绘上。

南北朝历史的一大特点就是多民族之间大规模战争、人民的迁徙流动和文化的融合。其中来自天竺的佛教文化、中西亚的萨珊波斯文化、粟特祆教文化

图29 墓室北壁二侍女

图31 牛车顶棚

图30 卷发着联珠纹长裙侍女

也随着北方游牧民族传入中原，参与并丰富了中华文化的内涵。在徐显秀墓壁画中我们可以强烈感受到浓郁的外来文化气息。

1. 墓室北壁壁画中端茶奉酒的二侍女衣裙上，分别有以色笔直接点染成形的联珠纹圈对兽和奇花异草装饰图案（图29）。这是一种中亚民族尤其粟特人喜欢的装饰图案。

2. 墓室东壁壁画中女主人二贴身侍女梳理着一种前所未见的"发型"（图30），也有人认为是帽子或假发。其渊源似乎可以追溯到印度阿旃陀佛教石窟壁画中。

3. 牛车顶棚之上悬置一联珠纹造型的宝镜状物件（图31）。虽然我们不能确知是何物且如何结构到车上，但其显然不是中国本土器物，而且是作为某种标志物而占据显要位置的。日本Miho博物馆浮雕石棺床围屏之牛车图像的车篷侧壁中央，曾有一物件与此极为相似，只是所处位置不同。Miho浮雕传出于山西，研究认为是祆教徒的墓葬埋藏物。

4. 西壁壁画中的墓主坐骑，项下有镂雕莲花、忍冬和联珠纹的金属璎盖。鞍袱是一块通常被称为"波斯锦"或"粟特锦"的织物，两端装饰是典型的珊萨波斯风格联珠纹圈"菩萨像"图案，中间均匀点缀三叶草和圆点装

图 32 波斯锦上的联珠纹"菩萨"头像

图 33 侍女裙联珠纹"菩萨"头像图案

饰（图32）。东壁侍女衣裙上也饰有类似的"菩萨像"（图33）。

5.甬道石门浮雕的图像造型和雕刻技法，特别是石门扇上兽头怪鸟形象也有明显的外来风格。最明显的是两扇石门上部——草食类兽头、鸟身、蹄足，口衔瑞草的浮雕怪鸟。有研究者认为，此形象虽不是典型的祆教神鸟，但肯定与中亚文化有关。更加耐人寻味的是，石门下部原雕刻为中国传统意义上的青龙和白虎，但在最后进行彩绘时，上部的怪鸟依浮雕原形着色，下部青龙和白

图 34.1　浮雕青龙和彩绘鸟

图 34.2　石门浅浮雕彩绘二

虎则分别被改绘成"鸟"的形象（图 34）。这种覆盖与取代的结果是，最后展示给观众看的是四只"鸟"，而且决不是中国的朱雀！此"鸟"取代了中国传统的方位神祇，说它是一场文化冲突的胜利者也不为过。

6. 墓室东北部清理出一枚镶嵌宝石的金戒指，异国情调充溢，应是出自中、西亚甚至地中海地区。从磨损程度可以判断，佩戴时间已经相当长。说明墓主人——汉人徐显秀对这些外来之物的偏爱。

151

这种对外来文化特别是中西亚波斯、粟特文化的偏爱，正是北朝时期所谓"胡化"的必然结果。史书记载，北齐后主高纬喜爱西域文化达到了痴迷的程度，他所宠信的如和士开、安吐根、康阿驮、曹妙达、史丑多等都是西域胡人，他们以歌舞、绘画之技而获得高官厚禄，甚至波斯狗也封为"仪同""郡君"的高官，享受俸禄。史称"国之大事，在祀与戎"，而他"祭非其鬼，至于躬自鼓舞，以事胡天"亲自祭奠祆教神祇。上有所好，下必甚焉。皇帝尚且如此，臣民如徐显秀们在日常生活中使用胡人物品，甚至喜好和接受胡人的宗教文化也就可以推知了。

徐显秀墓发现于太原，和太原当时所处的特殊地位密不可分。

太原自古为兵家必争之地，战略要冲，中原农耕文化与北方草原文明交汇地带，自古就是民族融合和文化碰撞的前沿阵地。十六国时期，太原先后为刘汉、后赵、前燕、前秦、西燕、后燕占领。《晋书·江统列传》记载汾河流域匈奴"五部之众，户至数万，人口之盛，过于西戎"。396年北魏政权攻占晋阳，特别是孝文帝迁都洛阳后，晋阳居于邺城和洛阳南北二都之间，交通便利，首尾相望，地理位置尤其重要。528年秀容（今山西忻州）酋豪尔朱荣以晋阳之

图35　山西太原南郊北齐墓壁画

甲，兵指洛阳，发动了骇人听闻的"河阴事变"，自任都督中外诸军事、大将军、太原王等，驻军晋阳。尔朱荣被北魏孝庄帝杀死后，高欢乘机取代尔朱氏，北魏分裂为东、西魏，建东魏都城于邺城（今河北临漳），而高欢则以大丞相自居，坐镇晋阳，晋阳由此号称"霸府"。《北齐书·孙腾传》："高祖（高欢）以晋阳戎马之地，霸图攸属，治兵训旅，遥制朝权。"高欢之后，其子高洋篡立北齐，续两都之制，仍晋阳为重，诏书天下："并州之太原、青州之齐郡，霸业所在，王命是基。"（《北史·齐本纪》）当时的晋阳，霸业所在，政要云集，文化进步，商贸昌盛，已然是国际化大都市。北齐一代，高洋、斛律金、娄叡、徐显秀、库狄回洛等一代豪杰，置身晋阳城中，或运筹帷幄，或宴饮高歌，生活于斯，死后也埋在晋阳城周围（皇帝则归葬邺城）。留下了珍贵文化遗产和研究资料，也佐证了昔日太原都市的繁华和重要地位。

太原地区墓葬壁画多种粉本的存在，也从一个侧面佐证了太原地区政治文化的中心地位。

就目前的考古发现看，太原地区流行着多套墓葬绘制粉本。太原南郊北齐壁画墓的仿木斗拱、角柱涂成赭色（图35），从而成为画面界框的作法，

图36.1　山西太原韩祖念墓壁画局部一

图36.2　山西太原韩祖念墓壁画局部二

图 37 山西太原慓墓残存壁画

图 38 徐显秀墓保护加固工作图

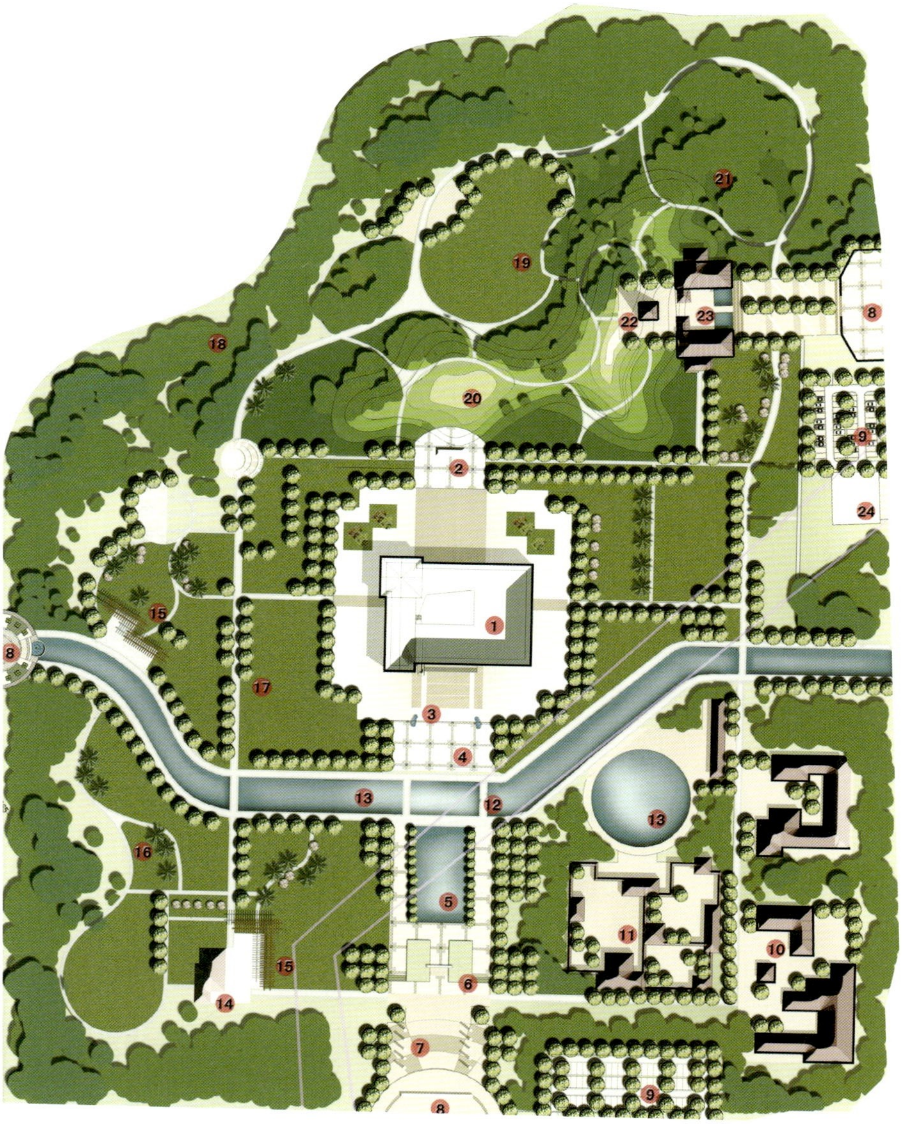

图 39 山西太原北齐壁画博物馆总平面示意图

为唐代墓葬所继承。徐显秀墓布局讲求整体效果的大布局，使得魏晋以来的墓葬壁画艺术发展到一个新的高度。在壁画的制作上，徐显秀墓墓道直接在留有工具痕迹的墓壁上作画的方法，不见于北齐统治区，而在北周统治的宁夏固原地区多见。又如出土于太原焦化厂的韩祖念墓，其壁画形象具有更多的北周风格[5]（图36）。憘墓残存壁画的袍和履（图37），与青州崔芬墓有相同之处[6]，正如研究者所指出的：崔芬墓有着南朝的因素[7]。隋虞弘石棺画则属于外来的式样。目前北齐墓葬壁画已知的几套"粉本"样式，在晋阳地区都可见到一丝端倪，这也是太原壁画墓发现中一个饶有趣味的现象。

  作为徐显秀墓葬发掘和保护的亲历者，在发掘工作结束的这十几年中，每每触及这座墓葬，总有穿越时空之感，那些已经深入脑迹的墓葬壁画犹如翩翩飞来的天使，瞬间就能使人置身于1400多年前的北齐时代。这也是作为考古工作者的一大幸事。如今，王家峰村千亩梨园已经花开几度，墓葬发掘的那些岁月也已渐行渐远，而由墓葬壁画清理保护工作培育成长起来的土质文物保护队伍最近几年来为山西各地的塑像、壁画保护做出了积极贡献，并成为山西省土质文物保护中心的主要力量，也算是一大收获。徐显秀墓完整的画幅、高超的绘画艺术以及发掘过程中贯穿始终的边发掘边保护的工作理念，使该墓葬荣获"2002年全国十大考古发现"和优秀工地奖等诸多荣誉。太原北齐壁画博物馆、敦煌研究院文物保护技术服务中心对墓葬壁画进行了整体加固保护（图38），并因此获得2012年全国十大文物保护工程奖。如今，徐显秀壁画墓保护馆的建设也正在紧锣密鼓的进行中（图39）。不远的将来，人们就能走进设施先进的馆舍，领略北齐绘画艺术的无限魅力。

〔1〕 王玉山《太原市南郊清理北齐墓葬一座》，《文物》1963年第6期。
〔2〕 太原市文物考古研究所《太原北齐库狄业墓》，《文物》2003年第3期。
〔3〕 太原市文物考古研究所《太原北齐狄湛墓》，《文物》2003年第3期。
〔4〕 山西省考古研究所等《太原市北齐娄叡墓发掘简报》，《文物》1983年第10期。
〔5〕 资料未发表。承发掘者张崇颜、阎跃进先生允诺，观摩并使用部分资料。
〔6〕 资料未发表。作者参与发掘。
〔7〕 郑岩《魏晋南北朝壁画墓研究》，北京：文物出版社，2002年，页201。

（作者单位：山西省太原市文物考古研究所）

九原岗《升天图》与南北朝《山海经》图像

渠传福

《山海经》研究作为一个文化热点课题，已经持续了相当长时间。《山海经》有图有文，互为表里。历代注家和研究者对《山海经》古图的推测，大致可归纳为禹鼎说、地图说、壁画说和巫图说四种。有学者指出："《山海经图》再现了中国民族童年的梦。神话是人类童年的梦，是人类走出混沌的第一声呐喊，是人类从自然走向文明所采摘的第一批果实。神话是民族生命力的源泉，是民族文化的根，是民族精神之所在。"[1]更有人将其称为中华文化的"密码"。

历代学者的研究汗牛充栋，公认了一个令人悲哀的结论：到两晋后，郭璞和陶渊明所见的《山海经》古图已经全部亡佚。

其实未必，《山海经图》余绪尚存：郭璞之后200年，南朝梁张僧繇于6世纪初曾绘制《山海经图》十卷；唐初，裴孝源《贞观公私画史》中记录有《畏兽图》，应与《山海经图》有关；到唐末，《山海经图》和《大荒经图》已被张彦远《历代名画记》视为"古之秘画珍图"了[2]。宋咸平二年（999）舒雅据张僧繇之残本重绘《山海经图》十卷[3]。到南宋姚宽（1105—1162）《西溪丛语》说："《山海经（图）》《大荒经（图）》，……此书今亡矣。"[4]至此，《山海经》古图亡佚终于盖棺论定。

考据学派兴起，贡献丰富，唯于《山海经图》考证，虽着力不少，但多属闭门造车。目前所见明清时代的多种《山海经图》版本，以及日本学者的山海经《怪奇鸟兽图卷》大行其道，即其流风余韵。当代《山海经》学界许多人在此基础上，继续经营。更有不少画家浓墨重彩，描绘出若干套《山海经》异兽图集，也算别开生面。

有鉴于此，《山海经》学界的领军人物，喊出了"寻找失去的另一半"的口号，决心另辟蹊径，重新审视考古学成果，"从保存至今的《山海经》同时代的帛画、漆画、铜器上的针刻画入手，探寻已经失落了的山海经古图的人文特色与风貌。"[5]从源头上追寻《山海经》古图象，以期续接《山海经图》的传承，可敬可佩。

然而，他们可能囿于古代先贤的定论和思维定式，似乎忘记质疑《山海经图》"两晋亡佚论"是否无懈可击？如此一套极大地影响中国文化的巨著尤其是图像，可能在动乱年代受到重创乃至毁灭，但有可能干净彻底地无影无踪吗？

南北朝考古出土的一些古图像是否与《山海经图》有关？

为了勘明中国社会对《山海经图》传承，同样是依据考古资料，如果说《山海经》学界是想从"亡佚前"追寻源头，本文则试图从"亡佚后"寻找其流变，想来应该可以殊途同归。

九原岗《升天图》的出土，给了我们探讨这一课题的契机。

《山海经图》"两晋未亡论"

历代学者所谓《山海经图》于两晋亡佚的结论，应该指的是作为官私庋藏的"图书"（绢帛书、画）而言。而其他载体的《山海经》图像，譬如在殿宇壁画、墓葬壁画、砖石铭刻和各类艺术品上，不可能完全消失。历代学者将结论扩大化，认为两晋之后就见不到《山海经》图像了。现代考古学的成具，是古代学者无法想象的。从这个意义上，我们可以说《山海经》图像并没有亡佚。

晋郭璞为《山海经图》作赞，陶渊明曾"流观山海图"、作《读〈山海经〉》诗，留下"精卫衔微木，将以填沧海。刑天舞干戚，猛志固常在"等名句，故晋代《山海经图》存在无疑，至少那些神怪异兽图应该是可以构成体系的。或者可以认为，郭璞陶渊明时代《山海经》的山川地理图（地图）已经消失，他们所谓的《山海经图》，可能就是一套神怪异兽图了。而这些神怪异兽图像，也应该广泛流行于社会的各种文化领域，包括祭祀、庆典、仪仗和装饰等。

有鉴于此，可以尝试从两晋之前和之后的考古材料对比中，推断郭璞陶渊明时代神怪异兽图像的大致模样，也可以看到《山海经》图像的传承和发展。

《山海经》神怪图像中，有一个始终存在的经典"人物"——蚩尤。《山海经·大荒北经》说蚩尤作兵攻伐黄帝，黄帝令应龙迎战，双方在冀州之野大战，蚩尤兵败被杀。这个失败的战神，在古代丧葬仪式中常被请来镇守墓穴。蚩尤在汉画像石的形象（图1-2），全副武装，凶猛狰狞。越两晋到南北朝时，肩部似乎出现火焰，四肢生出飞羽，武器减少（图3），逐渐有了稍后"畏兽"的模样。到南北朝晚期，明显明确可判定为蚩尤的图像消失了，类似蚩尤的"畏兽"大量出现（图4-9）。

畏兽之名，出自晋郭璞《山海经图赞》："列象畏兽，凶邪是辟。"是《山海经》记载中令人恐惧的怪兽的总称。到南北朝时期，一种半人半鸟兽的神圣动物形象在考古发掘中大量涌现，考古界对这些怪兽称呼各别，有"神兽""圣兽""方相氏"等，不一而足，也有研究者借用了郭璞的"畏兽"称呼。畏兽一般专指南北朝时期具有"镇墓辟邪"功能的焰肩怪兽，其意义略同于中国古籍中"黄金四目玄衣朱裳"的"方相氏"。其形象来源，既有如前所述汉魏专统之蚩尤，又有中亚粟特文化大举东来的美术背景，目前尚难以梳理清楚，昔

图1　汉画像石中的蚩尤

图2　山东沂南北寨汉画像石墓上的蚩尤

图3　湖北襄阳贾家冲南朝画像砖墓上的畏兽

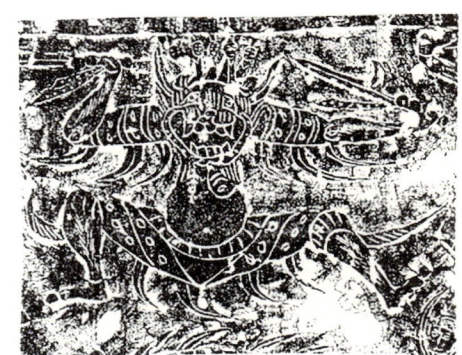

图4　南朝石刻中的畏兽

图5　河南洛阳冯邕妻元氏墓志上的畏兽

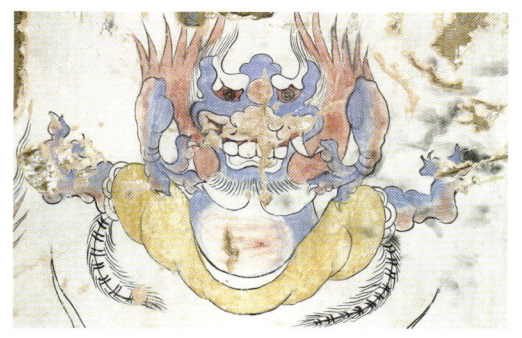

图 6　山西忻州九原岗北朝壁画墓甬道顶部／畏兽

图 7　河北磁县湾漳村北齐高洋墓壁画／畏兽

图 9　山西太原北齐徐显秀壁画墓／畏兽

图 8　河北磁县湾漳村北齐高洋墓壁画／畏兽（摹本）

用"畏兽"名称也只是暂时性质的。

四神亦称四灵。这个群体似乎与《山海经》联系不大，但作为个体的青龙、白虎、朱雀和玄武，却是《山海经》异兽形象的常客。从汉代四神（图 10-11）到南北朝四神（图 12），载体材料有了变化，技法由粗疏到细腻，但基本造型和气质神韵一以贯之，两晋《山海经图》四神个体模样，应该可以想象得出来。

再看"仙人骑龙"，虽然未必与《山海经图》有直接关系，但秦汉以来的神仙信仰，无不与神话传说相互关联，使得这种图像在魏晋南北朝经久不衰。将其视为《山海经》同一体系的社会应用图像，并非牵强附会。

汉代仙人骑龙的图像（图 13），虽显稚拙，但构图造型已确定，与后世图样相差无几。到南北朝，仙人骑龙的图像显得更加精致与华美（图 14-15），期间的两晋图像可以想见。

还有许多人物和神怪形象可资对比，恕难一一罗列。从造型到风格可以说是一脉相承，只是视觉上更加美化，技艺上更加成熟。这说明作为图书的《山海经图》亡佚了，而社会生活中的《山海经》图像始终在传承并发展着。凡此种种，无不表明：《山海经图》的亡佚，绝不等于《山海经》图像美术的终结和消亡。

图 10　河南南阳唐河针织厂墓北主室天顶画像上的汉代四灵像

图 11　东汉画像砖上的龙与虎

图 12.1　四神青龙

图 12.2　四神白虎

图 12.3　四神朱雀（凤凰）

图 12.4　四神玄武

图 12　南朝／河南邓州南朝彩色画像砖／河南博物院藏

九原岗《升天图》与《山海经》神怪图像

九原岗《升天图》成批量的发现了明确属于《山海经》的神怪图像。作为忻州九原岗北朝大墓的发掘者，我们最初并没有意识到这一点。真正认识到其中所蕴含的学术价值，是两年以后的事。

九原岗北朝大墓壁画是由一个团队的不同画师共同完成的，第四层《升天图》是其中绘画水平最高的一部分，有 50 多个各色神怪，被认为是东魏北齐绘画美术的巅峰之作。

到目前为止，我们已经辨识的《山海经》神怪异兽，还只是一部分，还有相当数量的有待确认。先来认识一下这些在《山海经》里耳熟能详的神兽。

图 14 南朝画像砖上的仙人骑龙

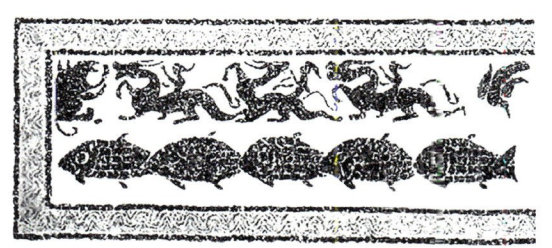

图 13 汉画像砖上的仙人骑龙

图 15 河南洛阳北朝尔朱袭墓志上的仙人骑龙

驳（图 16）：出土于《升天图》西壁，肩生飞翼，口衔幼虎，奔跑姿态矫健优雅。《山海经》说它"其状如马，其音如鼓，其名曰'驳'，专食虎豹可以御兵"。[6]古人认为它的出现，意味着息弥刀兵，制止战争。

疆良（图 17） 出土于《升天图》东壁，一头人形半蹲怪兽，血盆大口，正吞食一条斑点蛇，蛇后身半挣扎半缠绕在怪兽的右臂之上。《山海经》说"大荒之中，有山名曰北极天柜，海水北注焉。……又有神衔蛇操蛇，其状虎首人身，四蹄长肘，名曰疆良。"[7]

风伯（图 18）：出土于《升天图》东壁，是一裸体神人，仅着"丁字裤"，长发后飘，右手攥一口袋，向前狂奔。《山海经·大荒北经》说，蚩尤作兵伐黄帝，请风伯雨师，纵大风雨[8]。根据资料，善于奔走开道的"风伯"（亦称飞廉）到南北朝时，已成为中国神话的主要神祇之一。

雨师（图19）：出土于《升天图》西壁，画面是一兽身蛇尾的怪龙，龙额头有一角，鼻头又生一角，口衔瑞草，臀有火焰宝珠；龙背蹲踞一赤身鬼面神人，双手捧一水瓶于龙首之上，应该就是与"风伯"对应的"雨师"了。

雷公（图20）：出土于《升天图》西壁，奔跑中一手引连鼓，一手持椎击。雷公之名出自《楚辞》[9]，亦称雷师，《山海经》称雷神，有多处记载，说雷神是"龙身而人头，鼓其腹"[10]，是为兽形。王充《论衡》所述汉代雷神则是人形，"若力士之容，谓之雷公。使之左手引连鼓，右手推椎，若击之状。其意以为雷声隆隆者，连鼓相扣击之音也。"[11]干宝《搜神记》称雷神"色如丹，目如镜，毛角长三尺，状如六畜，似猕猴"[12]，雷公又演变为兽形。此雷公图像，动作与道具为汉代制度，其形则不似猕猴，形貌神态一如其他南北朝"畏兽"，亦曾见于东魏茹茹公主墓[13]和北齐娄叡墓[14]。

从美术源流上考察，这些畏兽明显地含有中亚祆教艺术的因素。关于"诸畏兽"的名称，据北魏正光三年（522）冯邕妻元氏墓志边侧和盖面的畏兽图像和阴刻榜题，目前已知有十八个：分别为啮石、护天、发走、挟石、挠撮、掣电、欢憘、寿福、长舌、捔远、回光、攫撮、乌攫、礔电、攫天、啥噙、拓远、拓抑[15]。似乎自成体系，功能各别。我们目前虽然尚不知道这些名称的来龙去脉和实际意义，但可以认定它们是属于一个系统，艺术造型明显区别于魏晋其他神怪图像。到了唐代，裴孝源《贞观公私画史》中记录有《畏兽图》，基本可以肯定，其形象或者就是我们现在描述的南北朝"畏兽"了。

九原岗《升天图》十数个形象大同小异的畏兽中，亦应各有其名，但目前难以一一对应。唯西壁一畏兽，肌肉发达，用力将一座小山扛举过头，似乎可以确认为"挟石"（图21），显然是"十八畏兽"之一。它们不是作为个别图像被猎奇点缀于《升天图》中，而是作为一个整体存在，与其他的形象和内容共同组成《升天图》的叙事结构。所以，以往的考古研究分析将畏兽视为新出现的外来神祇或某一中国传统神怪的替代品，可能真是有点"小看"它了。

仙人骑龙（图22）：出土于《升天图》东壁中部，画面为鹿头独角马蹄凤尾的飞龙之上，一仙人装束的男子，骑于龙背，衣带飘举，神态安详。有专家认为，此图即是墓主人灵魂在飞升途中的写照。

仙女骑鹤（图23）：出土于《升天图》西壁中部，画面为一只硕大的天鹅状神鸟，浑身雪白，尾羽翘卷；其背上端坐一位仙人装束的贵妇，容貌雅致，螺髻并立，袖带飘举。其位置与对面骑龙男子相若，判断此图应该是描写墓主夫人与夫君一道灵魂升天。

毕方（图24）：出土于《升天图》西壁前端，上半身已被耕土层破坏，下半身画面也破碎褶皱，但明显可见是一只独脚怪鸟，即《山海经》记载的"毕

图 16　山西忻州九原岗北朝壁画墓／升天图／局部／䮸

图 17　山西忻州九原岗北朝壁画墓／升天图／局部／疆良

图 18　山西忻州九原岗北朝壁画墓／升天图／局部／风伯

图 19　山西忻州九原岗北朝壁画墓／升天图／局部／雨师

图 20　山西忻州九原岗北朝壁画墓／升天图／局部／雷神

图 21　山西忻州九原岗北朝壁画墓／升天图／局部／畏兽（挟石）

图 22　山西忻州九原岗北朝壁画墓／升天图／局部／仙人骑龙

图 23　山西忻州九原岗北朝壁画墓／升天图／局部／仙女骑鹤

图 24　山西忻州九原岗北朝壁画墓／升天图／局部／毕方

方"。《西次三经》："章莪之山，……有鸟焉，其状如鹤，一足，赤文青质而白喙，名曰毕方，其鸣自叫也，见则其邑有讹火。"《海外南经》："毕方鸟在其东，青水西。其为鸟人面一脚。"[18]传说毕方为黄帝卫车之神鸟，也有说为致火之妖物，俗称火鸦。

此外还有若干神兽怪鸟的名称，我们也有所猜测，但证据不足尚未确认。也有不少由于画面破坏过甚，可能永远无法恢复并确定其身份了，遗憾之极。

总之，九原岗《升天图》就是以中国传统的神话故事为框架结构：既有象征墓主夫妇飞升的"仙人骑龙""仙女骑鹤（天鹅）"和"仙女骑鱼"，又有"风伯""雨师"开道。陪随墓主人升天的神怪大军中，又以《山海经》神怪为主要职司。成熟而生动的《山海经》神怪图像，使得《升天图》的艺术感染力倍增。

九原岗《升天图》研究启示

九原岗《升天图》的出土，给学术界提供了一个巨大的契机，使得我们有机会重新审视《山海经图》研究的得失，并且引发了一些有益的启示。

启示之一，关于南北朝神怪图像，其实以往并不少见，大多以零散状态出现于各类文物遗存中。过去这方面的研究比较简单，议论多重于具体形象代表的意义，而难以企及更深层次的整体结构问题。

九原岗《升天图》之前，河北磁县湾漳北朝大墓壁画中，墓道壁画有各种神兽 41 个，在仪仗队列上方有各类神兽 35 个，报告认为"其大部份则占据着仪仗队列上方广袤的天空，展现了神兽祥瑞的天境。"[17] 九原岗《升天图》的出现，使我们认识到，湾漳"天境图"可能更接近于九原岗《升天图》性质，只是由于没有分栏而与仪仗队列混杂在一起而已。我们可以将其视为九原岗《升天图》的另一个版本，只不过这个版本似乎强调新奇的外来内容和图像艺术，而且气氛渲染大过于主题叙事，但是在升天思维方面没有根本上的区别。

九原岗《升天图》作为主题鲜明的一个叙事整体出现，使考古学家可以重新审视那些零散或局部的图像资料，在更宽广的视野中给予其准确的定位，从而阐明其历史文化意义。

启示之二，《山海经》神怪图像流传，始终是一个动态过程，南北朝特殊的社会动乱局面，使得这个过程更加复杂。

魏晋以后很长时期，控制中原的是各色胡族。在民族大融合的过程中，必然把各民族文化中对天界（天堂）的想象揉入其中。外来宗教（佛教、祆教、景教、摩尼教）的进入与流行，使人们心中朦胧的"天堂"似乎逐渐融合取代了秦汉的"仙境"。特别墓葬壁画载体的出现，从斧凿石刻到笔墨丹青，从轮廓象形到细节描绘，使得升天的愿望图景有了更加具象的表现场所。北朝晚期随着丝绸之路的繁盛，以经商和艺术著称的中亚粟特人，大举进入中原。在盛唐文明的前夜，粟特人新奇的宗教信仰和发达的音画艺术，对重建久经战乱而凋零的中华文明产生巨大影响，也形成了此时期升天图景的中西杂糅。九原岗《升天图》就是这样一个民族大融合时代的典型标本，具有相当大的认识论意义。

启示之三，在九原岗《升天图》出现之后，重新审视南北朝《山海经》图像的流变，可能是另一番历史面貌。

前已述及，作为"图书"的《山海经图》的亡佚，并不等于《山海经》图像美术文化的中断与消亡。史书记载，郭璞后约 200 年，南梁大画家张僧繇于 6 世纪初绘制《山海经图》十卷。约当同时，九原岗北朝大墓《升天图》中的《山海经》神怪图像群完成。张僧繇《山海经图》亡于南宋，面貌不得而知，但想必其画风应与南朝画像砖相去不远。九原岗《升天图》之恢弘与灿烂，神怪图像之成熟与饱满，作品风格之典雅与飞扬，有目共睹。谁能断言这只是"从头再来"的草创之作？相比较而言，千年之后明清及日本人弄出来的那些神怪图画，别如云泥，才是真正可怜的"草创"。

九原岗《升天图》的里程碑式的发现，使得《山海经》学界寻找失去的另一半的梦想，有了实现的可能。正如马昌仪先生所希望的那样："尽可能地逐步修复山海经图的传承之链；另一方面，寻找与《山海经》同时代的形象视觉数据，追溯有图有文的《山海经》的原貌。"[18] 而修复"传承之链"的最可靠手段，就是紧密追踪和深入研究魏晋南北朝考古的新发现和新成果。

附记：本文仓促成篇，不少论点未及展开和深入，一些探讨性论点使用了肯定性陈述，抛砖引玉而已。笔者并非《山海经》专家，不免有一些外行话和对研究现状的误读，敬祈大家鉴谅并赐教。另外，本文引用的不少图片来自互联网，仅为大致说明问题，未注明详细来源，谨向权益方致歉。

2017年10月于太原

〔1〕 马昌仪《山海经图：中国古文化珍品》，《民俗研究》2003年第3期。

〔2〕 （唐）张彦远《历代名画记·述古之秘画珍图》："古之秘画珍图固多，散逸人间，不得见之，今粗举领袖，则有……山海图（六，又钞图一），……大荒经图（二十六）"。此说未见于其他记载。

〔3〕 宋《中兴馆阁书目》记载："《山海经图》十卷，本梁张僧繇画，咸平二年，校理舒雅铨次馆阁图书，见僧繇旧踪尚有存者，重绘为十卷。"见许逸民、常振国编，北京：现代出版社，1987年，页410。

〔4〕 姚宽《西溪丛语》（孔方礼点校）卷下，页91。北京：中华书局，1993年。

〔5〕 马昌仪《从战国图画中寻找失落了的山海经古图》，《民族艺术》2003年第4期。

〔6〕 袁珂校注《山海经》，上海：上海古籍出版社，1980年。

〔7〕 同上。

〔8〕 同上。

〔9〕 屈原《远游》："左雨师使经待兮，右雷公而为卫"；《离骚》："鸾皇为余先戒兮，雷师告余以未具。吾令丰隆乘云兮，求宓妃之所在"。

〔10〕 《山海经·海内东经》："雷泽中有雷神，龙身而人头，鼓其腹。在吴西。"见袁珂校注《山海经》。

〔11〕 《论衡注释》，北京：中华书局，1979年。

〔12〕 干宝《搜神记》，北京：中华书局，1979年。

〔13〕 朱全升、汤池《河北磁县东魏茹茹公主墓发掘简报》，《文物》1984年第4期。

〔14〕 山西省考古研究所、太原市文物考古研究所《北齐东安王娄睿墓》，北京：文物出版社，2006年。

〔15〕 转引自赵安昌《北魏冯邕妻元氏墓志纹饰考》，《故宫博物院院刊》1997年第2期。

〔16〕 袁珂校注《山海经》。

〔17〕 中国社科院考古所、河北省文物研究所《磁县湾张北朝壁画墓》，科学出版社，2003年。

〔18〕 马昌仪《从战国图画中寻找失落了的山海经古图》。

（作者单位：山西博物院）

宋元时期山西地区墓葬的发现和研究

秦大树　钟燕娣

山西地区今天指山西省行政区，西凭黄河与陕西交界，南以王屋、太行山、黄河以望河南，以太行山与河北相隔，北有长城与内蒙古高原为界，自然地理上属于相对封闭的地区。

从研究时段看，宋元时期，长城南北一线经历了复杂的政治演变。而处于草原和农耕民族交接地带的燕山—长城沿线在这种动荡的时局之下，表现出族属与文化传统的多样性与交融性；从宋辽的对峙时期开始，以燕云十六州为基础，一个广义上的"汉人"群体和"汉地"概念开始形成，并随着时间的推移在人群范畴和地域范围上日渐扩大[1]。金元时期，燕云作为一个整体，成为政治统治中心，也是胡风汉俗强烈交融的地区，与太原以东以北的传统汉族文化地区有明显的风格不同，造就了山西省范围内文化因素的复杂性。需要注意的是，墓葬区域面貌的形成与王朝更迭的时间并不完全重合，因此本文所研究的山西地区的辽墓，时间大体从后晋天福三年（938）契丹国占领包括晋北地区的燕云十六州到1125年，宋墓时间从960年（其中山西中部的北汉统治区从太平兴国四年〔979〕北宋灭北汉始）到北宋灭亡的1127年，金墓时间从1127年开始到蒙古军队次第占据山西境界的13世纪第一个25年，部分地区到金被元所灭的1234年，元墓从13世纪初到1368年[2]。

从行政区划看，今山西省在唐代除西南部分区域划归河南道以外，基本属河东道管辖。宋辽时期，山西北部归辽西京道管辖，包括大同府（今大同市、左云、怀仁、阳高、天镇及阳原等）、朔州（今平鲁、朔县、偏关、神池及五寨等）、应州（今山阴、应县及浑源等），蔚州西部（今广灵、灵丘等地）[3]，南部区域则多在北宋河东路治下，西南部河中府、解州，陕州北部等属永兴军路[4]。随后的金王朝时期，今山西全境入金[5]。蒙元时期，山西亦全部纳入蒙古国与元王朝版图，均属中书省管辖[6]。从政区变革看，山西地区除宋辽对峙时期边界上有变化，整个金元时期其政区边境均较为稳定。

从族属人群看，山西地区，尤其是晋北地区长期处于游牧与农耕区的交锋缓冲区域，文化面貌兼具"胡化"与"汉化"的双重性。尤其是宋辽对峙阶段，该区墓葬类型上既具有"北地"契丹、女真的墓葬文化因素，又受到中原宋墓的深刻影响，形成了地域特征明显、发展脉络清晰的墓葬体系。

从研究现状看，当前山西地区各个小文化区域不同时期的墓葬都开展过一定程度的研究，但将山西地区作为整体放入宋元时期墓葬体系进行系统整理和研究的比较少，本文拟以长时段、大区域的视角，整合当前刊布的考古材料，对山西地区宋辽金元时期墓葬的发现简况与研究现状进行相对综合的梳理和回顾[7]。

一、考古发现概况

根据当前刊布的考古简报与报告，山西地区宋辽金元墓葬的考古发现大体可分为三个阶段：

第一阶段，资料初步积累阶段。20世纪50年代到70年代末。新中国成立以后，山西地区宋元时期的墓葬陆续被发现，但考古工作以随机发现墓葬的简单清理、随工清理和调查为主，基本没有主动发掘。

这一阶段，辽墓的发现主要集中在晋北大同地区，墓例多为砖砌单室壁画墓。如1954年大同北郊卧虎湾发现2座辽墓[8]。1956年在大同西南郊十里铺附近发现3座，其中一座为乾统八年（1108）的纪年墓[9]。1957年又于大同十里铺发现2座辽墓[10]。1958年在大同郊区新添堡发现了天庆九年（1119）刘承遂墓[11]。同年大同东郊马家堡发掘辽墓1座[12]。1961-1962年卧虎湾又发现4座辽墓，其中3号墓为乾统七年（1107）僧人墓、5号墓为大安九年（1094）墓[13]。以及1974年在大同城区纸箱厂发现的1座辽墓（图1）[14]。

宋墓的考古发现较为丰富，广见于晋中、晋南、晋东南地区，类型也较晋北多样，既有土坑土洞墓和罐葬墓，也有砖室墓和石室墓，以砖室墓居多。

晋中宋墓集中分布于太原和汾阳一带：土洞墓以1956年发掘的太原市小井峪村墓群为代表，共53座，其中M8为宋天圣十年（1032）王信父母墓，M9为宋明道二年（1033）墓，M66为宋庆历四年（1044）刘仲方、安氏合葬墓[15]。土坑罐葬墓以1956年发现的吕梁石楼罐葬墓群为代表，共清理6座，时代为北宋崇宁年间（1102—1106）及大观元年（1107），为北宋末期官府集葬贫穷民众的漏泽园墓[16]。砖室墓墓例较多，如1953年发掘的太原砖室墓[17]及东郊红沟的2座砖室墓葬（1号墓为绍兴十年〔1140〕周全墓）[18]。1955年发掘的五台县台营乡宋代砖室墓[19]及太原市南坪头发现的10座砖室墓[20]。1956年发掘的太原市小井峪村4座砖室墓[21]。太原西南郊宋墓[22]及寨沟村墓[23]。以及1957年发掘的忻县政和四年（1114）武功大夫田子茂夫妇合葬墓（图2）[24]。石室墓有1954年发掘的太原市董茹庄2座石室墓[25]。

图 1　山西大同纸箱厂辽墓南壁墓门两侧／镇墓武士图

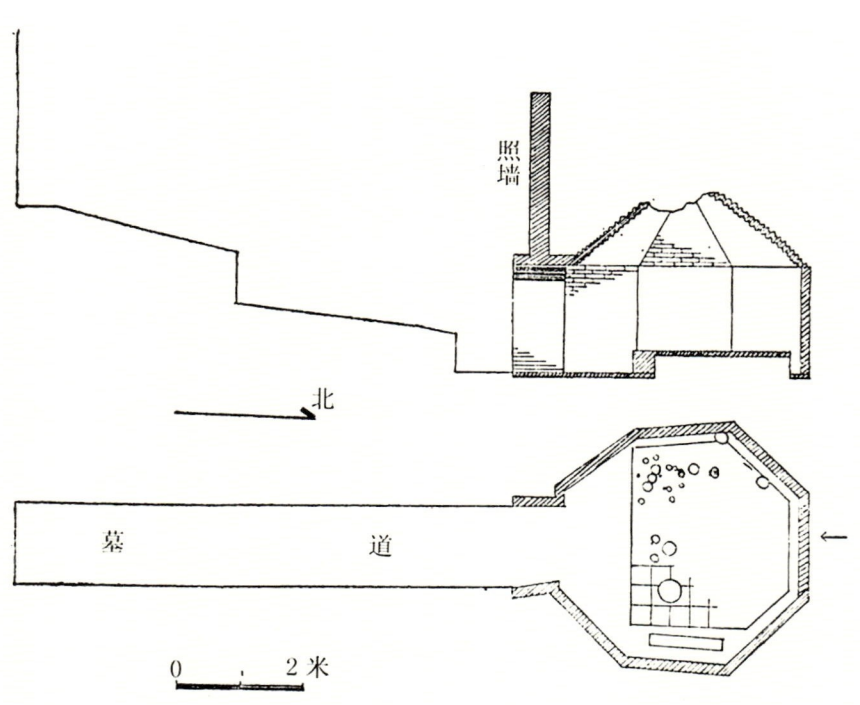

图 2　山西忻县田子茂墓平剖面图

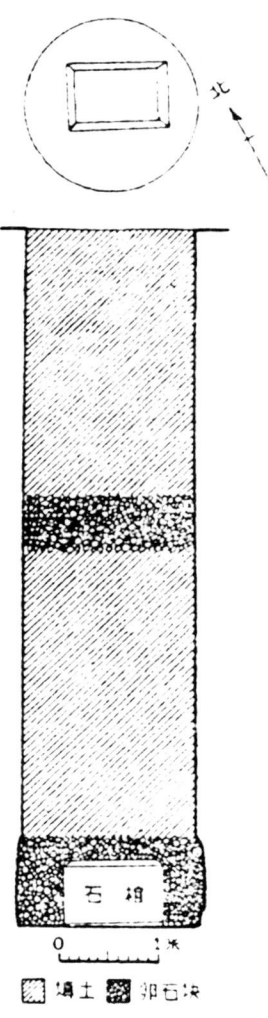

晋东南地区也发现一座砖室墓，为1977年发掘的晋城南社壁画雕砖墓[26]。晋南发现的宋墓有1953年发掘的新绛县三林镇1号墓[27]和1959年发掘的侯马镇壁画墓[28]。

这个时期的一个特点是，由于对宋金墓葬时代特征的认识尚不清楚，因此在许多地方，特别是晋南地区，常常把一些金代壁画或雕砖墓断为宋墓。如侯马镇壁画墓和晋城南社壁画雕砖墓就是这样。

此期发现的金墓在山西各地区均有分布，大部分为砖室墓，亦有石室、土洞及土坑墓。

在晋北，土坑石棺墓有1956年发现的大同十里铺吕氏家族墓中的M11-M14，其中M11为大定四年（1164）"西京巡警院吕愈次西多父君"墓（图3）[29]。砖室墓有1960年发表的孝义下吐京村金承安三年（1198）墓[30]、1961年报道的大同西郊处士墓等[31]和1978年发表的大同金大定三十年（1190）道士阎德源墓（图4）[32]。

晋中墓例主要为砖室墓，有1965年报道的太原市南郊区义井大定十五年（1175）墓和太原市小井峪村及西流村发现的3座金墓[33]。

晋南、晋东南地区发现了一些土洞墓，但以饰有繁缛砖雕的砖室墓为主。土洞墓的墓例如1955年在临汾汦赵县发现的18座金墓[34]。砖室墓有1954年清理的运城绛县裴

图3 山西大同金大定四年（1164）吕氏墓平剖面图

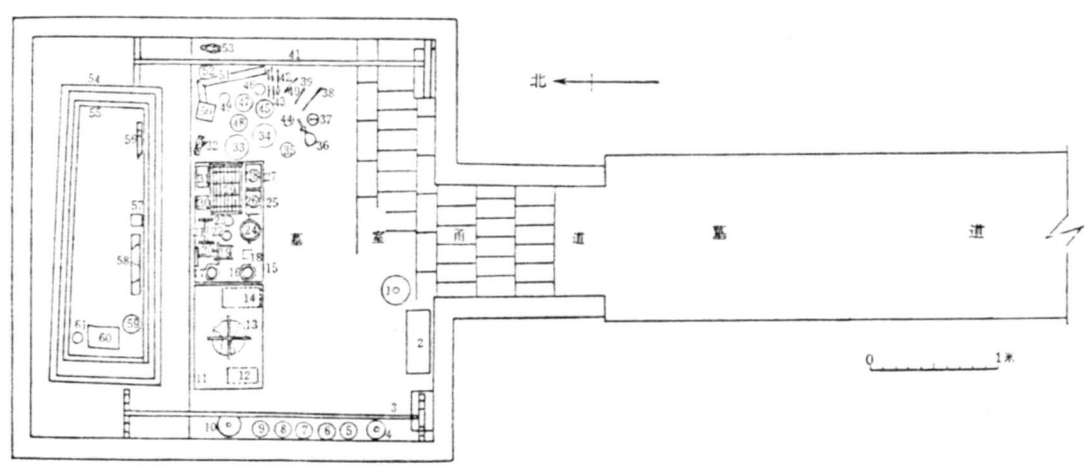

图4 山西大同金大定三十年（1190）阎德源墓平面图

图 5　山西侯马牛村 65H4M102 金墓北壁／墓主人夫妇并坐，男持念珠、女持经卷砖雕像

图 6.1　山西大同元至元二年（1265）冯道真墓东壁北端／观鱼图

图 6.2　山西大同元至元二年（1265）冯道真墓西壁北端／论道图

图 6.3　山西大同元至元二年（1265）冯道真墓正壁／山水图

家堡金墓[35]。1956年刊布的垣曲东埠村大定二十三年（1183）墓[36]。1959年清理的侯马大安二年（1210）董玘坚及董明兄弟墓[37]。60年代发现的大定十三年（1173）董万墓，明昌七年（1196）董海墓及牛村65H4M102[38]（图5）一共8座金墓[39]。1959—1961年清理的侯马M5、M9、M29及大安四年（1212）M31等金墓[40]。1979年襄汾南董金墓[41]以及1965年发表的长治李村沟金墓等[42]。

山西蒙元墓葬的发现尽管没有金墓丰富，但也基本分布于山西全境，主要以砖室墓和砖雕墓为主，还有部分石室墓。

晋北地区的砖室墓例有1962年发表的大同至元二年（1265）全真教道官"清虚德政助国真人"冯道真墓，大德元年（1297）王青墓[43]，其中冯道真墓以大幅的壁画引人瞩目（图6）。大同东郊中统二年（1261）崔莹李氏墓[44]，其中出土的成组的陶家具模型可以与壁面砖雕的家具题材相对应（图7）。西郊宋庄墓[45]。晋东阳泉平定东回村[46]和西关村[47]先后发现两批蒙元壁画墓。

晋中地区砖室墓例有孝义梁家庄大德元年（1297）墓，下吐京大德元年（1297）墓各一座[48]，太原瓦窑村延祐七年（1320）王□墓[49]。石室墓例有文水北峪口元末石室墓（图8）[50]和古交河口镇石室墓等[51]。

晋东南地区砖室墓例有长治李村沟壁画墓[52]。晋南地区砖室墓例有新绛寨里村至大四年（1311）赵毓祥妇夫舅舅墓[53]和侯马延祐元年（1314

图7　山西大同崔莹李氏墓出土的陶家具模型

图 8.1　山西文水北峪口元石室墓正壁／并坐图与"祖父之位"

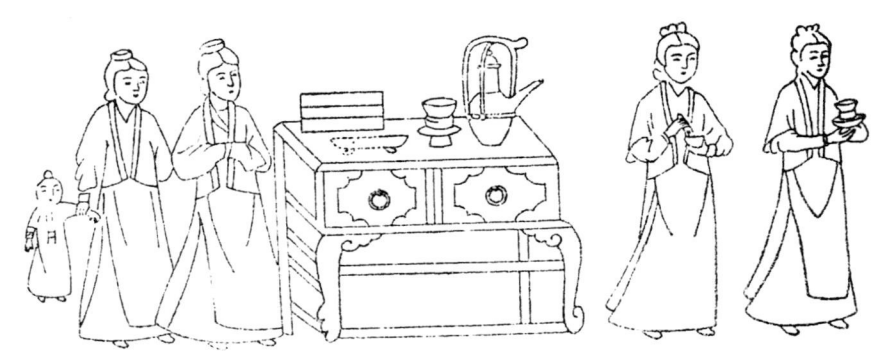

图 8.2　山西文水北峪口元石室墓／进茶图

图 8.3　山西文水北峪口元石室墓／进酒图

图9 山西新绛寨里村元至大四年（1311）赵毓祥夫妇夫舅舅墓/杂剧人物砖雕

马氏墓[54]，其中寨里村墓出土的杂剧人物砖雕是研究元代杂剧的重要资料（图9），以及癸马乔村M58等[55]。另外还有稷山五女坟的5座道姑墓[56]和芮城永乐宫发现的蒙古宪宗四年（1254）全真教道士宋德方及正统元年（1260）潘德冲墓[57]。

第一阶段是中国现代考古学发展的初期阶段，学界关注的重点是史前到隋唐时期的考古，宋元时期还没有引起人们的充分注意，各地从事宋元时期考古的专业人员凤毛麟角，山西地区也不例外，从事宋辽金元时期考古的人员屈指可数，而这少数人员也大多未经过系统的专业训练。因此，这一时期有关宋元时期的考古材料未能得到充分的关注和报告，绝大多数的墓葬仅以简讯的形式刊布，材料的记录和揭示都很不充分，更遑论专业。所以，这一阶段对于宋辽金元时期的考古工作，尚处于一个肇始的阶段，呈现出资料零散、重视不足、专业欠缺的局限性。

宋辽金元各个朝代墓葬的时代特点还十分模糊，因此许多墓葬的断代不准确，最多的情况是把金元时期的墓葬断为宋墓加以报告，墓葬的报告和描述体系也尚未建立，从报告中看到了其中的随意性和不完整性，今天我们再利用这一时期的报告，只能从字里行间努力去寻找有用的资料。像《白沙宋墓》那样系统完整的报告，在山西地区尚无一例。

有两件事情特别值得赞赏，其一，作为中国最早开展考古学高等教育的北京大学，贯彻了对所有考古资料一视同仁加以重视的观念，所以我们看到山西垣曲东埠村金墓的报告是由从事旧石器时代考古的吕遵谔先生撰写的，完全没有拘泥于研究方向不同的扞格，以高度的责任心将遇到的考古资料报告出来，起到了率先垂范的作用。其二，山西省考古研究所侯马工作站的学者，在发现了著名的侯马金代董氏墓后，在当时举国之内都没有重视宋元时期考古的大风气下，将这两座金墓搬迁到了工作站，复建了这两座精美的金墓，在当时可谓独树一帜，领风气之先，为我们留下了两座繁缛精美的金代砖雕博物馆（图10）。

第二阶段，墓例大量发现的时期。20世纪80年代初到90年代末。随着中国考古学的发展和现代化建设的大规模开展，宋辽金元考古也日益受到重视，山西地区宋元时期的墓葬大量发现和发掘，资料刊布日渐增多和规范。

此期辽墓发掘收获颇丰，大同地区发现了几座重要的壁画墓，如1984年发现的辽乾亨四年（982）代军节度使许从赟夫妇合葬墓，是晋北唯一的辽代早期纪年壁画墓（图11）[58]。此外，还有1985—1987年大同南关发现的3座辽墓，其中砖石墓2座，土坑竖穴墓1座；1991年下旬发掘的大同五法村辽代壁画墓[59]；以及1991年发掘的朔州城区辽代壁画墓[60]。

这一阶段发现的宋墓主要为砖室墓。晋中地区有1989年发掘的汾阳县北偏城村雕砖墓[61]和1992年在杏花村汾酒厂发现的宋金墓葬70余座[62]。

晋东南地区墓例有1981年发掘的长治市故漳村雕砖墓[63]。1984年清理的长治市五马村宋元丰四年（1081）马预修墓[64]。1988年发掘的长治市故漳乡故县村两座壁画墓，其中的M2为元丰元年（1078）纪年墓[65]。1989年发掘了壶关县东柏林乡南村宋元祐二年（1087）砖雕墓[66]。1991年清理了壶关下好牢宋宣和五年（1123）砖雕壁画墓，墓中有丰富的砖雕和壁画装饰（图12）[67]。1999年发掘了潞城县北关村宋代砖雕墓[68]。

晋南地区有1987年发现的闻喜下阳壁画墓[69]。1990年发掘了约为宋末金初的绛县下村砖雕壁画墓[70]。1998年发掘的新绛县北王马村宋墓[71]。

金墓分布范围较广，这个时期的发现初步显现出山西地区金墓资料极为丰富的特点，并可比较清晰地看出山西各不同区域的特点，如晋东南地区以壁画墓为主，晋南地区则以雕砖墓为主要特色。

晋北地区的墓葬形制兼有土洞、砖室墓。土洞墓的墓例有1987年朔县发现的朔州周氏家族墓M105、M106，其中M109的时代为金大定十五年（1175）[72]。砖室墓有1992年报道的大同云大陈氏家族墓地M1和正隆四年（1159）M2[73]。1994年报道的朔州承安二年（1197）张温夫妇墓等[74]。

晋东地区的砖室墓墓例有1995年发表的阳泉盂县西城武金墓[75]，1996年发表的阳泉平定县西关2座金墓[76]，完好保存了丰富的壁画（图13）。1998年报道的阳泉盂县后元吉大定十五年（1175）墓和上乌纱金墓[77]。1999年报道的朔州杨涧煤矿金墓[78]。

晋中地区土洞墓墓例有1994年报道的离石马茂庄正隆四年（1159）王君墓[79]。砖室墓墓例有1991年发表的汾阳高级护理中学发掘的8座金

图 10.1 山西侯马金明昌七年（1196）董海墓后壁

图 10.2 山西侯马金大安二年（1210）董明墓墓顶

图 11.1 辽乾亨四年（982）代军节度使许从赟墓北面柱间壁／门吏图

图 11.2 辽乾亨四年（982）代军节度使许从赟墓西北柱间壁／侍奉图

图 12.1 山西壶关下好牢宋宣和五年（1123）墓壁画
　　　 左：北壁耳室山峦图
　　　 中：东壁耳室山峦图
　　　 右：西壁耳室山峦图

砖雕"丁兰"图

砖雕"刘明达"图

砖雕"曾参"图

砖雕"姜士妻"图

图 12.2 山西壶关下好牢宋宣和五年（1123）墓砖雕孝行图

图 12.3 山西壶关下好牢宋宣和五年（1123）墓砖雕仿木结构及建筑彩画

图 13.1　山西阳泉平定西关金墓北壁／棺柩图

图 13.2　山西阳泉平定西关金墓东北壁／尚宝图

图 13.3　山西阳泉平定西关金墓西壁／进奉图

图13.4 山西阳泉平定西关金墓东壁／杂剧图

图13.5 山西阳泉平定西关金墓西南壁／马厩图

墓（图14）[80]。1999年报道的太原娄烦常家坡大定十六年（1176）墓等[81]。

晋东南地区砖室墓有1984年报道的长治故漳大定二十九年（1189）墓（图15）[82]。1985年报道的长治市长子县正隆三年（1158）石哲墓[83]。1990年长治安昌明昌六年（1195）墓Y85[84]。1999年报道的沁县南韩庄M1、M2[85]。

晋南地区主要为砖雕墓，如1982年报道的绛县安峪公社长杆村大定八年（1168）墓[86]。1983年稷山化峪M1-M5、苗圃M1和马村M1-M9等一组金墓，其中两座为纪年墓，M4为天德二年（1150）左右，M7为大定二十一年（1181），这批墓葬分为带简单砖雕装饰

图 14.1 山西汾阳高级护理中学 5 号金墓南壁砖雕壁画／启门图

图 14.2 山西汾阳高级护理中学 5 号金墓西壁砖雕壁画／夫妇并坐图

图15　山西长治故漳金大定二十九年（1189）墓东壁耳室北侧孝行图分层壁画

的和带有十分繁缛的砖雕装饰的两类[87]。M4即为带复杂装饰的（图16）。1983年刊布的侯马104号墓[88]。1983年报道的新绛南范庄金墓[89]。北王马村金墓[90]。1986年报道的闻喜小罗庄M1—M6，其中M2为大定八年（1168）墓，以及襄汾曲里村金墓[91]。1988年襄汾贾庄金墓[92]和闻喜寺底金墓[93]。1989年襄汾荆村沟金墓、上庄金墓和西郭村金墓[94]。1989年刊布的稷山吴城村承安四年（1199）墓[95]。1992年平陆沟渠头金墓[96]。1994年绛县下村金墓[97]。1995年万荣县望嘱金墓和太赵村金墓[98]。1996年报道的侯马牛村天德三年（1151）M1、普光药厂大安二年（1210）墓（图17）[99]。乔村M60[100]及山西省建一公司机运站金墓[101]。下阳金墓Y63[102]和Y87

图16 山西稷山马村金天德二年（1150）M4北壁砖雕

等[103]。1997年报告的侯马大定十三年（1173）101号墓（图18）[104]，102号金墓[105]及明昌七年（1196）65H4米102号墓[106]。1998年侯马铁十五局金墓[107]和交电二级站金墓[108]。1999年报告的侯马家属楼金墓[109]及大定二十年（1180）大李金墓[110]。

这一阶段元代墓葬发现数量较少。晋北地区的砖室墓的墓例有1986年在大同齿轮厂发现的大德二年（1298）汉族小官吏毛氏的壁画墓（图19）[111]。

晋中砖室墓的墓例有1996年发表的交城裴家山元至正十六年（1356）墓[112]。晋东南地区砖室墓的墓例有长治捉马村金末元初杨添及李氏、贾氏合葬墓，大德十一年（1307）杨诚及申氏合葬墓[113]。长治南郊司马乡元壁

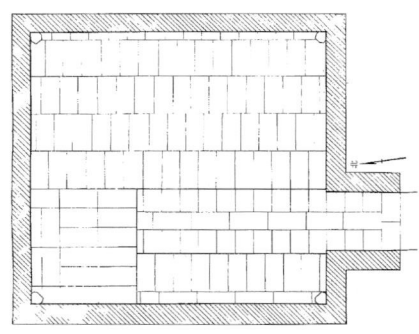

图 17.1 山西侯马牛村金天德三年（1151）M1 平剖面图

图 17.2 山西侯马牛村金天德三年（1151）M1 北壁男墓主与香花供养线图

图 18 山西侯马金大定十三年（1173）101 号墓壁面线图

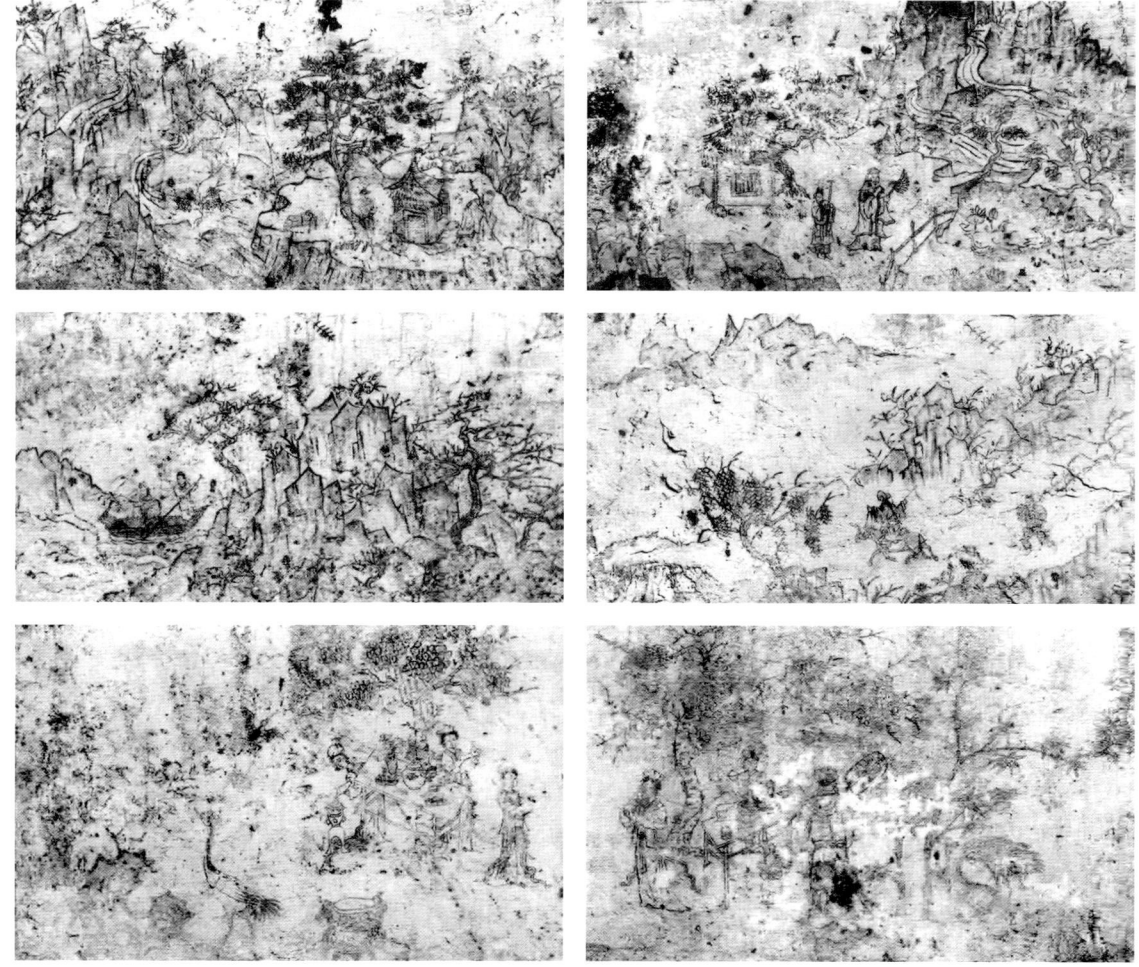

图 19　山西大同齿轮厂元大德二年（1298）毛氏墓围屏壁画

画墓[114]和郝家庄元壁画墓等[115]。

晋南地区土洞墓的墓例有 1980 年到 1989 年发掘的天马曲村 11 座简朴型砖室墓（图 20）[116]。砖室墓有襄汾曲里村元墓[117]。襄汾地区的贾庄元墓，丁村墓（其中 M1 为至元后期，M2 为至正七年〔1347〕墓）和襄汾解村大德三年（1299）墓[118]。新绛吴岭村至元十六年（1279）卫忠家族墓，墓中保存的杂剧砖雕是珍贵的元杂剧做场的资料（图 21）[119]。闻喜小罗庄 M4[120]。侯马市区至元十八年（1281）M2 和 M3[121]。运城元末壁画墓等[122]。

第二阶段宋元时期墓葬的考古工作反映了当时全国考古工作的基本特点。专业化的考古队伍逐渐建立起来，调查、发掘工作走向正规，因此各项考古工作都变得规范，反映在报告的撰写上，基本资料都得到较为全面的报告，断代

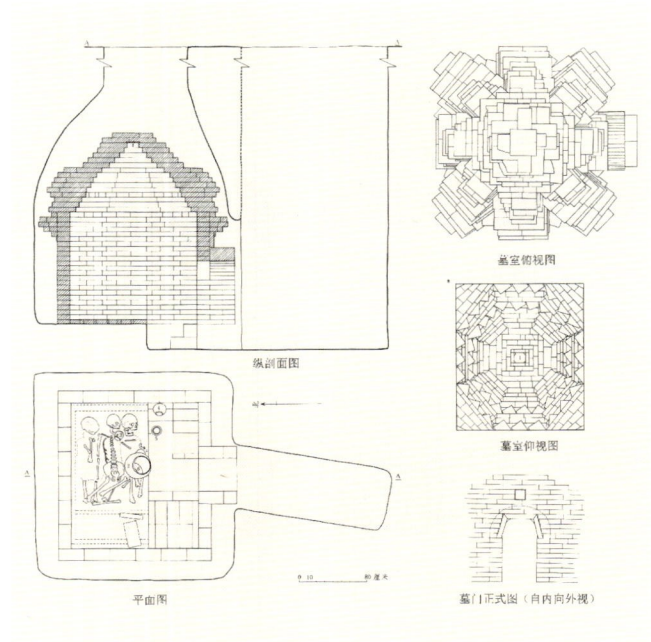
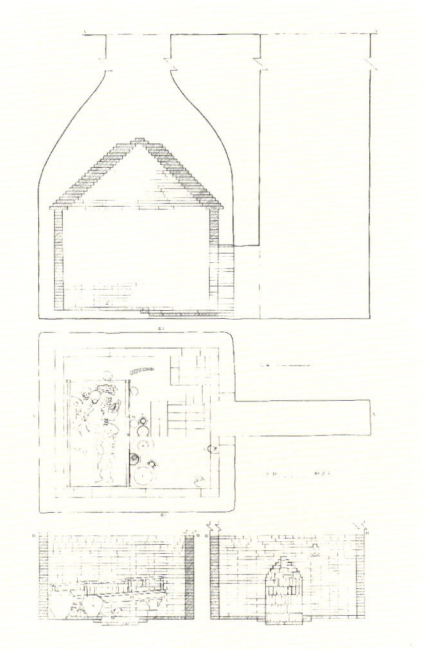

图 20.1　山西曲沃天马曲村元墓 M6029 平剖面图

图 20.2　山西曲沃天马曲村元墓 M6043 平剖面图

更为准确，将金元墓葬断为宋墓的现象已很少发生。在这一阶段的后期，单独对山西地区某一时期的墓葬、或将山西墓葬放入北方地区的带有基础性的总结工作，如分区、分期、分类型的研究开始出现，一些独特的装饰题材，如戏曲题材（图 22），仿木构砖雕和孝行图等有了一定深度的研究和释读。由于有了这些研究工作的积淀，这些宋元墓葬中十分具有特点的现象，在报告中的描述已较为准确、规范。

令人遗憾的是，这一时期考古工作的数量大大增加，资料的积累比较丰富，可能是由于专业人员的工作压力较大，刊布的墓例带有较强的主观选择性：绝大多数为墓壁带有丰富精美壁画、砖雕装饰的墓，不带装饰的小型砖室墓和土洞、土坑墓则被忽视，甚少见诸简报。不是因为没有发现，而是被认为不重要而未能报告出来。这种对资料的人为拣选，造成了墓例呈现出社会阶层的不完整性，低等级墓葬数量很少，给总结性的研究造成了一定的困难。

从 80 年代开始，在发掘材料逐渐刊布的基础上，开始有了一些阶段性考古工作的总结和综述，如《文物考古工作三十年》[123]、《新中国的考古发现和研究》[124]、《山西考古四十年》[125]、《新中国考古五十年》[126]、《新中国考古六十年（1949—2009）》[127] 等对山西地区宋元时期的墓葬的发现进行概述，奠定了墓葬区域面貌初步总结的研究基础。

值得一提的是，在许多大型的考古项目，特别是史前、商周，乃至秦汉、

图 21　山西新绛吴岭庄至元十六年（1279）卫忠家族墓杂剧砖雕　　图 22　山西侯马金大安二年（1210）董明墓南壁戏台及杂剧做场砖雕

隋唐的考古工作中，对宋元地层发现的墓葬遗存，特别是小型墓葬，常常作为"扰层"而清理掉，也得不到报告。北京大学在开展大型项目中注意了对发掘资料的完整报告，不忽视任何时期的考古资料。如北京大学连续开展了十余年发掘的山西曲沃天马曲村两周晋国遗址，在系统的发掘中清理了一批十分简单的小型元明墓葬，在编撰报告时，专门列出一章，详细报告了发掘清理的全部元明墓葬。在全国起到了示范的作用，践行了田野考古规程的各项要求和规定[128]。

第三阶段，考古材料的进一步汇集和开展总结和较深入研究的阶段。21世纪初至今，随着材料的逐渐增多，对山西宋元墓葬开始进入了总结和研究阶段，陆续也有很多新的考古发现。

辽墓有 2004 年发现的大同机车厂辽代砖室墓[129]。2011 年发掘的大同东风里一座圆形单室辽墓（图 23）[130]。

这一阶段宋金墓例相对丰富，其中不乏大型墓群。

宋墓发现中，晋中地区仍然体现出土洞墓、砖室墓并存的区域特点。土洞墓有 2002 年发掘的侯马冀城上石土洞墓[131]。2004 年发掘的曲沃靳庄的 16 座土洞墓[132]。砖室墓的墓例有 2008 年发掘的汾阳东龙观家族墓地遗址，共清理唐至明清墓葬 48 座，其中 M48 为北宋晚期砖室墓[133]。

晋东南地区砖室墓有 2000 年发掘的长治白兔村宋墓（图 24）[134]。晋南地区砖室墓如 2001 年发掘的侯马乔村 M494[135]。

金墓的发现与研究继续保持了强劲的发展势头。

晋北的砖室墓有 2000 年报道的朔州朔城区大定十九年（1179）僧人丛葬墓[136]。2004 年报道的大同大定元年（1161）徐龟墓[137]（图 25）。

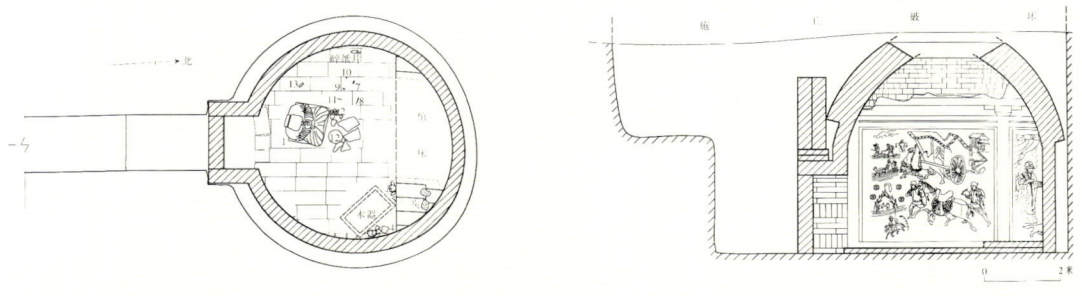

图 23.1 山西大同东风里辽代壁画墓平剖面图

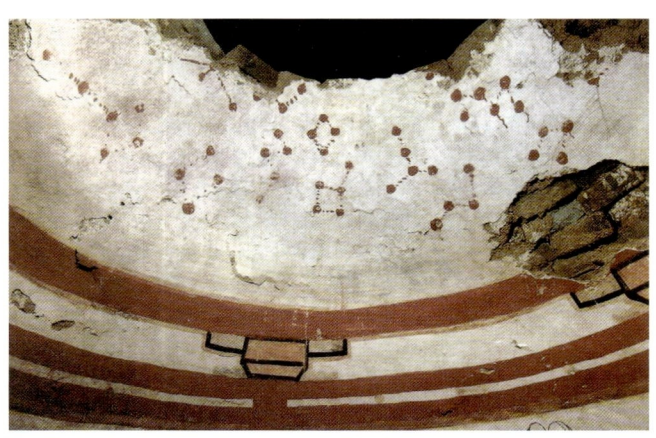

图 23.2 山西大同东风里辽代壁画墓壁画
　　　　左上：顶部壁画
　　　　右上：南壁壁画
　　　　左下：中层壁画
　　　　右下：西壁壁画

图 24　山西长治白兔村宋墓／送葬图

图 25　山西大同金正隆六年（1161）徐龟墓西壁／备酒宴乐图

晋中土洞墓与砖室墓并存，如 2012 年报道的汾阳东龙观家族墓地遗址，共有 16 座金墓，纪年墓葬有 3 座，M40 为正隆四年（1159）土洞墓，砖室墓 M3 为正隆六年（1161）王万墓，砖室墓 M5 为明昌六年（1195）王立墓。此墓的壁画内容丰富，布局规范，对了解壁面装饰布局十分重要（图 26）[133]。此外，砖室墓墓例还有 2001 年报道的孝义经济开发区大安元年（1209）郭温夫妇墓[139]。2003 年报道的阳曲南白村金墓 M1—M3[140]。

193

图 26.1　山西汾阳三泉镇 M5 金明昌六年（1195）王立墓／男墓主手持念珠图

图 26.2　山西汾阳三泉镇 M5 金明昌六（1195）王立墓西北壁／香积厨

图 26.3　山西汾阳三泉镇 M5 金明昌六年（1195）王立墓东北壁／茶酒位

晋东的砖室墓例有繁峙南关壁画墓（图27）[141]、昔阳松溪路砖室墓[142]等。

晋东南地区的金墓除了2000年发表的山西沁县南里乡金代砖室墓以外[143]，主要集中在长治地区，计有2003年报道的长治屯留天会十三年（1135）M1和M2（图28）[144]。安昌ZAM2[145]。2004年刊布的长治外贸工地六定二十三年（1183）墓[146]。2009年报道的魏村天德三年（1151）墓[147]。2008年发表的长治长子县小关村大定十四年（1174）墓[148]。此外，石室墓的墓例有安昌皇统三年（1143）墓ZAM8[149]。

晋南土洞墓的墓例有2002年报告的侯马市中心医院M1-M7[150]及侯马乔村M482[151]。土坑墓墓例如侯马乔村M494[152]。砖室墓的墓例有2001年闻喜中庄金墓[153]。承安五年（1200）田氏家族墓地M4和新绛泽掌镇北苏村金墓，万安镇杜庄村金墓及运城市盐湖区张金村金墓[154]。2004年报道的侯马乔村两座砖室墓，其中M4309为泰和二年（1202）纪年墓[155]。2005年侯马忤迪坟金墓[156]。2007年隰县金墓[157]。2008年报道的襄汾侯村明昌五年（1194）墓等[158]。

蒙元墓葬依然发现较少，在晋中有兴县红峪村至大二年（1309）墓（图29）[159]。汾阳东龙观家族墓地遗址中的11座元墓[160]。晋东南屯留康庄工业园区壁画墓等（图30）[161]。

第三阶段是宋元时期考古走向繁荣的时期，一方面一些大型的工程项目为考古工作提供了机遇，由许多墓葬构成的家族墓地和成批的小型墓葬的发掘和报告，部分的归于这个原因。如汾阳东龙观墓地的发现与发掘[162]。另一方面，从各级考古研究机构到地方政府，对宋元时期的考古，包括墓葬考古更加重视，许多新发现的墓葬得到了正式的考古发掘并保存了下来。具体到墓葬的考古发现上，持续有重要的墓葬发现、发掘。特别是一些家族墓地的发现，为墓葬的研究提供了更广泛全面的视角。墓葬的考古报告的规范已经建立，新刊布的考古报告大体都能全面的报告墓葬的资料和信息，出现了专本的正式考古报告，如《汾阳东龙观宋金壁画墓》和《侯马乔村墓地：1959—1996》等[163]。特别是山西地区的金代墓葬，由于有丰富的壁面装饰，得到了特别的重视和集中保护利用，如山西省金墓博物馆的建立[164]，汾阳东龙观墓地的集中保护，昔阳县将不同地点发现的一批金代壁画墓集中搬迁到县城保护展示[165]等等。

关于墓葬的相关研究走向了深入，从不同角度所做的总结性的分区研究不断出现，同时，针对墓葬的各个方面都有了细致入微的研究。包括墓葬的结构，特别是仿木构建筑的砖雕；各种装饰题材，以及葬俗和风水等。研究的成果则部分地融入了考古发掘报告的撰写当中，使报告更加准确客观。

图 27　山西繁峙南关村金墓墓室壁画展开图

图 28　长治屯留金天会十三年（1135）墓室南壁上方杂剧图

图 29.1 山西兴县红峪村元至大二年（1309）墓壁画／夫妇并坐图

图 29.2 山西兴县红峪村元至大二年（1309）墓壁画／奉侍图

图 29.3 山西兴县红峪村元至大二年（1309）墓壁画／奉酒图

图 30.1 山西屯留康庄工业园区元代 M2 壁画墓东壁／备茶图

图 30.2 山西屯留康庄工业园区元代 M2 壁画墓西壁／备酒图

二、研究概况

山西宋元墓葬的研究既受制于墓葬资料的刊布，也与不同学科的参与程度相关。当前，这一地区宋元墓葬的时空架构已部分建立，一定程度上反映出墓葬文化的区域面貌与阶段特点；同时壁面装饰、葬制葬式和随葬品组合等方面的研究也逐步开展，从不同侧面揭示出当时的族属文化、政治变迁、人群流动和物质生活的历史因素。此外，历史学、民族学、民俗学和文献学研究者所开展的一些相关研究虽未涉及墓葬材料，也为考古学研究提供了重要的参考和佐证，开启了更为多元的研究视角。综合来看，截止到目前为止，相关的研究主要集中在墓葬材料的综合介绍与梳理、小区域的墓葬面貌总结、墓壁装饰不同题材的探讨、仿木构建筑的研究、丧葬和祭祀礼俗的研究、墓葬年代的辨析、出土随葬品的考察以及墓葬出土文字材料的识读考证等诸多方面。

（一）长时段、大范围的综合梳理

从 20 世纪 80 年代开始，在墓葬材料逐渐刊布的基础上，开始对一些阶段性的考古工作进行总结综述。一些学者在综合研究不同区域的宋辽金元墓葬面貌时，涉及山西地区墓葬的发现及研究状况，这些研究为建立山西地区宋元墓葬的时空框架做了一定的铺垫。2004 年，秦大树撰写的《宋元明考古》一书对宋辽金时期的墓葬进行了较全面的总结和阐述，将山西地区纳入宋代的中原北方地区、辽代的南区和金代全境整体进行分区和分期。山西地区的宋墓被分别划入与辽交界的河北南部到山西太原以东以北的地区和大致与西夏相望的晋南、关中地区，并分为早、中、晚三期。辽西京地区的墓葬，被纳入辽南区的墓葬体系，成为辽南部地区 4 个小区最西边的一区，山西地区发现的辽墓属于第二、三期。金代墓葬在辽宋墓葬的基础上发展，因此，山西地区的金墓被划入河北地区和山西北部地区的第二区和晋南、关中地区的第四区，并以大定为界分为前后两期。此书涉及了山西地区宋辽金三代的墓葬[166]。

涉及山西地区辽墓的研究有：1982 年王秋华在《辽代墓葬分区与分期的初探》中，将辽墓划分为两区，属于燕云地区的山西划为第 II 区，并将此区墓葬分为两期，辽穆宗以前至兴宗时期（951 年以前—1055）为第一期，辽道宗至天祚帝时期（1055—1125）为第二期，第二期包括卧虎湾 5、15 号墓，新添堡 29 号墓[167]。1987 年李逸友在《略论辽代契丹与汉人墓葬的特征和分期》中简单归纳了辽代汉人墓葬的特征和分期，列举了已发表的辽代汉人官员墓葬，包括 1986 年发现的许从赟夫妇墓[168]。1994 年徐苹芳先生在《中国大百科全书考古学》中将辽分为早、中、晚三个时期，提到大同地区的十里铺、新添堡和卧虎湾的三处辽代晚期汉人壁画墓体现出山西区域特点，即"开芳宴"壁画中只有帷幔屏风等，而无墓主人形象[169]。1995年杨晶在《辽代汉人墓葬概述》其中提到大同地区的卧虎湾、马家集、十里堡等墓，认为辽代汉人墓中火葬盛行的原因一方面受佛教因素影响，一方面则与辽地汉族官僚、地主与契丹贵族联合起来共同维护辽朝统治，心境的转变有关[170]。1995年，冯恩学在其博士论文《辽墓初探》中，对辽代墓葬做了较为深入系统的综合性研究，从类型学出发通过排比，将辽墓分为三期七段[171]。2003年霍杰娜在其硕士论文《燕云地区辽代墓葬研究》中将燕云地区辽墓分为四个区，即以北京为中心的地区、河北东北部地区、宣化地区和以大同为中心的地区，在对墓葬形制、壁面装饰和随葬品进行分析的基础上，将其墓葬演变分为三个发展阶段，第一期太祖到圣宗统和元年以前（916—983），第二期圣宗到道宗清宁元年以前（983—1055），第三期道宗到辽亡（1055—1125），针对比较有特色的壁面装饰题材和随葬品组合，进行了考释和分析。最后还对此地区辽代墓葬的文化构成因素的渊源和流变进行考证[172]。2004年刘未在其硕士论文《辽代墓葬研究》[173]中通过对契丹大型墓葬研究、契丹中小型墓葬研究、汉人墓葬研究三个专题的讨论，对辽代墓葬等级制度的发展、制度与习俗等问题进行了总结，深化了对分区分期问题的理解，其中涉及到山西地区辽墓的主要在汉人墓葬研究的专题中，将山西地区划入长城以南地区汉人壁画墓中分析，重点论述了乾亨四年（982）许从赟墓及大同城郊发现的十余座壁画墓，将燕云地区的辽墓分为两期四段，并对随葬陶器的演变线索进行了简要分析，该论文已于2016年出版[174]。2006年彭善国在《二十世纪辽代考古的发现与研究》一文中，将辽墓划为三区，山西北部属于CI区，许从赟夫妇壁画墓为早期墓葬，其余大多为晚期[175]。2012年郑承燕在其博士论文《辽代贵族丧葬制度研究》中，对各地发现的辽代贵族墓葬进行了类型学分析和分期研究，其中总结了山西地区辽墓的墓葬特点，时代集中于辽早期和晚期，并对墓葬形制、葬俗、壁画、随葬品等进行了探讨[176]。

涉及山西地区宋代墓葬的研究有：1994年雷生霖在其硕士论文《黄河中下游地区宋金墓》中将宋墓分为1.中原地区，2.太原地区，3.河北、山东地区，4.陕西、甘肃、宁夏地区，5.江苏地区，并将太原地区墓葬分为两期，第一期约在仁宗之前，第二期约从英宗到北宋末。将金墓分为1.平阳地区，2.长治地区，3.晋中地区，4.河南地区，5.河北、山东地区，6.陕西、甘肃地区，并将平阳与晋中地区金墓均分为二期，第一期约在世宗之前，第二期约在世宗大定及以后，并总结了各地区墓葬特点及墓葬反映的历史问题、各地区间的关系、墓主人的身份及等级等问题[177]。2012年秦欢在其硕士论文《北宋多边形墓类型分区与墓室装饰初探》中提及了山西地区的多角形墓的发现情况，在划分的北方四个区域中，认为太原为中心的晋中地区作为单独的一个区域具有自身独特的特点，并对墓室的装饰布局进行了一定的讨论[178]。

山西金墓的相关研究有：1984年徐苹芳先生在《金元墓的发掘》一文中对以山西新绛、侯马为中心的金代绛州地区发现的仿木建筑砖雕墓特点进行了介绍，对蒙元墓葬的综合探讨，将元代墓葬分为早晚两期（以至元八年即1271年为界）[179]。1988年秦大树发表《金墓概述》，把山西地区发现的金墓分为晋北、晋中和晋南三个地区，并分为两期[180]。1998年申云艳等在《金代墓室壁画分区与内容分类试探》中将山西金墓分为北部和中南部两个区域，并对两个地区的壁画内容进行了分类和对比分析[181]。2007年卢青峰在硕士论文《金代墓葬探究》中将金墓分为三个地区，即东北内蒙古东部地区、燕云地区、中原地区，探讨了各区之间的联系，并将金墓分为了三期，以金代墓葬的装饰为切入点，分析金墓与宋、辽墓葬承袭关系及对元墓的影响[182]。2010年赵永军在《金代墓葬研究》中对金墓的形制与结构、随葬器物、装饰内容、分区与分期，以及族别、葬俗、等级差异等进行了较为全面的研究[183]。此外，结合文献记载和相关史学研究成果，以考古学的视角，对墓葬反映的金代社会组织结构、民族构成、社会阶层等问题作了深入探讨。相关研究还有1996年《试论金代壁画墓》[184]及《黄河中下游地区金代砖室墓探论》[185]等。

山西蒙元墓葬的相关研究有：2006年，张晓东在其硕士学位论文《蒙元时期的蒙古人墓葬》中从蒙元时期墓葬中整理出蒙古人墓葬，并将蒙古人墓葬按照葬俗分为三组，山西地区属于B组，该组采用汉地葬俗，同时又保留部分蒙古人葬俗传统；其次，以蒙古人墓葬中的壁画布局、题材的变化为据将蒙古人墓葬分为蒙古汗国时期、元代早期和元代晚期三期，最后，梳理了每组墓葬的形制、装饰及随葬品特征与演变，简单探讨了蒙古人葬俗的汉化问题[186]。后在其《蒙元时期蒙古人壁画墓的分期》中继续沿用了这种分期，并对壁画墓的特点和演变脉络进行了进一步说明[187]。2009年侯新佳在其硕士论文《蒙元墓葬研究》中对蒙元墓葬进行了分区和分期研究，将山西分入了长城以南到长江以北地区，将元代墓葬分为了早中晚三期，并对不同区域的蒙元墓葬的关系、砖雕壁画墓的发展状况以及其反映的元代社会生活进行了分析[188]。最为系统的探讨是2009年袁泉在其博士论文《蒙元时期中原北方地区墓葬研究》中的总结，将山西地区分为以晋北、晋中、晋东南、晋南四个区域，并针对不同区域发展的不平衡性对不同区域的元墓进行了分期，提出燕云地区分为两期，为蒙古时期到元代早中期和元代后期，晋中、晋南地区均分为三个阶段：金末—蒙元初期、元代中期、元代后期，晋东南地区也分三期：金元之交、元代前期、元代中后期，基本建立起山西地区元墓的时空框架。在区域面貌的时代特征沿革上，论文提出以大同为中心的晋北地区，应与以赤峰、朝阳等地区一并，划入"燕云地区"，体现出杂糅了契丹、女真与汉地风格的多元化墓葬特征与复杂的族属面貌。而大同以南的山西地区，则应与井陉—石家庄以南的冀南地区、黄河以北的豫西豫北等地一并，归入所谓"中原地区"。其地域范围在长时段内保留着北宋中晚期以来形成的"故宋"风格，在人群结构上也相对单一，基本为汉族。反映在墓葬面貌上自宋代中期以来一直以门窗装饰的仿木构砖雕壁画墓为主体。进入蒙元时期，这种宋金时期相当巩固的大区域统合面貌却被逐渐打破，形成了一系列地域特征明显的小传统，仅大同以南的今山西境内，就可分作以太原为中心的汾、平、孝、介晋中地区，以长治为中心的晋东南地区，还有以侯马、闻喜为中心的晋南地区。这些小区虽然发展轨迹不同，但至元末阶段又体现出趋同的时代特征和演变趋势：砖雕图像和仿木构建筑日渐简化，而以墓室后壁为中心、两侧对称装饰茶酒备献题材的壁画格局渐成主流。此外，该论文在蒙元墓室空间的场景复原、探讨墓室葬祭并存的空间功能及营坟治丧活动中的生死互动关系时，均不乏对山西宋金元墓例材料的分析[189]。另外2015年董新林在《北方地区蒙元墓葬初探》中将北方地区蒙元墓葬分为四区，山西划归两个区——北部和中南部。并按照墓主人分为三类族群，即蒙古族、色目人、汉人，对不同族群丧葬习俗特征进行了探讨[190]。

从目前的研究格局看，这些涉及山西宋元墓葬的研究主要以综合专著、年鉴、百科全书条目和学位论文等形式刊布，尤其是近年来各高校的硕士、博士论文，不少选题均与此相关。这些研究从广阔的时空维度上对山西宋元墓进行观察，往往能够更为宏观地把握墓葬的区域特点与阶段变化。同时，由于今山西辖境地跨"燕云"北地与中原地区，以上综合研究多注意到该地区多元化墓葬特征与复杂的族属面貌和人群结构。总体来看，长时段、大范围、多学科互动，不仅是当前史学研究的重要趋势，也是考古学墓葬研究可行的切入视角。如何从整体上把握山西地区宋元阶段变化多样的墓葬面貌，地域上辨析地区大传统的整合和小区域风格的凸显，时段上厘清当地葬俗的传承与变革，同时关注山西地区与周边文化区域的互相影响与融合，这些都是今后尚可继续深入的研究方向。

（二）以区域面貌为视角的研究

随着考古材料的积累，部分学者开始着手对山西地区某一时段或某一区域的墓葬面貌进行归纳与总结。

考虑到区域文化的连续性，山西部分地区的宋墓与金墓研究经常被作为一个整体进行讨论，如：2002年刘耀辉在其硕士论文《晋南地区宋金墓葬研究》专门讨论了以北宋降州治下为主体的晋南地区的宋金墓葬，论文明确指出，北宋、金朝时期，晋南地区并未发生大规模的移民迁入运动，故而当地的文化传统在宋金时期并未发生明显断裂，纪年墓外，很多墓葬在面貌上很难清晰界定宋、金之别，因此将宋金时代作为一个整体考虑分为三期，第一期为北宋初期至金代初期，即北宋太祖建隆元年至金熙宗皇统九年（960-1149）；第二期为金代中期，即海陵王天德元年至金世宗大定二十九年（1190-1189）；第三期为金代晚期，即金章宗明昌元年至金宣宗兴定三年（1190-1219），并对各类型墓葬的源流在本地区的发展、产生的历史背景、反映的丧葬情况进行了探讨，介绍了砖雕仿木构墓的装饰，考释了重要的装饰题材，对由砖雕内容折射出的宋金社会状况进行了分析，在戏曲文化和民间艺术方面也有浅析[191]。2012年任林平在其硕士论文《晋中南地区宋金墓葬研究》中对晋中南地区发现的宋金墓葬进行了梳理，将其分为晋中、晋南、晋东南三个地区，并对仿木构的发展演变和运用于墓葬的原因进行了阐释，并对墓主人图像、墓地规划及葬俗和社会的变迁进行了探讨[192]。2013年田多在《晋南地区宋金纪年墓对比研究》中从墓葬形制、墓葬装饰、随葬品及墓主人身份对宋金纪年墓进行了对比研究，认为晋南地区宋金墓葬特点是一脉相承的[193]。除了对晋南、晋中南金墓的研究外，还有2008年卢青峰、张永清在《试论燕云地区金代墓葬》中将燕云地区金墓分为方形、圆形、多角形，根据墓葬形制装饰及随葬品将其分为三期，探究其历史渊源[194]。

山西辽墓的研究主要集中在对大同的地区壁画墓的研究，如：1994年王银田在《大同辽代壁画墓刍议》中，从墓葬形制、壁画、随葬器物等方面对大同的辽代壁画墓进行了归纳和总结，并与辽上京、中京的契丹墓葬壁画，辽南京的汉人墓葬壁画进行了简单的对比研究，结合对宋墓壁画的比较，提出大同地区壁画墓具有独特的特点[195]。2015年张慧中在其硕士论文《大同地区辽代壁画墓研究》中[196]，从墓葬形制、墓室壁画和随葬品等三方面对大同地区发现的辽代壁画墓进行了归纳和研究[197]。

就整个山西地区的金墓研究而言，有学者对其墓葬面貌进行了细化分区：1988年史学谦在《试论山西地区金墓》中认为山西地区可分为以大同为中心的晋北、以太原为中心的晋中和以侯马、绛州为中心的晋南三个地区[198]。2002年马金花在《山西金代壁画墓初步研究》中则将山西地区壁画墓分为晋北、晋中、晋东南、晋南四个地区，按砖雕与壁画的结合分为三类，壁画题材主要有宴饮、孝行、杂剧、花鸟等四类[199]。2011年许若茜在《山西金墓分区分期研究》中对山西金墓的墓葬形制、随葬品组合、壁面装饰进行了归纳，并将金墓划为晋北、晋中、晋南、晋东南四个大区，针对每一区的面貌，进行了分期探讨，总结了山西金墓的时空特点，并探讨了对宋辽葬制的吸收和传承问题[200]。

专门对山西地区元墓进行研究的有：2014年赵俊杰在《山西地区蒙元壁

画墓探究》中对墓葬形制、随葬品、壁画墓的壁画布局和内容的特点进行了介绍，并探究了影响壁画题材的理学、宗教、社会习俗等因素[201]。2015年郭智勇在《山西地区元代壁画墓葬的考古学研究》中，从墓葬形制、壁画题材和布局、随葬品等进行了考古学研究，山西境内发现的元代墓葬集中于元代晚期，认为山西地区元墓的族属问题是有待研究的重要课题[202]。

宋元时期山西墓葬的区域面貌研究中，晋北、晋中、晋东南和晋南的小区域风格已被普遍认知，尤其是地属燕云的以大同为中心的晋北地区，明显体现出自成一格的区域面貌和更为复杂的族属面貌与阶段性。这一领域的研究，高校的学位论文仍为研究主力，这些工作，对于山西宋元墓葬面貌中不同小区、各个时段的材料整合、问题提出和研究方法的探索提供了较为充分的科研平台。我们注意到，宋金墓葬文化面貌的沿承性、各个小区相对独立区域特征的日渐凸显等问题，已为研究者普遍关注，在文化区域的划分、墓葬发展的阶段等问题上也取得了不少共识。值得注意的是，在分区研究中，除简单套用行政区划外，还应综合考虑地域文化、人群特点、地理形胜和政治冲击等多种因素；在分期研究中，也应考虑到不同墓葬文化因素发展的不平衡性。

（三）以出土随葬品为中心的研究

山西宋元墓葬中的随葬品面貌多样，尤以材质不同的容器与家具模型最为典型。2007年李桦云在《大同博物馆馆藏辽代三彩器》就大同市博物馆所藏的辽墓中出土的辽三彩进行了分析研究[203]。2008年王利民在《大同地区考古资料中的古代家具初探》中对大同辽金元墓葬出土的家具包括墓葬壁画的家具形象、出土的木质家具、家具小模型明器、陶家具模型进行了介绍[204]。2009年王纯婧在其硕士论文《山西地区宋金时期瓷器研究》中对山西宋金时期130多座墓葬及其他遗址出土的瓷器进行了分类，根据产品特征将宋金时期的手工业分为三个时期[205]，三个地区：即雁北、晋中和晋南，并讨论了周边地区对山西瓷器手工业的影响及与西夏陶瓷手工业的关系[206]。2009年董杰在其硕士论文《中原地区元墓出土瓷器初步研究》中梳理了山西地区墓葬出土瓷器，对中原地区元墓出土的瓷器进行了类型分析，并判断了瓷器的窑口，并将出土瓷器分为两期，元代早期（1234—1307）和元代晚期（1308—1368），并对手工业格局及流通等问题进行了讨论[207]。相关的研究还有，1994年王金平对侯马地区出土的宋金时期瓷枕进行了简单介绍[208]。

宋元时期山西地区的墓葬，特别是报告较多的仿木结构砖室墓中的随葬品数量一般都比较少。由于山西地区没有发现这时期高等级的墓葬和帝王墓，所以出土的随葬品也缺少特别高等级的器物，以本地产的瓷器为主。一个重要的特点是山西地区宋元墓葬的壁面装饰都非常丰富，部分壁面装饰取代了墓葬中具有特定丧葬意义的器物，比如成套的茶具和酒具，因此山西地区宋元墓中出土的器物可能更多的是具有墓主人生前玩好意义的器具，也有代表本地某些特殊丧葬习俗的器物。瓷枕应该是一类这样的器物，在山西地区墓葬中比较多的出土。

（四）壁面装饰研究

山西宋元墓葬中丰富的砖雕和壁画（石刻）装饰从不同侧面反映出当时的族属、社会和文化面貌。针对这一论题，现有的研究既有提纲挈领的总论探讨，也有不同专题的个案研究；特别是基于中国考古学浓厚的史学背景，很多学者习于利用这批墓壁装饰材料展开视角广泛的社会文化史探讨，分别涵盖了典型题材、族属特点、时代和地域风格等方面的研究。

主要针对综合性的墓葬装饰研究中涉及了对山西地区墓葬装饰的研究，其中跨越宋辽金元四个时期的研究主要是针对一些特殊题材，如2007年薛豫晓在《宋辽金元墓葬中"开芳宴"图像研究》对墓葬中"开芳宴"图像进行了分期分区研究，山西地区分为两区，晋南和晋北，分为三期：北宋中期到北宋末金初，金中期到金末元初，元中期到晚期；并对其图像的界定、区域性、发展过程等内容进行了分析[209]。2009年万彦《宋辽金元墓葬中女孝子图像的解读》中对五种女孝子的图像进行了解读[210]。

此外，专门对辽代壁画的研究有：1995年郑绍宗在《辽代绘画艺术和辽墓壁画的发现和研究》中对辽代绘画艺术进行了研究，涉及燕云十六州发现的属于辽代官僚贵族壁画墓的有大同卧虎湾辽墓，并提出在契丹腹地多描绘契丹族的作品，在燕云十六州少见，而燕云地区汉官僚贵族墓中多见契丹侍吏、奴仆情况是民族接触过程中产生的民族融合现象[211]。2002年霍杰娜《辽南区汉人墓葬壁画题材研究》中分析大同地区的壁画在辽晚期形成了一定的模式，认为这些壁画所绘为举丧情景，北壁示意逝者灵柩所在，东西壁与举丧中的招魂有关[212]。2009年杨星宇在其硕士论文《辽墓壁画的分期研究》中将辽墓壁画分为三期五段，并对各期壁画的特点进行了总结。将山西地区分入南区，提及典型纪年墓中属于山西的有许从赟墓（982），卧虎湾M6（1093），分别划归重熙以前（辽中期）和重熙以后（辽晚期），并发现大同一直以来坚持使用圆形单室墓，且壁画布局和内容"程式化"与"多样化"并存[213]。该类的研究还有很多，如张蔚在《辽墓壁画的发现与研究》[214]中对辽墓壁画研究的情况进行了较全面的介绍[215]，较为全面的是2004年罗世平《辽墓壁画的发现与研究》[216]与2006年李清泉《辽代壁画墓的发现与研究》[217]中对辽壁画墓的综合解读。近年来还相继有一些研究综述类的成果对辽墓壁画的研究进行了梳理，如2015年黄小钰在《辽墓壁画的考古发现与研究综述》中对辽代墓葬壁画的综合性及专题性研究进行了回顾，在专题性研究内对山西北部地区的辽代壁画墓的发现和研究进行了介绍[218]。还有李玉君的《二十一世纪以来辽代墓葬壁画研究综述》，追踪了新世纪以来的发现与研究[219]。

此外，还有对辽墓一些专门壁画题材进行的分析。2005年冯恩学在《辽墓启门图之探讨》中对启门图进行了初步梳理，将启门图分为三类，在A类女子启门图中提及山西大同市郊区卧虎湾4号墓的女子进门图，山西大同市郊区卧虎湾6号墓女子出门图，B类男子启门图中提及卧虎湾4号墓，分析了启门图的含义，并论述了发现启门图的墓葬都是辽晚期墓葬，是北宋墓葬雕砖壁画风俗北传的结果[220]。2011年吴婉源在其硕士论文《辽墓壁画夫妇出行图图像样本的艺术渊源考述——兼议"北方草原画派"》中对有夫妇出行图的辽代壁画墓进行了分期，其中提及山西地区的有山西大同卧虎湾辽墓、新添铺村29号墓、十里铺村辽壁画墓、机车厂辽壁画墓等，并将其分入了晚期，即回落期[221]。2013年闫丽娟在《试论宋辽金元时期"妇人启门图"》中对宋辽金元常见的壁画题材——"妇人启门图"进行了研究，其中对山西地区的妇人启门图进行了分析。山西地区的妇人启门图墓葬主要集中在晋中和晋南地区，晋北和晋东南相对要少一些，并且启门图的位置早期不固定，后期比较固定在墓室的北壁[222]。

宋代墓室壁画的研究更为丰富，从具体的题材，到墓室壁画的综合分析和布局研究都有不少成果：2001年牛加明在《宋代墓室壁画研究》中对宋墓壁画的区域分布和产生原因进行了阐释，分为三区，将山西分入第二区，并对壁画中的伎乐、杂剧、孝行图、艺术表现手法等进行了讨论[223]。2006年韩小囡《宋代墓葬装饰研究》在墓葬装饰上将北方地区的宋墓分为豫中、晋西南地区；晋东南、晋中及豫东北、冀西南地区；冀中、鲁北地区；陕甘宁地区；豫西南、鄂北及皖西地区五个地区，时代上划分为两期四段。此外，作者还在宋墓装饰的时代及区域性差异、装饰的渊源、一些典型装饰题材的解读等问题上展开了一定的探讨，最后还对宗教视觉资源等问题进行了阐述[224]。2010年陈章龙在其博士论文《北方宋墓装饰研究》中将晋东南为划为一区，晋中与晋南为一区，并结合北方宋墓已有的分期标准，将北方宋墓的装饰分为了三期四段[225]，对不同区域的墓葬装饰、区域关系、总体特征、功能及其背后反映的宋代社会风俗进行了探讨[226]。

此外还有对一些专门针对壁画题材进行的研究，不少文章将金墓壁画题材和宋墓在一起讨论。其中有代表性的是孝子图像，既有个案研究，也有综合研究，如1998年赵超先生《山西壶关南村宋代雕砖墓雕砖题材试析》一文探讨了宋金墓葬中常见的孝子图，通过对材料的梳理，把二十四孝图的形成时期推断在唐代之前[227]。2010年胡志明在《宋金墓葬孝子图像研究》中对有孝子图像的宋金墓葬的考古发现进行了介绍，集中发现在山西、河南、甘肃等地区，并对图像流行背景及孝子图像的特点、功能等进行了分析[228]。江玉祥《宋代墓葬出土的二十四孝图像补释》，结合文献记载对这些图像的定名和故事内涵做了考证[229]。卢青峰的《宋代孝文化述议——从宋代墓葬体现的孝文化因素谈起》[230]，还有董新林的《北宋金元墓葬壁饰所见"二十四孝"故事与高丽〈孝行录〉》[231]，邓菲的《关于宋金墓葬中孝行图的思考》等[232]，大体都集中在探讨绘画内容及发展变化的阐释。还有对妇人启门、墓主人对坐、宴饮等题材的探讨：易晴所著《试析宋金中原北方地区砖室墓中〈妇人启门〉图像》[233]，和《宋金中原地区壁画墓"墓主人对坐"图像探析》中对中原地区的墓主人对坐图像的壁画墓进行了介绍，包括大量山西地区的宋金墓葬，认为其象征含义是在墓室中为死者安置的灵座[234]。王丽颖对宴饮图装饰进行了研究[235]。袁泉对猫、雀等动物图像在墓葬装饰中的象征意义进行推测[236]，史晓雷对长治屯留宋村金代墓葬壁画中的几件农具图像进行探讨[237]。

专门针对山西局部地区的金代墓葬壁画研究有2013年闫晓英在其硕士论文《山西长治地区金代墓室壁画研究》中梳理了长治地区金代壁画墓的发现情况，对其内容及位置进行了分析，并与同时期其他地区墓室壁画进行了比较，讨论了长治地区金代墓室壁画的演变[238]。值得一提的是刘耀辉关于晋南宋金墓葬的研究，其在分期、分区之外，侧重点实为探析当地墓葬的代表装饰题材和丧葬观念，对晋南宋金墓中的戏曲、孝子、夫妇坐像与香花供养等砖雕母题均提出了饶有新意的观点。殊有价值的是，该论文在考古学方法外，对墓葬装饰题材的分析引入了不少民俗学、文献学的方法和材料，不仅仅是就图论图，而是试图透过图像，管窥墓葬图像营造背后的工匠系统、丧葬观念与地方社会[239]。

对山西地区元墓壁画的研究，主要的部分是在整体研究中对山西地区的提及：2006年王博在其硕士论文《蒙元时期墓葬壁画题材与布局浅析》中对蒙元时期墓葬中的壁画进行了初步的研究，在壁画的题材和布局两方面进行了分析，考察了壁画中墓主人画和山水画的内容，重点对壁画中折射出的蒙元时期道教文化的影响及儒家思想文化交流融合的问题进行了探讨[240]。2013年唐迪在其硕士论文《元代蒙汉民族墓室壁画比较研究》中对蒙元时期中国各个地区包括山西地区的墓室壁画情况进行了介绍，比较了蒙古族墓室壁画和汉族墓室壁画异同并阐释了背后的原因[241]。袁泉在《从墓葬中的"茶酒题材"看元代丧祭文化》中专题探讨了"奉茶进酒"这种题材的丧祭功能，并将装饰题材与空间布局进行了整体研究，最后探讨了茶酒之具入祭的社会背景[242]，并在随后发表的《物与像：蒙元墓葬壁面装饰与随葬品共同营造的墓室空间》一文中，对壁面装饰与随葬品如何共同营造了一个由墓主形象、仆从器用和家具模型组成的特定场景空间的问题，进行了更深入的探讨[243]。

也有一部分是对山西地区的专门研究，如：2012年穆宝凤在《神秘性与世俗性的交融——元代山西地区墓室壁画的特征及墓室图像意义分析》中对元代山西地区墓室壁画的特征及图像构成意义进行了分析，认为具有神秘性与世俗性交融的时代特征，并进一步分析了其形成的社会背景[244]。

壁面装饰布局繁缛、题材多样，是山西地区宋元墓葬最重要的特点之一。有两点特别值得关注：1.阶段性变化上，宋墓壁面装饰相对简单；至金代中期达到繁荣，各小区有自成一格，大同周边以壁画为主，晋中、晋中南砖雕与彩绘并重，晋南地区则以繁缛的砖雕最具代表性；元代起，砖雕急剧衰落简化，以后壁为中心的壁画装饰成为主流，无装饰的简单砖室墓也大量出现。2.墓壁装饰体现出固定的布局，通常是以砖雕门窗为主要"框架"，砖雕门窗之间则穿插地装饰着场景性壁画。金代壁面装饰繁荣时期，砖雕和壁画的排列分为由上至下的若干装饰带，其中门窗砖雕居中，同层还装饰有彩绘墓主夫妇并坐像、日常侍奉图像和放牧耕厨场景，而门窗上下则排列着多层孝行人物故事、灵兽、仙人等题材的图像，拱眼壁的位置上主要描绘各色花卉；元代简化为以墓室后壁为中心、两侧对称装饰茶酒备献题材的壁画格局渐成主流。3.题材生动，具有强烈的民间性。尤其是晋南金墓砖雕，砖雕题材涵盖了马上封侯、少师太师、香花供养、社火表演等体现出生动民俗性、地方文化性的图像。

（五）墓室仿木构建筑研究

山西宋元墓葬，尤其是晋中、晋东南和晋南地区，十分流行带仿木构建筑装饰的砖石室墓。相关的研究也非常集中，其中有对宋金元整体的墓葬形制研究，如2009年徐新云在其硕士论文《临汾、运城地区的宋金元寺庙建筑》中对临汾、运城地区纪年仿木构史料中所见宋代（砖石塔、墓葬）和金代（墓葬）建筑形制进行了详细分析[245]。2012年康方耀在《晋南地区仿木构墓葬装饰中的建筑分析》中对晋南仿木构的情况进行了介绍，提出山西宋金墓葬以方形或长方形单室墓为大宗，多室墓在晋南和晋东南多见，正体现了"家族合葬"和"迁葬"在这一时期的特点，对仿木构装饰中的建筑艺术、形态构成、整体风格及形式特征进行了分析，并将晋南和晋北、晋中、晋东南的仿木构的建筑特征进行了比较[246]。2012年赵明星在其博士论文《中国北方地区仿木构墓葬建筑形制研究》中分别针对宋代仿木构墓葬和金代仿木构墓葬进行了类型学分期研究[247]。2015年王进先在《长治宋金元墓室建筑艺术研究》中，以长治地区所发掘的宋金元仿木构墓葬为基础，探讨了墓室仿木构中大木作、小木作、彩画等史料类型与《营造法式》中的规定进行对比[248]。此外，2015年俞莉娜在硕士论文《宋金时期墓葬仿木构建筑史料研究——以河南中北部、山西南部为例》中以公开发表的墓葬材料为基础，认为宋金时期的河南中北部、山西东南部及山西西南部地区，墓葬仿木构建筑史料在木作形制、小木作形制、屋檐形制及构造做法方面，体现出了各自的地区性发展脉络，但就整体演变过程而言，三地墓葬仿木构建筑史料存在一致的面貌，可分为北宋哲宗前的萌芽期、北宋哲宗、徽宗时期的技术变革期、以及金初至金末的延续发展期。三地在不同时期内都存在有仿木构建筑形制和技术的交流，河南中北部地区对山西南部地区的辐射尤为明显，这种影响大多依托古代交通路线传播[249]。

此外，专门针对宋代仿木构墓葬的研究有：2004年赵明星的硕士论文《宋代仿木构墓葬形制研究》[250]及2006年在《宋代仿木构墓葬形制及对辽金墓葬的影响》一文中对宋墓形制做的类型上和区域上的分析[251]。还有2009年郑以墨的《内与外、虚与实——五代、宋墓葬中仿木建筑的空间表达》[252]。

针对金代仿木构墓葬比较系统的研究有1999年山西省考古研究所编写的图录《平阳金墓砖雕》，搜集了金代平阳府辖区今侯马、襄汾及其毗连的古绛州一带的金墓及其相关研究[253]。此外，针对山西整体区域的研究，如2014年汪祺祯硕士论文《山西金代墓葬建筑形制与礼制探讨》[254]，分析了山西金代墓葬的分布、形制结构特点、反映的社会礼制及墓葬装饰题材和内容。也有专门对晋南地区金代仿木构墓葬的研究，如2006年白昭熏在《金代砖雕墓中的仿木结构及住宅形状研究》中以晋南所见金代砖雕墓为主要材料，通过分析其壁面立面尺度和比例，探讨了墓葬设计时所依据的基准尺寸[255]。2014年吴根在其硕士论文《晋南金墓中的仿木建筑——以稷山马村段氏家族墓为中心》中，以稷山马村段氏家族墓群为中心，提出相较于宋金时期其他地区的砖雕壁画墓对于生活空间的营建，段氏家族墓和部分晋南地区的金墓构造出了更具有神性的空间，并表达出对于墓主的祭祀与供养之意[256]。此外还有对稷山段氏金墓的研究，如2015年胡冰《山西稷山金代段氏砖雕墓建筑艺术》，从美术学与考古学的角度分析其墓葬建筑特色，对建筑装饰的艺术特点及美学价值做深入的探讨，通过追溯建筑结构形制的演变，分析北方宋金时期砖雕墓室兴盛的原因[257]。

专门针对元代仿木构墓葬研究的有：2011年爱丽斯硕士论文《中国北方地区蒙元时期墓葬形制研究》，从地表遗存、墓葬结构、墓葬壁画、砖雕以及仿木结构装饰等几个方面，对北方地区蒙元时期墓葬形制进行类型划分，提出在北方地区发现蒙元时期墓葬最多的是山西省，墓葬形制主要是带有壁画或者砖雕的石室墓和砖室墓，壁画装饰题材十分丰富，基本可以代表北方地区蒙元时期墓葬的题材内容[258]。

（六）砖雕戏曲题材的专题研究

20世纪以来，在河南、山西许多地区的考古工作中都发现了北宋中期以后的戏曲题材的遗物或遗迹，包括了戏曲雕塑和俑、带戏曲图像的墓室砖雕和壁画，剧本（抄本）等，舞台建筑、碑刻题记（舞台题记）和戏画（包括绘画、壁画、年画等）等。这些材料对于研究中国的戏曲发展史以及了解当时社会的民情风俗和文化艺术的发展都有重要的意义。相关的研究工作在20世纪后半叶有很大的发展。最早引起学界关注的就是晋南、晋东南宋元墓葬砖雕、壁画中的戏曲题材的装饰，涵盖了杂剧、伎乐、百戏、社火等多样类别。

这一类题材一经发现，迅速引起了学者们的关注，1959年周贻白发表《侯马董氏墓中五个砖俑的研究》，从戏曲发展角度对董氏墓的五个砖雕俑进行探讨[259]（参见图22）。1960年徐苹芳先生在《宋代的杂剧雕砖》一文中针对宋金时期杂剧流行的相关专题进行探讨，对最早引起学界关注的河南偃师酒流沟水库砖雕墓出土的杂剧砖雕到晋南发现的金代砖雕墓中的戏曲题材砖雕进行了初步的梳理和研究[260]，随后又对山西芮城永乐宫搬迁时发掘的全真教道士宋德方、潘德冲墓石椁上的杂剧题材画像做了系统的研究[261]。1961年周贻白在《北宋墓葬中人物砖雕的研究》一文中对宋金杂剧的演出形式进行了研究[262]，现在一般认为这是一个场面，不是正杂剧就是艳段。1972年丁明夷撰文《山西——中南部的宋元舞台》，对晋中南地区墓葬中的砖雕戏曲舞台模型进行了戏剧史方面的研究[263]。1973年刘念兹在《从建国后发现的一些文物看金元杂剧在平阳地区的发展》中对金元时期晋南地区杂剧的盛行进行考证[264]。1997年杨富斗等在《金墓砖雕丛探》中对山西侯马102号金墓进行了详细的解读[265]。1999年杨富斗主编的《平阳金墓砖雕》，将晋南金墓出土的砖雕以图文并茂的形式结集出版，并对砖雕的形式到内容等进行了详细考证[266]。2000年廖奔先生发表《宋金元仿木结构砖雕墓及其乐舞装饰》，对宋金时期墓葬装饰的乐舞题材进行了论述和研究，认为乐舞场面在平民墓葬的普遍出现，标志着古代文化的转折，是民俗文化阶段的开始[267]。2009年张帆在《豫北和晋南宋金墓杂剧形象的比较研究》中认为，金代晋南地区的杂剧演出不仅是流行的世俗娱乐[268]。2009年席倩茜在《晋南金墓砖雕中的戏曲图像研究》中对晋南金墓砖雕的戏曲图像进行分类研究，透过图像，探讨戏曲砖雕在晋南金墓中的重要性[269]。2010年田银梅在《山西晋南墓葬戏曲砖雕浅析》中对晋南地区墓葬发现的戏曲砖雕从戏曲和制作工艺两方面进行探讨[270]。在零散研究的基础上，形成了一些重要关于戏曲题材的专著，其中重要的有刘念兹《戏曲文物丛考》[271]，山西师大戏曲文物研究所所编《宋元戏曲文物图论》[272]，廖奔著《宋元戏曲文物与民俗》，不仅对宋金元时期杂剧的发展做了系统梳理，还涉及当时民俗和文化的诸多内容，成为 90 年代以前戏曲文物研究的总结之作[273]。景李虎著《宋元杂剧概论》[274]，廖奔著《中国戏曲图史》[275]，车文明的《20 世纪戏曲文物的发现与曲学研究》，则进一步总结了到 90 年代取得的成果，并将戏曲文物研究的视角扩展到戏台、剧本、碑刻等与戏曲相关的文物。

通过对宋、金、元墓葬中发现的时代准确的戏曲题材的装饰做的系统研究，使我们基本清楚了从宋到元杂剧的产生与发展，从角色装扮与分行，演出形式，演出体制，伴奏乐器到舞台形式，系统地获取了相关的实物和图像资料，可以看到宋代的杂剧到金院本，直到元曲这种影响深远的艺术形式的变化、发展过程，为戏曲研究注入了形象的资料和研究活力。同时也逐渐地认识到，戏曲和伎乐题材在墓葬中的出现，体现了"娱尸"的功能，是丧祭过程中虞祭的一种仪式表达。

音乐、舞蹈方面的研究如：2010 年冯晓琴在硕士论文《晋南出土金元砖雕的音乐学研究》中对晋南出土金元砖雕中戏剧、乐舞史料进行收纳、梳理，着重从音乐学、民俗学和社会学的视觉角度和研究方向，考察了金元砖雕所表现的音乐形式在当时得以广泛普及的历史渊源、在各类传统音乐艺术内容的分类传承，及其映射出的宋金元时期的音乐文化发展特点[276]。2014 年赵娟在《晋南金墓乐舞砖雕舞蹈学研究》中对晋南金墓乐舞砖雕的历史环境、形态特征及金代舞蹈的发展进行了阐述[277]。

婴戏图像的专门探讨如：庄程恒在《庆堂与净土——晋南金墓中的婴戏图像及其双重信仰》中将婴戏图像置于墓葬整体空间中，分析了与其他装饰题材如墓主人像和仿木构之间的关联，结合世俗阶层对死后往生净土和子孙昌盛的双重诉求，讨论了金墓中的双重信仰[278]。

山西宋金墓葬中戏曲题材砖雕、壁画的研究，不仅丰富了戏剧专门史的研究材料，更重要的是反映了学界对墓室空间性质的再思考。从"视死如生"的简单比附，到娱尸、墓祭等论题的提出，墓葬中戏曲题材近年来研究的日渐深入也反映出考古学与美术史、民俗学等多学科日益结合的研究趋势。

（七）以丧葬习俗信仰为主题的研究

1988 年王明珂的《慎终追远——历代的丧礼》[279]，1991 年苏平的《中国古代丧葬习俗》[280]，1998 年徐吉军、贺云翱《中国丧葬礼俗》[281]及徐吉军的《中国丧葬史》[282]等论著都对中国古代特有的丧葬习俗进行了深入的探讨，秦大树在《宋代丧葬习俗的变革及其体现的社会意义》一文中也对宋代丧葬习俗进行过讨论[283]。针对两宋火葬墓的研究中也涉及山西地区的资料，如朱瑞熙的《宋代的丧葬习俗》[284]、刘春德的《宋代火葬的盛行及其对"华夷之辨"观念的挑战》[285]、李政的《两宋火葬述论》[286]等。

山西地区相对远离以都城为核心的政治、经济中心，同时从金代以降，山西是北方地区战乱较少的区域，特别是元代以后，成为北方经济、文化最为发达的地区之一，逐渐形成了特定的经济和人文环境。表现在丧葬习俗上，形成了一些不同于其他地区的特点，如流行丛葬和火葬；墓室中颇具程式化的、位置相对固定的成套装饰题材，有些用于拼装的纹样雕砖，可以明显看出来自相同的作坊，因而形成了具有充分满足各种不同丧葬习俗，又具有高度发达的商品经济特色的墓室营建与装饰的方式。特别是成书于金代山西地区的葬书《大汉原陵秘葬经》，比较多地反映了山西地区丧葬习俗中的鬼神意识和等级观念[287]，成为唐到宋元墓葬葬俗和随葬品研究中的重要参考。

此外，还出现了对宗教因素专门进行研究的论文，如霍杰娜在《辽墓中的佛教因素》中，从出土的文字资料、壁画、葬具以及随葬品、墓葬形制等方面对辽墓中所见的佛教因素进行了论述，文中提及山西大同西南郊辽墓9号及15号石棺刻有梵字真言；壁画雕刻方面大同郊区2号墓壁画棺床上为朱绘莲花毯，以及山西地区发现的一些辽代火葬墓主要受佛教信仰的影响，并且提出八角形墓可能与密教信仰有关[288]。李树云《大同辽代墓葬中的佛教因素》一文[289]，分析了大同地区辽墓中体现佛教因素的葬具、随葬器物和壁画，印证了辽代在大同地区佛教的繁盛。

三、总结和展望

综上，20世纪中叶以来，随着区域考古工作的大量开展，山西宋元墓葬材料得以集中刊布，其中不乏入葬年代明确的纪年墓。这些考古资料虽然有待进一步丰富与完善，已能大致反映出区域文化面貌和前后阶段特征；而异常丰富的壁面装饰题材和多样的随葬品类型，则为我们进一步探讨墓葬文化和葬祭传统提供了翔实的实物资料。以之为基础，学界对山西地区不同阶段的墓葬发展脉络进行了归纳和总结，南北方各小区域的墓葬研究也有所涉及，基本建立起山西地区宋元墓葬研究的时空框架；同时，专题研究也日渐深入，其中既有不同人群、族属墓葬特点的探讨，也有随葬品和墓壁装饰的分析。此外，跨学科研究的出现为研究山西地区宋元墓葬注入了更为广阔的视角与研究支持，如从历史学视角对区域社会的观察、以民族学观念对葬俗的解析，以及从艺术史角度对装饰题材的研究等。这些墓葬材料与研究工作的积累均为进一步综合探讨的开展创造了可行条件。

与此相对，针对山西宋元墓葬研究课题，大范围、长时段、多视角的综合研究仍有深入开展的空间。在分区研究中，如何多方面考虑地域文化、人群特点、地理形胜和政治冲击等多种因素，考量行政区划和文化分区的重合与偏差，解析大区域面貌与小区域传统，细分不同族属和人群文化取向的差异等等，都是我们需要进一步深入思考的论题。

在分期研究中，也要认识到山西不同区域考古学文化发展的不平衡性，表现在墓葬面貌上也具有不同的发展阶段和各自的演变进程。在墓葬资料丰富、变化频繁有序的区域需要建立起完整、细致的演变序列；而对存在年代缺环且变化不明显的地区则不应做强行期段划分，而应侧重从更长的时段探讨宋元墓葬传统的承袭与变革。

同时，在建立起山西宋元墓葬的时空框架后，对墓室进行场景、布局的复原和性质探讨也是亟待深入的研究领域；如何在考古资料的基础上，引入民俗学、口述历史、社会学调查的材料综合研究墓葬所体现的丧祭文化和社会信仰，同样是我们需要不断审思的课题。

致谢：本文的成文涉及到大量的考古资料和研究成果，是一项十分浩繁的工作，在写作过程中得到袁泉、郭三娟、王伊宁、张保卿、陈天民等人的倾力相助，在此谨致谢忱！

〔1〕 袁泉《政治动因下的"蒙古衣冠":赤峰周边蒙元壁画墓的再思》,《边疆考古研究》第12辑,北京:科学出版社,2002年,页341。

〔2〕 本文不以各政权实际建立的年代和灭亡的年代为准,而以各政权实际控制山西地区的时间为依据。

〔3〕 谭其骧主编《中国历史地图集》第六册(宋、辽、金时期),北京:中国地图出版社,1996年,图版页10—11。

〔4〕 同上,图版页16—19。

〔5〕 同上,图版页42—43。

〔6〕 同上,第七册(元、明时期),图版页3—4。

〔7〕 本文收集的考古资料和研究论文的发表时间截止到2015年底。

〔8〕 山西省文物管理委员会《山西大同郊区五座辽壁画墓》,《考古》1960年第10期,页37—42。

〔9〕 边成修等《山西大同市西南郊唐、辽、金墓清理简报》,《考古通讯》1958年第6期,页28—36。

〔10〕 山西省文物管理委员会《山西大同郊区五座辽壁画墓》,《考古》1960年第10期,页37—42。

〔11〕 同上。

〔12〕 曹臣明《山西大同市东郊马家堡辽墓》,《考古》2005年第11期,页93—95。

〔13〕 大同市文物陈列馆《山西大同卧虎湾四座辽代壁画墓》,《考古》1963年第8期,页432—436。

〔14〕 王银田等《山西大同市辽墓的发掘》,《考古》2007年第8期,页34—44。

〔15〕 解希恭《太原小井峪宋、明墓第一次发掘记》,《考古》1963年第5期,页250—258;代尊德《太原小井峪宋墓第二次发掘记》,《考古》1963年第5期,页259—263。

〔16〕 杨绍舜《吕梁县发现了罐葬墓群》,《文物》1959年第6期,页75。

〔17〕 戴尊德等《在基本建设中太原市发现古遗址及唐宋墓葬》,《文物参考资料》1954年第3期,页116—117。

〔18〕 王玉山等《太原东郊红沟宋墓清理报道》,《文物参考资料》1954年第6期,页38—43。

〔19〕 山西省考古所《山西省五台县发现古遗址、墓葬等多处》,《文物》1956年第1期,页57—58。

〔20〕 太原市文物管理委员会《太原市南坪头宋墓清理简报》,《文物》1956年第3期,页41—44。

〔21〕 解希恭《太原小井峪宋、明墓第一次发掘记》,《考古》1963年第5期,页250—258。

〔22〕 山西省文物管理委员会《太原西南郊清理的汉至元代墓葬》,《考古》1963年第5期,页264—269。

〔23〕 代尊德《山西太原郊区宋、金、元代砖墓》,《考古》1965年第1期,页25—30。

〔24〕 冯文海《山西忻县北宋墓清理简报》,《文物》1958年第5期,页49—51。

〔25〕 解廷琦等《太原市郊古墓、古寺庙遗址清理简报》,《考古通讯》1955年4期,页57—58。

〔26〕 晋东南文物工作站《山西晋城南社宋墓简介》,《考古学集刊》第1集,北京:中国社会科学出版社,1981年,页224—230转243。

〔27〕 杨富斗《山西新绛三林镇两座仿木构的宋代砖墓》,《考古》1958年第6期,页36—39。

〔28〕 万新民《侯马的一座带壁画宋墓》,《文物》1959年第6期,页56—57。

〔29〕 边成修等《山西大同市西南郊唐、辽、金墓清理简报》,《考古通讯》1958年第6期,页28—36。

〔30〕 山西省文物管理委员会等《山西孝义下吐京和梁家庄金、元墓发掘简报》,《考古》1960年第7期,页40—52。

〔31〕 张秉信《山西大同西郊的一座金墓》,《考古》1961年第11期,页640。

〔32〕 代尊德《山西太原郊区宋、金、元代砖墓》,《考古》1965年第1期,页25—30。

〔33〕 解廷琦《大同金代阎德源墓发掘简报》,《文物》1978年第4期,页1—13。

〔34〕 山西省文物管理委员会《山西洪赵县坊堆村古遗址墓葬清理简报》,《文物参考资料》1955年第4期,页46—54。

〔35〕 张德光《山西绛县裴家堡古墓清理简报》,《考古通讯》1964年第4期,页58—60。

〔36〕 吕遵谔《山西垣曲东埔村的金墓》,《考古通讯》1956年第1期,页44—48。

〔37〕 畅文斋《侯马金代董氏墓介绍》,《文物》1959年第6期,页50—55。

〔38〕 山西省考古研究所侯马工作站《侯马65H4M102金墓》,《文物季刊》1997年第4期,页17—27。

〔39〕 山西省考古研究所编《山西考古四十年》,太原:山西人民出版社,1994年,页287。

〔40〕 山西省文物管理委员会《山西侯马金墓发掘简报》,《考古》1961年第12期,页681—683。

〔41〕 临汾地区丁村文化工作站陶富海《山西襄汾县南董金墓清理简报》,《文物》1979年第8期,页18—25。

〔42〕 王秀生《山西长治李村沟壁画墓清理》,《考古》1965年第7期,页352—356。

〔43〕 大同市文物陈列馆、山西云冈文物管理所《山西省大同市元代冯道真、王青墓清理简报》,《文物》1962年第10期,页34—46。

〔44〕 大同文化局文物科《山西大同东郊元代崔莹李氏墓》,《文物》1987年第6期,页87—90。

〔45〕 王银田等《大同市西郊元墓发掘简报》,《文物季刊》1995年第2期,页27—35。

〔46〕 山西省文物管理委员会《山西平定东回村古墓中的彩画》,《文物参考资料》1954年第12期,页94—98。

〔47〕 山西省考古研究所等《山西平定平定宋、金壁画墓简报》,《文物》1996年第5期,页4—16。

〔48〕 山西省文物管理委员会等《山西孝义下吐京和梁家庄金元墓发掘简报》,《考古》1960年第7期,页40—52。

〔49〕 代尊德《山西太原郊区宋金元代砖墓》,《考古》1961年第1期,页25—30。

〔50〕 山西省文物管理委员会等《山西文水北峪口的一座古墓》,《考古》1961年第3期,页136—138。

〔51〕 引自网易新闻网http://news.163.com/07/0423/08/3COJCNAN000120GU.html。

〔52〕 王秀生《山西长治李村沟壁画墓清理》。

〔53〕 山西省文物工作委员会侯马工作站《山西新绛寨里村元墓》,《考古》1966年第1期,页33—35。

〔54〕 山西省文管会侯马工作站《侯马元代墓发掘简报》,《文物》1959年第12期,页47—49。

〔55〕 山西省文管会侯马工作站《侯马元代墓发掘简报》,《文物》1959年第12期,页47—49。

〔56〕 畅文斋《山西稷山县"五女坟"发掘简报》,《考古》1958年第7期,页31—35。

〔57〕 徐苹芳《关于宋德芳和潘德冲墓的几个问题》,《考古》1960年第8期,页42—45。

〔58〕 王银田等《山西大同市辽代军节度使许从赟夫妇壁画墓》,《考古》2005年第8期,页34—47。

〔59〕 王银田、解廷琦、周雪松《山西大同市辽墓的发掘》,《考古》2007年第3期,页34—44。

〔60〕 山西省考古所平朔考古队《朔州辽代壁画墓发掘简报》,《文物季刊》1995年第2期,页19—26。

〔61〕 张茂生《山西汾阳县北偏城宋墓》,《考古》1994年第3期,页286。

〔62〕 中国考古学会《中国考古学年鉴1993》,北京:文物出版社,1995年,页109—110。

〔63〕 朱晓芳等《山西长治市故漳村宋代雕砖墓》,《考古》2006年第9期,页31—39。

〔64〕 王进先、石卫国《山西长治市五马村宋墓》,《考古》1994年第9期,页815—817。

〔65〕 朱晓芳、李进先《山西长治故县村宋代壁画墓》,《文物》2005年第4期,页75—85。

〔66〕 长治市博物馆、壶关县文物博物馆《山西壶关南村宋代砖雕墓》,《文物》1997年第2期,页44—54。

〔67〕 王进先《山西壶关下好牢宋墓》,《文物》2002年第5期,页42—55。

〔68〕 王进先、陈宝国《山西潞城县北关宋代砖雕墓》,《考古》1999年第5期,页36—43。

〔69〕 闻喜县博物馆《山西闻喜下阳宋金时期墓》，《文物》1990年第5期，页86—88。

〔70〕 运城行署文化局等《山西绛县下村发现一座砖雕墓》，《考古》1993年第7期，页664—666。

〔71〕 中国考古学会《中国考古学年鉴1999》，北京：文物出版社，2001年，页127。

〔72〕 宁立新《山西朔县金代火葬墓》，《文物》1987年第6期，页82—86。

〔73〕 大同市博物馆《大同市南郊金代壁画墓》，《考古学报》1992年第4期，页511—527。

〔74〕 孙雪瑞《金代张温夫妇墓志及相关问题》，《中国考古集成·华北卷（北京市、天津市、河北省、山西省）·金元·2》，哈尔滨：哈尔滨出版社，1994年，页929—933。

〔75〕 盂县史志编纂委员会《盂县志》，北京：方志出版社，1995年，页551。

〔76〕 山西省考古研究所等《山西平定宋、金壁画墓简报》，《文物》1996年第5期，页4—16。

〔77〕 阳泉市地方志编纂委员会《阳泉市志》（下册），北京：当代中国出版社，1998年，页1185。

〔78〕 朔县志编纂委员会《朔县志》，太原：山西古籍出版社，1999年，页393。

〔79〕 商彤流、王金元《离石马茂庄发现一座金墓》，《文物季刊》1994第1期，页33—34。

〔80〕 马昇、段沛庭、王江等《山西汾阳金墓发掘简报》，《文物》1991年第12期，页16—32。

〔81〕 山西省娄烦县地方志编纂委员会《娄烦县志》，北京：中华书局，1999年，页583；太原市地方志编纂委员会《太原市志》第六册，太原：山西古籍出版社，2003年，页595。

〔82〕 长治市博物馆《山西长治市故漳金代纪年墓》，《考古》1984年第8期，页737—743。

〔83〕 山西省考古研究所晋东南工作站《山西长子县石哲金代壁画墓》，《文物》1985年第6期，页45—54。

〔84〕 长治市博物馆、王先进、朱晓芳《山西长治安昌金墓》，《文物》1990年第5期，页76—85。

〔85〕 沁县志编纂委员会《沁县志》，北京：中华书局，1999年，页569。

〔86〕 张国维《绛县发现金代砖雕墓》，《中国考古集成·华北卷（北京市、天津市、河北省、山西省）·金元·2》，哈尔滨出版社，1994年，页831。

〔87〕 山西省考古研究所《山西稷山金墓发掘简报》，《文物》1983年第1期，页45—63；山西省考古研究所侯马工作站《山西稷山马村4号墓》，《文物季刊》1997年第4期，页40—51。

〔88〕 杨富斗《山西侯马104号金墓》，《考古与文物》1983年第6期，页32—39。

〔89〕 杨富斗《山西新绛南范庄、吴岭庄金元墓发掘简报》，《文物》1983年第1期，页64—72。

〔90〕 绛石、匡杰《新绛出土宋金杂剧社火砖雕》,《中国文物报》1998年9月9日,第1版。

〔91〕 陶富海、解希恭《山西襄汾县曲里村金元墓清理简报》,《文物》1986年第12期,页47—52。

〔92〕 陶富海《山西襄汾县的四座金元时期墓葬》,《考古》1988年第12期,页1116—1121。

〔93〕 闻喜县博物馆《闻喜寺底金墓》,《文物》1988年第7期,页67—73。

〔94〕 山西省考古研究所、戴尊德《山西襄汾金墓清理简报》,《文物》1989年第10期,页11—23。

〔95〕 廖奔《宋元戏曲文物与民俗》,北京:文化艺术出版社,1989年,页178。

〔96〕 平陆县编纂委员会《平陆县志》,北京:中国地图出版社,1992年,页465。

〔97〕 运城行署文化局、绛县博物馆《山西绛县下村发现一座砖雕墓》,《考古》1993年第7期,页664—666。

〔98〕 万荣县志编纂委员会《万荣县志》,北京:海潮出版社,1995年,页632。

〔99〕 山西省考古研究所侯马工作站《侯马两座金代纪年墓葬发掘报告》,《文物季刊》1996年第3期,页65—78。

〔100〕 山西省考古研究所侯马工作站《侯马乔村金元墓》,《文物季刊》1996年第3期,页84—89。

〔101〕 山西省考古研究所侯马工作站《山西省建一公司机运站金墓发掘简报》,《文物季刊》1996年第3期,页79—83。

〔102〕 山西省考古研究所等《山西省闻喜县金代砖雕、壁画墓》,《文物》1986年第12期,页36—46。

〔103〕 闻喜县博物馆《闻喜下阳宋金时期墓》,《文物》1990年第5期,页86—88。

〔104〕 山西省考古研究所侯马工作站《侯马101号金墓》,《文物季刊》1997年第3期,页18—21。

〔105〕 山西省考古研究所侯马工作站《侯马102号金墓》,《文物季刊》1997年第4期,页28—40。

〔106〕 山西省考古研究所侯马工作站《侯马65H4M102号金墓》,《文物季刊》1997年第4期,页17—27。

〔107〕 高青山、杨及耘《侯马抢救发掘金代墓葬》,《中国文物报》1998年11月29日,第1版。

〔108〕 山西省考古研究所侯马工作站《侯马市交电二级站金墓发掘报告》,《文物季刊》1993年第2期,页30—34。

〔109〕 杨及耘、吕英《侯马抢救发掘一座宋金墓葬》,《中国文物报》1999年9月5日,第1版。

〔110〕 山西省考古研究所侯马工作站《侯马大李金代纪年墓》,《文物季刊》1999年第3期,页3—7。

〔111〕 大同市博物馆《大同元代壁画墓》,《文物季刊》1993年第2期,页17—24。

〔112〕 商彤流、解光启《山西交城县的一座元代壁画墓》,《文物季刊》1996年第

4期，页23—29。

〔113〕 王进先《山西长治市捉马村元代壁画墓》，《文物》1985年第6期，页65—71。

〔114〕 长治市博物馆《山西长治市南郊元代壁画墓》，《考古》1996年第6期，页91—92。

〔115〕 长治市博物馆《山西省长治县郝家庄元墓》，《文物》1987年第7期，页88—92。

〔116〕 北京大学考古系商周组、山西省考古研究所编著，邹衡主编《天马——曲村（1980—1989）》第五部分《金元明时代墓葬》，北京：科学出版社，2000年，页1098—1134。包括天马曲村M6332、M5082、M5147、M6053、M6070、M6100、M6116、M6117、M6250、M6450、K14M1等。

〔117〕 陶富海、解希恭《山西襄汾县曲里村金元墓清理简报》，《文物》1986年第3期，页47—52。

〔118〕 襄汾地区的四座蒙元墓材料均刊布于陶富海《山西襄汾县的四座金元时期墓葬》，《考古》1988年第12期，页1116—1121。

〔119〕 山西省考古研究所《山西新绛南范庄、吴岭庄金元墓发掘简报》，《文物》1983年第1期，页64—72。

〔120〕 山西省考古研究所等《山西省闻喜县金代砖雕、壁画墓》，《文物》1986年第12期，页36—46。

〔121〕 山西省考古研究所侯马工作站《侯马市区元代墓葬发掘简报》，《文物世界》1996年第3期，页90—100。

〔122〕 山西省考古研究所《山西运城西里庄元代壁画墓》，《文物》1988年第4期，页76—78。

〔123〕 文物编辑委员会《文物考古工作三十年（1949—1979）》，北京：文物出版社，1979年，页54—68。

〔124〕 中国社会科学院考古研究所《新中国的考古发现和研究》，北京：文物出版社，1984年，页605—609。

〔125〕 山西考古研究所《山西考古四十年》，太原：山西人民出版社，1994年，页279—292。

〔126〕 文物出版社《新中国考古五十年》，北京：文物出版社，1999年，页63—82。

〔127〕 国家文物局《新中国考古六十年（1949—2009）》，北京：文物出版社，2009年。

〔128〕 北京大学考古系商周组、山西省考古研究所编著，邹衡主编《天马——曲村（1980—1989）》第五部分《金元明时代墓葬》，北京：科学出版社，2000年，页1098—1134。

〔129〕 大同市考古研究所《山西大同机车厂辽代壁画墓》，《文物》2006年第10期，页72—77。

〔130〕 刘俊喜等《山西大同东风里辽代壁画墓发掘简报》，《文物》2013年第10期，页43—54。

〔131〕 中国考古学会《中国考古学年鉴2003》，北京：文物出版社，2004年，页

132—133。

〔132〕 中国考古学会《中国考古学年鉴2005》，北京：文物出版社，2006年，页146—147。

〔133〕 山西省考古研究所等编著《汾阳东龙观宋金壁画墓》，北京：文物出版社，2012年，页226—231。

〔134〕 王进先《长治市西白兔村宋代壁画墓发掘简报》，《山西省考古学会论文集（三）》，太原：山西人民出版社，2000年，页131。另见中国考古学会《中国考古学年鉴2001》，北京：文物出版社，2002年，页280。

〔135〕 山西省考古研究所《侯马乔村墓地》，北京：科学出版社，2004年，页971。另见于中国考古学会《中国考古学年鉴2002》，北京：文物出版社，2003年，页145。

〔136〕 宁立新、雷云贵《朔州市朔城区金代僧人丛葬墓发掘简报》，《山西省考古学会论文集（三）》，太原：山西古籍出版社，2000年，页138—145。

〔137〕 焦强等《山西大同市金代徐龟墓》，《考古》2004年第9期，页51—57。

〔138〕 山西省考古研究所等《2008年山西汾阳东龙观宋金墓地发掘简报》，《文物》2010年第2期，页23—38；山西省考古研究所等编著《汾阳东龙观宋金壁画墓》，北京：文物出版社，2012年，页226—231。

〔139〕 康孝红《山西孝义市发现一座金墓》，《考古》2001年第4期，页94—95。

〔140〕 太原市地方志编纂委员会《太原市志》第六册，太原：山西古籍出版社，2003年，页595—596。

〔141〕 山西省考古研究所等《山西繁峙南关金代壁画墓发掘简报》，《考古与文物》2015年第1期，页3—19。

〔142〕 山西省考古研究所等《山西昔阳松溪路宋金墓发掘简报》，《考古与文物》2015年第1期，页20—33。

〔143〕 商彤流、郭海林《山西沁县发现金代砖雕墓》，《文物》2000年第6期，页60—73。

〔144〕 王进先、杨林中《山西屯留宋村金代壁画墓》，《文物》2003年第3期，页43—51。

〔145〕 商彤流、杨林中、李永杰《长治市北郊安昌村出土金代墓葬》，《文物世界》2003年第1期，页3—7。

〔146〕 刘涛《宋辽金纪年瓷器》，北京：文物出版社，2004年，页186。

〔147〕 长治市博物馆《山西长治市魏村金代纪年彩绘砖雕墓》，《考古》2009年第1期，页59—64。

〔148〕 长治市博物馆《山西长子县小关村金代纪年壁画墓》，《文物》2008年第10期，页60—69。

〔149〕 商彤流等《长治市北郊安昌村出土金代墓葬》，《文物世界》2003年第1期，页3—7。

〔150〕 刘耀辉《晋南地区宋金墓葬研究》，北京大学2002年硕士学位论文。

〔151〕 山西省考古研究所《侯马乔村墓地：1959~1996》，北京：科学出版社，

〔152〕 同上。

〔153〕 山西省考古研究所侯马工作站《多姿多彩的金代砖雕——闻喜中庄金墓》，《文物世界》2001年第6期，页16—20。

〔154〕 刘耀辉《晋南地区宋金墓葬研究》，北京大学2002年硕士学位论文。

〔155〕 山西省考古研究所《侯马乔村墓地：1959~1996》，北京：科学出版社，2004年，页969—983，1132。金墓为M4309、494、596、482。

〔156〕 侯马市志编纂委员会《侯马市志》（下册），北京：长城出版社，2005年，页844—845。

〔157〕 山西省隰县志编纂委员会《隰县志》，北京：方志出版社，2007年，页572。

〔158〕 李慧《山西襄汾侯村金代纪年砖雕墓》，《文物》2008年第2期，页36—40。

〔159〕 山西大学科学技术哲学研究中心等《山西兴县红峪村元至大二年壁画墓》，《文物》2011年第2期，页40—46。

〔160〕 山西省考古研究所等编著《汾阳东龙观宋金壁画墓》，北京：文物出版社，2012年，页226—231。元墓分别为M16、M17、M18、M21、M28、M29、M30、M31、M34、M37、M38。

〔161〕 山西省考古研究所等《山西屯留县康庄工业园区元代壁画墓》，《考古》2009年第12期，页39—46。

〔162〕 山西省考古研究所等编著《汾阳东龙观宋金壁画墓》，北京：文物出版社，2012年。

〔163〕 山西省考古研究所《侯马乔村墓地：1959—1996》，北京：科学出版社，2004年；山西省考古研究所等编著《汾阳东龙观宋金壁画墓》，北京：文物出版社，2012年。

〔164〕 山西省金墓博物馆是依托20世纪80年代在侯马稷山马村发现的一批金代雕砖墓建立的专题博物馆，并发表有文字资料——崔元和编辑《平阳金墓砖雕》，太原：山西人民出版社，1999年。

〔165〕 山西省考古研究所等《山西昔阳松溪路宋金墓发掘简报》，《考古与文物》2015年第1期，页20—33。

〔166〕 秦大树《宋元明考古》，北京：文物出版社，2004年。

〔167〕 王秋华《辽代墓葬分区分期初探》，《辽宁大学学报（哲学社会科学版）》1982年第3期，页43—46。

〔168〕 李逸友《略论辽代契丹与汉人墓葬的特征和分期》，《中国考古学会第六次年会论文集》，北京：文物出版社，1996年，页187—196。

〔169〕 徐苹芳《中国大百科全书考古学》，北京：中国大百科全书出版社，1994年，页274—276。

〔170〕 杨晶《辽代汉人墓葬概述》，《文物春秋》1995年第2期，页52—58。

〔171〕 冯恩学《辽墓初探》，吉林大学1995年博士学位论文。

〔172〕 霍杰娜《燕云地区辽代墓葬研究》，北京大学2003年硕士学位论文。

〔173〕 刘未《辽代墓葬研究》，北京大学2004年硕士学位论文。

〔174〕 刘未《辽代墓葬的考古学研究》,北京:科学出版社,2016年。所分的二期四段的最主要断限在11世纪中期,两个次要断限分别在11世纪初和12世纪初。

〔175〕 彭善国《二十世纪辽代考古的发现与研究》,《内蒙古文物考古》2006年第1期,页79—83。

〔176〕 郑承燕《辽代贵族丧葬制度研究》,南开大学2012年博士学位论文。

〔177〕 雷生霖《黄河中下游地区宋金墓》,北京大学1994年硕士学位论文。

〔178〕 秦欢《北宋多边形墓类型分区与墓室装饰初探》,中央民族大学2012年硕士学位论文。

〔179〕 徐苹芳《金元墓的发掘》,《新中国的考古发现和研究》,北京:文物出版社,1984年,页607—609。

〔180〕 秦大树《金墓概述》,《辽海文物学刊》1988年第2期,页11—16。

〔181〕 申云艳等《金代墓室壁画分区与内容分类试探》,《山东大学学报(哲学社会科学版)》1998年第2期,页13—19。

〔182〕 卢青峰《金代墓葬探究》,郑州大学2007年硕士学位论文。

〔183〕 赵永军《金代墓葬研究》,吉林大学2010年博士学位论文。

〔184〕 陈相伟《试论金代壁画墓》,《辽金史论集(第九辑)》,郑州:中州古籍出版社,1996年,页277—290。

〔185〕 陈朝云《黄河中下游地区金代砖室墓探论》,《郑州大学学报(哲学社会科学版)》1996年第1期,页64—68。

〔186〕 张晓东《蒙元时期的蒙古人墓葬》,吉林大学2006年硕士学位论文。

〔187〕 张晓东《蒙元时期蒙古人壁画墓的分期》,《华夏考古》2011年第2期,页106—113。

〔188〕 侯新佳《蒙元墓葬研究》,郑州大学2009年硕士学位论文。

〔189〕 袁泉《蒙元时期中原北方地区墓葬研究》,北京大学2009年博士学位论文。

〔190〕 董新林《北方地区蒙元墓葬初探》,《考古》2015年第9期,页114—120。

〔191〕 刘耀辉《晋南地区宋金墓葬研究》,北京大学2002年硕士学位论文。

〔192〕 任林平《晋中南地区宋金墓葬研究》,南京大学2012年硕士学位论文。

〔193〕 田多《晋南地区宋金纪年墓对比研究》,《北京教育学院学报》2013年第4期,页54—61。

〔194〕 卢青峰、张永清《试论燕云地区金代墓葬》,《文物世界》2008年第6期,页28—32。

〔195〕 王银田《大同辽代壁画墓刍议》,《北方文物》1994年第2期,页42—45。

〔196〕 张慧中《大同地区辽代壁画墓研究》,山西大学2015年硕士学位论文。

〔197〕 墓葬结构方面均为单室砖墓,但根据墓葬中有无棺床又分为两类;随葬器物方面,陶器和瓷器为主要随葬器物,从这方面对墓葬的等级和时代特征等方面提供借鉴;墓葬壁画方面,发现该地区辽代早期和晚期墓葬中的壁画布局、内容又有明显区别,也有明显继承关系,对辽墓的壁画进行了重点分析,与周边地区进行了对比分析,形制不如其他区域丰富,规模也较小,壁画上来看,有共同题材,也有强烈的地域特色,农业和畜牧业兼营,并对大

同壁画中文化因素如佛教、道教等宗教文化及契丹墓葬文化进行了浅析。

[198] 史学谦《试论山西地区的金墓》,《考古文物》1988年第3期,页88—92。

[199] 马金花《山西金代壁画墓初步研究》,《文物春秋》2002年第5期,页10—13。

[200] 许若茜《山西金墓分区分期研究》,中央民族大学2011年硕士学位论文。

[201] 赵俊杰《山西地区蒙元壁画墓探究》,《焦作师范高等专科学校学报(政史经济研究)》2014年第3期,页36—40。

[202] 郭智勇《山西地区元代壁画墓葬的考古学研究》,《史志学刊》2015年第3期,页118—122。

[203] 李树云《大同博物馆馆藏辽代三彩器》,《文物世界》2007年第3期,页39—42。

[204] 王利民《大同地区考古资料中的古代家具初探》,《山西大同大学学报(社会科学版)》2008年第1期,页35—37。

[205] 太宗灭北汉—北宋亡;金熙宗朝—12世纪中后期;金代后期(约12世纪末期—13世纪初)。

[206] 王纯婧《山西地区宋金时期瓷器研究》,吉林大学2009年硕士学位论文。

[207] 董杰《中原地区元墓出土瓷器初步研究》,吉林大学2009年硕士学位论文。

[208] 王金平《侯马工作站库藏瓷枕介绍》,《文物季刊》1994年第1期,页36—40。

[209] 薛豫晓《宋辽金元墓葬中"开芳宴"图像研究》,四川大学2007年硕士学位论文。

[210] 万彦《宋辽金元墓葬中女孝子图像的解读》,《艺术探索》2009年第23卷,第5期,页17—19。

[211] 郑绍宗《辽代绘画艺术和辽墓壁画的发现和研究》,《文物春秋》1995年第2期,页39—51。

[212] 固定模式即北壁为三扇屏风,旁立侍女;南壁为门卫;西壁车马图;东壁绘衣架,上挂衣衫三四件,旁立拄杖老翁或侍女;有时东西壁加绘宴饮、伎乐题材等;墓顶则是星图。

[213] 杨星宇《辽墓壁画的分期研究》,内蒙古大学2009年硕士论文。

[214] 张蔚《辽墓壁画的发现与研究》,《耕耘录:吉林省博物院学术文集2010—2011》,长春:吉林人民出版社,2012年,页377—382。

[215] 对辽墓的考古工作成果做了简单叙述,提到了1949年后至1980年代大同卧虎湾3、4、5、6号墓出有保存较好且较完整的宴饮图、车马出行图、生活图等壁画;大同卧虎湾1、2号辽墓出有宴饮图、车马出行图等壁画;十里铺村东27、28号辽墓出有车马出行图、老翁、门卫等壁画,新添堡村东北29号辽墓出有牵马图、宴饮图、驼车等壁画。

[216] 罗世平《辽墓壁画的发现与研究》,《艺术史研究》第六辑,广州:中山大学出版社,2004年,页353—380。

[217] 李清泉《辽代壁画墓的发现与研究》,《东方考古》第2集,北京:科学出版社,2006年,页243—262。

[218] 黄小钰《辽墓壁画的考古发现与研究综述》,《故宫博物院院刊》2015年第

1期，页145—155。

〔219〕 李玉君等《二十一世纪以来辽代墓葬壁画研究综述》，《中国史研究动态》2015年第5期，页40—49。

〔220〕 冯恩学《辽墓启门图之探讨》，《北方文物》2005年第4期，页30—34。

〔221〕 吴婉源《辽墓壁画夫妇出行图图像样本的艺术渊源考述—兼议"北方草原画派"》，中央民族大学2011年硕士学位论文。

〔222〕 闫丽娟《试论宋辽金元时期"妇人启门图"》，山西大学2013年硕士学位论文。

〔223〕 牛加明，《宋代墓室壁画研究》，华南师范大学2004年硕士学位论文。

〔224〕 韩小囡《宋代墓葬装饰研究》，山东大学2006年博士学位论文。

〔225〕 三期四段：北宋早期（960—1022），相当于太祖至真宗时期；北宋中期（1023—1085），相当于仁宗至神宗时期；北宋晚期（1086—1127），又可分为两段：早段（1086—1110），从哲宗时期到徽宗大观年间；晚段（1111—1127），即徽宗政和年间到北宋末。

〔226〕 陈章龙《北方宋墓装饰研究》，吉林大学2010年博士学位论文。

〔227〕 赵超《山西壶关南村宋代雕砖墓雕砖题材试析》，《文物》1998第5期，页41—50。

〔228〕 胡志明《宋金墓葬孝子图像研究》，中央美术学院2010年硕士学位论文。

〔229〕 江玉祥《宋代墓葬中出土的二十四孝图像补释》，《四川文物》2001年第4期，页22—33。

〔230〕 卢青峰《宋代孝文化述议——从宋代墓葬体现的孝文化因素谈起》，〈安阳师范学院学报〉2007年第1期，页63—65。

〔231〕 董新林《北宋金元墓葬壁饰所见"二十四孝"故事与高丽〈孝行录〉》，《华夏考古》2009年第2期，页141—152。

〔232〕 邓菲《关于宋金墓葬中孝行图的思考》，《中原文物》2009年第4期，页75—81。

〔233〕 易晴《试析宋金中原北方地区砖室墓中〈妇人启门〉图像》，《美术学研究》第1辑，2011年，页107—127。

〔234〕 易晴《宋金中原地区壁画墓"墓主人对坐"图像探析》，《中原文物》2011年第2期，页73—80。

〔235〕 王丽颖《中国北方地区宋金墓葬中宴饮图装饰研究》，山西大学2013年硕士学位论文。

〔236〕 袁泉《宋金墓葬"猫雀"题材考》，《考古与文物》2008年第4期，页105—112。

〔237〕 史晓雷《对山西屯留宋村金代墓葬壁画所绘农具的分析》，《文物世界》2011年第1期，页7—9。

〔238〕 闫晓英《山西长治地区金代墓室壁画研究》，山西大学2013年硕士学位论文。

〔239〕 刘耀辉《晋南地区宋金墓葬研究》，北京大学2002年硕士学位论文。

〔240〕 王博《蒙元时期墓葬壁画题材与布局浅析》，吉林大学2006年硕士学位论文。

〔241〕 唐迪《元代蒙汉民族墓室壁画比较研究》，华东师范大学2013年硕士学位论文。

〔242〕 袁泉《从墓葬中的"茶酒题材"看元代丧祭文化》，《边疆考古研究》2007

年10期，页329—349。

〔243〕 袁泉《物与像：蒙元墓葬壁面装饰与随葬品共同营造的墓室空间》，《故宫博物院院刊》2013年第2期，页54—71。

〔244〕 穆宝凤《神秘性与世俗性的交融——元代山西地区墓室壁画的特征及墓室图像意义分析》，《贵州大学学报（艺术版）》2013年第1期，页73—79。

〔245〕 徐新云《临汾、运城地区的宋金元寺庙建筑》，北京大学2009年硕士学位论文。

〔246〕 康方耀《晋南地区仿木构墓葬装饰中的建筑分析》，太原理工大学2012年硕士论文。

〔247〕 赵明星《中国北方地区仿木构墓葬建筑形制研究》，中国人民大学2012年博士学位论文。

〔248〕 王进先《长治宋金元墓室建筑艺术研究》，北京：文物出版社，2015年。

〔249〕 俞莉娜《宋金时期墓葬仿木构建筑史料研究——以河南中北部、山西南部为例》，北京大学2015年硕士学位论文。

〔250〕 赵明星《仿木构墓葬形制研究》，吉林大学2004年硕士学位论文。

〔251〕 赵明星《宋代仿木构墓葬形制及对辽金墓葬的影响》，《边疆考古研究》第四辑，北京：科学出版社，2006年，页210—237。

〔252〕 郑以墨《内与外、虚与实——五代、宋墓葬中仿木建筑的空间表达》，《故宫博物院院刊》2009年第6期，页64—77。

〔253〕 山西省考古研究所《平阳金墓砖雕》，太原：山西人民出版社，1999年。

〔254〕 汪祺祯《山西金代墓葬建筑形制与礼制探讨》，太原理工大学2014年硕士学位论文。

〔255〕 （韩）白昭熏《金代砖雕墓中的仿木结构及住宅形状研究》，清华大学2014年硕士学位论文。

〔256〕 吴根《晋南金墓中的仿木建筑——以稷山马村段氏家族墓为中心》，中央美术学院2014年硕士论文。

〔257〕 胡冰《山西稷山金代段氏砖雕墓建筑艺术》，太原理工大学2015年硕士学位论文。

〔258〕 爱丽斯《中国北方地区蒙元时期墓葬形制研究》，内蒙古师范大学2011年硕士学位论文。

〔259〕 周贻白《侯马董氏墓中五个砖俑的研究》，《文物》1959年第10期，页50—52。

〔260〕 徐苹芳《宋代的杂剧雕砖》，《文物》1960年第5期，页40—42。

〔261〕 徐苹芳《关于宋德方和潘德冲墓的几个问题》，《考古》1960年8期，页42—45。

〔262〕 周贻白《北宋墓葬中人物砖雕的研究》，《文物》1961年第10期，页41—46。

〔263〕 丁明夷《山西中南部的宋元舞台》，《文物》1972年第4期，页47—56。

〔264〕 刘念兹《从建国后发现的一些文物金元杂剧在平阳地区的发展》，《文物》1973年第3期，页58—64。

〔265〕 杨富斗、杨及耕《金墓砖雕丛探》，《文物季刊》1997年第4期，页66—77。

〔266〕 山西省考古研究所《平阳金墓砖雕》，太原：山西人民出版社，1999年。

〔267〕廖奔《宋金元仿木结构砖雕墓及其乐舞装饰》,《文物》2000年第5期,页81—87。

〔268〕张帆《豫北和晋南宋金墓杂剧形象的比较研究》,《中原文物》2009年第4期,页82—89。

〔269〕席倩茜《晋南金墓砖雕中的戏曲图像研究》,山西大学2012年硕士学位论文。

〔270〕田银梅《山西晋南墓葬戏曲砖雕浅析》,《文物世界》2010年第3期,页58—59。

〔271〕刘念兹《戏曲文物丛考》,北京:中国戏曲出版社,1986年。

〔272〕山西师大戏曲文物研究所编《宋元戏曲文物图论》,太原:山西人民出版社,1987年。

〔273〕廖奔《宋元戏曲文物与民俗》,北京:文化艺术出版社,1989年。

〔274〕景李虎《宋元杂剧概论》,广州:广东高等教育出版社,1996年。

〔275〕廖奔《中国戏曲图史》,开封:河南教育出版社,1996年。

〔276〕冯晓琴《晋南出土金元砖雕的音乐学研究》,山西大学2010年硕士学位论文。

〔277〕赵娟《晋南金墓乐舞砖雕舞蹈学研究》,山西大学硕士学位论文,2014年。

〔278〕庄程恒《庆堂与净土——晋南金墓中的婴戏图像及其双重信仰》,《美术学报》2014年第4期,页21—30。

〔279〕姜义华《港台及海外学者论中国文化》,上海:上海人民出版社,1988年。

〔280〕周苏平《中国古代丧葬习俗》,西安:陕西人民出版社,1991年。

〔281〕徐吉军、贺云翱《中国丧葬礼俗》,杭州:浙江人民出版社,1991年。

〔282〕徐吉军《中国丧葬史》,南昌:江西高校出版社,1998年。

〔283〕秦大树《宋代丧葬习俗的变革及其体现的社会意义》,《唐研究》第11卷,北京:北京大学出版社,2005年,页313—336。

〔284〕朱瑞熙《宋代的丧葬习俗》,《学术月刊》1997年第2期,页69—74。

〔285〕刘存德《宋代火葬的盛行及其对"华夷之辨"观念的挑战》,《广西右江民族师专学报》2005年第18卷第5期,页61—66。

〔286〕李政《两宋火葬述论》,安徽大学2010年硕士学位论文。

〔287〕徐苹芳《唐宋墓葬中的"明器神煞"與"墓仪"制度——读〈大汉原陵秘葬经〉札记》,《考古》1962年2期,页87—106。

〔288〕霍杰娜《辽墓中所见佛教因素》,《文物世界》2002年第3期,页15—20。

〔289〕李树云《大同辽代墓葬中的佛教因素》,《而立集》,北京:科学出版社,2009年,页266—270。

(作者单位:北京大学考古文博学院)

门里门外

——山西汾阳东龙观宋金墓地发掘及初步研究

王俊

　　墓门是隔离今生与来世的界限。无论是对在世的人，还是对去世的人，门都是十分重要的。在宋代，门对人的限制更大，尤其是对女人的限制。为什么宋金墓里面女性形象多而男性少？这主要是因为对女性的限制多，如缠足，当时女性很少出门，要遵守各种各样的规矩。门在古代对女人有这样的限制，主要是因为理学、封建思想在作怪。

一、汾阳东龙观宋金墓葬简介

　　2008年6至9月间山西省考古研究所与汾阳市文物旅游局为配合汾阳—孝义一级公路建设对其沿线古墓葬进行为期三个月的考古发掘，发现一批不同时期的墓葬48座。其中以东龙观村西北的宋、金、元家族墓地的发现最为重要。

　　东龙观段宋、金、元家族墓地位于山西省汾阳市西南约10公里处的东龙观村北偏西，地处吕梁山东侧薛公岭的山前缓坡地带，海拔高程770米，西北距离山前约7.5公里，北临阳城河仅1.5公里。汾阳位于山西省的中部、太原盆地偏西的丘陵地带，盛产汾酒，是一个传统的农业县。

　　在古代，环境与墓地的选择是有关系的，风水师会在选择墓地的时候仔细勘测各个方位的风水。东龙观墓地夹在两条河之间，水量充足，70—80年代由于挖煤，河流水位下降，逐渐枯竭。这个地方大概有两三百座宋、金、元墓，说明它的风水很好，这就是家族墓地选择此地的重要原因。在古代山西，小孩子生下来要配戴长命锁。到12岁解锁，表示已经成人，古代称为弱冠。15岁及冠可以婚嫁。人死之后便可以进祖坟。这是一个古老的习惯。宋代人可能到一定年龄便在家族墓地中有了自己的墓位。

二、墓葬发掘概况

　　东龙观段共发掘古墓葬27座，发掘面积1196平方米。其中砖室墓16座，有八角形、六角形、四边形几种类型，大墓（5平方米以上）8座，中墓（3~5

平方米）6座，小墓（3平方米以下）2座；土洞墓11座，大墓2座，中墓2座，小墓7座。墓地墓向各异，其中北向2座，东向4座，南向21座中除M21墓主人头向北，其余墓主人头向全部向南。这批墓葬有大量二次葬现象，并有少量迁葬。砖室墓中墓主人除少量被盗扰，葬式不明，大部分为仰身直肢葬，另发现有少量火葬。土洞墓中墓主人大部分为侧身直肢、单棺合葬，另发现有2座俯身屈肢葬。

东龙观27座宋、金、元墓，有砖雕的，也有彩绘壁画的，也有两者兼有的。砖雕彩绘壁画在当时很流行，是富人想在自己去世后能够住得好一点，其后代孝子贤孙们为了体现孝心而做。这批家族墓种类多样，差异性比较大，个别墓葬具有很强的个性。研究宋金家族墓要把所有墓的类型合在一起来看，才能得出家族墓葬总的特点。

土洞墓是宋代传统的士大夫阶层最为流行的墓葬形式。我们推测，山西南部宋代司马光家族的墓地应该属于土洞墓，规模较大，应该与蓝田吕氏墓比较相像。

东龙观分成两个区，北区的墓地属于一个家族，南区属于另一个家族。48号墓是向东的，墓道旁边的小圆坑是"明堂"。据推测，每个家族墓地应该都有一个明堂。宋金家族墓葬在考古学上的价值在于墓地的统一规划，明堂是它们的核心，虽然48号墓没有买地券砖，但仍然具有很高的研究价值。

（一）北区的48号墓、1号墓、44号墓

48号墓的双层封门很有特色，里面用砖封，外面用石板封。随葬品的价值高，我们认为墓主人在整个家族中地位是比较高的。宋代的中产家庭如果有家庭成员去世，经济压力会增大，因为丧葬的成本颇高。墓室的装饰完全像是生人住的一样，一是为了让去世的人心安，二是为了让活着的人有面子。

48号墓方向85度，长条形阶梯式东墓道，墓门为券顶，墓室为八角形，面积7.45平方米。墓室内有砖砌的棺床，棺已朽。棺床上安葬三人，头向西，一人仰身直肢葬，一人二次葬，一人火葬。墓室为仿木结构砖雕，施有彩绘，八角处有简化了的立柱。两柱之间砌板门、直棂窗，相互间隔（图1）。唯东北壁为灯檠，东南壁为剪刀、尺子、执壶、熨斗等小幅壁画，东壁为墓门。48号墓的壁画比较简单，画的主要是宋代晚期做衣服用的工具，极具有人情味。这主要还是为逝者服务，使其能够享受人间生活。48号墓中有转角柱头斗栱为四铺作（图2），斗口跳单下昂，其上承垫板一周。再往上为撩檐替木，其上为撩檐枋，设一匝檐椽、飞檐，上覆方砖磨制的瓦垅。以上用弧形子母砖叠涩收成穹隆形顶。随葬品比较丰富，共计21件，主要有三彩四方形枕、耀州窑青瓷茶碗、灰色窑变釉茶叶罐、白瓷碗、白瓷盘等瓷器，以及铁牛、铁管、陶

图 1　山西汾阳东龙观 M48（北—南）

魂瓶、铜钗等。在墓道北侧距墓道口北约 1.2 米、深 1.22 米处，发现一盒上书"中宫"字样的八角形地心砖（图 3），从目前的发现初步判断应是"吴氏"或"周氏"家族墓的明堂。从墓葬形制及出土随葬品的特征看，48 号墓的时代应是北宋晚期。

魂瓶这种陶器，有人说是灵魂出没的地方，也有人说是登高望远的地方，这在山西、陕西黄河两岸比较流行，或与宗教信仰有关。青瓷茶盏施半釉，一般放在托上时，半釉是看不出来的。盏内饰团菊纹，品相完整，在国内非常罕见（图 4）。它的出现主要和宋代人的饮茶习惯有很大的关系，可见这个家族生活品质比较高。三彩四方形枕是男性所用，气孔开在旁边，枕上还饰有联珠纹，以及像是叠在一起的钱串的纹饰，象征着富裕（图 5）。可以根据枕上釉流淌的方向推测它在窑里的摆放方式。这可能是河南扒村窑系的产品。

48 号墓明堂的发现受南区 5 号墓明堂的启示。因为我们是先发掘了 5 号墓，并发现了附属的明堂。在 48 号墓发掘完成之后，我们想如果南北两区是分属两个不同的家族，那么北区也应该有明堂。

图 2　山西汾阳东龙观 M48 斗栱

寻找 48 号墓明堂的过程十分有趣，令人充满期待，但也十分艰辛，一是因为它体积很小，二是因为这个坑比较深，要把 48 号墓的墓道周围全部钻探一遍才可能碰到，这样的工作十分考验领队的经验和能力。经过一天的钻探，我们终于发现了平铺的砖。为了解剖清楚明堂的结构，我们开了一个 1 米 × 2 米的探方，在距地表约 1.2 米的地方发现八角形的明堂砖一盒，上面写有"中宫"等字样，画有"八卦"及有关方位的图案。明堂砖的位置及摆放方向经过风水先生勘定，与家族的遗址有密切的联系。

1 号墓方向 195 度，长条形阶梯式南墓道，墓门为券顶，墓室为四边形，面积 6 平方米。墓室内砌有较高的砖棺床，棺已朽。棺床上安葬三人，头向北。两人仰身直肢葬，一人二次葬。墓室为仿木结构砖雕，未施彩，灰砖磨制讲究，手法细腻。北壁上嵌一个双鱼形灯台（图 6）；棺床上有砖砌的床围，其余无装饰（图 7）。转角柱头斗栱为四铺作，斗口跳单下昂，每壁的枋间设补间斗栱一朵，其上承垫板一周。再往上为撩檐替木，其上为撩檐枋，设一匝檐椽、飞檐，上覆方砖磨制的瓦垅。以上用方砖叠涩收成盝形顶。随葬品丰富，共 22 件。

图3　M48出土地心砖

图4　M48出土青瓷茶盏

图5　M48出土三彩四方形枕

图6　M1灯台

有白瓷碗盘10件、瓷枕2件、陶明器7件及铁牛等。我们推测墓葬时代为北宋末年至金代早期。

1号墓的男性墓主人是一次葬，两位女性墓主人一人是一次葬，另一人是二次葬，棺床上放了部分随葬品。这里的砖都是用水磨过的，规格高，做得很细，不需要加彩，可以看出宋金时期崇尚简洁、肃穆的风格。墓中的斗栱是先做好再拼合的，类似小孩搭积木，主要模仿了富裕家庭的庭院。双鱼纹的灯是流行样式，与郑州墓葬发现的器形颇为相似[1]，它们的体量很高。宋代墓葬里的灯砖雕模仿木质家具，若有兴趣可参考王世襄先生《明式家具珍赏》，里面收录了一些明代红木家具实物，与宋代双鱼灯是一脉相承的。这种器物可能有两个寓意：一是年年有余，富贵吉祥；二是鱼目日夜不闭，表达对幸福长久的企盼[2]。在1号墓棺床下还有一位十一二岁的少女陪葬，从出土照片看，她蜷缩在地上，反映出宋代社会温情面孔之下暴力的另一面。

44号墓是一座土洞墓，由墓道、墓门、墓室组成（图8）。方向196度，洞顶前高后低，墓壁较整齐，近墓底发现葬具痕迹、人骨及随葬品。墓底呈缓坡状。在墓室中发现有棺木，但腐朽严重，无法测量尺寸。棺内无人骨。在墓道北侧与墓门之间发现人骨一具，为20到25岁之间的女性，头向南，面向西，俯身屈肢葬（图9）。此具人骨葬式特殊，呈匍匐状，应是非正常死亡。由于棺内无人骨痕迹，因此，我们推测男性墓主人为衣冠葬。遗物共5件，分别为

图 7　M1 棺床正视

白瓷钵（图 10）、白瓷盘（图 11）、白瓷碗（图 12）及天圣元宝、正隆元宝铜钱各 1 枚。44 号墓是土洞墓，只能从墓顶挖个洞进入，因为方坑极为窄小。墓中的女性墓主人是趴着的姿势，肩胛骨朝上，嘴里含着铜钱。她一半身子在墓室里，另一半身子在甬道里，形象恐怖，显示出一种挣扎着死去的感觉，可以看出宋代对女性的残暴行为。生同床，死同穴，是宋金考古发现所反映的社会现实。

（二）南区的 2 号墓、5 号墓、6 号墓

南区共 17 座墓，有 3 座向东，2 座向北，其余几座向南。整片墓地可能一直延续了 200 年左右，若每代以 30 年计，推测有七八代人都埋葬在这里。可能一直墓中只有一个"明堂"，证明这是一个家族墓地。

2 号墓方向 108 度，长条形阶梯式东墓道，有仿木砖雕门楼，已塌毁。墓室为八角形，面积 8.41 平方米。木质棺床用方砖支垫，棺床及棺皆已朽，棺床上安葬两人，推测头向为西向，人骨架腐蚀严重，葬式不清。墓室为仿木构砖雕，施有彩绘。西壁砖雕内容为墓主人夫妇并坐（图 13），两旁为高浮雕的侍女 4 个，手中各有持物；北壁、南壁砖雕为妇人启门（图 14-15）；东壁为墓门，每扇门上有门钉 4 排，每排 5 个；其余两壁砖雕为直棂窗、猫狗、灯台等。此墓人物雕刻准确，彩绘富丽堂皇，有着极浓厚的民间生活气息。转角

图 8　M44 全景

图 9　M44 墓道中的人骨

图 10　M44 出土白瓷钵

图 11　M44 出土白瓷盘

图 12　M44 出土白瓷碗

图 13 山西汾阳东龙观 M2 西壁

图 14　山西汾阳东龙观 M2 南壁／妇人启门

图 15 山西汾阳东龙观 M2 北壁 妇人启门

图 16　M2 土圹与券顶

图 17　M2 东壁（东—西）

图 18　M2 西壁墓主人　　　　　　　　图 19　M2 西壁墓主人

柱头斗栱为四铺作，斗口跳单下昂，每壁的枋间设补间斗栱一朵，其上承垫板一周。再往上为撩檐替木，其上为撩檐枋，设一匝檐椽、飞檐，上覆方砖磨制的瓦垅。以上用条形砖叠涩收成穹隆顶（图16）。随葬品共19件，分别为瓷碗4件、瓷盘1件、瓷枕1件、陶明器9件及铁牛1件等，推测墓葬时代为金代早期。

2号墓中残留了一些专门用来镇墓的鹅卵石。2号墓的下葬情况和1号墓差不多，墓道被挖得有点弯，明显是二次葬的痕迹。从墓门外往里看，朱门飞檐，大院很豪华，人物很写实，十分震撼（图17）。墓主人脸向东（图18-19），头顶为卷帘，身后为印花布做的幔帐。卷帘是山西中部的特色，帘子有弧度，显得真实、厚重。墓主人的手放在袖子里，两侧的侍女手里拿着一个食笼，这样的食笼既能保证食物的清洁，又能保持食物的温度。

2号墓是当时富裕家庭的缩小版，几乎把家里的东西都"搬"到墓室里，还原了宋金家庭生活的样貌，十分珍贵。

5号墓方向190度，长条形阶梯式南墓道，有仿木砖雕门楼，门楼上挂着刻有"王立之墓"的匾（图20）。墓室为八角形，面积7.84平方米，有较高

图 20　山西汾阳东龙观 M5 墓门

图 21　山西汾阳东龙观 M5 东北壁／茶酒位

图 22　山西汾阳东龙观 M5 西壁

图 23　M5 出土明堂罐　　　　　　　　　　图 24　M5 出土澄泥砚

的砖棺床，上置三棺，棺已朽。棺床上安葬三人，头向北，从棺的长度来看，仰身直肢葬和二次葬兼有。北壁棺床以上施白灰，绘制有墓主人夫妇对坐和男侍、女侍等图像，两旁绘制"茶酒位"图和"香积厨"图（图21）；西壁和东壁绘制有"兑换纸币"的内容和隔扇门等（图22）；西南壁、东南壁为妇人启门、猫狗等内容；南壁为墓门，两侧绘有持物男侍，另有一砖雕灯台；墓室甬道内绘有持剑门神各一通。八角处有倚角立柱，两柱之间壁上砌有幔帐和卷帘。转角柱头斗栱为四铺作，斗口跳单下昂，每壁的枋间设补间斗栱一朵，其上承垫板一周。再往上为撩檐替木，其上为撩檐枋，设一匝檐椽、飞檐，上覆方砖磨制的瓦垄。以上用条形砖叠涩收成穹隆顶。随葬品15件，分别为瓷碗2件、瓷枕1件、陶明器6件、买地券1块、铁牛1件，以及铁环等。5号墓出土有明昌六年的买地券，因此它的时代为金章宗明昌六年（1195）。5号墓的壁画人物主次分明，形态各异，线条流畅且色彩艳丽，具有很高的研究价值。

另外，在M5的墓道东侧发现王氏家族墓地的明堂：最上方覆盖方砖一块，为5号墓买地券，字面向下。其下是"茔地图"方砖一块，字面向上，用朱砂书写了地心、八卦、天干、地支及尊穴、次穴、卑穴的位置。最下方为一陶罐，即所谓的明堂罐（图23）。陶罐内经过清理发现有泽州生产的澄泥砚一块（图24）、泥钱100余枚、已炭化的墨块1块，其余为食物腐殖质。明堂的基本结构是两块砖叠压。如今山西汾阳、孝义两市范围内，设明堂是隐秘的事，明堂罐中还要放置很珍贵的物件，它关系着墓地的安危和子孙的祸福。

1. 葡萄酒与烧酒

汾阳杏花村出产的汾酒是四大国酒之一，为清香型之最。汾阳在宋金时期还出了很多有名的酒，如乾和酒、羊羔酒，在烧酒里汾酒最有劲。中唐时李肇《唐国史补》卷下记录有当时的十四种名酒，"酒则有郢州之富水……河东之乾和葡萄"。葛承雍先生认为:"河东(今山西永济西)的'乾和葡萄酒',关于'乾和'之意,众说不一,我认为'乾和'是突厥语'装酒皮囊'的意思,此酒即操突厥语外来民族酿制的葡萄名酒。"[3]

清朝袁枚《随园食单》的茶酒单中,对汾酒的评价很有意思,他说:"既吃烧酒,以狠为佳,汾酒乃烧酒之至狠者。余谓烧酒者,人中之光棍、县中之酷吏也。打擂台非光棍不可,除盗贼非酷吏不可,驱风寒、消积滞,非烧酒不可……如吃猪头、羊尾、跳神肉之类,非烧酒不可,亦各有所宜也。"

2. 门神

唐代就有门神的传说,门神画则出现在宋代后。南宋陈元靓《岁时广记》卷五引《皇朝岁时杂记》仍言:"桃符之制,以薄木板长二三尺,大四五寸,上画神像、狻猊(龙生九子之一,貌似狮子)、白泽(古代神兽,能说人话,知万物之事)之属,下书左郁垒、右神荼,或写春词,或书祝祷之语,岁旦则更之。"所谓"春词""祝祷之语",后世则演化为"春联",而这里所说的神荼、郁垒,就是传说中最早的武将门神。

3. 换钞

墓室南壁墓门内侧有男仆一人肩扛钱串,另一个人拿着扇子。墓室北壁绘有墓主三人,一男两女。男性墓主手上持红色念珠。女性墓主有年轻与年老之别,描绘得十分生动、传神。墓室西壁绘有"换钞"图。这家据推测是开钱庄的,外面有一人在记账,有小窗口与内柜相连,窗口处还绘有一人手持小条。从发现的壁画内容看,与山西的晋中地区如榆次、太谷、平遥的票号行设施布局很像,应该是早期钞行遗存。《金史》卷四十八《食货三》"钱币"条中有这样的记载:"承安三年正月……时交钞稍滞,命西京、北京、临潢、辽东等路一贯以上俱用银钞、宝货,不许用钱,一贯以下听民便……(泰和)六年十一月,复许诸路各行小钞……河东北路则于太原、汾州……官库易钱。"

瞿大风先生对于元代山西钞币有这样的论述:"河中府、汾州、潞州、解州路村等商业发达之地则设行用库窠关,以从八品官员加以管理。这些官员开展官营金融交易,专门从事发行钞币、买卖金银、收换钞币等各种活动,从而反映出山西地区商品交换的频繁进行与金融活动的分布状况。"[4]

4. 点茶

宋代人的四般闲雅之事——焚香、点茶、插花、挂画,由于社会生活安定和统治阶级提倡,从上到下都颇为流行。5号墓点茶图是点茶过程中边打沫浡的特写,十分珍贵、传神。

山西汾阳东龙观 M6 东壁

图 26 山西汾阳东龙观 M6 南壁墓主人

图 27 山西汾阳东龙观 M6 西壁人物

6号墓是一座中型砖砌八角形单室墓，叠涩穹隆顶，由墓道、墓门、甬道、墓室组成，方向20度。墓室为八角形，每个角各有倚柱一根，共八根，表面施黑彩。墓室壁分为八面，四大四小。其中东壁为砖雕男侍一名，立在门边，露多半身（图25）。头戴黑色巾子，上身着圆领红色袍服，窄袖，左袖挽起，左手持鸡毛掸，右手衣袖下垂至膝，长袍及地，未露足。所在房间为四抹头隔扇门，中间填有球纹格子图案，外有卷帘帘钩和帐幔。南壁砖雕龛内为墓主人，男右女左（图26），男性墓主人头戴黑色巾子，留须，上身着白色右衽袍服，窄袖，拢手坐于桌后。女性墓主人梳高髻，上身着红色右衽褙子，黄色衣领，窄袖，拢手坐于桌后，表情庄重。两侧为四抹头隔扇门，门扇雕有球纹格子图案、壶门。上端有黑白彩相间的卷帘、帘钩和帐幔，外挂红黄彩相间的竹卷帘。这个墓主人的雕龛中，除了女主人头上的钗子外，她身后的两把大角椅也比较清楚。东壁男侍手里拿着鸡毛掸，西壁女侍手持笤帚（图27）都很写实，体现出晋中的社会生活片段。

　　通过东龙观墓地的考古发掘，我们看到了宋金时期山西中部独特的丧葬习俗，包括墓地选择、立祖、设明堂等。另外，5号墓壁画中点茶击沸的场面生动写实，尤为难得。而在金代早期并存有砖室和土洞两种不同类型的墓葬，其文化内涵值得我们深思。特别是明堂的发现，让我们第一次看到八百多年前我们的祖先留给我们的宝贵信息，它不仅揭示了现今发现的单体墓葬之间的关系，印证了宿白先生六十年前在《白沙宋墓》中的论述，也为我们今后对宋金家族墓地的发掘找出了以明堂为中心的新方法。

2016年春分之后三日

〔1〕　郑州市文物考古研究所编《郑州宋金壁画墓》，北京：科学出版社，2005年。
〔2〕　王世襄编著《明式家具珍赏》，2003年。
〔3〕　葛承雍《酉魂十章》，北京：中华书局，2008年。
〔4〕　瞿大风《元朝时期的山西地区》，沈阳：辽宁民族出版社，2005年。

（作者单位：山西省考古研究所）

古壁丹青尚有文
——稷山兴化寺元代壁画遗存及其研究[1]

孟嗣徽

中国壁画的滥觞可追溯到西周春秋时期。成于三国时期的文献《孔子家语·观周》篇记载：孔子观周室明堂"睹四门墉，有尧舜之容，桀纣之像，各有善恶之状、兴废之戒焉"。[2]

东汉王逸《楚辞章句》中写道，屈原在放逐期间，"忧心愁悴……仰天叹思，见楚有先王之庙及公卿祠堂，图画天地、山川、神灵，奇玮谲诡，及古贤圣怪物行事。"于是"因书其壁，呵而问之"，成就了开辟鸿蒙的《天问》[3]。

同时代的王延寿在《鲁灵光殿赋》中也有如此的辞句："图画天地，品类群生。杂物奇怪，山神海灵。……上纪开辟，遂古之初。五龙比翼，人皇九头。伏羲鳞身，女娲蛇躯。鸿荒朴略，厥状睢盱。焕炳可观，黄帝唐虞。轩冕以庸，衣裳有殊。下及三后，淫妃乱主。忠臣孝子，烈士贞女。"[4]

文献记载告诉我们：中国古代壁画从诞生之日起就与以装饰为目的"宫墙文画"有本质的区别，它担负了成教化、助人伦的责任。

初创期的中国壁画是由职业画师领衔创作的。唐宋之际，以道释人物为内容的壁画随寺庙宫观的兴起而盛行。在中国美术史中，传为"画圣"的人物画家吴道子、武宗元、李公麟等原本就是活跃于寺观中的壁画家。是他们将人物画推至顶峰。直至北宋，有仕官背景的文人兴起了复古运动。他们在水墨山水画中寻找"士气""逸气"，从而引导世人在绘画欣赏中形成重山水而轻人物、尊文人而鄙工匠的审美取向。壁画的创作与绘制也随之逐渐遁入民间。

迄今，中国寺观壁画遗存最集中而精彩的当属山西省。尤其是早期壁画，自唐代至明季相对集中在晋南。其中属元明两代的寺观壁画最为成熟。如今仍然保存在晋南寺庙宫观中的元明时期的精美壁画，具代表性的有：原永济永乐宫（今迁建至芮城龙泉村附近）的元代壁画、洪洞霍山南麓水神庙的元代壁画、稷山青龙寺元代壁画、汾阳圣母庙明代壁画、新绛稷益庙明代壁画，等等。此外，已脱离原壁未运出国门和散失海外被著名博物馆收藏的最为珍贵的几铺元明两代的力作有：稷山兴化寺中殿元代壁画《过去七佛说法图》，现藏于北京故宫博物院；兴化寺后殿元代壁画《弥勒说法图》，现藏于加拿大多伦多皇家安大略博物馆（Royal Ontario Museum）；洪洞广胜寺下寺大雄宝殿元代壁画《炽盛光佛佛会图》和《药师佛佛会图》，分别收藏于美国堪萨斯城纳尔逊—阿特金斯艺术博物馆（The Nelson - Atkins Museum of Art）和纽约大都会艺术博物馆（Metropolitan Museum of Art）；广胜寺下寺前殿明代壁画《炽盛光佛佛会图》和《药师佛佛会图》，现藏于美国费城宾夕法尼亚大学博物馆（The University Museum, University of Pennsylvania）[5]。这些精彩动人之古壁已成为世界著名博物馆的镇馆之宝，也使我们今天尚能目睹到晋南画师的流风遗韵。

山西寺观壁画的内容大多属佛教、道教、儒教及民间信仰；在艺术上以人物画为主，集人物、山水、花鸟之大成，是中原地区绘画传统的珍贵遗存。山西寺观壁画不仅表现出民间画师精湛高超的艺术水平，也反映出许多著名的前朝画家和画派的艺术风格。尤其在人物画的创作方面占据了中国美术史中重要的一页。值宋元以后西域石窟寺壁画渐次衰落之际，山西寺观壁画的异峰崛起，接续了中国美术史中之壁画向前发展的历史。

一、稷山兴化寺元代壁画遗存

在故宫博物院保和殿西庑殿南端的西墙上，陈列着原山西稷山兴化寺的一铺元代壁画《过去七佛说法图》（图1）[6]。兴化寺的另一铺壁画《弥勒佛说法图》，现为加拿大多伦多皇家安大略博物馆收藏[7]；兴化寺始建于592年，在抗日战争期间毁于火灾，之后被夷为平地[8]。那么，遗存至今的壁画是怎样保存下来的，又是怎样流存到这两家博物馆的呢？

20世纪20年代，中国境内军阀割据混战，各自弄权倾轧，民不聊生。山西的古寺中，许多精美的壁画遭遇前所未有的劫难。境内不法古董商与来华的国际文物商人相互勾结，盗窃寺观中之古壁并倒卖出国形成一股邪风。这种倒卖行为使许多宏篇巨制的壁画被生生的割裂剥离壁面，继而颠沛流离散失至海外。1923年，兴化寺获悉北洋军队行将压境，为避免年久失修的寺庙再遭践踏，纠集乡民把中殿南墙和后殿东西山墙的三铺壁画分块剥离，藏匿起来。此后不久，由于干旱导致中原发生饥荒，寺僧们遂以修缮兴化寺建筑为名，将手中的壁画出售换取银洋以度灾年。

1926年初，国内外古董商相互勾结，将兴化寺中殿壁画《过去七佛说法图》分装在57个木箱中秘密发往北京，拟转至海岸偷运出国。此事被北大研究所国学门的教授们得知，由所长马衡出面，议价再三最后以四千块大洋的价钱买下，将壁画暂存于北大研究所国学门内。研究所的同仁开箱为每块壁画拍照，再将照片拼合成一整张，方得以见其全貌。1928年，这幅壮观的照片发表在《艺林旬刊》上（图2）[9]。之后壁画仍被放回木箱，置于研究所的库房中。1952年，

图1　山西稷山县兴化寺元代壁画／过去七佛说法图／故宫博物院藏

北大文科研究所（原北大研究所国学门）迁居西郊，时任文化部文物局局长的郑振铎先生负责主持统筹文物工作，将原北大文科研究所的一批文物调拨了给故宫博物院，其中包括《过去七佛说法图》[10]。

1959年故宫博物院筹建历代艺术馆，决定将《过去七佛说法图》拼合复原展出。由中央美术学院教师陆鸿年、王定理与故宫博物院修复组的同仁共同合作修复壁画：先将壁画画面朝下放置在软材料上，去土坯层与抹灰层，只留较薄的壁面部分，将白麻布粘在壁画背面加固，再将制好的木格框与壁画的背面粘牢使之成为一个整体。在故宫保和殿西庑南端的西墙上做木架夹墙，将加固好的每块壁画悬挂在墙面上。最后在中央美院教师的指导下，由故宫博物院的画工全色补画，使之成为一铺世人瞩目的巨幅壁画。

《弥勒佛说法图》来自兴化寺后殿的一面山墙。壁画落入古董商手中后，先被转移到太原藏匿。1928年，加拿大派驻河南开封圣公会的怀履光（William C. White）主教从一个英国人那里得到有壁画求售的消息，就立即将壁画照片寄往多伦多皇家安大略博物馆，极力推荐购藏。在得到馆方同意后，由北京宝珍斋古董商葛春华出面费银洋五千块代买。次年，割裂成块的后殿壁画被分装在63个木箱中由火车运至天津，交美国捷运公司运往美国，两个月后抵达波士顿港，再由火车运达加拿大多伦多皇家安大略博物馆。由于当时展览场地已不敷使用，壁画一直被封存在库房。直到1932年博物馆扩建后，才开始考虑壁画的修复和展陈。馆长古莱里（Charles Trick Currelly）了解到哈佛大学福格美术馆（Fogg Art Museum）的化学师史道特（George L. Stout）创立了一套用麻布和木板取代壁画后面泥层的方法，对修复中国壁画很有经验。次年夏，史道特受托专程至皇家安大略博物馆，和两名助手工作月余，完成了壁画的修复

图2　发表在《艺林旬刊》（1928年）上的《过去七佛说法图》

图3　山西稷山县兴化寺元代壁画／弥勒佛说法图／加拿大多伦多皇家安大略博物馆藏

和陈列工作（图3）[11]。1948年怀履光从远东部退休，为纪念他对博物馆的特殊贡献，陈列《弥勒佛说法图》的展厅被命名为"怀履光主教厅"（Bishop William C. White Gallery）。

　　壁画被以上两家机构购藏后，中加两地曾派人至稷山兴化寺调查。1926年春，刚从美国留学回国的年轻考古学家李济来到兴化寺，看到此时中殿南墙壁画和后殿两山墙壁画已被剥走，后殿遗留的画工题记表明壁画作于元代庚申年间（1320），画工为"襄陵朱好古"[12]。那天，李济在兴化寺中院还发掘出一块寺院始建时的发愿造像碑：中央雕刻一组造像，作一佛二弟子二菩萨的组合，两边各有一位力士护持，这个意外的发现使他兴奋不已（图4.1）[13]。所幸时隔80多年后，几位研究古建的有心人在离兴化寺遗址不远的青龙寺内发现了这块造像碑，而收藏者显然不知这块碑的重要意义了，它被随意的横置在青龙寺院内（图4.2）[14]。1938年，时任皇家安大略博物馆远东部主任的怀履光派遣两名洪洞县的学生也来到兴化寺考察博物馆所藏壁画的原出处，他们的调查记录似乎比李济的更为详细，还留下了一些宝贵的影像资料[15]。看来出售壁画所得善款并没有使兴化寺得到修葺，不久寺院建筑就在抗日战争时期被人为拆毁[16]。中加两地所藏壁画和李济发现的隋代造像碑成为兴化寺仅存的文化遗产。

　　那么，兴化寺后殿的另一山墙上的那铺壁画（与《弥勒佛说法图》相对）在哪里呢？自1987年首次造访晋南至今，无论在晋南还是海外，我一直苦苦寻求却始终无果。近年，美国《生活》杂志公布了一张文物巨贾卢芹斋的照片：在他身后，卢芹斋公司纽约庄的入口处有一块镶在画框里的壁画残块，画中菩

图 4.1　李济发现的兴化寺隋代造像碑／李光谟供图

图 4.2　山西稷山县兴化寺隋代造像碑现状／朱俊供图

图 5　卢芹斋与他收藏的壁画

萨法相庄严，头戴华丽宝冠，身披宽边天衣，左腿盘起，右腿垂下脚踏莲花，其坐姿、风格和尺度与兴化寺后殿壁画极为接近，很可能是另一山墙上主尊佛的右胁侍菩萨（图 5）。这块经卢芹斋之手的壁画今归何处？它是否被某位私人收藏家秘藏家中？至今仍是个谜。

（一）《过去七佛说法图》图像考释

关于《过去七佛说法图》的购藏的经过，在马衡《山西稷山县兴化寺壁画考语跋》中这样写道：

> 一九二六年一月，有山西估人运来壁画多箱，拟秘密盗卖外人，以谋厚利。事为北京大学研究所所闻。以年来国内之古物美术品等输出海外者，随时随地有之，国内好古之士，匪特无从竞买，并求一寓目之机会而不可得，是岂止考古家之憾事，抑亦国人之大辱也。亟侦察物之所在，而谋所以保存之。嗣经绍介，得睹原图，凡五十九方，分装五十七箱。壁高约丈余，长约十丈[17]，以五十余方凑合之，略得原状。惜中缺数方，不能恢复旧观耳。距估人言，旧在稷山县小宁村兴化寺之南壁，屋凡五楹，故如许之长。其东西配殿亦有壁画，尚未着手铲削云。因磋商价买此五十七箱，议价再三，始以四千元得之。[18]

有关《过去七佛说法图》被北大研究所国学门考古学室收藏后，在北京学界引起一阵轰动。在 1926 年 10 月出版的《北京大学研究所国学门月刊》一卷一期（考古学专号）上发表了学者们一系列文章，除马衡《山西稷山兴化寺壁画考语跋》外，还有叶瀚《山西壁画七佛像题辞》，黄文弼《山西兴化寺壁画名相考》，以及易培基、沈兼士、黄文弼等人关于壁画讨论的信函[19]。

早在印度原始佛教的基本经典——各类《阿含经》中已有过去七佛信仰的内容。据佛经解释，"过去七佛"是指佛尊释迦牟尼与在他出现之前悟得正觉的六位佛尊。依次为毗婆尸佛（Vipasin）、尸弃佛（Sikhin）、毗舍浮佛（Visvahu）、俱留孙佛（Krakucchandha）、俱那含牟尼佛（Kanakamuni）、迦叶波佛（Kasyapa），继而加上释迦牟尼佛（Sakyamuni），统称"过去七佛"。关于七佛出现的顺序，在《佛说七佛经》中的排列如下：

> 过去九十一劫，有毗婆尸佛应正等觉，出现世间。三十一劫，有尸弃佛，毗舍浮佛应正等觉，出现世间。于贤劫中第六劫，有俱留孙佛应正等觉，出现世间。第七劫，有俱那含牟尼佛应正等觉，出现世间。第八劫，有迦叶波佛应正等觉，出现世间。第九劫，我释迦牟尼佛，出世间，应正等觉。[20]

佛教进入石窟后，七佛的配置形成以毗婆尸佛为中心、依出现的时序向两边发展的对称结构。这种案例见于云冈第十三窟：七佛并列在三个屋形龛下。这三个屋形龛将七佛自然分为三组：中央龛下三躯为"过去庄严劫"的三位佛尊：毗婆尸佛、尸弃佛和毗舍浮佛；两旁二龛下分别为"现在贤劫"之四位佛尊：俱留孙佛与俱那含牟尼佛；迦叶波佛与释迦牟尼佛（图6）[21]。我们还可以在辽宁义县奉国寺七佛殿中看到这种配置的延续：在奉国寺大雄宝殿的台座上，由中央向两侧按时序塑有佛像七尊。每尊佛像两侧各立胁侍菩萨一尊，或仰面，或俯首，或斜立，或平视，姿态各异（图7）。这种配置同兴化寺元代壁画《过去七佛说法图》十分接近[22]。

兴化寺壁画《过去七佛说法图》长18.2米、高3.20米。采用对称式构图，画有体量相等的七尊坐佛。七佛均结跏趺坐于束腰须弥台仰莲座上，佛顶为青绀色，右旋螺发，发中央有肉髻，双眉之间有白毫，两颊隆满，耳轮埵垂，面色安祥。双肩圆满，袒胸，着红色通肩式袈裟，内着绿色僧祇支。在整铺壁画中，中央坐佛为毗婆尸佛，手作说法印相，座为八角形束腰须弥台仰莲座，座前有宝瓶牡丹供养。佛尊左侧老者是摩诃迦叶，为一面容刚毅的苦行头陀形象，身披青绿色袈裟，双手屈指合掌，赤足立于云气之上；右侧是阿难，为一仪容颖秀的青年，着绿色僧祇支，外罩红白两色相间的田相袈裟，安详捧手立于佛旁。在迦叶和阿难上方云气缭绕之际有迦陵频伽两身，人首鸟翼凤尾，一捧镜向上，一俯身下冲。"迦陵频伽"，梵语Kalavinka，意译作"美音鸟""妙声鸟"，在净土曼荼罗中作人首鸟身形。因其音色清婉和雅，在佛教经典中常以其鸣声譬喻佛、菩萨之妙音。毗婆尸佛左侧为尸弃佛，右侧为毗舍浮佛，作转法轮印相。此二佛身着袈裟与头髻装束等与毗婆尸佛相似。座为方形束腰须弥台仰莲

图6 山西大同云冈第13窟南壁／过去七佛说法图

图7 辽宁义县奉国寺大雄宝殿辽代造像／过去七佛像／梁鉴供图

座,座前各供有一熏香炉。二佛外侧各侍立一位供养菩萨,左侧者只剩有一头,高髻,面部安详;右侧者高髻,着项圈,身披青绿色天衣,饰缨络,手套腕钏,持莲花,双足裸踏莲花上(图8.1)。

左侧第二佛为俱留孙佛,手作辨证印契,座为八角形须弥台仰莲座。座前供奇石盆。佛左侧踞座一菩萨,双手捧绢,绢中有奇石。右侧第二佛为俱那含牟尼佛,手作说法印契,座为八角形须弥台仰莲座,座前鲜花供养。右下侧踞

图 8.1　山西稷山县兴化寺元代壁画／过去庄严劫中之毗婆尸佛、尸弃佛、毗舍浮佛／故宫博物院藏

座一菩萨，双手捧绢，绢中有鲜花。二菩萨上方各有一身童子飞天，左侧一身左手持承露荷叶，右手作撒露状；右侧一身双手捧盛花蕉叶，作散花状。左侧第三佛为迦叶波佛，右手施无畏印，左手施禅定印，座为八角形须弥台仰莲座，座前珊瑚供养。外侧侍立一供养菩萨，侧身，着白色天衣，持莲花，赤足踏于莲瓣上。右侧第三佛为释迦牟尼佛，手作转法轮印相，座为八角形须弥台仰莲座，座前灵芝珊瑚供养。佛尊右侧侍立一供养菩萨，侧身，着绿色天衣，左手承一托盘，盘中盛奇石。整幅画面有佛尊、身闻弟子、胁侍菩萨、童子飞天等共计十九身，出没于鲜花奇石供养、祥云仙气缭绕的佛陀世界中（图 8.2-8.3）。

然而，美中不足的是，1959 年故宫博物院在复原壁画时将两块童子飞天的壁面拼错了位置，全色后的壁画继而掩盖了衔接上的错误，在今天的《过去七佛说法图》中已很难看出错位问题。所幸从今天仍保留在故宫博物院的文档照片和刊载在《艺林旬刊》上的原始照片中，我们还可以清楚的看出错位问题：原位于左起第二佛与第三佛之间、立菩萨之上的"童子飞天"的正确的位置应在左起第一佛与第二佛之间、跪坐菩萨之上；与此相对应，原位于右起第二佛与第三佛之间、立菩萨之上的"童子飞天"正确的位置应在右起第一佛与第二佛之间、踞坐菩萨之上。从校正后的照片中可以看到，两块"童子飞天"壁面的飘带与佛背光后的飘带能够完全吻合（图 9）。

在纠正后的整铺壁画中，我们可以发现两身迦陵频迦与童子飞天的分布使整幅壁画的上半部呈现出的起伏将画面自然分为三组。据此可以推想：由于壁画位于没有隔断的南墙上，为采光的需要，在两位立姿菩萨之上的空白处可能存在过两个明窗，此二明窗将画面自然地分成了三段。推测由于大殿年久失修后明窗漏雨，导致左侧的立姿菩萨全身漫漶，只剩下了一个头部（图 10）。

图 8.2　山西稷山县兴化寺元代壁画／现在贤劫中之拘那含牟尼佛、释迦牟尼佛／故宫博物院藏

图 8.3　山西稷山县兴化寺元代壁画／现在贤劫中之拘留孙佛、迦叶波佛／故宫博物院藏

图9 位置更正后的童子飞天

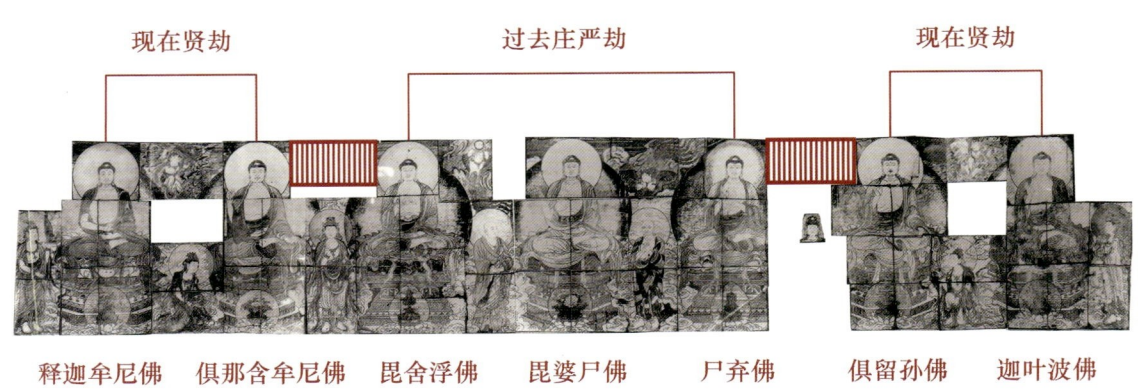

图10 《过去七佛说法图》中人物的排列组合

由此可以判定《过去七佛说法图》居中一组应为"过去庄严劫"之三位佛尊；两侧二组应分别为"现在贤劫"之四位佛尊。七佛的顺序根据出现时间的先后和中国古有的对称原则由中央向两边延伸排列。

（二）加拿大皇家安大略博物馆藏兴化寺壁画《弥勒佛说法图》及图像考释

收藏在加拿大皇家安大略博物馆的《弥勒佛说法图》，长11.11米、高5.22米。画面中央一组人物画弥勒佛和二弟子，四菩萨；两旁各配有一组男女剃度群像图。主尊弥勒佛结善跏趺坐于须弥座上，身后有头光和背光，跣足踏莲台，座前供养宝瓶牡丹。弥勒佛佛顶为青绀色，右旋螺发，两颊隆满，双肩圆满；身着深红色通肩式袈裟，内着绿色僧祇支；右手扬掌作施无畏印，左手掌心朝上置于膝上。弥勒的两侧各有一位半跏趺坐的胁侍菩萨。菩萨面相浑圆饱满，头束高髻，戴宝冠，垂发至肩；上身佩璎珞，手臂戴臂钏腕钏。左侧者为文殊菩萨，右侧者为普贤菩萨，与弥勒佛构成"佛三尊"的形式[23]。主尊左侧为弟子摩诃迦叶，肤色黝黑，身着绿色袈裟，双手擎拳，面容刚毅，显现出印度僧人的特征；主尊右侧是弟子阿难陀，身着深绿色僧祇支，外罩深红色袈裟，双手持拂尘，仪容颖秀，态度恭顺。主尊前方左右两侧站立着两位供养菩萨，跣双足站在莲座上；左侧者右手托着装满供果的碗，左手挽飘带；右侧者身向左倾，手持两茎盛开的莲花。在弥勒与圣众上方的云雾间，有迦陵频迦两身，左侧者展双翅凌空而立，右侧者展双翅俯身下冲。

在壁画左侧是一组男性剃度场面：儴佉王泰然安坐在宝座上，身着锦衣华服，双手摩挲佛珠，显现出出家之心已决。他身后主持削发的僧人神情恭谨专注。左侧侍立的青年侍者左臂搭长巾以备揩拭之用，其双手各执一缕刚刚削下的长发，准备放入前方跪踞侍者的盘中。立于右侧的童子是儴佉王决定留在世间的千子之一，他掩面拭泪，右手执王的衣袖不忍离去。在削发僧人身旁和后侧立有二人，皆为深目高鼻的胡人。旁立者头戴幞头，双手捧盘，盘中所盛之物为儴佉王的王冠。站立在这组人物身后的是身材伟岸的武士（图11.1）。右侧一组女性剃度图的场面显得相对安详平和：梵摩越端坐在宝座上，目光凝重，双手合十。身穿宽袖对襟衫，肩有披帛，下身着长裙。后立者为头上有圆光手持剃刀的菩萨，他正在为梵摩越削去秀发，置于后面的盘中。梵摩越身旁是捧凤冠的侍女，后侧是手托僧服和持扇侍女等共七人[24]（图11.2）。

这两组剃度的场面源自《佛说弥勒下生经》[25]。据佛经所示，在久远的将来，弥勒菩萨从兜率天下生阎浮提时，决定托生到儴佉王统领的国家，以大臣修梵摩与其妻梵摩越为父母。届时从梵摩越的右胁中降生，与释迦牟尼佛的降生方式无异。后来弥勒夜半出家，在翅头末城附近的龙华菩提树下成佛。国王儴佉闻弥勒已成佛道，率八万四千众求作沙门。赐剃头师珍宝，又以杂宝赠予众梵志，其千子只留一人嗣王位，其余亦于佛法中出家；是时，佛母梵摩越亦将八万四千彩女送至佛所求作沙门。

图 11.1 弥勒佛说法图／局部／男剃度图／加拿大多伦多皇家安大略博物馆藏

图 11.2 弥勒佛说法图／局部／女剃度图／加拿大多伦多皇家安大略博物馆藏

二、兴化寺的图像程序与礼佛仪式

巫鸿教授曾经谈到:"研究宗教艺术包括佛教石窟绘画有一个总的原则,即单体的绘画和雕塑形象必须放入其所在的建筑结构与宗教仪式中去进行观察。"这是因为"这些形象不是可以随意携带或单独观赏的艺术品,而是为用于宗教崇拜的某种特殊礼仪结构而设计的一个更大的绘画程序的组成部分。……而制作与观赏这些绘画本身就是一项礼仪性的行为。[26]"

在考虑兴化寺的整体图像程序与礼佛仪式的问题时,我们首先要确定《过去七佛说法图》和《弥勒佛说法图》原来的位置。

黄文弼在《山西兴化寺壁画名相考》中指出故宫所藏的《过去七佛说法图》自山西运来时"分为五十余块,陈五十余箱。每块均有红纸条,书南墙第几号"[27]。1926年李济调查兴化寺时发现中殿南墙壁画还留有一个菩萨头,此菩萨头在兴化寺毁塌前被运到北大,后转交故宫博物院(图12)[28]。《过去七佛说法图》长为18.2米,中间没有隔断。这个长度应是在一个大殿的南壁或北壁才能存在。1938年,怀履光曾派两名山西的学生到兴化寺做调查。当时兴化寺中殿已修复过,中殿的南墙无门,北面有门与后殿相对。除此之外他们还注意到中殿和后殿的建筑形制十分相近[29]。由此,《过去七佛说法图》出自兴化寺中殿的南壁是成立的。安大略博物馆所藏的《弥勒说法图》呈"山"字形构图。怀履光认为它的位置应在后殿的东山墙或西山墙上[30]。

此外,从李济和怀履光的调查所得了解到,兴化寺在毁坍前还存在着一些壁画。我们可从黄文弼的文章中据李济调查记录中得知,兴化寺中殿壁画的内容是"楼阁宫殿,树木山水"。关于后殿,北壁尚存有"八大恶神像,手执器物,诸怪围绕"[31];十二年后,怀履光的学生记录到兴化寺中殿尚存一尊由两个力士护持的立佛像,东西两壁有罗汉塑像,他们背后的壁画即是"楼阁宫殿,树木山水"(图13)。后殿中央台座上塑有三尊佛像,南壁上部有"绘佛十尊",北壁上部也有十尊,然为风雨所毁,仅存五尊,南北合计十五尊。并认为"此等像皆纯粹西域佛画作风"[32]。那么,这些神像究竟姓甚名谁呢?

在与兴化寺同处稷山的马村,有一座庙宇名"青龙寺"。青龙寺与兴化寺在许多方面有着密切的关联。

青龙寺规模不大,现存的建筑大都为元代遗物。寺分前后两院,前院南边为山门,北边天王殿五间与后院的南殿相连,中间有门可通。后院有两座大殿称为"南殿"和"北殿"。青龙寺的南殿在元代至正年间(1341—1368)被修葺过,如今塑像已经不存。殿中残留的部分壁画为元代原作。南壁的壁画中有十大明王的形象,他们的上方的榜题标明东侧为:"大轮明王""降三世明王""不动尊明王""大威德明王""大小明王";西侧:"马首明王""焰鬘得伽明

图12 过去佛说法图/局部/供养菩萨头像/故宫博物院藏

图13 山西稷山县兴化寺中殿东墙的罗汉像与壁画（怀履光 Figure2·A）

图14 山西稷山县青龙寺壁画十大明王像

王""大笑明王""步掷明王""无能胜明王"（图14）。这十身明王皆青面獠牙，毛发横飞，手执武器乘神兽而降妖魔。各明王之间用火焰纹隔开，颜色为石青、藤黄和大白。按密宗的理论，诸佛可显化为自性轮身、正法轮身和教令轮身三种身。所谓教令轮身，即菩萨受佛之教令而化现的忿怒威猛相，以摧伏众生中之邪魔。这种诸佛化现的忿怒威猛相即是明王。至此我们有理由相信，兴化寺后殿北壁黄文弼所称"手执器物、诸怪围绕"的"八大恶神像"或

图15 山西稷山县青龙寺后殿壁画／弥勒佛说法图／局部／女剃度图

图 16　山西稷山县青龙寺后殿壁画／释迦牟尼佛说法图

怀履光书中描述的十尊所谓有"西域佛画作风"的"绘佛"，就是明王像。他们原本应该与青龙寺南殿南壁的明王像相近。

青龙寺的北殿，其西壁壁画的内容与兴化寺后殿一样为《弥勒佛说法图》。主尊弥勒佛居中，结跏趺坐于方形须弥座上，上方华盖宝顶遮护，两隅有两身人首鸟身的伽陵频迦。二菩萨持经卷半跏趺坐于两侧，单足下垂踏于莲台上。三尊之间有两位胁侍菩萨侍立。"佛三尊"外两侧分别为二组帝后剃度的场面。右侧一组帝王剃度的群像已缺失；右侧的那组后妃剃度的场面与兴化寺壁画《弥勒佛说法图》中的构图几乎相同（图 15）。北殿东壁的壁画为《释迦佛说法图》，是与《弥勒佛说法图》相对应的"佛三尊"构图（图 16）。中间是释迦牟尼佛，结跏趺坐于八角形束腰须弥台仰莲座上，身着袈裟，袒胸，双手作说法印相。释尊上方两隅有一对乘云而降的童子飞天在空中翱翔。左右两侧为文殊、普贤二菩萨像，结跏趺坐于八角形束腰须弥台仰莲座上。文殊菩萨手捧如意，普贤菩萨紧握经卷。此文殊、普贤的头冠形式与西壁弥勒佛的二胁侍相似，为元以后的画法。在"佛三尊"的两侧，配有护法金刚和听经服法的文武天帝各五尊。手中各持不同法器计有：戟、剑、箭、笏板、钵、香炉等。此十尊像形象比例协调，设色厚朴，应为建寺之初的原作（图 17）。

青龙寺后殿壁画的布局为我们提供了一个假设的可能，即：兴化寺后殿东西两壁也分别是《释迦佛说法图》和《弥勒说法图》。事实上，青龙寺西壁壁

图 17　山西稷山县青龙寺后殿壁画／释迦牟尼佛说法图／局部

画《弥勒佛说法图》的构图与造型与兴化寺壁画《弥勒佛说法图》惊人的相似。从人物排列与构图上看，应出自同一粉本。青龙寺后殿的《弥勒佛说法图》比兴化寺的尺度要稍小一些，因此在人物的排列中减少了迦叶和阿难两位弟子；同时将迦陵频伽的位置下移。个别人物的位置为符合尺度做了小的移动。同时，还可以看出同一粉本正反使用的情况。至此，根据青龙寺后殿壁画内容的配置，再回过头来看看怀履光的学生所记录的兴化寺后殿大雄宝殿中曾经存有"三身佛"的塑像，我们有理由相信，他们应该是主尊现在佛释迦牟尼；左尊过去佛燃灯佛；右尊未来佛弥勒佛。而兴化寺中殿的那座由两个力士护持的立佛像应该是与中殿主体壁画《过去七佛说法图》的内容相符的佛尊过去佛燃灯佛[33]。

至此，从图像程序上我们得知并推断：兴化寺中殿东西两壁的台座上是十八罗汉的塑像，背景为描绘亭台楼阁树木山水的壁画；南墙壁画即现藏于故宫博物院的壁画《过去七佛说法图》；北壁有通往后殿的大门。兴化寺后殿面阔五间，殿中央原塑有三世佛：即主尊现在释迦牟尼佛、左尊过去佛燃灯佛、右尊未来佛弥勒佛；东壁壁画为《释迦牟尼佛说法图》；西壁壁画为现藏于皇家安大略博物馆的《弥勒佛说法图》；南壁和北壁的上半部画有十大明王像的壁画；南壁前檐三间设隔扇门，两梢间置直棂窗。

如前揭，由于兴化寺中殿无南门，中殿与后殿更易形成一个整体。那么，兴化寺礼佛的图像程序应该是：朝拜者到中殿瞻仰殿中央由二力士护持的燃灯古佛和南壁壁画过去七佛说法图，再到后殿祭拜中央的"三世佛"、瞻仰东壁壁画：现在佛释迦牟尼佛说法图，再瞻仰西壁壁画：未来佛弥勒佛说法图，即完成了观佛礼佛的整个过程。这种配置完全符合佛教仪轨，在理论上应该是成立的。

三、结语

山西元明两代的壁画是中国寺观壁画发展的最后一个高峰，它既继承保留了前代职业画家的优秀传统，又在许多方面有发展和创新。它独树一帜的风格，是晋南本土的职业画师配合宗教信仰不同的的特色，吸纳了相关题材的传统图像和画样逐步建立起来的。虽然图像的构建依据了相关的经典，而图式结构与画样的形成显然没有文本的指导，却以视觉形式反映出不同宗教信仰的特色。因此，坊间画稿画样的继承和流传、画派风格的形成与宗教图像之间的关联问题，都值得我们进一步关注。

故宫博物院藏原兴化寺元代佛教壁画《过去七佛说法图》，加拿大多伦多皇家安大略博物馆藏原兴化寺元代佛教壁画《弥勒佛说法图》，平阳府道教壁画《朝元图》，以及永乐宫三清殿元代道教壁画《朝元图》，纯阳殿元代道教壁画《道观斋供图》《道观醮乐图》《钟离权度吕洞宾图》《纯阳帝君神游显化图》等煌煌之作，反映出以元代晋南著名画师朱好古为首的襄陵画派的高超水平，在中国美术的历史中留下了绚丽华彩的一笔。美国纽约大都会艺术博物馆藏原广胜寺下寺元代佛教壁画《药师佛佛会图》、美国堪萨斯城纳尔逊·阿特金斯艺术博物馆藏原广胜寺下寺元代佛教壁画《炽盛光佛佛会图》，以及稷山青龙寺元代佛教壁画《释迦佛说法图》《弥勒佛说法图》等晋南寺观中的鸿篇巨制所显现出的与朱好古襄陵画派的风格之间密切的关系，值得我们做持续深入的探究[34]。

晋南寺观壁画是我们探索中国壁画发展史的重要宝藏，是中国古代美术史中具有里程碑意义的宗教艺术品，它们原本应该在中国美术史中占有重要的一页。

〔1〕 "古壁丹青尚有文",取自唐代诗人陈子昂《咏主人壁上画鹤寄乔主簿崔著作》之"古壁仙人画,丹青尚有文"之诗句。

〔2〕 《孔子家语》"观周第十一"。

〔3〕 (东汉)王逸《楚辞章句》"天问"篇,《四库全书·集部·楚辞章句卷二一》。

〔4〕 (东汉)王延寿《鲁灵光殿赋》,李善注《文选》,上海:上海古籍出版社,1986年。

〔5〕 关于这些壁画如何流散而最终落户欧美博物馆的经过,请参阅拙著《元代晋南寺观壁画群研究》,北京:紫禁城出版社,2010年。

〔6〕 有关兴化寺壁画的报道,最早有叶瀚《山西壁画七佛像题辞》、黄文弼《山西兴化寺壁画名相考》和马衡《山西稷山县兴化寺壁画考语跋》等,均收录于《北京大学研究所国学门月刊》第一卷第一期《考古学专号》,上海:开明书店,1926年,页1—7,页10—11。马衡在文中详述壁画收购经过。马衡文另载《凡将斋金石丛稿》,北京:中华书局,1977年,页317—318。

〔7〕 参见William C.White(怀履光),*Chinese Temple Frescoes: A Study of Three Wall — Paintings of the Thirteenth Century*, Toronto: The University of Toronto Press, 1940.

〔8〕 柴泽俊《山西古代寺观壁画》,载《中国美术全集·寺观壁画》,北京:文物出版社,1988年,页48。

〔9〕 《艺林旬刊》1928年版,中国画学研究会主办,1928年。

〔10〕 白化文《从〈新编全本季木藏陶〉的出版谈起》,《文物天地》2000年第5期,页37—39。

〔11〕 详见曾嘉宝《漂洋过海别神州——记三幅元代山西壁画的揭取、复原和修护》,《中国文物世界》总第52期,1989年,页109—121。

〔12〕 李济调查记录壁画作于元代"戊戌"年;怀履光的学生则记到"庆申"年。关于兴化寺壁画的施主、作者和年代的考证,详见拙著《元代晋南寺观壁画群研究》,页41—53。

〔13〕 Chili(李济),"Archeological Survey of the Feng River Valley, Southern Shansi, China". *Smithsonian Miscellaneous Collections* Vol.78, p.136. Smithsonian Explorations, 1926.

〔14〕 参见拙文《丹青永恒——晋南寺观壁画群巡礼》,《华夏地理》2011年11月号,页114—129。

〔15〕 详见William C.White(怀履光),*Chinese Temple Frescoes*.

〔16〕 参见柴泽俊《山西元代寺观壁画》,载《山西寺观壁画》,北京:文物出版社,1997年。

〔17〕 此处估算的尺寸有误,壁画的实际尺寸应为18.2米长,3.2米高。

〔18〕 马衡在文中详述收购经过。参见马衡《山西稷山兴化寺壁画考语跋》,载《北京大学研究所国学门月刊》第一卷第一期《考古学专号》,页11;另载马衡《凡将斋金石丛稿》,页317—318。

〔19〕 有关兴化寺壁画的报道,参见叶瀚《山西壁画七佛像题辞》、黄文弼《山

西兴化寺壁画名相考》和马衡《山西稷山县兴化寺壁画考语跋》，均收录于《北京大学研究所国学门月刊》第一卷第一期《考古学专号》。

〔20〕（刘宋）云天译《佛说七佛经》，《大正新修大藏经》第一册，页150。

〔21〕参见云冈石窟文物保管所编《中国石窟·云冈石窟·二》，北京：文物出版社，1994年。

〔22〕详见杜仙洲《义县奉国寺大雄殿调查报告》，《文物》1961年第2期；邵福玉《奉国寺》，《文物》1980年第12期。

〔23〕在西方学者有关兴化寺《弥勒佛说法图》的著述中，对弥勒的胁侍菩萨的身份大致有三种说法。一种认为是文殊菩萨和观音菩萨，见William C. White（怀履光），*Chinese Temple Frescoes: A Study of Three Wall — Paintings of the Thirteenth Century*, pp. 128-133；另一种认为是文殊菩萨和普贤菩萨，见Ludwig Bachhofer (巴赫霍夫)，"Maitreya in Ketumati by Chu Hao-ku", *India Antique— a Volume of Oriental Studies for Jean Plillippe Vogel, C.I.E.*, pp. 4-5, Leiden，1947；第三种认为是阿僧伽和婆修盘陀，见曾嘉宝《山西兴化寺元代壁画〈弥勒说法图〉浅释》，《文物》1990年第3期，页87—95。在《弥勒佛说法图》中，由于所示的图像标识不明确，很难确定其胁侍菩萨的身份，根据现存寺观壁画中的一般配置来看，笔者较认同第二种说法。

〔24〕关于《弥勒佛说法图》中两组剃度人物身份的考释，详见Ludwig Bachhofer (巴赫霍夫)，"Maitreya in Ketumati by Chu Hao—ku", *India Antique— a Volume of Oriental Studies for Jean Plillippe Vogel, C.I.E.*, pp. 4-5；曾嘉宝《山西兴化寺元代壁画〈弥勒说法图〉浅释》，《文物》1990年第3期，页87—95。

〔25〕（西晋）竺法护译《佛说弥勒下生经》，《大正新修大藏经》第十四册，页421—423。

〔26〕巫鸿《何为变相》，载《礼仪中的美术——巫鸿中国古代美术史文编》，北京：生活·读书·新知三联书店，2005年，页352。

〔27〕黄文弼《山西兴化寺壁画名相考》。

〔28〕Chili（李济），"Archeological Survey of the Feng River Valley, Southern Shansi, China". *Smithsonian Miscellaneous Collections* Vol.78, p.136.

〔29〕怀履光根据石碑记录得知兴化寺中殿在民国十五年（1926）重修过，参见William C. White (怀履光), *Chinese Temple Frescoes*, p.52.

〔30〕参见William C. White (怀履光), *Chinese Temple Frescoes*.

〔31〕黄文弼《山西兴化寺壁画名相考》。

〔32〕参见William C. White (怀履光), *Chinese Temple Frescoes*.

〔33〕同上。

〔34〕关于以朱好古为首的襄陵画派，参见拙作《元代晋南寺观壁画群研究》。

（作者单位：故宫博物院）

元墓中的山水图像
——从山西大同冯道真墓谈起

邓菲

1958年，山西大同地区发现了一座元代砖室墓。墓室呈方形，四角攒尖，北部有砖砌棺床，上置棺罩。墓内出土瓷器、木房屋、木制明器共45件。根据出土墓碑可知，墓主为冯道真，至元二年（1265）安葬于西京大同县。墓内除丰富的随葬品外，四壁还饰以水墨画，题材丰富，绘制精美。其中在北壁正中、棺床后方绘有一幅山水图，东西长270厘米，高90厘米，右上方题有"疏林晚照"四字。画面以墨笔绘成，前景为夕照中的村庄，右侧中景画两只帆船，远处群峰迭翠[1]（图1）。整幅画面笔法流畅，景致优美，颇具元代文人山水画的风格，在墓葬壁画中相当罕见。

该墓一经出土，就引起了艺术史学界的关注。虽然在此之后，各地也陆续发现了许多绘有山水图像的元代壁画墓，但冯道真墓中的"疏林晚照"图仍具有重要的研究价值，也存在进一步讨论的空间[2]。目前的研究集中于"疏林晚照"图与传世山水画的比对、山水图像的道教内涵，以及元代山水画兴盛的背景原因等几个方面。传世画作与墓葬壁画的联系比较，的确有助于考察山水画的历史，但是这些地下的视觉资料有其自身的价值和意义，应该引起考古学家、艺术史家们更多的关注[3]。因此，本文拟从冯道真墓的"疏林晚照"图出发，回溯墓葬艺术中的山水传统，分析元墓内山水画的形式、特征，试图在丧葬的语境中理解山水画的意涵，期待这种尝试或可有助于拓宽元代墓葬艺术以及山水画研究的视野。

墓葬山水传统

山水画自独立成科之后，迅速成为中国古代最为重要的艺术传统。对自然风景的视觉表现不仅存在于传世作品中，也出现在地下世界的墓室之内。从现存的考古材料来看，山水元素与山水背景很早就见于墓葬[4]。例如，陕西靖边发现的渠树壕1号墓，其年代推断为新莽或稍后时期。该墓后壁中部的栌斗之上绘有两重山峦，山间点缀树木、野兽及飞鸟[5]。在与1号墓年代大致相同的渠树壕2号墓中，后室横枋下的壁面也以墨线勾勒山峦，山峰高低错落，

图 1　山西大同元代冯道真墓北壁／疏林晚照图

前后散布深浅不同的树木，牛、羊、飞鸟在山间若隐若现。画面自右而左贯通一条河流，河上凫鸭游动，岸上有数只仙鹤[6]。值得注意的是，东汉墓葬中有不少对山水林木的表现，然而大部分场景营造的是狩猎、农耕、庄园的环境。虽然在渠树壕汉墓的图像中，山水已成为画面的主体，其表现手法也显示出一些早期山水画的基本特征，但就文化内涵来说，真正意义上的山水画似乎并未在该时期产生。

北朝以来的考古资料中已经发现独立山水画的踪迹。山东济南马家庄北齐武平二年（571）墓的墓室正壁表现墓主坐像，在其身后设置了一架九曲屏风，两端延伸至左右两壁，屏风上以简洁的线条绘出远山和云气[7]。另外，与该墓时代相同的北周天和六年（571）康业墓石棺床围屏上也刻画墓主坐像，墓主背后设床围屏，屏风上以阴线刻出远近不同的山峦和树木[8]。这些材料说明在当时已有独立的山水画出现，但是同时期的墓葬并未单独绘制山水，而是将其表现为人物背后的山水屏风。

至 8 世纪中期，唐代墓葬中已经开始描绘独立、成熟的山水画。山水条屏在唐墓中已有 2 例发现。例如，陕西富平朱家道唐墓和西安长安区庞留村武惠妃墓（737）中都绘有六曲屏风，构图为独立的山水画幅，每一屏上皆画高峭险峻的峰峦[9]。除此之外，2014 年在西安长安区新发现的韩休墓（740）引起了学界的广泛关注。墓室北壁东部绘一幅山水画，展现出一水两岸、山峰高耸、溪水蜿蜒的景致，中景还点缀有两座草亭[10]。画面以勾线、布色的形式完成，色彩虽略显潦草，但整体构图结合了深远、高远、平远的技法，为唐代山水画的常见图示[11]。该幅山水的四周绘赭红色边框，表明此画可能为屏风或画障，也是目前所发现的最早的独屏山水图。

山水主题在中唐以后的墓葬艺术中继续发展[12]。河北曲阳的五代王处直墓（923）也提供了独屏山水的案例。该墓为双室墓，墓壁施彩绘，除了侍

图 2　山西壶关下好牢宋墓北耳室／山峦图

者、花鸟等题材外，还保存有两幅水墨山水。东耳室中绘一幅山水屏风，构图为中远景，呈现出山远水阔的风光；前室后壁上绘一幅独屏山水画，画面虽已破损，但仍可见溪水隔开的层峦丘壑、远处开阔的湖面及小洲[13]。两幅画面的构图和用笔都表现出日趋成熟的山水画法。晚于王处直墓一个多世纪的庆东陵（1055）位于内蒙古赤峰市巴林右旗，为辽圣宗陵墓。该墓中室的四壁上也发现了精美的山水图像[14]。四幅画描绘了春、夏、秋、冬的四季风光，气势恢宏，内容丰富，通过对动植物的细节处理，生动地表现出辽上京地区一年四季的不同风貌，也是目前仅见的以四季山水为主题的墓室壁画。

独立的山水题材在中原北方地区的宋金墓中也偶有发现。山西壶关下好牢宋墓（1123）的东、西、北三侧耳室内均发现了山水图像。北壁、东壁耳室各内绘一幅水墨山水图，层峦叠嶂，画面四周施黑色边框（图 2）。西耳室正中也以墨笔绘山峦，画面表现高耸重叠的山峰[15]。三幅画构图相近，皆为山水屏风，也都设置在耳室正中的棺床之后。其中东耳室的屏风两侧绘黑色挂轴，挂轴画心为花卉图像，似乎以山水屏风和花卉挂轴共同营造出墓主的死后空间。

另外，陕北甘泉地区发现了若干座金代中期的砖雕壁画墓，形制、结构均相近，墓壁施彩绘，壁画都绘于四壁中部的方砖上，既有宴饮、备宴和孝行故事等宋金时期的常见题材，还表现山水、木石、荷塘、花鸟等自然风景。其中四座墓中画有多幅山水图像。比如 M3 墓（1189）北壁右部为山水图，画面近景为水面上停泊的船只，另一侧绘塔及建筑，屋后有一颗大树，远景为山峦树

图3　山西大同齿轮厂元墓墓室北壁西侧／山水屏风图

林。M4 墓南壁西侧描绘远近不同的山峦，近景的山石上树木丛生，整体画面展现出山川悠远的景致[16]。

元墓山水特征

在墓葬中呈现独立山水景观的传统虽可追溯至中唐甚至更早的时段，但与之前的零星案例不同，元代墓葬中的山水图像相当普遍。山西、山东、河北、内蒙古等地的元墓中已发现多例山水图像。据不完全统计，绘制山水元素、图像的元墓达十余座，在迄今已发现的元代壁画墓中占有一定的比重。绘有山水题材的元墓包括山西大同冯道真墓、山西大同齿轮厂元墓、山西长治郝家庄元墓、山东济南埠东村元墓、山东济南千佛山元墓、北京门头沟斋堂元墓、内蒙古赤峰元宝山元墓、内蒙古赤峰沙子山元墓等等。此类题材在元墓中的流行，反映出山水画在该时期的兴盛[17]。虽然大部分墓葬山水在构图与画技方面表现得较为简略，难以与传世画相媲美，但这些出土壁画提供了山水题材在丧葬环境中以及民间层面上的重要案例。

如果我们仔细考察元墓中的山水画，并将其置于整个墓葬环境之中，可以发现这类图像具有两个基本特征。首先，元墓中的山水图大多具有明确的物质形态，既是一幅山水画，同时也表现为屏风、挂轴等不同形式。例如，山西大同齿轮厂元墓北、东、西三壁上共绘四幅山水图。画面均以墨色边框间隔，每幅可看作一个独立的图画单元[18]（图3）。在画面四周添加边框，说明这些

图 4　山东济南历城区埠东村元墓西北壁／山水屏风图

图像作为画屏的形式出现。在元墓中,即使是那些看似占据整个壁面的水墨山水,也常绘有画框装饰。例如,冯道真墓中的"疏林晚照"图虽尺幅较大,为北壁上唯一的图像,但仍饰有黑色边框,表明其屏风的形态。

其次,这些呈现为不同物质形态的山水图像,仍是室内家居陈设的一部分。山东济南历城区埠东村元墓为此提供了关键的信息。该墓东北、西北两壁下方各绘一架山水屏风。西北壁的屏风画心绘一组高低错落的山峦,中心为亭台楼阁。画面四周不仅绘出黑色边框及底座,另外在屏风之外还描绘染缸与粮仓,上方饰有垂幔[19](图4)。整幅画面明显是对室内空间的呈现,说明墓中的山水图像仍作为再现家居场景的一部分,也从侧面反映出山水屏风在当时家居环境中的流行。

元墓中的山水图像既是屏风或挂轴,同时又作为墓主死后空间的家具陈设,因此融合了多重的角色和意义:作为三维空间中的家具,它可以用来划分空间;作为二维平面,其上可以绘制图像,是一种绘画媒材;而作为被绘制的图像题材,山水又被用来构造视觉空间,为墓主提供可以欣赏的风景[20]。上述特征实际上沿袭了中古以来墓内装饰山水屏风的传统。然而,虽是对早期墓葬传统的延续,元墓中山水图的形式还是展现出新的发展方向。山西长治郝家庄元墓是说明此类发展的重要墓例。该墓为方形穹隆顶单室墓,北壁下方砌棺床,四壁以墨线绘图。东壁左侧画一幅带有双线边框的山水图,虽部分脱落,但仍可见树林与独木桥,桥下溪流湍急。从边框的情况以及西壁的对称设置来看,此幅山水似为挂轴。西壁左侧绘一架影屏,屏风上为水墨竹雀图;右侧为山水画

图 5　山西长治郝家庄元墓西壁、北壁线图

图 6　山西长治郝家庄元墓北壁右侧/山水屏风图

挂轴，上方表现天头和下垂的经带，画心描绘近景的山石、蜿蜒的溪流和丛丛林木（图 5）。在正对墓门的北壁，展现了厅堂陈设，上方为帷帐、垂带，下设一床。床榻三面置围屏，左右两侧各一块，中间两块，四幅屏风环绕床榻。每一幅皆以墨笔绘平远的山水[21]（图 6）。

郝家庄元墓不仅描绘了侍者、童子启门等宋金墓葬中常见的图像题材，还表现了山水、花鸟题材的影屏、挂轴及围屏。这些以不同形式呈现的自然景观，与通过侍者形象所营建的家居活动形成鲜明的对比，似乎分属于不同的视觉空间。另外，这些水墨山水、花鸟画又有别于严格意义上的"壁画"，或悬挂或张裱，整个墓室更像是一个"展示挂幅和衾屏的空间"[22]。这种突出画面物质形态的做法在元墓中并不少见，也使得许多元墓的图像内容更具装饰性。例如，山西兴县红峪村至大二年（1309）的武庆夫妇墓便是一个典型的例子，墓壁所绘的备酒图和备茶图等大幅画面，都饰有上台、下台和牙子，状似大的挂幅；其余题材的图像，都设计成挂轴的样式，每幅都绘有天头、地头和经带[23]。王玉冬与郑岩都敏锐地注意到了元代墓葬壁画的装饰化倾向，提出此类元墓将装饰的重点放在如何通过壁面虚拟地陈设各种形式的绘画上，虽然可将这样的营造看作是对地上厅堂的模仿，但设计者更大的兴趣，似乎是要将墓室转化成一个"艺术陈设"的空间[24]。

该时期墓内装饰化的倾向也有助于我们更好地理解墓中山水的绘画形态。从目前的考古资料来看，山西、河北、内蒙古等地元墓中的山水画呈现出较为统一的特征：虽然偶尔出现山水挂轴、独屏等形式，但是大部分元墓中的山水图像实际上都是对床榻围屏的模仿。例如，郝家庄元墓北壁上所绘的四幅山水图都嵌于床榻挡板之上，展现出床榻围子的大致形态（见图6）。北京门头沟地区发现的斋堂元墓也为山水图像作为床围屏或学者所称的"床挡画"[25]提供了证据。该墓的东、西、北壁上的边框内绘五幅山水，均用墨笔勾勒，兼施青绿。画面皆以山峦为主，缀以松林、楼阁、寺塔、舟船[26]。如果我们将墓内北壁下方的砖砌棺床一并考虑的话，这五幅山水实际上是围绕棺床而设，并明确标出床挡的边框，或许表现了日常生活中床榻的装饰图案。

从宋元时期的床榻实物及传世绘画作品可知，当时流行三面围子的帐床或围子榻，即在床榻的左、右、后三面设置高度相同的围子，围子上饰以绘画，其中山水画是最为常见的装饰题材。比如在传为南宋马和之《孝经图》的第五章中就表现了夫妇二人端坐于床榻上的场景，床榻由三面围屏环绕，屏上绘山水风景（图7）。也许是受到地上家居陈设的影响，床榻围屏的形式以及床榻与山水屏风的组合也逐渐进入到墓葬装饰中。上文中提到的山西大同齿轮厂元墓、长治郝家庄元墓中的山水画、以及冯道真墓中的"疏林晚照"图，如果从绘画的物质形态来分析，实际上也都属于床围或床挡类装饰。

山水床围是山西、河北等地元代壁画墓的重要特征。袁泉也指出床榻围屏的模式是金元时期燕云地区墓葬壁画布局的典型表现，山水与床榻的组合也存在形式上的差异[27]。例如，在大同地区的案例中，墓壁上所绘的屏风环绕在砖砌棺床的正上方，而晋东南和冀北地区的元墓则直接绘出带有围屏的床榻。然而，不论是墓壁上的床榻图像，还是二维绘画与三维棺床的组合，这些墓葬都将床榻围屏作为图像布局的中心，表现出带有山水围屏的"位"[28]。棺床是安放墓主尸体的所在，壁画中的床榻也是墓主人所期待落座的视觉空间，从这个角度来考虑，两者都营造出了山水环绕下的墓主之位[29]。

即使是在墓主人画像明确出现的墓葬中，山水独屏或是围屏仍时常作为墓主

图 7　南宋（传）／马和之／孝经图／第五章／台北故宫博物院藏

图 8　内蒙古赤峰市元宝山元墓西壁北侧床挡画

夫妇并坐的背景。内蒙古赤峰市元宝山元墓中的图像布局进一步证实了山水与墓主之位的联系[30]。该墓北壁绘帐幕之下的墓主夫妇。水墨山水图分别绘在东壁左侧、西壁右侧，四周以黑线勾勒雷纹，位置正好在棺床头部和脚部，似为两侧床挡画（图8）。在整个墓室之中，墓主图像、棺床以及山水床挡画共同构成墓主之位。不仅棺床两侧绘有山水装饰，墓室壁画偶尔也展现出厅堂之中墓主夫妇并坐、山水屏风在侧的场景。比如在山东济南历城埠东村元墓中，位于北壁的墓主夫妇由两侧的山水屏风所环绕。如此看来，山水围屏在墓葬中的作用，似乎是通过这类题材和形式来衬托墓主形象，构建出元墓壁画及空间的中心。

图 9　山西汾阳东龙观 1 号金墓砖砌棺床床围

将山水图像配置在墓主周围，是对中古以来墓中山水传统的一种延续。但元墓壁画中挂轴、影屏的形式，以及棺床之上的床围设置，并非该时期的独创。事实上，这些特征早在宋辽金时期的墓葬中就已见端倪。例如，洛阳邙山北宋壁画墓中表现了挂轴的样式[31]；山西平定西关村金墓中描绘了带有围子的帐床，围子分为 3 个界格，内饰花纹[32]；山西汾阳东龙观 1 号金墓则为我们提供了砖砌床围的实例，砖砌床挡上虽未有任何装饰，但却直观地再现了床榻围屏或床挡的物质形态[33]（图 9）。所以，虽然元代墓葬图像表现出装饰化的趋势，在一定程度上反映了装饰趣味的转变，然而在转变的背后，实际上仍是多种墓葬传统的延续、融合与发展。

山水人物故事

综上所述，元墓中的山水画可能作为床围类的装饰题材，以自然景观营建出丧葬空间内的墓主之位。这也引出一个问题：元墓中山水围屏究竟具有何种意涵？缘何与墓主紧密相关？我们或许可以从以下几个方面入手，尝试探讨这个问题。首先，鉴于山水图像的物质形态，建造者在墓中选择山水画作为床榻围屏，有可能是受到地上家居陈设的影响。正因为在床挡上装饰山水成为当时的流行风尚，墓中才会出现相似的设置。家居环境中以山水图像作为装饰或陈设，应是元代山水画盛行的结果。元代绘画，尤其是所谓文人画的兴起，向来被视为中国绘画史中最为关键的变革。赵孟頫、元四家等多位划时代大家的出现，极大地推动了该时期山水画的发展。在山水画兴盛的社会背景之下，居室内大量装饰山水风景，供人赏游，墓室壁画也频频模仿当时的家居陈设。

其次，我们也需要考虑到墓中山水的图像内容。总体来看，山水画的表现十分丰富，既有对自然山水的全景式、平远构图，也有以山石、树木、溪流等局部景观为主的截景式和边角式构图，另外还包括一些带有隐逸色彩的山水人物场景。例如，内蒙古赤峰市元宝山墓墓室东壁左侧绘"行旅图"，位于棺床头部。四框绘雷纹。画面部分剥落，但大体可辨出右侧山岩与树木，中央一人骑驴徐行，左侧有一仆相随。西壁右侧绘水墨"山居图"，位于棺床脚部，画面远景以淡墨晕染山色，左侧的山石间有房舍掩映，山前为树木，山下小溪中双禽嬉戏，右侧的苍松之下有一人盘坐于岩石之上[34]（见图8）。一些学者将这类山水人物图像笼统地称为"隐逸图"，提出隐逸类题材是蒙元时期墓葬壁画的主要特征之一，画面充满着回归自然、山林幽居的意趣，通常与道教有关[35]。需要注意的是，一方面，这类图像中的人物并非仅仅起到点景功能，山石树木有时只是作为人物故事发生的背景环境。我们不能简单地将其视为独立山水，必要时还需解读山水人物图的内容。另一方面，从目前所发现的墓例来看，画面内容及题材相当丰富，将不同的人物活动、故事置于山水画中，有的场景可能指涉了具体的人物或叙事，并非只是一类表现山林隐逸的题材。

例如，山东济南千佛山元代壁画墓中发现的山水屏风都表现为山水之间的人物场景。该墓为仿木构砖雕双室墓，甬道、墓室内壁均施彩绘，其中前室东、西两壁分别绘有四幅山水图，以墨线、赭色画出边框，似为床挡画。东壁北侧的画面远景绘远山，左方为斜坡，坡上一株柳树，柳树下两人结伴而行，右侧绘花草植株。西壁北端也以远山为背景，左方坡上一株柳树，树下两人席地而坐。东壁南侧壁画在左方的斜坡上绘柳树，树下设方桌，桌边摆交椅，椅后立一仆，画面中间小桥流水，桥中立一人，一侍从跟随其后，肩负一悬挂酒葫芦的树枝（图10）。西壁南侧画面上部表现流云远山，下部绘山路，三人顺坡鱼贯而下（图11）。该墓的发掘者将上述四幅山水人物画分别命名为"踏青图""乘凉图""秋游图"和"冬归图"，提出四画表现了春、夏、秋、冬四季，在前室中呈现出完整的四季山水[36]。然而，通过细究每幅图像可以发现，人物在画面中起到主体作用，这些画作似乎更接近于人物故事图，或是墓主人出行场景，而非人物仅仅起到点景作用的独立山水画。再者，画面也并未流露出足够的季节特征，也很难将其判断为具有明确时间性的四季山水图。

山西大同齿轮厂元大德二年（1298）墓也为山水人物组合提供了例证[37]。该墓南壁为墓门，其余三壁共绘六幅壁画。东、西两壁的南侧壁画无围框，画面较大。北壁上绘两幅山水，东、西壁北端各画一幅山水图，皆标识出明显的黑色边框，似为环绕棺床的山水围屏。西壁北侧背景为远山、群雁，左右两山

图10　山东济南千佛山元墓前室东壁南侧／山水人物图

图11　山东济南千佛山元墓前室西壁南侧／山水人物图

间，画一条波浪起伏的大河，河中一条小船，二人荡舟（图12）。北壁西侧屏风画险峻的高山，溪流蜿蜒而下，山间平台上绘一株苍劲的柏树，树下立一小童，树左画一方桌，树右为一间茅屋，旁边站立一位持杖的老翁。北壁东侧画一壁山石，山壁旁一棵松树下绘一座茅屋，茅屋旁表现一汪池水，池中荷花开放、白鹅游动，茅屋与池塘之间画一主一仆，主人手摇鹅毛扇，身后立一小童（图13）。东壁北侧的屏风描绘了远山逶迤，一行飞雁，前景的山路通向

图 12　山西大同齿轮厂元墓西壁北侧／山水人物图

图 13　山西大同齿轮厂元墓北壁东侧／山水人物图

图 14　山西大同齿轮厂元墓东壁北侧／山水人物图

画面左侧的石桥，满山点缀着红梅，山路上有主仆两人，主人骑驴急驰，身后一童子跟随其后（图14）。在元墓中，与山水相关的常见题材还包括山居图与行旅图。此墓中的四幅图像似乎描绘了居、游于山水之间的人物，这或许寄托了墓主对"卧青山、望白云"隐居生活的向往，也有可能是对具体的人物的描绘。但无论何种理解，山水人物图在元墓中的出现，绝非仅仅出于模仿居室陈设，而是有意识地选择，以图像承托特定的功能与意义。

因此，当我们解读这些山水人物画时，也许可以尝试性地加入图像分析。例如，内蒙古翁牛特旗梧桐花元墓中也发现了山水人物组合。该墓墓室平面为方形，墓门朝东，四壁及券顶均有彩绘，其中南、北壁画山水人物场景。北壁画面描绘山石，山势险峻，山间小路通向山下溪水，溪边绘两人，一人向山谷行走，另一人披发泛舟；右侧画三人，一人怀抱婴儿，另一人手执叉形器，还有一人手持一物；左侧画两人，一人作揖，另一人在云端回首。南壁的山水人物与北壁相对，左侧绘三人，一人足蹬高靴，身穿长袍，另一个指示其似有所语，第三人右手持鞭，前为大象，上有飞鸟（图15）；右侧描绘山谷中的河流，一人赤裸躺于河上，水中双鱼跃起。发掘者推断这五幅图像布局错落有致，颇有仙境之感，似为隐逸类场景，其中南壁左侧的山水人物图可能表现了佛变故事[38]。但若是对南北两壁上的画面内容和图像元素仔细分析，除第一幅内容不明外，另外四幅分别表现了郭巨、董永、舜、王祥的孝行故事。这种将孝子故事置于山水之中的做法在元代中并不少见。例如山西屯留康庄工业园区元墓、河北涿州元墓、北京斋堂元墓中都将孝义故事隐现于山峦之中[39]。由此可见，所谓"山水人物图"，并非仅是一类笼统的图像题材，还应虑及具体的人物活动或历史叙事。

河南登封王上村元墓中出土了精美的壁画。墓室顶部饰有云鹤图案，北壁画竹梅孔雀，东北壁绘竹鹤图。东壁绘两峰对峙，峰间瀑布，瀑布前两男子，一人右手牵一黄牛，对面岩石上盘坐之人，左手扶膝，远处淡霭笼罩（图16）。西壁描绘了山中飞瀑，瀑边站立一人，拱手抱拳施礼。身侧一道云气，云气中一人凌空[40]（图17）。二图以人物为中心，山水元素并不明显。考古报告中将东、西壁上的壁画分别称作"讲道图""升仙图"，也有学者认为这两幅画面描绘了道教中常见的隐逸、遇仙题材[41]。虽然整体画面充满了隐逸的意趣，但是有学者推测二图是对具体故事的刻画："讲道图"或许表现了许由洗耳、巢父饮牛的故事，西壁可能与列子御风故事有关[42]。值得注意的是，磁州窑博物馆所藏的元代白地黑花升仙枕，在枕面上表现出与该墓东壁"升仙图"类似的场景，右侧描绘茅屋与屋前的树木，一人跪姿拱手，左侧一人在云气中凌空升起。

目前暂时无法确认这些画面的内容，但是可以肯定的是，墓中山水、隐

图 15 内蒙古翁牛特旗梧桐花元墓南壁左侧／山水人物图

图 16 河南登封王上村元墓墓室东壁／山水人物图

图 17 河南登封王上村元墓墓室西壁／山水人物图

逸类图像不仅仅是对自然景观的再现，也并非文人山水画在丧葬环境的直接影响。元墓壁画与瓷枕图像的相似性提示我们在同时期的器物装饰上寻求更多的信息。例如金元时期的磁州窑瓷器，尤其是白地黑花瓷枕，为了解当时流行的图像题材提供了重要的材料。磁州窑的工匠们吸收传统书画的技法，在瓷器上创造出具有水墨神韵的图像，其中山水风景及山水人物为相当常见的题材。比如天津博物馆所藏的长方形白底褐花山水人物枕，其枕面上绘深山古寺，左侧前景表现山间一座小桥，两人在桥上行走[43]。又如东京国立博物馆所藏的元代白地黑花山水枕也在枕面绘水墨山水，远处云雾远山，画面近景表现一人盘

图 18　元／黑地白花山水人物枕／邯郸市博物馆藏

图 19　山西大同元代冯道真墓东壁北侧／临渊观鱼图

坐于河岸边，望向河中，旁立一小童，二人身后为树木与山石[44]。此图与邯郸市博物馆所藏观鱼瓷枕的枕面相当一致，后者也描绘了一人盘坐岸边、临水观鱼的场景（图18）。耐人寻味的是，绘有"疏林晚照"图的山西大同冯道真墓，也在东壁北侧描绘出相似的画面，只是图像更为精美，画技更为高超。左侧远山叠嶂，一老者坐于大石之上，俯瞰河中的鱼儿，旁立一携琴的侍童（图19）。元代墓葬与器物在装饰图像方面的相似，一方面暗示着这类山水人物题材在当时的普及与流行，另一方面也提醒我们去思考图像的内容和可能性的来源。

磁州窑瓷枕上绘制的人物类场景大多为历史故事，有些故事或许也与元杂剧的流行有一定的联系。山水人物故事在墓葬环境中的出现，是否也与历史、戏曲故事在元代的流行有关，仍有待深入的探讨。在当时，不仅带有山水背景的历史故事成为流行的图像题材，出现在不同的媒介之上，山水景色也深入各个阶层。石守谦指出，潇湘八景的题材广为传播，曾进入到元曲表演之中。元刊本的杨朝英《朝野新声太平乐府》中提到"大都行院王氏"的散曲唱词中嵌有潇湘八景的名目[45]。在14世纪元大都的街市演艺中，潇湘八景的唱词与壁上的八景山水画配合观看，这说明潇湘八景作为理想山水的形象已经深入人心，时人对其进行三维空间的转换，加上了音乐表演，在舞台上呈现出对自然胜景的动态诠释。山水景观融入戏曲表演，是该题材深入各个阶层的最佳表现[46]。

余论

自然山水、山水人物故事图在墓葬中的出现，表明了一个重要的信息，即山水题材和图像在元代逐渐成为流行的视觉语汇，已不再是文人士大夫所独享的艺术形式，而是深入到民间社会的各个层面之中。在这样转变之下，墓中山水图像的意涵究竟是什么，山水屏风与墓主的组合到底意味着什么，仍是需要深入的论题。

我们有必要回到文章开头提到的山西大同冯道真墓中，来继续了解该墓本身包含的信息。冯道真墓墓室呈方形，北部有砖砌棺床，上置棺罩，墓内四壁皆有彩绘。墓顶画仙鹤翱翔于祥云之上。南壁墓门两侧绘两鹤，东西相对，各立于毛竹、松树之下。东、西壁南侧分别画侍奉的道童，立于竹松之前，前侧绘虎眼石及牡丹。整体来看，画面像是尺幅较大的屏风。北壁绘名为"疏林晚照"的山水画；东壁北侧为临渊观鱼场景；西壁北侧描绘一人坐于松树下的屏风前，左下方一老者静坐于石墩上，身后一童侍立。北壁、东壁北侧、西壁北侧的三幅画面，环绕在棺床的三面，构成床榻围屏。棺床上置木棺罩，绘有仙鹤、卷云，罩前垂丝质围帘。棺罩内停放男性尸体一具，头东脚西，头上束发、戴元宝形道冠，身穿道袍。从墓中出土的墓志、木牌位以及其他随葬器物可知，墓主冯道真为西京创建龙翔万寿宫宗主，道号青云子，曾被封为"清虚德政助国真人"，所以此墓属于全真教道官，墓葬也由全真教徒组织营建[47]。

根据墓主的身份与背景，一些学者提出，冯道真墓中的壁画内容很可能受到了道教视觉趣味的影响，也许与全真教在山西地区的流行有关。例如，发掘者推断"疏林晚照"图与冯道真所居的西京大同玉龙洞七峰山风景相似，也许表现了死者的故居。而其他几幅观鱼、论道的场景，可能象征着墓主的品格及其宣教的场景。另有学者指出，出现在棺床之后北壁的"疏林晚照"图可能是潇湘八景流行氛围下的产物，其中"疏林晚照"四字的标题与"渔村夕照"在意象和用字上最为接近，寄托着"望归"之意。整幅画面表达了道教人士的求道归真,可能象征着道教的洞天山水,属于墓主灵魂所往居的仙境[48]。

考虑到墓主身份以及墓内图像题材的组合,"疏林晚照"图很有可能具有求道归真的意味,隐含着某些与死者本人的相关信息。道教与山水主题之间的内在联系也的确值得关注[49]。然而,不少研究者从冯道真墓的材料出发,推断建造者在元墓中大量使用山水图像,表达了墓主生前对山林隐逸的追求,是北方全真教盛行的产物。需要注意的是,该图作为床榻围屏的一部分,环绕墓主棺床及棺罩,是山西、河北、山东等地墓葬图像设置的一种常见手法。我们并不排除元墓中山水与全真教影响之间的联系,但是虑及山水作为床围的形式与当时的世俗家居相呼应,在论述的同时还应思考:究竟是道教徒首开此风,还是他们在装饰墓葬时,采用了一种当时普遍流行的视觉表现手法?

将所有元墓中的山水与道教直接进行勾连,仅以全真教的影响来解释元墓山水流行的研究思路,有待商榷。这些图像类型丰富,既有对自然山水的表现,又包括隐逸、孝子、人物故事等主题,还有一些或许与墓主人出行、户外活动的场景相关。题材的多样也使得山水图的含义与功能相当多元,无法以单一的视角解释清楚,因此需要避免叙事的简单化,在具体的墓葬语境中进行讨论。从目前所见的元墓材料来看,山水图像可能在墓葬环境中充当多种角色,一方面是对现实生活中屏风、挂轴,尤其是床榻围屏的呈现。另一方面,这些山水景观或山水人物场景有时描绘了具体的人物与故事,有时或许又表达对自然景观的欣赏,还有时可能作为一种理想中的乐土,既是可以隐逸的场所,也是亡者希望前往的世界。关于山水图像意涵的思考,仍需要更多的论据和分析,本文提出的仅仅只是对此类问题的初步思考。但不论其意义如何,山水在当时作为一种图像题材,似乎已经跨越了宗教信仰、社会群体,成为一种普遍流行的视觉表现。

〔1〕 大同市文物陈列室等《山西省大同市元代冯道真、王青墓清理简报》,《文物》1962年第10期,页34—43。

〔2〕 近年来有关冯道真墓壁画的重要讨论,见董新林《幽冥色彩——中国古代墓葬壁饰》,成都:四川人民出版社,2004年,页174—186;贺西林、李清泉《中国墓室壁画史》,北京:高等教育出版社,2009年,页395—397;石守谦《移动的桃花源—东亚世界中的山水画》,允晨文化,2012年,页127—129;王玉冬《蒙元时期墓葬的"装饰化"趋势与中国古代壁画的衰落》,《美术学报》2012年第4期,页25—28。

〔3〕 以往的论述大多将墓葬中的山水壁画直接等同于传世的山水画,以其作为证据来探索中国绘画史的基本问题。石瀚提出了"墓葬山水"的概念,认为墓葬中的山水图应区别于传世山水画,虽然有必要将二者进行比较、联系,但

对于墓葬山水的研究还应着重于探讨它们的形式与意义。见石瀚《隐秘的风景—浅析墓葬壁画中的山水图像》，《美术大观》2013年第1期，页42—43。

〔4〕有关早期考古资料中山水传统的讨论，可见Jessica Rawson, "The Origins of Chinese Mountain Painting: Evidence from Archaeology," *Proceedings of the British Academy* 117, 2002, pp.1—48；黄佩贤《汉墓出土的山水图像—对中国山水画起源问题的再思考》，《四川文物》2009年第1期，页70—75；郑岩《妙迹苦难寻，兹山见几层—早期山水画的考古新发现》，收于上海博物馆编《翰墨荟萃—细读美国藏中国五代宋元书画珍品》，北京：北京大学出版社，2012年，页100—113。

〔5〕陕西省考古研究院《2009年陕西省考古研究院考古调查发掘新收获》，《考古与文物》2012年第2期，页3—13。

〔6〕该墓信息尚未公布，相关资料转引自郑岩《妙迹苦难寻，兹山见几层—早期山水画的考古新发现》，页110。

〔7〕济南市博物馆《济南市马家庄北齐墓》，《文物》1985年第10期，页42—48。

〔8〕该墓的发掘简报，见西安市文物保护考古所《西安北周康业墓发掘简报》，《文物》2008年第6期，页14—35。

〔9〕有关两墓中六曲屏风的情况，可见井增利、王小蒙《富平新发现的唐墓壁画》，《考古与文物》1997年第4期，页8—11；屈利军《新发现的庞留唐墓壁画初探》，《文博》2009年第5期，页25—29；屈利军《从古代屏风看唐代壁画中的山水》，《文博》2011年第3期，页55—62。

〔10〕刘呆运、程旭《陕西长安唐韩休墓首次发现独屏山水图壁画》，《中国文物报》2014年12月5日，第1版；杨歧黄《"唐韩休墓出土壁画学术研讨会"纪要》，《考古与文物》2014年第6期，页101—117；程旭《长安地区新发现的唐墓壁画》，《文物》2014年第12期，页64—80。

〔11〕有关韩休墓中山水图的最新研究，参见郑岩《唐韩休墓壁画山水图刍议》，《故宫博物院院刊》2015年第5期，页87—109；刘呆运、赵海燕《韩休墓出土山水图的考古学观察》，《文博》2015年第6期，页26—30；葛承雍《"初晓日出"：唐代山水画的焦点记忆—韩休墓出土山水壁画与日本传世琵琶山水画互证》，《美术研究》2015年第6期，页22—28。

〔12〕除了墓中的山水壁画外，辽宁法库叶茂台辽墓中出土了山水题材绘画《深山会棋图》，李清泉通过对作品性质、内涵的分析，考察了墓中随葬山水画与墓主本人之间关系，也讨论了山水与墓葬的内在联系。见李清泉《叶茂台辽墓出土〈深山会棋图〉再认识》，《美术研究》2004年第1期，页62—68。

〔13〕河北省文物研究所、保定市文物管理处《五代王处直墓》，北京：文物出版社，1998年。

〔14〕田村实造、小林行雄《慶陵—東モンゴリアにおける遼代帝王陵とその壁畫に關する考古學的調查報告》，京都大学文学部，1953年。

〔15〕王进先《山西壶关下好牢村宋墓》，《文物》2002年第5期，页42—55。

〔16〕王勇刚《陕西甘泉金代壁画墓》，《文物》2009年第7期，页26—42；延安

市文物研究所《陕西甘泉城关镇袁庄村金代纪年画像砖墓群调查简报》，《考古与文物》2014年第3期，页3—13。

〔17〕 有关元墓中山水画的研究，可见申云艳《元墓壁画中的山水图》，《文史杂志》1999年第4期，页42—43；孙大伦《元墓壁画中的水墨写意性》，《文博》2006年第6期，页70—73。

〔18〕 大同市博物馆《大同元代壁画墓》，《文物季刊》1993年第2期，页17—24。

〔19〕 济南市文化局文物处等《济南市历城区宋元墓》，《文物》2005年第11期，页50—69。

〔20〕 巫鸿在其著作中对屏风的多重角色和意义进行了专门的讨论，见巫鸿著、文丹译《重屏——中国绘画中的媒材与再现》，上海：上海人民出版社，2009年，页1—24。

〔21〕 长治市博物馆《山西省长治县郝家庄元墓》，《文物》1987年第7期，页88—92。

〔22〕 王玉冬《蒙元时期墓葬的"装饰化"趋势与中国古代壁画的衰落》，页29。

〔23〕 山西省考古研究所等《山西兴县红峪村元至大二年壁画墓》，《文物》2011年第2期，页40—46。

〔24〕 王玉冬《蒙元时期墓葬的"装饰化"趋势与中国古代壁画的衰落》，页28—29；郑岩《夕阳西下——读兴县红峪村元代武庆夫妇墓壁画札记》，见巫鸿等主编《古代墓葬美术研究》第三辑，长沙：湖南美术出版社，2015年，页253—272。

〔25〕 冯恩学最先提出"床挡画"的概念，认为墓中的水墨山水是模仿主人寝居之床的装饰。参见冯恩学《北京斋堂壁画墓的时代》，《北方文物》1997年第4期，页47—48。

〔26〕 北京市文物事业管理局等《北京市斋堂辽壁画墓发掘简报》，《文物》1980年第7期，页23—27。

〔27〕 徐苹芳先生最先指出，在大同地区金墓中，本应表现墓主人夫妇对坐的位置转而以帷幔屏风的图像代替。延续这一论断，袁泉认为这种模式不仅是大同金墓的典型特征，也是整个燕云地区壁画图像布局的重要模式。袁泉《物与像：元墓壁面装饰与随葬品共同营造的墓室空间》，《故宫博物院院刊》2013年第2期，页61—63。

〔28〕 巫鸿最先探讨了"位"的概念及其在古代中国艺术中作为特殊的视觉技术所具有的意义，"位"在于界定一个礼仪环境中的主题位置。巫鸿《无形之神——中国古代视觉文化中的"位"与对老子的非偶像表现》，收入巫鸿著、郑岩等译《礼仪中的美术——巫鸿中国古代美术史文编》，北京：生活·读书·新知三联书店，2005年，页512—513。

〔29〕 袁泉也提出墓室中屏风与墓主图像的组合关系，很大程度上是出于供奉墓主、营造祭祀氛围的考虑。袁泉《物与像》，页62—63。

〔30〕 项春松《内蒙古赤峰市元宝山元代壁画墓》，《文物》1983年第4期，页40—46。

〔31〕 相关信息，可见洛阳市文物管理局、洛阳古代艺术博物馆编《洛阳古代墓葬

壁画》，郑州：中州古籍出版社，2010年，页360—263。

〔32〕 山西省考古研究所等《山西平定宋、金壁画墓简报》，《文物》1996年第5期，页8—14。

〔33〕 山西省考古研究所等《汾阳东龙观宋金壁画墓》，北京：文物出版社，2012年，页20—32。

〔34〕 项春松《内蒙古赤峰市元宝山元代壁画墓》，页43。

〔35〕 董新林《蒙元壁画墓的时代特征初探——兼论登封王上等壁画墓的年代》，《美术研究》2013年第4期，第77—78页；穆宝凤《元代山西地区壁画墓中的"山水人物"画像的解读》，《中国美术研究》2013年第2期，页51—53。

〔36〕 该墓自1985年发掘结束后，仅部分壁画有所披露，发掘简报直至2015年才面世，参见房道国、史云《济南千佛山元代壁画墓清理简报》，《华夏考古》2015年第4期，页12—16页转50、140。

〔37〕 大同市博物馆《大同元代壁画墓》。

〔38〕 项春松、贾洪恩《内蒙古翁牛特旗梧桐花元代壁画墓》，《北方文物》1992年第3期，页46—48。

〔39〕 孝子故事以山水为背景在宋金时期鲜有出现，这种形式在元墓较为常见，反映了元代工匠在新的历史背景下对传统题材的继承与创新。相关讨论，参见郑以墨、王丽丽《河北涿州元墓壁画研究》，《南京艺术学院学报（美术与设计）》2015年第5期，页52—54。

〔40〕 郑州市文物考古研究所《郑州宋金壁画墓》，北京：科学出版社，2005年，页178—197。

〔41〕 贺西林、李清泉《中国墓室壁画史》，页373。

〔42〕 见倪亦斌《牛绳哪里去了》，收于氏著《看图说瓷》，北京：中华书局，2008年，页82—84。另外，王玉冬提出这两幅或许表现了尹喜函谷关遇老子与老子西升的场景。王玉冬《蒙元时期墓葬的"装饰化"趋势与中国古代壁画的衰落》，页28。

〔43〕 张子英《磁州窑瓷枕》，北京：人民美术出版社，2000年，页62。

〔44〕 同上，页86。

〔45〕 杨朝英《朝野新声太平乐府》，收入《四部丛刊初编》卷八第2112册，北京：商务印书馆，1929年，页13。

〔46〕 石守谦《移动的桃花源—东亚世界中的山水画》，页122—127。

〔47〕 大同市文物陈列馆等《山西省大同市元代冯道真、王青墓清理简报》。

〔48〕 石守谦《移动的桃花源—东亚世界中的山水画》，页127—129。

〔49〕 有关道教山水的专论，可见黄士珊《写真山之形：从"山水图""山水画"谈道教山水观之视觉型塑》，《故宫学术季刊》第三十一卷第四期，2014年，页121—204。

（作者单位：复旦大学文史研究院）

壁画与艺术史研究

成为文献：
从图像看传统中国之"外"与"内"

葛兆光

其实，我本人对图像和艺术这方面没有研究，所以，这里我就选择一个我自己比较有兴趣的问题，用一些图像来讨论中国的"外"和"内"。我选取的材料是从各种"职贡图"（图1）到各种"蛮夷图"。我想用"职贡图"来看中国之外，用"蛮夷图"看中国之内。当然，我要先说明，在传统帝国时代，这个疆域、族群的"内"与"外"是不断移动的。

大家都知道，图像不说话，但是从古代以来很多人都说过，中国有一个传统，就是左图右史，郑樵《通志·图谱略》说："图，经也，书，纬也，一经一纬，相错而成文。古之学者为学有要，置图于左，置书于右，索像于图，索理于书。"也就是说，又要看图，又要看书。《新唐书·杨绾传》有这么一句话："独处一室，左图右史。"可是，长期以来研究历史，基本是看文字文献，看有字儿的书，那个没字儿的画，视觉图像，好像不容易直接用来做历史研究。

可这个传统在现代西方史学界早就被打破了。西方人将图像作为历史、作为研究历史的材料，已经是很长的一个传统了。彼得·伯克（Peter Burke）可能是近年来对中国学界影响最大的介绍西方历史学理论的一个代表人物。他2003年写过一篇文章《作为证据的图像：17世纪欧洲》（Images as Evidence in Seventeenth-Century Europe），里面就说，图像作为历史证据相当重要，应当把图像视为"遗迹"或"记录"，纳入史料范围来处理。他甚至认为，现在的学界已经有一个"图像学转向"（Visual turn 或 Pictorial turn）了。

关于彼得·伯克说的这些，大家可以去看他的书《图像证史》，他会告诉你怎么让图像说话。

一

首先，我要讲一段引子——从《职贡图》到《皇清职贡图》，看看古代中国是怎么样描述"天下"、表现"异域"的。

古代的这个"职贡图"，用大白话讲，就是"看外国人"。在世界还没有沟通得那样顺畅的情况下，"看外国人"是一个很有趣的事儿。一般民众当然

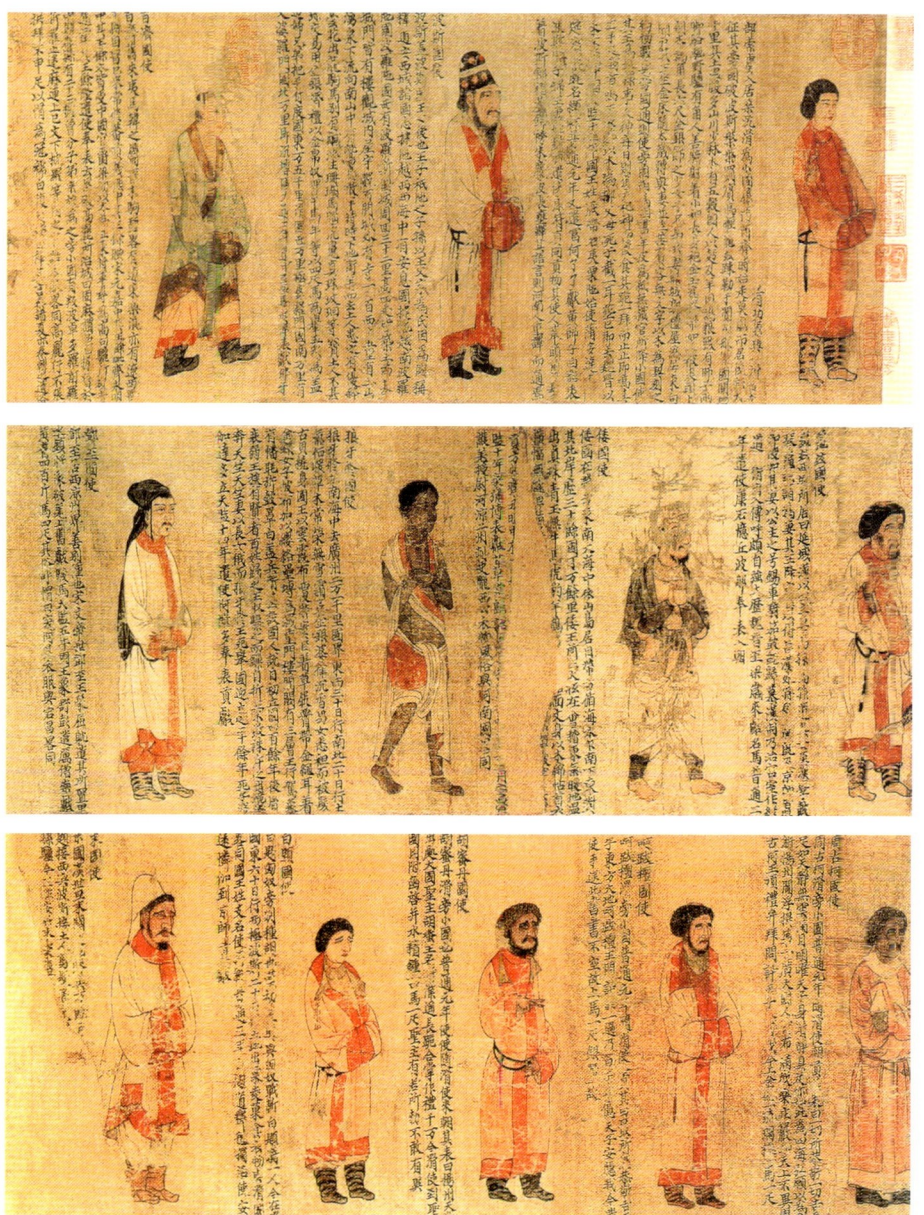

图 1　北宋摹本 /《职贡图》（原作传为南朝梁萧绎作）/ 局部 / 中国国家博物馆藏

是好奇、紧张、自豪；知识分子是为了掌握知识、了解世界、进行比较。所以，后来会发展出人种学、民族志这样的东西。最喜欢看外国人的人里面，还有王朝历代的统治者，古代中国非常古老的书里就说"击石拊石，百兽率舞"。各国诸侯来朝拜，天子看有这么多匍匐在脚下、为我所笼罩的异邦，心里会很快活。传说里面说，大禹在会稽聚会诸侯，其中有一个部落酋长防风氏来晚了，就被杀掉，天子借此立威。所以，这是一个很重要的传统，在《逸周书·王会里,也讲到四夷来朝,有东夷、南越、闽瓯、西戎义渠、北狄肃慎,各个地方的人来朝拜。

但是,据学者研究,形成制度并有实际记载,大概是到汉武帝时代了。日本学者榎一雄讲过,到汉武帝以后,形成了中国要面子、外国要里子的这种朝贡——这句话讲的很简单,说的是中国通过各地诸侯和外国首领来朝拜,获得中央天子的尊严;朝贡表面上是四方向中央进贡土特产,实际上中央要向各地赠送的东西,远远超过他们那些贡品的价值。

不过,汉武帝时代并没有关于这种朝贡的图像,只是在文字里面看到一点。如《汉书》里记载,汉元帝建昭三年(前38)打败了郅支单于后,画过他们的图。据说是"甘泉写阏氏之形,后宫玩单于之图"。汉代王延寿《鲁灵光殿赋》里说"胡人遥集于上楹",也就是鲁灵光殿的楹柱上,画有胡人的形象。但是这些都没留下来。

秦汉以后,中国对于四夷的知识越来越多。这里有两篇典范的论文。一篇是日本学者桑原骘藏的《佛教的东渐和历史地理学上佛教徒的功绩》(1898),一篇是中国学者贺昌群的《汉代以后中国人对于世界地理知识的演进》(1936)。这两篇文章都讲了中国对于世界、对于四夷的了解。西汉时,已经了解西边,包括撒马尔罕,以及现在的吉尔吉斯斯坦地区,还有波斯、小亚细亚、印度这些地方;到了东汉,西边甚至了解了条支、大秦,也就是现在讲的罗马,而北方就知道了丁零、坚昆,到了贝加尔湖,东边则是和日本有了明显来往,九州发现的"汉委奴王印"就证明这一点;后来,到了魏晋南北朝时代,有关外部世界的知识就更多了。

在那个时代,古代中国人对外国人已经有了好多明确的知识。不过,真正开始对异国异邦做绘画记录、保留下来的最早的,就是传为梁元帝萧绎所作《职贡图》。梁元帝《职贡图》的原本已经不见了,现在留下来有三个不同的摹本。其中一个北宋摹本,留下了12个图像和13段文字,那12个图像是:滑国、波斯、百济、龟兹、倭、狼牙修、邓至、周古柯、呵跋檀、胡蜜丹、白题和末,还保留下有关宕昌的文字,所以是13个国家。但根据《艺文类聚》保存下来的梁元帝序文和其他一些资料我们得知,原来完整的《职贡图》还有一些国家,如高句丽、于阗、新罗、渴盘陀、武兴藩、高昌、天门蛮、建平蛮、临江蛮、中天竺、北天竺、狮子国,一共是35国。近来这些年,中国学者王素、赵灿鹏,在清朝的书里发现了已经亡佚很久的相关部分,保存了7篇文字,其中宕昌那一篇,可以和原来保留下来的残缺不全的宕昌接起来。所以现在,一共是保留了18个国家的文字、12个图像。

这些文字和图像,能给我们一些什么样的知识呢?告诉我们一个什么样的世界观呢?

首先，要说明的是，这一《职贡图》的35个国家，大体上符合南朝梁代也就是公元6世纪的外交情况。这些国家很多不见于《宋书》和《南齐书》，但是和《梁书·诸夷传》吻合。这说明画这个《职贡图》的梁元帝萧绎——他当时还是荆州的地方长官——是有实际的观察和资料的。

第二，这个职贡图还呈现了南朝梁与外界的实际交往情况。第一个记载的是滑国，为什么呢？滑国在现在新疆一带，刚好那时特别强盛，西边到了天山南麓。它往西迁徙时，征服了焉耆、龟兹、疏勒、于阗，甚至打到了波斯。所以，它确实是南朝梁代所知道西边最重要的一个国家。还有，为什么把百济放在第二位？有学者指出，在南朝梁代以前，东北这些国家里，对中国来说最重要的就是高句丽。但到了这时，百济不通过北方的北魏，能直接通过海上和南朝梁代沟通，而且也成为中国和日本之间沟通的桥梁，地位越来越重要，所以，百济就放在前面了。这说明这个职贡图的记载是可靠的，它记录了南朝梁代，中国对于周边国家的认知。

但第三，在这里还要特别强调一点，就是在现在保留下来的18段文字和12个图像里，我们要注意一些特殊点。比如，其中有个五溪蛮，又叫五溪䝞，在今天的湘西和贵州、重庆之间，新发现的一段文字说：五溪蛮的言语与中国略同，婚姻备六礼（儒家仪礼里讲婚姻的六礼），而且它知诗书，懂得中国的经典。如果我们从现在来看，它显然不是外国，可是在当时，它是被当做诸夷，也就是朝贡国来看待的。同样情况的还有，在今天湖南湖北一带的天门蛮、临江蛮，还有建平蛮，以及属羌族的邓至、宕昌。我们可以看到的一个现象就是，"中国"在当时人的意识里，没有像现在这么大，那些地方在当时还是朝贡的"外国"。所以，这里就有一个道理要明白，中国的"内"和"外"是不固定的，不能拿现在中国的版图倒推历史上的中国。

中古史里，一个很重要的事就是地理上中国的不断扩大，包括江南的开发，使得南方大片土地纳入帝国疆域，当时所谓溪洞濮蛮，也就是山民蛮族逐渐纳入中国的文化圈，由于中原中国和周边民族发生交往和冲突，使得"中国"于始越来越向四周发展，于是"外"有时就变成了"内"。

在这里，《职贡图》承担了建构帝国、描述天下的功能。一方面它记录了自己周边来朝贡的不同民族和国家，另一方面它也记录了中国当时的自我和周边疆域是什么样子。后来，"职贡图"逐渐成为一个绘画史上重要的主题和传统。比如，唐代有《黠嘎斯朝贡图》，李德裕提到过它，阎立本和周昉描写朝贡活动的《步辇图》或《职贡图》也是类似内容，唐代章怀太子墓壁画里有好些异国人模样，也可以叫做《职贡图》。后来，宋代有李公麟的《万方职贡图》，记载了占城、浡泥、朝鲜、女真、三佛齐、罕东、西域、吐蕃。元代、明代都有画家画"职贡图"，一直到清代还有苏六朋的《诸夷职贡图》。

可是，这些职贡图有一半是写实，也有一半带偏见。所谓"写实"就是刚才我们讲的，梁元帝萧绎作记录时，确实有很多资料、很多观察。但为什么又有"偏见"呢？因为古代中国长期以来的那种自命天朝、自认为是文明中心的这样一个观念，使得它对四夷都有一种鄙夷，因此，也会采取图像描述这些民族的丑陋、野蛮和怪异。宋代刘克庄给李公麟《职贡图》写跋时就说：一方面尽管有的外邦离开万里，李公麟所画"非虚幻恍惚意为之者"——不是随意地虚构想象的，至少关于日本、越南、波斯这些画得还是很准确的；但是尽管如此，另一方面，他也还是把异国人想像成野蛮人，把他们的王画成这样："其王或蓬首席地，或戎服踑坐，或者剪发露骭，或髻丫跣行，或与群下接膝而饮（没有君臣之分，大家坐在一起喝酒），或瞑目酣醉，曲尽鄙野乞索之态（好像是很野蛮的样子）。"特别是有人讽刺说，明明四夷都和你分庭抗礼了，你还是吹牛，说得好像仍然"万邦协和，四夷来朝"似的。

到了清代，官方的"职贡图"把西洋人也画进去了，说明那时候，中国人的外部接触和世界知识已经越来越多。中国人对外国人的想像，有时候是把他们想成"非我族类"（不像人类的样子），这个传统是从《山海经》开始的。可是到了清代，这个传统略有改变，清代对世界的认知比以前扩大，也比以前清晰了。清代官方所修的《四库全书》已经把《山海经》《神异经》从地理类移到小说类里；《职贡图》里的英、法、荷、意这些外国人，画得也比较写实了。当然，主要的传统还没有变，清代仍然在想象自己是天下中央，四裔来朝，"职贡图"最后也是最有名的作品，就是乾隆年间的《万国来朝图》。

二

接下来我们讲"内"。中国历史几经变迁，到了明代，又变成汉族为主的帝国。但大明帝国的版图是有限的，大明虽然东北有所开拓，但十五省的疆域，西边只到嘉峪关，所以在故宫藏《西域土地人物图》里就说，古代酒泉（肃州卫）是中国的绝域重地"嘉峪关外即非我有"，这种情况明显地表现在明代绘制的地图里，所以地图有时候也可以看到有关中国"内"和"外"的观念。

但17世纪中叶，历史发生了一个非常大的变化，大家都知道是明清易代。满族入主中原，清代中国超越了大明王朝十五省的范围。在满人还没有入关前的天命九年（1624），努尔哈赤降服了蒙古科尔沁部；天聪九年（1635）并吞了蒙古的察哈尔部，成立了蒙古八旗；皇太极崇德七年（1642），也就是进关的前两年，又成立了汉八旗。可以说清朝在入关以前已经是一个满、汉、蒙古族的混合帝国。到了顺治元年（1644）清军入关，康熙二十二年收复澎湖和台湾；康熙二十七年，漠北蒙古由于准格尔的入侵归顺了清朝，康熙年间打败了准格尔，因此整个内外蒙古和青海地区归入版图。乾隆二十二年清军进入伊犁，乾隆二十四年进入喀什和莎车，最终平定了准格尔、天山南麓、大小和卓，有了新疆，那个时候叫回部。中国就成为合了满、汉、蒙、回这样的一个超级帝国。接下来，西藏因为宗教的缘故和蒙古关系密切，清代拥有满洲、蒙古、回部，和西藏的关系也密切。从顺治到乾隆年间，册封达赖、班禅，又打败廓尔喀即尼泊尔入侵，制定了善后章程，派了福康安到西藏，确定金瓶掣签制度。中国就变成了满、蒙、汉、回、藏这样五族的大帝国。

"五族"是一个大家很熟悉的词，以前讲"五族共和"，但其实还有一个"苗"。从明朝开始到清雍正、乾隆年间，在西南地区逐渐实现改土归流，把西南苗彝诸族，从原来的土司、土官管理，变成国家控制下的州府县厅管理。中国就变成了满蒙汉藏回苗的六族大帝国。在乾隆年间完成的这个大帝国，乾隆皇帝自己也非常兴奋，他称为"十全武功"。十全武功包括两次平定准格尔，一次平定回部，两次平定金川，收复台湾和澎湖，征服缅甸，两次打败廓尔喀对西藏的入侵。这个时候是中国疆域最大的时候，清朝皇帝好大喜功，喜欢夸饰这个庞大的王朝，也喜欢吹嘘自己的伟大业绩，所以在这时，"职贡图"的传统蓬勃发展。乾隆十六年（1751），乾隆下诏由军机处统管，让各地长官按照一个标准模式绘制自己所在地的山川地形风俗。到乾隆二十二年（1757），即将征服回部的时候，太监胡世杰交上了一部书，叫做《职方会览》，乾隆看了很高兴，下令让宫廷画家郎世宁、丁观鹏等，按照这种图册来画《皇清职贡图》。

由此陆陆续续地，在以后二三十年里，各种画家画了好多这类反映各地异族风情民俗的图册，最出名也是最多的，是有关云南、贵州的《滇夷图》《百苗图》，或者叫《苗蛮图》，我们现在看到的有好多种。按照现在的民族和国家观念，这些人已经是中国人，可是在当时是身份逐渐转移的时代，是边缘的化外蛮夷向国内的编户齐民转化的时代。

三

我总觉得，在这些表现云南、贵州等西南苗彝的绘画里，我们可以思考很多现代学界争论的问题，也可以更好地重新理解清朝的历史。

其中，第一个重要的问题就是"殖民"。最近二三十年里，由于全球史成为西方历史学界的潮流，相当多的欧美历史学家，提出了一个对中国相当有挑战性的说法：东方的清帝国对于边疆的政策，和西方即英、法、西、葡、荷等帝国对外的政策是一样的。在他们看来，大清王朝"十全武功"，征服西藏、回部、台湾，以及西南的改土归流，跟英法殖民主义没什么两样，都是

18、19 世纪全球殖民主义浪潮的一部分。在这种情况下，这些图像作为文献，就变成了研究大清帝国殖民主义的资料。我介绍两本书，一是濮德培的《中国西进：大清征服中亚》（China Marches West: The Qing Conquest of Central Eurasia），讲的就是中国征服回部的那一部分。另一本是何罗娜的《清代殖民事业：前近代中国的人种志与图像学》（Qing Colonial Enterprise: Ethnography and Cartography in Early Modern China），讲当时的大清如何把西南的异族逐渐变成大清帝国的编户齐民，把西南地区正式纳入大清版图的这样一件事。

我们现在碰到的棘手问题是：大清帝国对西南是殖民吗？一说"殖民"，我们中国学者往往很不高兴，觉得我们一直受帝国主义欺负，成了半殖民地，结果你们还说我们"殖民"。但是，他们用"殖民事业"这个词是有背景的。近年来，在全球史背景下的新解释在国际上非常流行，甚至推动了一个潮流，这个潮流就是有关中国边陲的历史学和人类学研究。这些兴盛的研究包括两部分，一是讨论中国现在的边疆地区是怎样被整合进帝国的，用他们的话说，就是那些西南的异族是怎样被"殖民"的；另一方面，是从人类学、民族志的角度重新认识那些边缘的异族，他们是否从人种和民族意义上与内地汉族有所不同，通过这种研究来讨论民族的"本质性和建构性问题"。

他们有没有道理呢？一半有道理，一半没有道理。为什么说一半有道理呢？因为，这里确实有可以引起我们反思的地方。确实，中国边陲的一些地方，你不能说历史上就是中国的，因为中国历史上的四周疆域是不断变动的。比如云南就是最典型的例子，从张骞通西域，到诸葛亮南征，似乎我们都认为云南很早就是中国的版图。但是，我记得我以前在清华大学教书时，曾经在老图书馆阁楼上发现陈寅恪当年一个学生写的论文，叫《唐代有关云南之诗文》。陈寅恪在上面批了，大意是说，文献收罗很全很有用，但是那个时候云南的文化和中国文化相差很大，不能解决中国文化的问题。从陈寅恪的话可以看出，云南那个时候还是化外之地。他说的不错。特别是到了宋代，大家可能都知道一个故事，宋太祖赵匡胤用玉斧在地图一划，说大渡河那边我都不要了，于是，南诏大理，也就是现在的云南成了外国，所以《宋史》将云南写入"外国传"。到了元代，云南又收回来了，明继承元，也把云南划进大明帝国的版图里。可是，大家要记住，到了明以至于清，所谓"千洞百蛮"，那个地方还是归土司管的，它和内地行政上的府厅州县这样编户齐民的政府管理是有区别的。明代虽也有改土归流，但一直要到康熙、雍正、乾隆，才逐渐完成大规模的改土归流，真正把西南纳入版图、当作中国内地一样来管理。因此，广西、云南、贵州这些地区在很长一段时间里和中国内地是不太一样的地方，这就引起了很多西方学者的注意。如果大家注意看近二十年来的英文世界的著作，你会注意到，这里有很多书，都是不把它放在中国历史的范围内，或者不把它当作中国的"边陲"来讨论的,那么,这个问题该如何解决呢?

那么,这是不是大清帝国的"殖民"呢?我说这个说法还有"一半没道理",就是因为我们不能简单地说,这和西方列强在亚洲非洲的征服是同一个"殖民"。如果我们研究《黔苗图》《滇夷图》《台番契》,要注意以欧洲近代英法西葡荷的殖民来跟中国明清改土归流进行对比,要看清有三个不同。第一,是跳出本土远征海外,还是从中心向边缘的逐渐扩大。第二,是为了掠夺资源,还是纳入帝国。第三,是保持宗主国与殖民地的异质性,还是要逐渐地把蛮夷文明化。所以,西方学者能在全球史这样的新背景下看到相似相近之处,但我们也一直在提醒,也许它们之间有差别。

第二个问题是"汉化"。一说"汉化",有的欧美学者就不干了,因为这里面有"汉族中心主义"。但是,我们之所以不简单地说是"殖民",就是要重新思考有关"汉化"的问题。最近关于"新清史"的讨论很热闹,"新清史"研究里,有一个很重要的地方是反对"汉化"这个说法。很多年前,何炳棣提出大清帝国之所以能够成功统治中国,是因为满族人的汉化。但是,美国的一些学者,首先是罗友枝就反对这个说法,认为大清帝国之所以能控制这个地区,原因之一恰恰不是"汉化",而是因为坚持了满洲认同和多元统治。

新清史有它的道理,不过,这里涉及"汉化"的事实对不对的问题。我认为,要是不对"殖民"和"汉化"两个词作价值判断,只是把它当做一个历史的"过程",那么,完全否认"汉化"论,恐怕也有一点儿问题。大家看《苗蛮图册》,一方面,可以说它很写实地描绘了贵州苗族或彝族保持的很原始、淳朴,或者也可以说是野蛮的风俗,包括好斗、生食、男女不经媒妁之言等等;另外一方面,它又描述了其他面,如生苗也就是比较不开化、比较野的那支,"雍正十三年征服,尽皆守法";另外,贵阳附近的宋家苗,"言语文字悉与汉同,读书入泮,男耕女织",这已经是文明;大头龙家蛮,则是"男女勤耕力作"。在各种《苗蛮图》里,都有类似叙述和描绘。台湾的《番社采风图》,也讲他们读书识字,舂米耕作,像汉人一样。《皇清职贡图》的"归化生番"讲,甚至像阿里山土著也"语音颇正""岁输丁赋"——也就是不仅版图逐渐纳入了同一"帝国",生活也渐渐地接近了所谓"文明"。在关于云南的《滇省夷人图说》里也描述说,花苗"勤业守法",舍乌"性弱俗俭"。当时负责绘制的官员叫伯麟,他的跋里就说,"百濮诸蛮,尽为编户",这个就叫做"涵濡沐浴,驯悍为淳"。什么叫"编户",就是进入了帝国的统一行政管理,什么是"淳",其实就是"变其土俗,同于中国",生活习惯已经文明化了。

清代有个很有名的学者叫贺长龄,他说大清帝国西南苗彝渐渐读书习礼,而且往往通过科举取得功名,甚至"服食婚丧悉变汉俗,讳言为夷矣"。从这点上来看，"汉化"论是不是也有一点点道理？因为大家都知道，在古代东方传统里，汉人和蛮夷之别包括很多项，有人归纳：是否使用筷子，是否有定居农业，是否遵从父系家庭制度，是否从夫而居、遵守婚姻礼仪，是否按照规定的丧葬制度、家族祭祀，是否使用汉字等。美国学者罗威廉写清史，其中就讲到以上这几项。我们从这些图册里面可以看到，在整个改土归流的过程中，当然有血与火，有残酷的征服，才把西南各民族逐渐纳入帝国版图、当作政府管辖下的编户齐民，但另一方面也在强调男耕女织、识字守法这样的一些来自汉族文化的生活习惯特征，实际上，恰恰是在用汉族的一些风俗当作文明标准，来改造、驯服和想象那些边陲民族。

第三个问题，在当时的"中国"谁是"我者"？究竟对于这些"他者"是谁在观察？欧美学者非常强调满族作为主体，但事实上应该说，在大清帝国的文化里，"我者"本身已经开始发生族群融合。大家可以注意到，在《皇清职贡图》中，没有汉人、蒙古人、满人，这说明绘画人的立场是站在"我"这边儿，而"我"则包括满人，也包括了汉人、蒙古人。这是大清帝国复杂的主体和认同。这就引出另一个问题，也就是现在看到的《黔苗图》《滇夷图》《台番图》，实际上都是从汉人、蒙古人、满人的眼睛里看出去的。换句话说，当他们描述什么是文明、什么不是文明，什么是异族，什么是异俗时，其实是有一个主体的眼睛在那里，是他们在观察、在评价"滇夷""黔苗"和"台番"，而不是苗族人、彝族人、台湾人自己在评价自己。因此，这些图像不完全是历史。有些学者用《苗蛮图》当作苗族资料，用《番社采风图》来当作台湾平埔族的资料，就应当有所甄别和分析。因为这些图的作者是官员，怀有官方特别的意图，他观察、选择、叙述的角度与方法，是有模式和套路的。我举一个例子，这幅画收在1671年阿姆斯特丹出版的一本书里（图2），画的是台湾土著，手里提着一个血淋淋的人头，显然是在表现台湾生番的残忍。那么，这个观察者是谁呢？是早期来到台湾的荷兰人。我们在看荷兰人描述这些少数民族的习惯、图景时，一定要注意，他的观察、选取一定是有背景的、有不同的立场，这是他主体意识的投射，是自认为文明世界对野蛮世界的观察。

最后一个问题，从《职贡图》到《苗蛮图》这样的一个图像序列，引发我们重新思考，传统中国到底是一个什么样的国家？大家都知道自从柯文以来，一直到"新清史"，西方的中国历史研究，在某种程度上是回应和修正费正清的。但是，实际上费正清很早时讲的一些话，我觉得还是很有道理的。他说：历史上，中国自认涵盖了一个"中国区"，（空间）包括韩国、越南、琉球，有时还加上日本；一个由非汉人的满人、蒙古人、维吾尔人、突厥人和西藏人所组成的"亚洲内区"，为了安全理由，他们必须加以控制；再加上一个由化外之民组成的"外围区"，但他们仍会向中国进贡并承认中国的优越地位。换

图 2　西洋人所绘早期台湾土著（选自 *Ilha Formosa-Het Schone Eiland, Amsterdam*, 1671）

句话说，费正清理解中的中国是一个帝国，这个帝国不像现代国际关系里的民族国家，每个国家是独立和平等的、各国之间有明确的界线；在帝国里，它的内和外是根据关系的远近亲疏来区分的，就像我们以前的"五服制度"讲的，它是一个由近而远的序列。所以他指出，历史上，中国对国内和国外缺乏明确的界线，"他们的世界秩序只是内部秩序的增长，也就是中国文明认同的扩大和投射"，因此可以成为越来越大的"同心圆"。他们不容易接受多元的、多极的观念，却接受主从、上下、等级式的秩序观。费正清认为，这个观念一直延续到当代，"当代中国文明仍依赖类似模式构建"。

在我看来，费正清对于传统中华帝国的描述，还是有一定道理的，因为正是从《职贡图》到《苗蛮图》，使我们看到，传统帝国就是一个由内到外、逐渐向外推的天下秩序。这个天下秩序里，远近、亲疏、高低是按照跟中央王朝的远近亲疏来确定的，而中央王朝始终也希望把自己的力量和文明向外推——这就是我们今天要通过《职贡图》和《苗蛮图》来讨论的问题。

四

最后我想说，今天我的目的，其实就是要和大家讨论，图像可以为历史研究做什么，历史研究又可以为图像做些什么？

我以前写过一篇文章，举了几个用图像作为史料的例子。第一个例子是《五岳真形图》，很明显这是一幅地图。按照日本小川琢治、英国李约瑟的解释，这是中国最早的等高线地图。因为这个图上标了很多"从此上"，还标志着说哪里有石头、哪里有药材、哪里有仙草，还有哪里到哪里是若干里。问题是，这个地图在道教里，变得越来越抽象化、神圣化、秘密化，变成了道教画的符。为什么会这样呢？从地图到文字，从文字到道符，这个过程，其实有很多可以捉摸思考的地方——如果只是地图，怎么会有神秘力量呢？只有抽象化、秘密化、神圣化，它才能够成为道教的有神魔力的东西，而且道士才能垄断它，否则的话谁都可以画。如果你是研究宗教史的，你从这个例子里面，可以琢磨出什么道理呢？

第二个例子，这里有欧洲教堂里的塑像，有吉美博物馆藏的观世音像，有福建德化窑何朝宗款的祥云观音，也有日本长崎大埔堂曾经作为圣母的观音像。同样都是这个形象，她可以是圣母、是观音，而且她在欧洲、在中国、在日本，发挥着不同的作用。日本历史学家宫崎市定说，15世纪之后，中国的观音像传到欧洲，影响了欧洲圣母像的制作；但是欧洲的圣母像通过传教士16世纪传到中国以后，又对中国绘制观音产生影响。大家看一个观音像，她的胸口是十字架，还是璎珞？又比如，福建德化窑何朝宗款的祥云观音是很有名的，在明清之际曾经出口到日本。大家都知道日本有过天主教迫害，日本禁绝天主教后，长崎那些顽强的天主教徒不能直接用圣母像来礼拜的时候，用的是观音像。对于同一个观音形象在不同地区的流转和崇拜，我们能解释出什么内容来？其实这其中有很多可以思考的。

第三个例子是比利时的钟鸣旦教授发现的一个有趣的现象：欧洲16世纪画的人体骨骼图，被收录到欧洲一本人体解剖的医学书里，这个人体解剖书被传教士在明末翻译成中文，叫做《人身图说》，用了同样的骨骼图，但又加上了很多甲乙丙丁戊己庚辛这样传统中国的标识，在中国刻板印刷。可是有趣的是，这种人体解剖图，没有在清代的医学界流传，倒是进入画家笔下，清代扬州八怪罗聘的《鬼趣图》里，就用了这个骨骼图来画鬼。这是一种非常有趣的挪用，把科学性的插图变成艺术性的绘画，把人体骨架画成死后的鬼形，掺入了很多阅读者和绘画者的文化背景和文化想象，这其中也可以解释出很多东西。

所以我觉得，在图像中我们可以发现很多问题，在中国艺术史领域，我们有很多东西还不能很好地解释，也许我们需要更多努力来探索图像背后的东西，逼迫图像开口说话。只是，现在图像研究需要一些新的解释方法。我觉得现在的图像解说往往停留在对内容描述说明的阶段，对它的解释还不够。我建议大家去看美国记者约翰·道尔的《拥抱失败》，这本书曾得过普利策奖。书里讲1945年后日本如何从战败中解脱出来，从容地接受失败。我们可以看他是如何利用日本的海报、漫画、包括像流行歌曲这样的一些资料。其实，解释恐怕是将来图像研究中最需要加强和改变的地方，当你能够在图像之外的历史文献中找到一些资料来映证、配合和解说图像时，图像才能不再沉默，才有可能从图像变成文献，这就是我今天要和大家讨论的最重要的问题。

（作者单位：复旦大学文史研究院）

中国墓葬和绘画中的"画中画"

巫鸿

"画中画"是世界上许多艺术传统中都存在的现象，其基本含义是画家在构思和创作作品的时候，有意在画面中包括了装在画框中或裱在画轴上的绘画作品。"画"因此成为"被画"的对象（图 1-2）。

"画中画"的形式有多种。最简单的情况是描绘一间屋子，屋子里陈设有绘画作品，画家因此自然地把这些作品包括进了画面。这种情况当然不是没有，但如果画家的目的在于忠实地表现一个室内空间的话，那么他应该把屋子里各种各样的家具和陈设都不加取舍地画出来。但不少画家却并没有这么做，而是有选择性地表现一些特殊的陈设，其中重要的一项就是绘画。我们因此需要停下来想一想：画家是出于何种原因做出这种选择的？他们为什么对这些"画中画"发生了特殊的兴趣？

而且，如果仅仅是把绘画作为陈设或道具来描绘的话，画家没有必要把它们的内容描绘得特别仔细，他所表现的重点应该是整体的空间和其中的人物活动，对于背景和墙面上摆设的绘画则可以一笔带过。但我们在实际例子中看到的却往往并非如此：画家对这些"画中画"并非作为背景中的局部简单从事，而常常是为它们选择了特定的题材和内容，把它们塑造为整幅绘画中的特殊角色。我们因此又需要停下来思考一下：这些题材和内容是如何确定的？这种具有特定内容的"画中画"又是被赋予了什么角色？

这些问题的重要之处在于它们引领美术史家考虑至少三方面的问题：一是"画中画"反映出绘画在不同时期的物质形式和观看形式，二是它们表现了绘画作品与社会空间及人物活动的关系，三是它们透露出画家对"绘画"概念的演化。基于这最后一点，我们应该把"画中画"的出现看成是绘画史中具有相当重要意义的一个事件，因为它说明绘画的对象可以是绘画本身，所反映的因此是画家对于"绘画"作为一种客体存在的自觉和反思。

那么"画中画"在中国绘画里是在什么时候，又是在何种情况下出现的呢？对于这个问题我们目前也许还不能给出确定答案，但可以在现存资料的基础上做些合理的猜测。以卷轴画而论，传顾恺之所作的《列女仁智图》中"卫灵夫人"一段包含了一架山水屏风，但学者公认这幅画是宋代摹本，屏上山水的风格也

图1　加布里埃尔·梅曲（Gabriël Metsu），1664—1666／女子读信／爱尔兰国立美术馆藏。此处这个女子正在读一封丈夫或情人的远方来信。女佣拉开墙上绘画的帘幕，显示出一只海船在波涛汹涌的海上旅行。

图2　镰仓中期／当麻曼荼罗绘卷／细部／日本奈仓光明寺藏。此处绘横佩大臣之女因发心书写称赞净土经一千卷，而感得阿弥陀佛化现。

明显属于南宋，因此只能作为南宋的证据使用[1]。在我看来，"画中画"形象在中国绘画中集中出现的时刻是五代时期，具体的场合则是作为当时重要绘画中心的南唐画院。这个绘画机构留下来的一系列作品和它们的摹本，包括王齐翰的《勘书图》、周文矩的《重屏会棋图》和《宫中图》、顾闳中的《韩熙载夜宴图》等，都包含有屏风上或画框内的图画。虽然后世临摹者有时将其中的"画中画"换以当时流行的风格（这在《韩熙载夜宴图》中尤为明显），但画的整体构图还是沿循原作，我也曾提出其如此集中的出现很可能反映出南唐画家之间的互动[2]。

在这几幅画中，《勘书图》和《重屏会棋图》尤其显示出艺术家对"画中画"形式的着意利用，以丰富自己作品的趣味和内涵。《勘书图》的画面几乎被一架巨大的三曲屏风占满，屏上显示的是一幅全景山水，湖上数峰，岸边垂柳，一抹远山在云雾中若隐若现（见图24）。屏前的主要人物——一位文士则被推到画面右下角，坐在一个小桌后面专心地挑耳（这幅画因此也被称为《挑耳图》）。画中屏风的不寻常的尺度以及它与画中人物的不寻常关系都使观者好奇地猜想：画家以这张"画中画"作为描绘主体的用意何在？他为何会做出如此安排？

王齐翰在南唐画院中的同僚周文矩可能也曾以山水屏风入画，旧传王维的《高士弈棋图》就很可能和他有关（见图25）。但他最有名的"画中画"作品无疑是《重屏会棋图》（见图26）。画中四名男子在前景中围成一圈下棋或观弈，一个童子在旁侍候。这组人物的身后立着一架单扇长方形大屏风，与手卷的表面（picture plane）构成平行关系，形成画中的另一矩形画面。屏上图画展示出一个内宅生活场景：一个长髯人物正在午休或准备就寝。他斜倚在一张装饰繁缛的床榻上，由四名女子在旁服侍。两名女子在整理床铺，另一名抱过来一床被子，第四个则站在他身后听候吩咐。这组人物的背后立着一架三折山水屏风。与《勘书图》类似，这个不同寻常的构图无疑也在于引起观者发问：画家为什么在画中安排了这些层层重叠的画面？他的用意何在？

我在《重屏：中国绘画的媒材和表现》一书中对这些问题做了一些讨论，重点在于探求画面的意义和画家的目的[3]。目前这篇文章则转移方向，思考"画中画"这种表现形式在中国艺术中的出现和早期发展。以上对南唐时期几幅作品的简介引出一个问题：10世纪绘画中的这批"画中画"形象是不是有一个更早的根源？我认为很可能是有的，但不一定存在于卷轴画这种形式里，而很可能渊源于墓葬壁画。本文的目的即对这种可能性进行初步论证，所使用的材料均来自最近二三十年中的考古发现，涵盖的时期主要是唐和五代，论证过程包括以下四个步骤：

（一）目前所知的明确可以称为"画中画"的形象首见于初唐墓葬，其出现契机是墓葬艺术在7世纪中的一个转化。唐代以前，北朝墓葬中已将现实的床榻及绘有图画的多曲屏风转化为石棺床及石刻画像围屏。这种立体葬具上的图像在初唐进而转化为二维墓室壁画的"画中画"，其特殊的题材和艺术风格与墓葬壁画的其他图像形成张力。

（二）墓葬中的"画中画"在盛唐时期得到突出发展。不但现实中的多种绘画形式——包括多扇联屏、单幅立屏，以及单幅和多幅的画幛——都被作为"画中画"引入墓葬壁画之中，其内容也从人物扩大到山水、动物、禽鸟、花卉等等。不同题材的聚合与搭配反映出"画科"概念在绘画实践中的出现。

（三）"画中画"在五代时期继续发展，不但在墓葬中占据了更为关键的位置，而且被画家和设计师用来指涉墓主的性别和身份，或用于构造墓葬中"外"与"内"、"堂"与"寝"之间的空间关系。

（四）五代时期也是"画中画"形象在卷轴画中集中出现的时刻。此时绘画和墓葬中"画中画"的许多共性——包括其相似的空间构成、对性别和"内、外"的隐喻，以及时间上的共时性——都引导我们思考它们之间的关系，并在更广的意义上考虑墓葬美术与绘画艺术之间的互动。

初唐："画中画"在墓葬壁画中的出现

以立体画屏入葬的情况至少从西汉时期就有了。马王堆1号墓与3号墓均随葬有明器屏风，立在头箱中"灵位"的后方，上画飞龙、玉璧等图像[4]。降至北朝时期，山西大同石家寨司马金龙墓中发现的"人物故事画屏风"以图文相辅的形式表现了若干列女、孝子和贤士[5]。韦正参考大量考古证据提出这架屏风原为石棺床之一部[6]。从绘画的媒材、内容和风格来看，这架木质漆屏可能和现实中的屏风相去不远。但在6世纪初的一些墓葬里，木质画屏被转化成为丧葬特制的石葬具。这种画像石屏在北魏后期已经出现，一般与石榻或石床组合，可被认为是司马金龙墓木屏/石榻组合的进一步礼仪化和非功能化。其图像也开始脱离孝子列女故事的图解，更多地表现山林间或榻下的人物（图3）。

这种联屏石榻在随后的北齐、北周时期继续流行，并被入华的康居人利用作为葬具。一个典型例子发现于北周天和六年（571）的康业墓中，石榻的三面围以十扇石刻画屏（图4.1）[7]。有意思的是，其中一扇屏上刻绘了墓主康业坐在一具带围屏的榻上，围屏上草草勾画了山水图像（图4.2）。这个发现一可证明山水屏风在唐代以前就已流行，二可作为胚胎状态的"画中画"的案例。类似案例也见于若干其他北朝墓葬，如济南马家庄道贵墓和东八里洼北朝墓、磁县东魏元祜墓、孟津北陈村王温墓等，其中墓主肖像身后的围屏上都饰有简

图3　传洛阳出土北魏（6世纪中叶）线刻石榻屏风

图 4.1　北周天和六年（571）康业墓石榻

图 4.2　康业墓围屏上的山水图像

图5 唐咸亨二年（671）陕西礼泉县昭陵陪葬陵燕妃墓屏风画像中的两扇

率的山水、高士等形象[8]。与康业墓石榻上的画屏一样，这些例子一方面说明"画中画"的概念开始产生，一方面也显示出这种艺术表现形式还处于初级阶段，作为家具装饰而非独立绘画作品而被表现。这个时期的其他一些案例，如山东临沂的崔芬墓中在墙上绘17面连续竖长方形构图，以墓葬壁画模仿现实生活中的墙屏，虽然显示出对"画"的关注，但不能作为"画中画"的例子[9]。

带有石刻画屏的棺床在唐墓中消失，取而代之的是棺台与墙壁上画屏的组合。根据考古材料，这种图像最初见于7世纪中期以后的一些纪年墓中[10]。由于这些画屏是整体壁画程序的组成部分，但又具有明显的边框和独立的构图和内容，它们为墓葬中的"画中画"提供了最早和最明确的实例。从目前掌握的材料看来，这种"画中画"的两组早期重要例证见于唐太宗昭陵的陪葬墓——一是其妃子燕妃的墓葬，二是唐代开国功臣李勣墓[11]。燕妃墓中绘有一套十二扇屏风画像，位于墓室中围绕棺床的北壁西侧、西壁通壁和南壁西侧（图5）。燕妃在太宗死后被册封为越国太妃，并作为"终献"的主祭人参加了唐高宗在666年举行的封禅大典。她死于咸亨二年（671），被葬在太宗

图6 唐咸亨二年（671）/ 陕西礼泉县昭陵陪葬陵 / 燕妃墓壁画中的时装宫女

图7 北魏（5世纪末）/ 山西大同石家寨司马金龙墓屏风 / 夏启与启母图

图8 宋摹本 / 顾恺之（传）/ 列女仁智图 / 鲁漆室女 / 故宫博物院藏

陵墓旁。这套屏风壁画有四个值得注意的地方：一是每扇以粗重的赭色边框环绕，因此明确显现为墓葬装饰中的"画中画"[12]。二是所画男女人物都穿着宽袍大袖的"古装"，有的在身后飘舞着长长的衣带，与同墓甬道壁画中身穿窄袖长裙的"时下"宫廷女性判然有别（图6）。三是这些人物均两两相对——多数是男女相对，但也有两名女子在树下相向而立的情况。四是这些人物有的以手指着对方做说话状，有的双手捧物或肩上荷物，有的在侍奉双亲，有的乘云从空而降。有些图像似乎隐含某种叙事内容，但由于缺乏伴随的榜题而不得其详。

如果把这些特点和中国古代绘画的材料进行对照，最接近的标本是5世纪后期的司马金龙屏风和传顾恺之的《列女仁智图》。将燕妃墓屏风壁画（见图5）与司马金龙屏风上的"夏启与启母"（图7）及《列女仁智图》中的"鲁漆室女"画像（图8）比较，我们看到相当接近的构图样式和服装画法，甚至人物与树

图9　唐总章二年（669）陕西礼泉县昭陵陪葬陵李勣墓屏风图像

木也以类似的方式搭配。这些相似性说明燕妃墓壁画中的画屏很可能是有意模仿一架古代的列女屏风，但删除了原来伴随图像的文字，结果形成了一组叙事内容不明的"叙事画"。上文中提到北朝墓葬中出土的石画屏（见图3）应该就是燕妃墓围屏这类唐代壁画的先驱。这组7世纪晚期的"画中画"也有可能是在模仿当时还存在的6世纪的画屏。唐代作家段成式（约803—863）在《酉阳杂俎》中记述了一则唐人使用绘有女性形象的"古屏"的轶事，可作为这一推测的佐证[13]。李勣墓中画屏的人物形象和绘画风格也透露出它有可能是在模仿一架"古屏"。这套屏风图像在发现时已严重损坏，只在棺室北壁西侧和西壁北侧上保留有六扇屏风的局部（图9）。但其配置与燕妃墓一样，也是模拟一架围绕床榻的十二曲画屏。墓主李勣原名徐世勣，字懋功，是协助唐太宗开疆立业的名将，被封为英国公，为凌烟阁二十四功臣之一。他于总章二年（669）去世，唐高宗为了表彰他的功绩，辍朝七日，赠之以太尉、扬州大都督等头衔，诏令陪葬昭陵。他墓前的石刻和高宗亲笔书写的石碑是昭陵陪葬墓中最大的，显示出墓主的特殊地位。此墓在唐中宗时期重修再葬，但根据屏风画的风格，应该是初建时所绘。这些壁画由于残损严重没有进行揭取。根据发掘时制作的线图，每扇屏上绘有一名女子，或立或坐于盘枝曲节的高树之下[14]。发掘报告称这些女子"均穿红色交衽阔袖衫，系白色长裙"，与《女史箴图》中的女性形象接近（图10）。特别是她们称为"堕马髻"的发式以及相当特殊的长长鬓发，更证明了二者的密切关系。

李勣比燕妃仅早二年去世，两人都与太宗关系密切，属于初唐统治集团的最高层[15]。二人的墓葬都是昭陵的陪葬墓，由同一宫廷礼仪部门监修，甚至可能被同一批画家绘制。两墓均以"古屏"图像围绕棺床的做法，因此不应该是偶然的。与燕妃墓情况相同，李勣墓中也画有身穿时下服装的宫廷女性，在墓室的东壁上演奏音乐，因此更突出了在棺床周围描绘"古屏"的特殊意义。这和特定

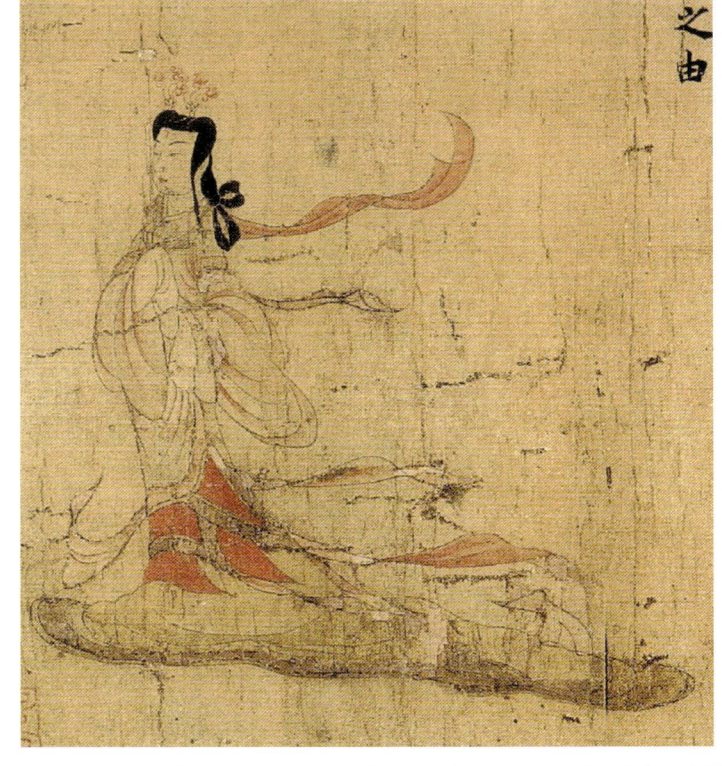

图10 南北朝后期（6世纪下叶）／顾恺之（传）／女史箴图／局部／大英博物馆藏

的"时间性"（temporality）也见于唐代的另一种围绕棺台的"画中画"，其题材常被称为"树下老人"，所表现的应是古代的贤人和高士。根据赵超的研究，"这些老人所穿的服装是魏晋时期的式样，而不是唐代流行的式样。"[16]，李星明进而称这种"画中画"为"褒衣人物屏风画"，认为它们所透露的是"初盛唐时期以儒家道德观念为主、间杂隐逸、道教神仙思想的社会意识形态的某些信息"。[17]考古材料显示出这种墓葬壁画形式在武周时期出现于山西太原一带，随后流布到宁夏、新疆及关中[18]。褒衣人物屏风画在古装仕女画屏消失之后仍然流行，直至盛唐甚至更晚。

根据李勣墓壁画中的屏风画，我们可以推测非叙事性的"古装美女屏风"在唐代以前就已经存在了，在初唐时期被作为"画中画"传移到墓葬之中。大约同时，描绘时装女子的"画中画"屏风也出现了，1998年在西安未央路发掘的总章元年（668）谷州太守王善贵墓提供了一个较早期的例子。此墓发掘报告尚未发表，但一些综述性著述提到其墓室东、西、北三壁各绘有五扇仕女屏风，"每幅屏面绘一仕女，有的手中捧物，有的怀抱琵琶。"[19]陕西省考古研究院张建林告知，这些女像的体形、发型和服饰均为当时的唐式，而非往昔的孝子、节妇或高士等历史人物[20]。有发表图像可查的"时装美女屏风"

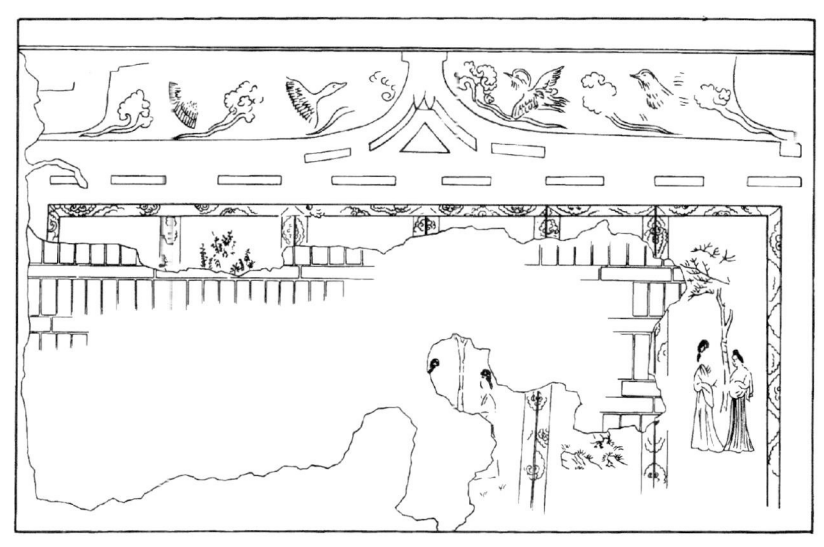

图 11　唐景云元年（710）陕西富平县节愍太子墓壁画

图像见于景云元年（710）节愍太子墓，墓室中围绕棺床的西壁、北壁西侧和南壁西侧上画着一通十二扇屏风，内容也是树下仕女，从残存部分可以看到每幅中的人物隔树两两相对（图11）。与燕妃墓及李勣墓屏风中的古装女像不同，此处的女子都着窄袖上装，肩裹帔帛，系长裙，有的在裙上饰以纵向黑条纹，这都是当时女性"时装"的特征。极富意味的是：画家在北壁屏风图像的右侧又画了几个在墓室中随侍的"真实"侍女，身材比屏上女像要高出几倍以上。

图12 唐（8世纪中后期）/陕西长安县南里王村韦氏家族墓/美人屏风壁画

这些人物与画屏上的女性装束相同，同属内宅中的空间，但其接近真人的尺寸则显示出她们是"生活"在这个空间中的人物，与屏风上的"画中画"有着本体（ontological）意义上的区别[21]。

盛唐：墓葬中"画中画"的流行和多样化

"时装美女屏风"在8世纪中后期以各种形式继续流行。实际生活中使用者以现藏于日本正仓院、制于752年以前的"鸟毛立女屏风"为代表[22]。墓葬出土实物有两种，一是专门为墓室制作的小型明器画屏[23]，另一是真实或仿真的画屏[24]。同时，这种时装美女屏风也以"画中画"的形式出现于墓中，保存最好的例子见于长安县南里王村可能属于韦氏家族的一座墓葬中。此墓墓室南北两壁上画朱雀、玄武和祥云，穹隆形墓顶上绘天象图。东壁南侧画男女侍者，北侧画宴饮图。对面西壁棺床上方的壁画为模仿一架六曲屏风的"画中画"，每扇屏面约144厘米高、45~50厘米宽，上绘一盛装贵妇，由侍从陪伴在树下伫立、扑蝶或弹奏乐器（图12）[25]。整个墓室中的壁画因此隐含着三种不同的空间概念：东壁上的侍者和宴饮图像是墓室建筑空间的一部分，表现的是存在于这个空间中的人和发生的事情。朱雀、玄武和天象图象征着广袤的宇宙，将死者的地下家园置入无限的时空场域，而西壁上的贵妇则属于屏风上的图画空间，是墓室中的"画中画"。

除了多曲画屏以外，唐墓中的另一些画有边框的独幅画面所表现的可能是单扇立屏，但也有可能是裱或挂在墙上的绘画。一个表现单幅画屏的比较清楚的例子见于长安县富平县朱家道村唐墓。根据早期进入过此墓内部的考古工作

图 13　唐（8世纪中后期）陕西长安县富平朱家道村唐墓示意图／郑岩绘

者的介绍，其西壁棺台上方绘一组山水六曲屏风，东壁绘乐舞，北壁并排绘两幅有框的横向长方形单幅画，分别是"昆仑奴驭牛图"和"双鹤图"。南壁西段也绘有一幅带框独幅画，中绘卧狮（图13）[26]。两个证据表明这几面有边框的单幅画所表现的是生活中使用的画屏。一是北壁上的两幅横长形单幅画之间站着一人，根据服装和发式来看是个侍女，正手持一管笔尖上蘸了墨的毛笔，面向外似乎注视着刚刚完成工作的画师（图14）。郑岩注意到虽然这个侍女手部的画面损伤了，但是"幸存的笔尖打破了青牛屏风东侧的边框。与之形成对比的是，她身后衣服的一角恰好与双鹤屏风西侧的边框'相切'"[27]。这些有意设计的叠压关系，意味着这个侍者左右两方的带框画面是立体的屏风而非挂或裱在墙上的画幅。另一个证据见于西壁，这里所画的六曲山水屏风的画框被明显地表现为立体的木框，而非软质的镶边（图15）。单幅画面的边框虽然没有显示出同样的立体感，但是宽窄和颜色都与山水屏风画框一致，所表现的应当也是立屏的外框。郑岩并注意到屏风中所见的仙鹤、狮子、牛、山水大致与唐人对于绘画题材分类的方式相应[28]，因此可能反映出当时开始出现的绘画分科。独幅和多幅屏风图像的组合也发现于西安市长安区的韩休夫妻合葬墓。韩休官至宰相，于开元二十八年（740）病逝。其墓室内壁粉刷白灰地仗，穹隆顶上绘有日月星象，在靠西墙的棺床南北两端分绘朱雀和玄武。棺床贴西墙，后壁上是6幅条屏式的高士图。面对棺床的东壁上是一个大型乐舞场面，北壁玄武图的东侧则是一幅赭色界框中的大型山水"画中画"（图16）[29]，其面对墓室入口的位置可能具有特殊用意。

据李星明总结，唐代墓葬中屏风图像的内容包括"人物、花鸟、山水、畜兽、十二生肖等，其中以人物与花鸟最多。人物画屏风多见于天宝年间以前的

图 14　唐（8 世纪中期）／陕西长安县富平朱家道村唐墓壁画／女侍

图 15　唐（8 世纪中期）／陕西长安县富平朱家道村唐墓壁画／男侍

图 16　唐（740）陕西西安韩休墓壁画

壁画墓中，而且具有古韵的、身着褒衣的高士和蛾纤垂髫的仕女形象占有相当大的比例。天宝年间以后人物屏风画减少，这种褒衣人物屏风画更是少见，而花鸟屏风画则大为流行"。[30]花鸟屏风在中、晚唐墓葬中的比例增多，形式有单扇、三扇、六扇不等[31]。一种特殊的花鸟屏风是画家薛稷创造的"六鹤屏"。据张彦远《历代名画记》："屏风六扇鹤样，自（薛）稷始。"[32]其他唐宋绘画专著如《唐朝名画录》《宣和画谱》等也都有关于薛稷所画鹤屏的记载[33]。考古发现证明薛稷创造的这个样式在他于713年去世之后变得愈加流行[34]。其原因应该是由于仙鹤图像传达了道家的长生不老观念，因此在墓葬中获得了另一层意义。

除了屏风以外，唐代也流行"画幛"或"图幛"这种绘画形式。"画幛"这个词是在隋唐之际才出现的：张彦远在《历代名画记》中记录绘画价格的时候，特别对所使用的"屏风"一词做了个注释，说"自隋已前多画屏风，未知有画幛。"[35]与画屏一样，画幛也有独幅和多幅之分，多幅者如《历代名画记》记载的盛唐画家张璪所画的"八幅山水障"[36]。这种不加硬框的多幅画可能就是唐宋时期的诗人们常常说到一种成组悬挂的软装绘画，画布的质地为"生绡"，悬挂的地点常是厅堂正壁，最常见的形式是6幅一组。如韩愈（763—827）在《桃源图》中开头就说："流水盘回山百转，生绡数幅垂中堂。"[37]方干（809—888）在《题画建溪图》中写道："六幅轻绡画建溪。"[38]10世纪的刘鳌对一套李成的山水图"爱之不已"，作诗称赞说："六幅冰绡挂翠庭，危峰叠嶂斗峥嵘。"[39]虽然这种在唐、五代和宋代流行的绘画不复存在，但是能不能在墓葬壁画中找到它们的踪迹呢？这里我提出一个可能性：唐玄宗武惠妃（699—737）敬陵中的一套六幅山水壁画很可能表现的就是这种挂幅。

该墓在2008年得到抢救性发掘，隔年《文博》杂志上的一篇文章对其进行了初步介绍[40]。根据照片和所了解的情况，这六幅山水题材的"画中画"位于棺台上方的西壁上，一字排开，在原来位置中被石椁挡住。左边的三幅有赭红色边框，右边的三幅没有画边框，但有以界尺打的轻微墨线界格（图17）。六幅画的内容均为高山流水，构图和笔法富于变化，为研究盛唐时期山水画的发展提供了不可多得的证据。一些介绍这个墓葬的文字称这组壁画为屏风画[41]。确实，它与唐墓中发现的屏风画有相同之处，均以多幅竖长的画面构成。但是在两点上它又和一般见到的仿屏风壁画有分别。一是它的六幅画面之间——特别是左边三幅画了边框的画幅之间——有明显的空隙，而仿屏风壁画一般是六幅的边框紧密连接，有的并在边框上画出装饰。二是屏风画一般是坐落在棺台上或地面上。而这六幅画面却是"悬空"的，和棺床顶部不相接。为什么会出现这个情况呢？我的解释是这六幅画并不是在模仿立在地上的屏风，而是在模仿文献中所说的那种画于生绡并悬挂在墙上的山水

图 17　唐（737）／陕西西安长安区大兆乡贞顺皇后敬陵／山水挂幅壁画／水墨淡彩

挂幅。实际上，如果我们把这组壁画和以上所引的诗文对读，会感到这些诗句有如在描写这组画面。我们甚至可以进一步设想这组画所描绘的就是刘鳌所说的"昆峰"或杜甫所说的"壮哉昆仑方壶图，挂君高堂之素壁"。自古以来昆仑就是人们想象中的仙境，而壁画在墓室西墙上的位置也和昆仑的方位一致。隐藏在石椁的背后，这组画的最终目的并不在于被观赏，而是为石椁中的死者造就一个理想的境界。

五代：墓葬中"画中画"的持续发展

唐代于907年覆亡后，各地藩镇在原来唐朝疆域中建立了多个政权，契丹于916年建立辽代也是当时的一个重大政治和文化事件。近年考古发掘揭示出各地统治者投入了相当大的心力和财富修建墓葬，中央政权的消失和主流文化的隐退刺激了人们对新的建筑和装饰式样的兴趣。在北方的辽代，首都上京聚集了来自不同地区的艺术家和工匠，一方面有意识地继承诸多唐代因素，一方面发展契丹的特殊建筑和艺术风格。在这个大背景下，墓葬中的"画中画"不但得到进一步发展，而且很可能为卷轴画内容和形式的创新提供了灵感。

此期墓葬中"画中画"的最重要例子有两组，一组见于赤峰市阿鲁科尔沁

图18　辽天赞二年（923）／内蒙古赤峰阿鲁科尔沁旗东沙布日台乡宝山1号墓屏风画／降真图

旗东沙布日台乡西匣的宝山1号墓和2号墓棺室里，另一组发现于河北曲阳的王处直墓的四个墓室中。两座宝山墓均位于距离上京约30公里的一个辽代皇族墓地。1号墓中的一通题记将该墓时间确定在天赞二年（923），墓主勤德可能是耶律阿保机的孙子。2号墓中死者身份不详，但遗骨由科学化验得知属于一位成年女性。此墓建造年代比1号墓稍晚，大约在930年左右。两墓建筑结构相似，墓道尽头处为一处门庭和仿木结构的墓门，门内有一短甬道。砖砌墓室内建有独立石椁室，室中棺床紧靠后壁。每座墓中的各个空间里均装饰有栩栩如生的壁画，构成一个丰富而复杂的图像程序[42]。这个图像程序的核心部分由三幅"画中画"组成，分别位于石椁室中的棺床后方和左右两壁。

1号墓棺床后壁是一幅"厅堂图"，其赭色边框显示其模拟一架单扇画屏。屏上画有纹样复杂的长方地毯，上置豪华的镶金矮椅，椅上方悬挂弓箭。椅前方是一方同样豪华的矮几，上面墙上悬挂着宝剑和弓囊。放在墓葬美术的传统中看，这幅屏画中的空椅所表现的无疑是死者的"位"[43]。东、西墙上的大幅壁画均绘有同样的粗重边框，应是模仿两幅大型立屏或画幛，但内容则转为历史和神话主题。东壁画幅中的一个橘黄色界框中写"降真图"三字（图18）。画面中的主要人物亦各有榜题：左下方的"汉武帝"坐在方形矮榻上，正期待着乘云而来的"西王母"，这幅"画中画"所描绘的因此是《汉武帝内传》中的一则著名故

图19 辽(930左右)／内蒙古赤峰阿鲁科尔沁旗东沙布日台乡宝山2号墓屏风画／贵妃调鹦鹉图

事[44]。此画对面西壁上的"画中画"损害比较严重，残存的部分包括几名面朝内部围坐的男子形象，包括一个僧人，一名道者，和一个榜题为"刘楚"的戴黑色展脚幞头的文士。这些人坐在木墩或石座上，有的似乎正在高谈阔论，有的则在洗耳恭听。发掘报告将其称为"高逸图"，可能是因为感到这些人物以及周围的高树湖石显示出与传统"竹林七贤图"这类画的某种关系[45]。

与宝山2号墓中绘于同样地点上的壁画对照，1号墓中这3幅"画中画"的内容明显是根据男性死者的性别而选定的。由于2号墓的墓主是女性，棺床左右方的壁画也就以女性历史人物为中心。吴玉贵、罗世平等学者结合两画上的题诗对画面的内容进行了详细的考证[46]。简言之，椁室北壁画面表现的是《明皇杂录》中有关杨贵妃教习一只名叫"雪衣娘"的鹦鹉背诵《心经》的传说。画面中心是坐在案前的贵妃，正在阅读一个展开的经卷。一只洁白的鹦鹉立在卷旁，凝神聆听记诵（图19）。对面南壁上的画面描绘五名盛装女性拥簇着一位贵妇。后者左手轻捻搭在肩上的锦帛，右手前指，似乎正在嘱咐面前的男僮什么事情。而男僮则是恭谨的站在她面前，躬身拱手，旁边地上放着的担子指示出他即将出门远行。图上的题诗明确指出此画的中心人物是"回文诗"（或称"璇玑图"）的创造者苏蕙。此处正派男僮将其制作的回文诗送给在远方戍边的丈夫。在宝山2号墓中，杨贵妃和苏蕙这两个中国历史上的著名女性，永恒地陪伴着去世的辽代皇室贵妇。而棺床后面的画屏则展现着蜂蝶围绕的一大簇牡丹花象征着她的灵魂的永生。

这两座辽代皇室墓葬中还绘有其他人物和动物，但都不是带有界框的"画中画"。其中的一组包括沿墓葬中轴线站立的成对的男女门吏和侍者，守卫着墓葬和椁室的门户。另一组人像绘于椁室外，他们与门吏一样都穿戴着当时的契丹装束，留着契丹族的发式，表现的因此是在黄泉之下继续为故主服务的下属和侍者。此外，二号墓室东墙上所绘的当首一匹红马佩戴着黄金辔头和鞍具，明显是墓主的珍贵坐骑。绘于椁室之外的这些日常形象把这个墓葬转化为黄泉下的"生活空间"（living space）。而椁室内部的大型屏风画则以一种全然不同的绘画风格描绘了中国古代的历史和神话故事。由于它们所采用了"画中画"的形式，这些画面在整体画像程序中得以保持其独立性，与墓中其他图像形成既共存又具有张力的关系。它们的选题一方面表达了道德的训谕或成仙的欲望，一方面也明显地指涉着墓主的不同性别。

无独有偶，这种对性别的指涉也以"画中画"的形式出现在建于同一时期的王处直（863—923）墓中，但画的内容则从历史人物转为山水和花鸟。王处直是唐末的义武军节度使，唐代覆亡后被后梁皇帝朱温（852—912）封为北平王，占据今日河北中部的定州、易县一带。他的坟墓位于曲阳西北方的群山之中，于1995年被发掘清理，提供了多室壁画墓在此时复兴的又一证据[47]。该墓以砖石筑成，主体包括前室、东西耳室和后室三部分。两个对称的耳室从前室前端朝东西两侧向外延伸（图20）。两室都很狭促，宽仅2米，进深1米出头，其主要功能是呈现两幅相互对应的"画中画"。这两幅画分别绘于东耳室的东壁和西耳室的西壁，这意味着它们在各自的空间中都被给予了中心位置——两画都面向前室，从耳室入口处一目了然。两画位置上的对称进而被其构图的对称所强化：每幅的上沿都画有一带帷帘，下面各绘一架横长画屏，画屏前画着相同类型的物件（图21）。但画家对物件种类的选择和屏上图画的主题则突出了它们作为男、女两性象征物的含义[48]。东耳室壁画中的一个明显物件是支在帽架上的一顶黑色展角幞头帽，而一顶装饰华美的女帽则被置于对面西耳室壁画中的屏前案上[49]。两幅画中都有一面斜陈在镜架上、覆以镜套的铜镜，与男子官帽相配的是一面方镜，与女子花冠相配的则是一面圆镜。两画最引人注目的区别见于其中画屏的主题：东耳室画屏上的"画中画"表现平远开阔的山水，层叠山峦从左右两边伸入画面，前后参差地夹持着一带浩荡江水。右耳室画屏上的"画中画"则是一幅花鸟，中间绘有六朵盛开的牡丹，两只绶带鸟从左右对称飞来，旁边伴以飞翔的蝴蝶和蜜蜂。牡丹图案也装饰着屏前的女帽、镜罩、大小奁盒、瓶、枕等物品，营造出弥漫于西耳室中的女性氛围。

这两个耳室挟持着正方形的前室，而前室则以一堵墙壁与后室隔开。有意思的是，以上观察到的两个耳室的"性别对称"（gender symmetry）被前室与

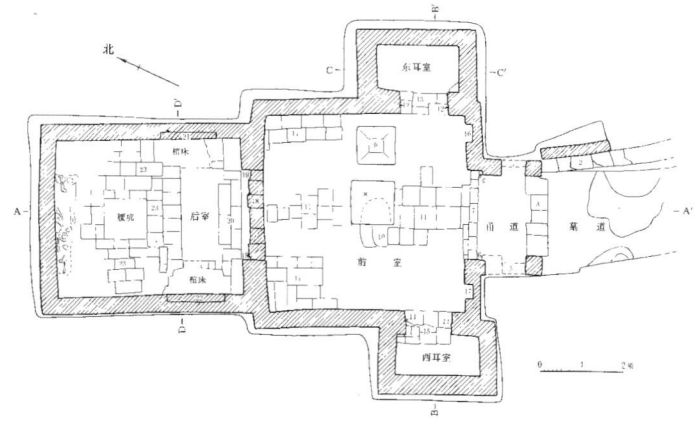

图 20　五代（924）河北曲阳王处直墓平面图

图 21　五代（924）河北曲阳王处直墓耳室内屏风及用具壁画
　　　　上：东耳室壁画，下：西耳室壁画

后室的关系所重复：前室正壁上的壁画模拟一架落地山水画屏（图22），而三幅硕大的花鸟画屏则围绕着后室中的U型棺床。这几幅画面均以粗重的赭色画框围绕，与周围的墓室装饰隔开，明显表现成"画中画"的样式。前室是墓中的主要礼仪空间，其正中央——即山水屏风的前方——放着由底、盖组成的石刻墓志。底部铭刻的志文以华丽的辞藻记载了王处直的生平、品德和成就。盖面中心篆刻着他的冗长官衔，四周斜面上浮雕四神，其彩绘贴金的形象对应着南、北、东、西四个方位。四神又称"四象"，在中国古代文化中具有划分星宿、指示四时、衍生八卦等种种象征性意义。通过以四神图形环绕死者的官衔和姓氏，墓志将王处直个人的存在置入无限的时空维度之中。而当墓志上下两部分合为一体，描述他生平的传记文字也就退出了人们的常规视野，消失于象征宇宙的微型石函之中[50]。

这方墓志和其后的画屏共同构成了王处直的"位"，二者的内容也相互对应。硕大的山水画屏高1.8米、宽2.2米。据发掘报告中的描述，画家"先以墨线勾出山石、树木轮廓，然后以用笔之粗细、线条之变化来表现耸立的山峰、茂盛的树木。山间湍急的流水在壁立千仞的山谷中跌宕起伏，给人以一泻千里之感，更增加了画面的磅礴之势"[51]。而王处直的墓志铭中则形容他是"素尚高洁，遐慕奇幽，观夫碧甃千岩，笼万物，春笼万木，白鸟穿烟之影，流泉落涧之声，实遂兰平之所好"。[52]不管是否是奉谀之词，其所传达的与屏风上的山水图像是同一意象。

前室中的其他一些图像则象征着广袤的宇宙，包括墓顶上的满天星斗和四壁上部的十二生肖浮雕。后者镶在壁龛内，均为高约半米，留髯、戴进贤冠的男性立像，手中持旄或笏。每人伴以一种动物生肖，以鼠为先顺时针排列，从北方开始构成宇宙运动的时序。十二生肖像龛之间的墙面上描绘着对对白鹤，在流动的祥云间展翅翱翔、相互顾盼。与前室比较，后室的一个重要特点是它的装饰中完全没有男性形象或象征物，也没有对宇宙或仙界的指涉。与棺床周围三幅花鸟屏风配合的是镶在两侧墙中的两块大理石浮雕，每块1.36米长、0.82米高，描绘一个女子乐队和一列手持酒食和日常用器的宫廷丽人。这些优美的形象先以雕刻技法制成精美浮雕，然后敷以五彩。值得注意的是她们上方的华丽帐幔被有意表现为悬于画屏之后（图23）。这些女子因此似乎正从隐蔽的屏后空间中走出来，正在进入墓室。其特殊的浮雕媒介进一步强调了她们的"真实性"，将她们与二维画屏上的"画中画"区别开来。

总结以上对王处直墓中"画中画"的观察，我们得到两个初步的结论。第一，根据左、右耳室中相互对称的两张画，可以看到"山水"图像被用作为男性的象征，而"花鸟"屏风则与女性对应。第二，前室和后室中的"画中画"重复了这个二元结构，但是由于后室是放置死者遗体和棺椁的地点，两室中的

图 22　五代（924）／河北曲阳王处直墓前室正壁壁画／山水屏风图

图23　五代（924）／河北曲阳王处直墓后室东壁／花鸟屏风和宫女石刻

屏风画因此从狭义的性别隐喻扩大为对于"内、外"空间的能指（signifiers）。开放的前室指涉着外部的"堂"，象征着男性死者的公共身份；封闭的后室则指涉着内部的"寝"，象征着家庭内部的私人空间。

五代：墓葬和绘画中"画中画"的关系

以上这两个结论为思考墓葬壁画与单幅绘画中"画中画"的关系提供了一个基础。无独有偶，这两种象征意义正好也是五代时期卷轴画中新出现的"画中画"形象的两个基本意图。

回到本文起始处提到的《勘书图》（图24），画家王齐翰是10世纪中叶南唐画院的待诏。《宣和画谱》说他"好作山林、丘壑、隐岩、幽卜，无一点朝市风埃气。"[53]该书记载的他的作品，如《高士图》《古贤图》《高贤图》《逸士图》《江山隐居图》《琴钓图》《高闲图》《林亭高会图》等，为这个总评提供了有力的佐证。《勘书图》的主题与此一致：画中的文士坐在位于画面右下角的一个小桌旁，桌上堆满书、笔和展开的卷轴，暗示着他正在写作。但他的注意力并没有放在书写上，而是专心于清理自己的耳朵。他的思绪似乎已经飞往屏风上描绘的山水之中。特别值得注意的高山脚下绘有一带屋舍，正好处于中间的屏面之上，构成画的焦点。

联系前文的分析，这幅画所表现的空间与王处直墓前室在三个关键点上十分接近。一是这两个空间的主要图像都是一架以"画中画"形式出现的山水屏风，二者的内容与构图也相似，均为鸟瞰式全景山水，层层山峦从近景延伸到

图24　10世纪中期／王齐翰／勘书图／南京大学考古与艺术博物馆藏

接近画面上缘的天际线。二是这两个空间都由两个因素共同组成，共同构成一个相互呼应的封闭性建筑空间。这两个因素一是山水画屏，二是屏前的人物主体。《勘书图》中的人物主体是在屏前遐想的文士，王处直墓中的人物主体则由死者的墓志代表。三是这两面山水屏风不但与男性主体搭配，而且传达了"隐退山野"的一致意趣。在王处直墓中它隐含了死者"观夫碧甃千岩"的"生平之所好"，在《勘书图》中它象征着画中文士对抛开日常琐事、回归山林中一方净土的希冀。

这里需要说明的一点是，王处直墓中山水屏风的"性别意义"可能是10世纪上半叶出现的一种新现象，在当时也不一定是一种普遍做法。美国学者W.J.T. 米歇尔（W.J.T. Michell）提出：我们不应该把"山水"或"风景"（landscape）当做含有固定含义的图像和地点，而应该将其看成是活性和流动的、在交换和传布中不断发生新意义的"媒介"（medium）[54]。我们之所以判定王处直墓中的山水图像具有性别意义，是因为这种图像与其他男性用具组合，又与象征女性的花鸟图像和其他物品对置。在这以前的一些唐代墓葬中的山水图像——包括贞顺皇后敬陵中的成组山水挂画和最近于河北平山发现的一座元祐元年（904）墓中的单幅山水屏风图像，其图像程序均没有显示出对称性的男、女性别语境[55]。这种性别语境也并非是《勘书图》的表现对象，其中的山水屏风所强调的更多的是主人公的文人情怀，而非他的性别身份。而且，一旦被作为"画中画"纳入单幅绘画中之后，山水屏风图像也不可避免地被普及化和世俗化，作为一种流行道具使用在各种类型的绘画作品中[56]。这一过程在五代或宋初就已开始了：一幅旧传王维所作的《高士弈棋图》以一架硕大的山水

图25　王维（传）/高士弈棋图/左：宋摹本，清宫旧藏；右：仇英摹本，上海博物馆藏

屏风为背景，但是屏风上的松树（根据仇英摹本）与屏前下棋的人物并不构成有机关系（图25）[57]。其构图似乎是综合了《勘书图》的画屏与周文矩《重屏会棋图》的前景部分。

《重屏会棋图》这张画目前有两个早期摹本传世，一在故宫博物院（图26），一在华盛顿佛利尔美术馆（图27）。两画构图相同：四个男性人物在前景中围成一圈或下棋或观弈，一个童子在旁侍候。全图的中心人物是一个戴着黑色高帽的长髯士人，其特殊的装束和凛凛表情都显示出他是这个地点的男主人。他比其他人都显得高大，虽然手里拿着棋盒但注意力并不在棋局之上，而是神情严肃地观察着弈棋者之一，心中似有所思。这个中心人物的背后立着一架单扇长方大屏风，屏上图画展示出一个内宅生活场景：如上所述，一名男子长髯人物斜倚在一张床榻上由四个女子在旁边服侍。这组人物的背后是一架三折山水屏风。

虽然历代鉴赏家常常致力于猜测画中人物的身份以及图画所隐含的微言大义，但各种说法多非能够确切证明的结论。在一个更基本的层面上看，这幅画表现的是一个贵族男性的两种身份——他在外部男性空间和家内女性空间中的不同形象与活动。这两种身份和形象分别由屏风前的厅堂场景和屏风上的卧室场景象征性地表现出来。画家很仔细地设计了两个空间之间的平行和对称。二者不但位置相对，而且其中的人物数目也相互对应：厅堂中的主人由三位士人相伴，一名童子旁侍，卧房里同样有三位夫人和一位侍女在服侍他。厅堂中的童子和画屏上的侍女甚至具有相同的位置和姿态，有若屏内屏外的一对镜像。这些有意的对称突出了府第之中的内、外之别。正如画中表现的那样：处于内部空间中的男主人除了慵散地躺在床上、由他的女人侍候之外，什么也不用做。其无所事事、随遇而安的态度应和了一种"无为"状态。而当他在厅堂中与

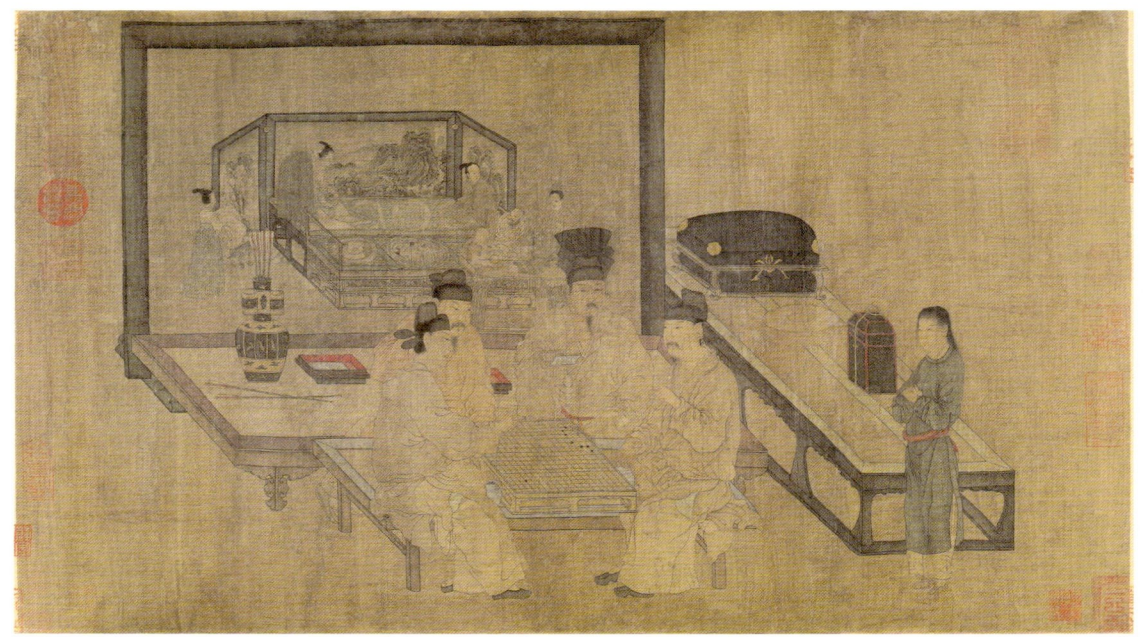

图 26 宋摹本／周文矩／重屏会棋图／故宫博物院藏

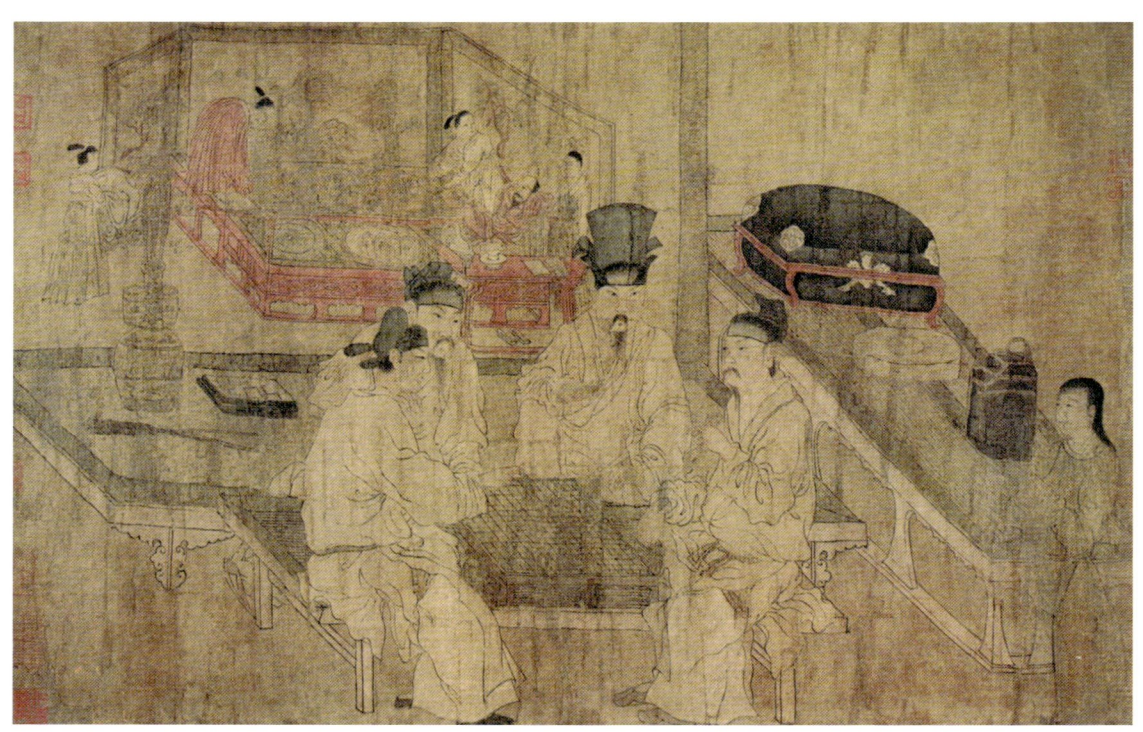

图 27 明摹本／周文矩／重屏会棋图／华盛顿佛利尔美术馆藏

男宾交往时，他眼神敏锐、高贵尊严，即使下棋这种娱乐反映的也是参与者的脑力博弈——我们都熟悉古代小说和戏曲中以弈棋作为战略策划和智力厮拼的隐喻。

将《重屏会棋图》的空间建构与王处直墓进行比较，我们发现它们在三个关键点上十分接近。一是两者的核心部分都被构想和表现为"外"与"内"、"堂"与"寝"的二元结构。二是这两个空间都由一面单幅屏风分割，但周文矩巧妙地将这幅屏风变成"透明的"以便在同一构图内同时表现外部和内部空间。三是与王处直墓前室与后室的关系相似，《重屏会棋图》中屏前和屏后的空间具有特殊的社会学含义：通过将屏风前的厅堂描绘成男主人社会活动的场所，周文矩把画的重心放在男性世界上，外部空间因此被赋予男性公共形象与社会职责的意义。与之相对，内部的女性所处的空间被表现为图画的幻象，可望而不可及。通过把这两个空间放在画屏外和画屏内，画家得以使用"画中画"的形式构造出一个"按等级安排的信息与情境组成的系统"[58]，把性别空间（gendered spaces）转化为等级化的社会空间（hierarchical social spaces）。

若干因素使我们设想：10世纪墓葬与绘画中的这种结构和概念上的平行应该不是偶然的。在此以前，"画中画"在独幅绘画中很少出现，在唐代墓葬壁画中虽然流行但并没有被用来表现性别的对称和内、外空间的分野。但是在10世纪20年代以后，墓葬和绘画中都出现了进行这种表现的尝试。它们所反映的应该是当时的一种新的艺术风尚或思潮。虽然目前还没有文字证据表明绘画中"画中画"形象的出现受到墓葬壁画的影响，但这种影响并不是不可能的。从原理上说，"画中画"成为墓葬中的一个持续的绘画题材和形式，是因为墓葬艺术的一个重要功能是把现实中的建筑和器物——包括室内陈设的绘画——转化为黄泉之下的虚拟世界。现实中使用和观赏的绘画作品不具有这种功能，因此即使当墓葬中的"画中画"自初唐时期产生后很久，画家们并没有在卷轴画创作中重视这种表现形式。只是到了10世纪中期左右，当墓葬中的"画中画"变得越来越精致和富于意义，成为构造空间的一种重要手段时，画家们才"发现"了这种样式并将其引进了他们的艺术创作。而这种引进的结果，正如《勘书图》《重屏会棋图》和《韩熙载夜宴图》等作品所显示，造成了中国绘画史上的一个重大突破，显现为对绘画空间（pictorial space）的重新思考和崭新表现[59]。

〔1〕 类似情况也见于8世纪画家张萱所作《捣练图》的北宋摹本，其中一名女孩手执的团扇上展示了一幅水岸禽鸟图。但从题材和风格上看不可能早到盛唐，而是属于摹本制作的时代。

〔2〕 见拙著《重屏：中国绘画的媒材和表现》，上海：上海人民出版社，2009年，页61—63。

〔3〕 见上书。

〔4〕 有关讨论见：巫鸿《礼仪中的美术——马王堆再思》，载《礼仪中的美术：巫鸿中国古代美术史文编》，北京：三联书店，2005年，页101—122；杨爱国《汉墓中的屏风》，《文物》2016年第3期，页51—60。

〔5〕 山西省大同市博物馆、山西省文物工作委员会《山西大同石家寨北魏司马金龙墓》，《文物》1972年第3期，页20—33，64，89—92。

〔6〕 韦正《北朝高足围屏床榻的形成》，《文物》2015年第7期，页60。

〔7〕 寇小石等《西安北周康业墓发掘简报》，《文物》2008年第6期，页14—35。

〔8〕 有关这些墓的发掘报告，见韦正《北朝高足围屏床榻的形成》中的《北朝高足围屏床榻主要墓例列表》，《文物》2015年第7期，页62。

〔9〕 郑岩提出此墓中的这些画面具有独立性："作者首先将他的作品看做独立的'画'，然后才是传统意义的'壁画'。" 郑岩《压在"画框"上的笔尖——试论墓葬壁画与传统绘画史的关联》，《新美术》2009年第1期，页46。

〔10〕 李星明《唐代墓室壁画研究》，西安：陕西人民美术出版社，2005年，页162—163。

〔11〕 宿白先生在上世纪80年代初曾怀疑这种形式首先出现于地方然后影响了京畿地区。见宿白《西安地区唐墓壁画的布局和内容》，《考古学报》1982年第2期。但是新的考古资料显示出不同情况，见赵超《"树下老人"与唐代屏风式墓中的壁画》，《文物》2003年第2期，页80。

〔12〕 关于此墓壁画，见昭陵博物馆编《昭陵唐墓壁画》。北京：文物出版社，2006年，页148—184。

〔13〕 该书卷十四载："元和初，有一士人失姓字，因醉卧厅中，见古屏上妇人等悉于床前踏歌，歌曰：'长安女儿踏春阳，无处春阳不断肠。舞袖弓腰浑忘却，蛾眉空带九秋霜。'……士人惊惧，因叱之，忽然上屏，亦无其他。"

〔14〕 昭陵博物馆《唐昭陵李勣（徐茂公）墓清理简报》，《考古与文物》2000年第3期，页3—14。我就此墓壁画的保存情况特别咨询了李星明教授，在此特为致谢。

〔15〕 一些学者注意到这二人的关系。见林圣智《中国中古时期的墓室空间与图像》，《中国史新论——美术与考古分册》，台北：中央研究院·联经出版公司，2010年；李溪《内外之间：屏风意义的唐宋转型》，北京：北京大学出版社，2014年，页198—199，306—307。

〔16〕 赵超《"树下老人"与唐代屏风式墓中的壁画》，《文物》2003年第2期，

〔17〕 李星明《唐代墓室壁画研究》，页167。

〔18〕 见赵超《"树下老人"与唐代屏风式墓中的壁画》，页71—72附表。

〔19〕 张建林《唐墓壁画中的屏风画》，载周天游、申秦雁编《唐墓壁画研究文集》，西安：三秦出版社，2001年，页227—239，特别是页230。

〔20〕 李星明先生2016年11月8日邮件见告。

〔21〕 参见杨效俊《影作木构间的树石——懿德太子墓与章怀太子墓壁画的比较研究》，周天游主编《唐墓壁画研究文集》，西安：三秦出版社，2001年，页344。

〔22〕 这架屏风来自光明皇后于日本天平胜宝八年（756）献给东大寺的圣武天皇遗物。"献物帐"中的记录为："鸟毛立女屏风六，高四尺六寸，广一尺九寸一分，绯纱缘，以木假作斑竹帖，黑漆钉，碧背，绯䑛缬接扇，揩布袋。"由于其中一扇背面贴有写有"天平圣宝四年六月二十六日"墨书的补纸，这架屏风一般被认为是做于752年（天平圣宝四年）以前。

〔23〕 具体案例包括出于吐鲁番阿斯塔那张礼臣（死于702，葬于703）墓中的六扇屏风，每扇仅22厘米宽，47厘米高。见金维诺、卫边《唐代西州墓中的绢画》，《文物》1975年第10期，页36—44；陈霞《唐代的屏风——兼谈吐鲁番出土的屏风画》，《西域研究》2002年第2期，页86—93。

〔24〕 这类例子见于现藏于日本静冈县热海市MOA美术馆的《树下美人图》，原是一架纸本屏风的一扇。背后题有开元四年（716）的年号，其139.2厘米的高度和52.9厘米的宽度说明此屏有可能是用来殉葬的实用器物。另外藏于东京艺术学院的《树下人物图》与之尺寸相近，因而而被认为是一个屏风上的两幅。

〔25〕 赵立光、王九刚《长安县南里王村唐墓壁画》，《文博》1989年第4期，页3—9，19。

〔26〕 井增利、王小蒙《富平县新发现的唐墓壁画》，《考古与文物》1997年第4期，页8—12；张建林《唐墓壁画中的屏风画》，载《远望集——陕西省考古研究所华诞四十周年纪念文集》下卷，西安：陕西人民美术出版社，1998年，页720—729。

〔27〕 郑岩《压在"画框"上的笔尖——试论墓葬壁画与传统绘画史的关联》，页39—51，引文见页41。

〔28〕 同上文，页50。

〔29〕 关于对这幅画的讨论，见郑岩《唐韩休墓壁画山水图刍议》，《故宫博物院院刊》2016年第5期，页87—109；葛承雍《"初晓日出"：唐代山水画的焦点记忆——韩休墓出土山水壁画与日本传世琵琶山水画互证》，《美术研究》2015年第6期。

〔30〕 李星明《唐代墓室壁画研究》，页166。

〔31〕 实例包括河南安阳太和三年（829）赵逸公墓和北京海淀区开成三年（846）王公懿夫妇墓等。

[32] 张彦远《历代名画记》，上海：上海人民美术出版社，1964年，页182。

[33] 李星明《唐代墓室壁画研究》，西安：陕西人民美术出版社，2005年，页378—379。

[34] 两个例子是西安东郊郭家滩会昌四年（844）梁文翰墓和西安枣园咸通五年（864）杨玄略墓，均在墓室西壁上绘六扇，上绘有仙鹤形象。

[35] 张彦远《历代名画记》，上海：上海人民美术出版社，1964年，页44。

[36] 同上，页201。

[37] 韩愈《桃源图》，《全唐文》卷三三八，北京：中华书局，1960年，页3787。

[38] 方干《题画建溪图》，《全唐文》卷七五三，页7504。

[39] 刘鳌《赠李营丘》，《全宋诗》第1册，北京：北京大学出版社，1991年，页308。

[40] 屈利军《新发现庞留唐墓壁画初探》，《文博》2009年第5期，页25—29。

[41] 见上引文，页25。

[42] 关于这个图像程序，见拙著《宝山辽墓的释读和启示》，载巫鸿、李清泉编著《宝山辽墓：材料与释读》，上海：上海书画出版社，2013年，页23—38。

[43] 关于"位"的概念，见拙著《黄泉下的美术：宏观中国古代墓葬》，北京：三联书店，2010年，页64—88。

[44] 拙著《宝山辽墓的释读和启示》，页26—28。

[45] 吴玉贵《内蒙古赤峰宝山辽代壁画墓"诵经图"略考》，《文物》1999年第2期，页81—83；《内蒙古赤峰宝山辽代壁画墓"诵经图"略考》《文物》1999年第2期，页81—83；罗世平《辽墓壁画试读》，《文物》1999年第1期，页82—85；《织锦回文：宝山辽墓壁画与唐画的对读》，《书画艺术学刊》2006年第1期，页15—23。

[46] 见上注。

[47] 河北文物研究所、保定市文物管理处《五代王处直墓》，北京：文物出版社，1998年。

[48] 关于这两幅壁画的含义以及整个墓葬装饰的象征意义，参见杰西卡罗森的优秀讨论。Rawson, Jessica, "The Origins of Chinese Mountain Painting: Evidence from Archaeology," *Proceedings of the British Academy*, vol. 117, 2002, pp. 1-48. 中文翻译见《中国山水画的缘起——来自考古材料的证明》，《祖先与永恒：杰西卡罗森中国考古艺术文集》，北京：三联书店，2011年，页355—394。

[49] 李溪认为此处以焦点透视法描绘了一个垂直于墙壁的方形平面，与墙壁上的矩形绘画呈一个直角，类似于一扇屏风与床榻的图式。李溪《内外之间：屏风意义的唐宋转型》，北京：北京大学出版社，2014年，页198—199。但根据这个平面的面积与镜、帽等物件的比例，它应远远小于床榻。此处因此仍旧跟随发掘报告将其称为"桌案"的说法。河北省文物研究所、保定市文

〔50〕 关于墓志的这种意义，见拙著《黄泉下的美术：宏观中国古代墓葬》，页179—182。

〔51〕 河北文物研究所、保定市文物管理处《五代王处直墓》，页18。

〔52〕 上引书，页68。

〔53〕 《宣和画谱》卷四，页124，夏文彦的《图绘宝鉴》中有相似的论述。

〔54〕 W. J. T. Mitchell 编, *Landscape and Power*, 2nd ed. (Chicago: University cf Chicago Press, 2002), p.2。

〔55〕 这后一例尚未正式发表，据介绍死者是当地县令之母。

〔56〕 见拙著《重屏：中国绘画中的媒材与再现》页125—143中的讨论。

〔57〕 此画刊行于1924年的《天籁阁旧藏宋人画册》之中。仇英的摹本现藏于上海博物馆。

〔58〕 Susan Stewart, Nonsense: *Aspects of Intertextuality in Folklore and Literature* (Baltimore, 1978), p.25。

〔59〕 关于这三幅画对于空间的表现，见拙作《屏风入画：中国美术中的三种"画中画"》，载《时空中的美术：巫鸿中国美术史文编二编》，北京：三联书店，2009年，页323—338。

（作者单位：芝加哥大学艺术史系）

入画的墙壁

黄小峰

壁画的寓言

1954年10月，潘絜兹（1915—2002）画完了《石窟艺术的创造者》（图1）。1955年，上海电影制片厂在洪汛涛（1928—2001）的童话《神笔马良》基础之上，摄制完成了木偶动画片《神笔》。这两件看起来很不同的作品（一是静态的绘画，一是动态的电影）却有一共同之处：都是以壁画为主题，以对壁画的视觉呈现作为叙述的核心方式，这在古代是从未见到过的。

在《石窟艺术的创造者》中，为表现"人民群众是历史的创造者"这个新的政治理念，画家用幻觉化手法复现出一幕有可能曾发生在晚唐时代敦煌莫高窟某个洞窟内的景象[1]。洞窟内，浩大的壁画工程即将竣工，匠师们在进行最后的润色，脚手架尚未完全拆除。洞窟的功德主是一对仪表堂堂的唐朝官员夫妇，他们带着女儿和仆从进洞参观，做最后的巡视。壁画的绘制者们可能也是一个匠师家庭，属于另一个阶级。白发老者是匠师群体的首领，可能也是家族的家长，正向他们的雇主介绍壁画的情况。值得注意的还有画面右下角的一张草席，上面有一个打开的蓝色包袱，里面有两个经卷，打开的那卷露出了一段佛经经扉画。包袱下面是若干张方形的白纸，上面用墨线画着佛教人物。显然，这些白纸是壁画的粉本，是图像来源。而带有经扉画的经卷，则是洞窟中大型经变画的文本来源。这幅画用多重"画中画"的形式展示出一个华丽而神圣的石窟空间。更重要的是，它"展示"出了一千多年之前壁画的绘制过程。

作为现代童话，神笔马良糅合了古代和现代对于绘画的理解。影片一开始，师爷在为县官画一幅《松鹤图》，对于马良想学画的请求嗤之以鼻。这是全片中唯一画在纸上的绘画。马良一开始没有纸和笔，就用木棍、土块画在地上、石头上，有时也画在墙壁上。得到神仙赠予的神笔之后，更不需要纸了，纯以各种建筑物的墙面为基底。作为绘画的承载物，宣纸是稀有的，属于地主阶级，墙壁是普遍的，属于人民大众。故事的结尾处，马良被迫在县衙大堂的墙壁上画了一幅海景大壁画，大海深处有一座闪烁的金山，龙船乘风破浪向金山驶去。这幅壁画不是为了人民，而是为满足县令的贪婪欲望，最终结果是县令葬身于

图 1　1954 年／潘絜兹／石窟艺术的创造者／纸本设色／110×80cm／中国美术馆藏

这铺官署壁画的波涛中。壁画和画笔，是改造社会的工具，也是反抗压迫的武器，堪称是新中国的画的寓言。

　　壁画是一件艺术作品，也是一种艺术媒介，它又得以在另一件艺术作品、另一种艺术媒介中被表现出来。这会让人联想起巫鸿在《重屏》一书中提到的"元绘画"，他用这个词来描述古代绘画中特殊的"画中画"，即那些既表现出绘画的图像属性也描绘出绘画的物质属性的绘画[2]。屏风、扇面、手卷、挂轴、

335

图2　闵齐伋刊西厢记图之一

册页，是中国绘画几种历史悠久的形式。譬如画屏，在巫鸿的研究中，既是承载绘画图像的物品，也是绘画再现的重要主题。明末闵齐伋所刊《西厢记图》是这种特殊的画中画的典型。《西厢记》的故事情节画在不同的图像载体上，屏风、手卷（图2）、挂轴、扇面一应俱全。而版画本身是蝴蝶装的形式，所以也可以说是册页。此外还有树叶、转马灯、灯笼、青铜器，甚至还有电影影像似的海市蜃楼[3]。唯独没有墙壁上的壁画。在绘画中画出同一种或另一种艺术形式，很早就是中国古代绘画中进行艺术表达的重要方式。至晚在宋代，屏风、手卷、立轴、扇面、册页等绘画的基本形式全都在绘画中得到了表现，它们既是"画中物"也是"画中画"，给予了绘画以特殊的表达思想的方式。台北故宫博物院所藏宋人《人物图》页中，集大成式地画出了花鸟屏风、画像挂轴、正待书写的短卷，以及未打开的若干挂轴（图3）。相比较而言，在宋代绘画中对于屏风、扇面、挂轴以及其上图像的描绘较多，最容易成为画中画。作为物品的手卷虽然也常在画中得到表现，但少有同时对其上图像的描写。至于册页，对于物品形态的表现相对最少，更见不到对册页中图像的描绘。仅见波士顿美术馆藏《调鹦鹉图》团扇中（图4），一个小的手卷和一本方形的册子放在一起，很可能是一本册页。这种情况也许会与几个因素有关：一是不同形式的绘画出现的时间有早有晚，册页相对出现得最晚，大概在宋代才定型，

图 3 　无款／人物图／29×27.8cm／台北故宫博物院藏

图 4 　调鹦鹉图／局部／波士顿美术馆藏

所以对它的描绘较少[4]。二是尺寸大小，手卷和册页尺寸相对较小，因此很难在绘画中再画出其上的绘画图像。三是展示的方式，屏风、挂轴、团扇，基本上都只有一个画面，而手卷和册页，都是需要像阅读一本书一样逐段或逐页观看。不过这些理由并不能解释为何古代绘画中鲜有对墙上壁画的表现。壁画出现的时间最早，尺寸最大，观看方式也最多元，为什么这种艺术形式却极少被古人记录在图像之中？一架画屏、一件挂轴、一幅长卷、一柄团扇、一本册页，都经常成为绘画的母题，为何一面画壁不是这样？我们也可以换一个角度来想，那些少见地把壁画画进图画中的绘画，又想要表达些什么？

壁画与城市生活

我们如今常把壁画分为寺观壁画、墓室壁画、宫殿衙署壁画几大类。虽然通过考古出土的墓葬壁画无法为古人所见，但古人很早就用文字对前两类壁画进行了记录。不过，对壁画的图像记录却着实很少。

大约绘制于 16 世纪后期的仇英款《清明上河图》（辽宁省博物馆藏），在开卷不远处描绘了一所种满苍松翠柏的寺庙（图 5-6）。这所寺庙建在河岸边不远处，画中所设定的是从寺庙后面往前看去的角度，因此面朝河面，背靠小山。寺庙的主体建筑是一所重檐歇山顶的大殿，以及旁边的钟楼。大殿中有 3 位女性在奉香礼佛。中间一位站在一个放在石台上的石雕香炉前燃香，她应是有一定身份的妇女，左右二位女性拱手侍立，应是侍女。香炉后是红漆供桌，上面摆着烛台。供桌后面，则是一铺竖立于殿中的方形的壁画。我们之所以能够确认是壁画，一是其尺寸巨大，二是有殿内的彩塑进行对比。殿内简略画出

图5　16世纪后期／仇英款／清明上河图／局部／辽宁省博物馆藏

了台座，上面画出了两尊罗汉，可以得知是罗汉塑像。这种配置可以让我们大致了解这个大殿的结构。这面壁画所挡住的空间是大殿的前部，可能会有若干尊佛像。画有壁画的墙应该是佛像之后的隔断墙。殿中两边是十六罗汉或十八罗汉彩塑。壁画虽然只露出一半，但可以清晰地辨认出游弋在海水中的龙，嘴里吐出五色云气，龙头上站立着一位只见下半部分的人物。这衣裙飘举的人物应该就是观音。观音站在龙身上，是所谓的"龙头观音"，是观音在民间信仰中的一种形象。

从长卷整体结构上分析，画中这所寺庙地处城市近郊，因此也是踏青时节女性可以去到的地方。画中的寺庙有意处理成从后院往前院看，显得十分幽静。画中只有几位女性朝拜者，而且所礼拜的观音在中国也常是女性化的形象，这样一来，无形中就把寺庙的空间变成了一个专属于女性的空间。女性对着龙头观音在做些什么祷告呢？壁画中波涛汹涌的海水，与寺庙前面河流中的波涛相呼应。画卷中紧接寺院的前一段场景是婚礼的迎亲队伍。这似乎都可以成为女性祷告的理由，也许是祈求江河水患不生，风调雨顺，或者是祈求子嗣。总之，画中寺庙的壁画在图卷中是具有某种意义的。它吸引观看画卷的人停下眼光，来仔细观看并思考这所寺庙的景观出现在这里的意义。画中寺庙大殿本该有门，但并未画出门，这并不是完全真实的情形。这种处理方法减弱了大殿空间的封闭性，使得空间变得敞开。这样一来就可以较多地描绘出室内景观。从效果上看，画有龙头观音的壁画有些类似于室内的大屏风，就像许多鸟瞰式的对于房屋内部的描绘都喜欢画出室内的屏风一样。

在长卷中，和这面壁画类似的"画中画"还在其他10个地方可以看到。

图6　16世纪后期／仇英款／清明上河图／局部／辽宁省博物馆藏

全都与固定店铺、流动商摊或职业人士有关，计有："小儿内外方脉药室"中在屋檐下悬挂的匹扇吊屏，"专门内伤杂症药室"中屋内墙壁悬挂的孙思邈像，灼龟的占卜铺中墙面上张贴或悬挂的伏羲神像，摆摊的相面者悬挂的带有8个面相的挂轴，"装塑佛像"的店铺中摆在桌上的画有三位端坐神像的桌屏，一个无人光顾的食店中正壁悬挂的山水中堂，画店中正在对着顾客进行写生的一幅肖像画，装裱铺中贴得满墙的各种书画，诗画古玩铺中正在打开的墨竹立轴，化缘的僧人背后用竹杖挑起的画有寺庙图像的挂轴[5]。算上画中壁画，这11个不同形式的"画中画"，分散在长卷从前至后的各个不同段落之中，揭示出各自所处的不同空间的性质，成为理解画卷所不可或缺的部分。这11个不同空间，分属不同行业。包括2个医药行当（儿童诊所、成人诊所）、2个算命行当（看相摊、占卜店）、3个书画行当（画店、古玩店、装裱店）、1个泥塑行当、1个餐饮行当、2个宗教行当（佛教寺庙、化缘募捐的僧人）。有趣的是，这些行当都与视觉联系得相当紧密。医药行当需要望、闻、问、切，望是第一。"小儿内外方脉药室"的吊屏中，第一个就画有一个眼睛，是医生的标志（图7）。算命行当的占卜和看相都强调眼睛对各种线索的观察。与书画有关的行当，无论是画师、鉴赏家还是装裱师，都需要有好眼力。同样，在宗

图7　16世纪后期／仇英款／清明上河图／儿童诊所／辽宁省博物馆藏

教行当中，寺院需要施主们通过眼睛去感受神祇的宗教力量，而大街上化缘的僧人则需要借助视觉图像的力量来激发观者的捐助之心。所以，从这个角度而言，画卷中的画中画是在对于观看与观看方式的强调，也意味着图像与观看是城市生活所不可或缺的内容。这 11 处画中画包含了丰富的绘画形式和主题，显示出图画的不同使用方法和不同观看语境，有壁画、吊屏、桌屏、挂轴、横卷、画页等等。打开画卷，佛寺的壁画是第一个画中画。因为有不常出远门的女性观者，这铺壁画把佛寺和城市生活紧密联系起来。比较一下宋代张择端《清明上河图》，或者是晚明的诸多仿本《清明上河图》，再或是清代乾隆年间的院本《清明上河图》，虽然也都有对于佛寺的表现，但并未像辽馆这一本这样对画中画有如此强烈的兴趣。在许多明清的仿本《清明上河图》中，虽然佛寺的位置与辽博本大致相同，但大殿中露出的是观者更容易想到的雕像，而不是大型的壁画。比较一下时代接近的作品也是这样。仇英款《南都繁会图》（中国国家博物馆藏）描绘的是元宵节时的游行表演。其中也画有寺庙，画在城市中心，简单地画出一所重檐的殿阁，只模糊画出殿中的主尊塑像。描绘佛教寺庙时画出供奉的塑像似乎是流行的方式。美国佛利尔美术馆所藏《西湖清趣图》中，画出了杭州的不少寺庙，其中有大佛寺，大殿中央画出硕大的大佛的头部和肩部，表示殿中的主尊[6]。通过这些对比可以看出，辽博本《清明上河图》中对于佛殿壁画的表现，或许应被视为晚明时代的创新手法。

吕洞宾的涂鸦

我们现在常称呼壁画为"公共艺术",因为壁画和城市空间有密切的关系。大都市里出现在建筑物上带有装饰性质的壁画和自由色彩的涂鸦,都是城市生活的组成部分。辽博本《清明上河图》的佛寺壁画,当然也可以算作某种"公共艺术",因为寺院是一个供公众进行宗教活动的空间。令人惊奇的是,作为另一种公共空间中的产物,墙壁上的涂鸦竟然也会在古代绘画中得到表现。

大都会艺术博物馆藏有一件无款《吕洞宾过岳阳楼图》,原本应是一柄团扇(图8)。画作的年代,早先被认为是南宋画,如今学界更倾向于是一件元明之际的画作[7]。大概是在元代夏永《岳阳楼图》这种图像模式的基础上,融合了吕洞宾传说中的不同故事而成。涂鸦就出现在这幅画中。画中主体是繁华的二层酒楼岳阳楼。这里是吕洞宾显示神迹的地方。果然,楼上楼下、楼里楼外,人们纷纷仰首瞻望云端,对着画面右上角飞升空中的吕洞宾虔诚揖拜。酒楼旁边是一堵白墙,上面可清晰地看到墨笔画出的形象,一个骑驴的人,一丛草,以及龙飞凤舞的几行草书(图9)。白墙右边缘隐约可辨认出"丁巳(春?)(日?)"四个字。这显然不是要表现岳阳楼有一面写意壁画,而是涂鸦。尽管画中的岳阳楼只是画家的想象,但团扇的画家却很注意用物体表面的文字与图画装饰来营造一种特殊的现场感。不仅是白墙上的涂鸦,我们还可以看到酒旗上大大的"岳阳楼"三个字、酒楼门廊旁用作隔断的板子上画的手捧红漆盒的红衣女侍、酒楼一层的书法屏风和二层的山水屏风、屋檐下挂着的铜铃上面的刻字,甚至是楼下一位头顶大盘子的人手中所拿团扇上也大书一个"忍"字。对画中的文字和图画的兴趣,与明代仿本的《清明上河图》颇为类似。画中岳阳楼所处的位置也值得玩味。岳阳楼地处江边,即范仲淹《岳阳楼记》中所说的"衔远山,吞长江,浩浩汤汤,横无际涯"。元代夏永的《岳阳楼图》便是把岳阳楼画在江边。反观大都会这幅《吕洞宾过岳阳楼图》,岳阳楼并不是在江边,而是在城市里。楼后既无远山,楼外亦无江水,而是掩映着一所园林。郁郁葱葱的树木中,露出一个亭子的顶,旁边还立着一架秋千。岳阳楼建筑本身也较为普通,只是一所二层的建筑,换句话说,真的只是个酒楼,可以俯瞰园林,而不能成为观看美景的楼阁。这个地段,堪称闹中取静,是理想的高级酒楼的位置。在辽博本的仇英款《清明上河图》中,城市中心恰恰既有繁华喧闹的市街上的酒楼,也有大住宅和园林,一处是学士府,一处是"武陵台榭",其中也有秋千,可能是王侯的宅园。就在"武陵台榭"大宅院旁不远,有一处二层的酒楼(图10),位置绝佳,一面临街,一面临河,另一面挨着"武陵台榭"的大园林。这与大都会《岳阳楼图》中的酒楼颇为相似。二者的相似,表明《岳阳楼图》中的景观,意在表现一个纯粹的城市商业景观。明代《清明

图8　无款／吕洞宾过岳阳楼图／23.8×25.1cm／纽约大都会艺术博物馆藏

图9　无款／吕洞宾过岳阳楼图／局部／纽约大都会艺术博物馆藏

图10　16世纪后期／仇英款／清明上河图／酒楼／辽宁省博物馆藏

上河图》中对于寺庙壁画的描写，看起来也在《吕洞宾过岳阳楼图》中的粉壁涂鸦中得到了某种转化。

　　白墙上的骑驴人恐怕是存世中国古代绘画中仅见的一例对"涂鸦"的图像记录，这位画家已经意识到，粉墙上的涂鸦已经成为繁华城市不可缺少的景观。为什么画家所模拟的城市涂鸦是一位骑驴人而不是别的图案？作为刻意经营的画中画，这个涂鸦其实不只体现出画家对城市中涂鸦现象的观察，它或许还有一个重要的作用，便是提示绘画的主题。宋元以来，吕洞宾在岳阳楼飞升的主题有各种不同版本，譬如"岳阳货药""三醉岳阳楼"等等，其基础均是所谓吕洞宾所作的诗："三入岳阳人不识，朗吟飞过洞庭湖。"元代马致远就有《吕洞宾三醉岳阳楼》杂剧，糅合了好几个神迹故事，如武昌货墨、再度郭仙等。在元代苗善时编的《纯阳帝君神化妙通纪》和明代万历年间编的《吕祖志》中，都有一个卖药的故事：

> 　　帝君游岳阳，诡名卖药，一粒千金，三日不售。乃登岳阳楼，自饵其药，忽空而立。众方骇悟，欲慕其药，洞宾笑曰："道在目前，蓬莱咫步。抚机不发，当面蹉过。"乃吟诗曰："朝游北越暮苍梧，袖里青蛇胆气粗。三入岳阳人不识，朗吟飞过洞庭湖。"[8]

这是神仙故事中常见的模式，神仙以凡人面貌出现，人皆不识，只有显出真身，大家才信服。在团扇中，岳阳楼上下男女老少所有人的焦点都集中在画面右上角空中那个道袍飘举的吕洞宾身上，他面对右方，正在缓缓飞出画外。这是显露真身后"朗吟飞过洞庭湖"。而之前的"三入岳阳人不识"在哪里呢？我们会注意到，飞升的吕洞宾恰恰处于粉墙上那段涂鸦的正上方。与将要飞出画外的吕洞宾相反，涂鸦出来的骑驴人仿佛正沿着岳阳楼的粉墙向酒楼走去。在团扇画家所营造出来的热闹的酒楼场景中，作为粉墙上的涂鸦，他仅仅是一个虚拟的图形，象征着的或许就是肉眼凡胎不能辨识的仙人[9]。在中国文化中，骑驴的人常代表隐士，而隐是成仙的基础。和吕洞宾同为后世八仙之一的张果老就是骑着毛驴。在马致远的杂剧中，吕洞宾来到岳阳楼时，就兴高采烈地感叹喝酒"抵多少骑驴魏野逢潘阆"。魏野与潘阆都是北宋初年的著名隐士，以骑驴形象为大家熟知。不过隐士归隐士，还不是神仙。吕洞宾在准备度化茶肆的郭马儿时也有一段内心独白，感慨凡人需要神仙指点迷津。他想起自己当初被汉钟离度化的机遇："常言道：玉不琢不成器，人不磨不成道。休道是他。至如吕岩，当初是个白衣秀士，未遇书生。上朝求官，在邯郸道王化店遇着钟离师父，再三点化，才得成仙了道。假如遇不着钟离师父呵。"他接着唱道，如果自己遇不到钟离权，那么估计就会："兀自骑着个大肚驴，吃几顿黄粱饭。则今日有缘游阆苑，可正是无梦到邯郸。"[10]从骑驴的隐士到仙人的转化，需要契机。这正符合画面中墙上所画的骑驴人形象和空中真仙现身的对比。《岳阳楼图》的画家以一种特殊的绘画形式"涂鸦"为媒介，借助于骑驴人这个有特殊含义的图像，巧妙地展现出了画的主题。

岳阳楼下粉墙上的涂鸦是神来之笔。涂鸦的存在一方面显示出墙是一堵真真切切、普普通通的白墙，另一方面又揭示了吕洞宾的神迹，墙是神迹将要发生的暗示。观者不禁会问，究竟是谁留下了这段涂鸦？相信最合适的人选就是吕洞宾自己。

《吕祖志》中记载了大量所谓吕洞宾的诗词，其中有一首《雨中花》，就号称是他在岳阳楼所题[11]：

> 三百年间，功标青史。几多俱委埃尘，悟黄粱，弃儒事，厌世藏身。将我一枝丹桂，换他千载青春。岳阳楼上，纶巾羽扇，谁识天人。蓬莱愿应仙举，谁知会合仙宾。遥望吹笙玉殿，奏舞鸾捆，风驭云耕，不散碧桃紫栋长新。愿逢一粒，九霞光里，相继朝真。右雨中花，题岳阳楼。

在酒楼、旅店、寺庙等公开或半公开的场所墙壁上题诗，是一种流行的实践[12]。题诗的墙壁是白色的粉壁。许多酒楼都有专门供人题写的粉壁，同时粉壁也是官府用来张贴、书写告示、榜文的墙壁[13]。《岳阳楼图》楼下的白墙，尽管不是在酒楼中，但正可以称得上是这种粉壁，在上面涂抹诗文书画正合适。元杂剧《陶学士醉写风光好》中就有一段陶榖在驿馆亭院的粉壁上题诗的描述："这一片素光粉壁，未尝绘画。驿吏取笔砚来，我待学春秋隐语。因而感怀，成十二字，书于此处。"[14]驿亭中的粉壁，看起来既可以画画，也可以题字。倘若尚未被壁画占据，就变成人们题诗抒怀的好地方。

粉壁边缘"丁巳（春？）（日？）"几个字颇为引人注目。有一种观点认为，这是这幅团扇画的作画时间[15]。但无法证明。因为这里显然是在模仿墙上的涂鸦文字，而不是画作的正式署款。当然，我们也不能排除画画的人下意识地在模仿涂鸦文字时用了作画当时的时间。不过，如果真是"春日"，或许更应该把这个时间看作对画中涂鸦人的作画时间的暗示。墙后面那郁郁葱葱的园林和秋千，正表明阳春三月。反观马致远《吕洞宾三醉岳阳楼》杂剧，时间设定是秋天，是菊黄蟹肥的时候。而《纯阳帝君神化妙通纪》中则没有标明具体季节。从这个角度来说，团扇画对于岳阳楼的故事情节也进行了新的发挥。

一幅图画之所以会被称之为"涂鸦"，要么是绘画方式不合常理，要么是绘画地点不合常规。吕洞宾这个神话人物确实与图画有缘。收入《道藏》的《吕祖志》中，有数十个吕洞宾的神迹故事，其中有好几个都是以画术来展示神通。比较让人难以接受的是《醉绘仙像》，讲的是化身凡人的吕洞宾醉画自己的神像。但他不用笔墨和颜色，而是拿着画绢在手里揉搓，接着大口呕吐，拿画绢擦呕吐物。等他离开后。主人突然发现，用来擦拭呕吐物的画绢中，竟然完美呈现出一幅画像。《宾法师》讲的是吕洞宾化身一位法师到青城山做法，他擅长符咒，同时擅画，但从不用笔墨，而是口含墨水喷洒到纸绢上，自然而然地形成各种图像。吕洞宾用漫不经心的离奇方式就达到凡间的画家无法超越的鬼斧神工，他可以用毛笔，也可用手抹，还可以用嘴吐。"画"已不再是经过长期训练的画家使用规定的工具材料按照既定程序刻意经营得来的东西，而是神迹在转瞬间的显现。

对于吕洞宾故事最全面的描绘，是永乐宫纯阳殿的大型壁画"纯阳帝君神游显化图"，绘制完成于1358年。壁画中画了数十个吕洞宾的神迹故事，每个故事都有榜题，榜题文字出自苗善时编的《纯阳帝君神化妙通纪》。其中有两个故事与壁画有关，让我们看到了壁画中的壁画。第一个故事是《救刘氏病》，故事内容如下：

> 越州贫民刘氏，病跛，艰于行，几二十年。每日灶香祷天，乞已此疾，虔诚备至。一日，有道人手携铁瓢，谒刘曰："子疾易愈，可随我行。"刘随之二里许，指地下曰："此下深三尺余，有五色石。"试掘之，果得

图 11　山西芮城永乐宫纯阳殿壁画／救刘氏病／局部

图 12　山西芮城永乐宫纯阳殿壁画／游戏罗浮／局部

石，大如弹丸，五色殊常。曰："子可持归，暴露九日，为细末，以木瓜皮煎汤，服尽即愈。可来城东驻云庵东廊第三间左壁再相会云"。刘如其言，服尽，果然轻便，若无疾者。即往寻之，但有像携铁瓢。

故事里要讲述吕洞宾的神迹。手持铁瓢化缘的道人，其实就是吕洞宾的化身，他之所以显灵，为贫民刘氏指点迷津，是因为刘氏近20年虔诚地对吕洞宾祷告。但吕洞宾并不愿意以神仙的真面目示人（或者说，神仙本来就并无本来面目），因此化为道观中的神像。壁画中，刘氏见到吕祖壁画画像的场面是重点表现的场景。画中也的确画出了道观中东边的建筑墙壁，但其实与文本所说有些差异。"东廊第三间左壁"确切地说是道观东边一排屋子中的第三间屋，屋里左边的墙壁上画有吕祖画像。而在纯阳殿的壁画里，吕祖画像所在的这间屋子完全没有画出屋内的空间和景深，因此看起来是画在一面白墙上。刘氏甚至不用走入屋内，在屋外就可以看到屋里的吕洞宾像，并且对其施礼膜拜（图11）。吕洞宾像是蒲团上打坐入定之像。文字中讲到的铁瓢似乎并没有出现。因为铁瓢是在外云游的用具，而入定则是修行，近乎于神像。纯阳殿壁画的作者显然是意在描绘一幅可供礼拜的神像。这是一个模糊的空间，把室内空间转换成了室外空间。故事里没有明确说明墙上的这幅画像出自何人之手，但暗示这是吕洞宾自己所画。在他的神迹故事中，还有一个《神光绘像》的故事，就是讲他在山阳神光观中三清殿的北壁画了一幅自画像。

第二个故事是《游戏罗浮》，内容是吕洞宾在道观中画了一铺山水壁画（图12）：

> 帝君游罗浮朱明观，至小院中，值道士他出，独一小童在院。童揖帝君，先生少坐此，遂窃道士酒以献。帝君满饮，使童子尽其余，童子不饮。童所患左目内障，帝君以所余酒噀其目，忽开明，若素无患者。乃取笔画一山水于壁，山下作池三口。谓："饮吾酒，则得仙矣。不饮，命也，然亦高寿。"言讫，飞入石壁隐去。及道士归，见所画山透壁内外，大惊曰："山下三口，乃嵓字，非吕先生乎？"后童果百五岁而终。

文字中并未讲明这一面墙壁在道观中的什么位置。在纯阳殿的壁画中，画成一面独立的影壁。故事文本中说吕洞宾纵身一跃，飞入石壁的山水壁画中隐去，但纯阳殿壁画里，吕洞宾已飞升在云端，回到道观的道士则站在影壁下观看上面的山水画。纯阳殿的壁面在这里有所残破，但还是可以清楚地看到这幅山水画中画有一架石梁，连接起左右两边的山石，上面有一位拄杖独行之人。远山高耸，近处的地面确实有两个黑色画出的椭圆形，或许就是故事里说的池塘。这面影壁上的山水，尽管是由一位道教神仙画在道观的墙壁上，但看起来并没有和道教发生必然的联系。这铺壁画在这个故事里是作为一幅独立的个人作品来展示的。山水画其实是一个画谜，是吕洞宾个人的印记和标识。这个谜语是为道观中的道士所设的，也的确被回到道观的道士所解开。这其实是唐宋时代人们外出访友时常见的一种做法。当想要拜访的人出门不在的时候，来访者常常会在受访者住处的墙壁上题写诗文相赠，留下自己的个人信息，以表明来访过。现存的唐诗中就有不少正是访人不遇时所留题，比如韦庄《访含弘山僧不遇，留题精舍》、独孤及《韩侍御同寻李七舍人不遇，题壁留赠》、陈子昂《酬田逸人游岩见寻不遇，题隐居里壁》等等。吕洞宾只不过用一种更加复杂的方式，把自己的信息"画"在墙壁上。

吕洞宾是传说的神话人物，但和他一样作为个人印迹的涂鸦，却在苏轼那里得到具体的体现。在《次韵王巩南迁初归》诗中，他坦言自己醉酒之后就喜欢在墙壁上涂抹："平生痛饮处，遗墨鸦栖壁。"在现存的各种文献材料里，我们会找到很多证据。他特别喜欢在雪白的粉壁上画画，大多数时候是在非个人私产、半公开的寺院墙壁上，有时也会征得同意在私人院墙上涂抹。一直到元代，还有人见过苏轼在贬官黄州途中留下的涂鸦。汤垕曾在《画鉴》中记载："仆平生见其谪黄州时，于路途民家鸡栖豕牢间，有丛竹木石。"[16]如果汤垕所言不虚，那么苏轼真是有着不同寻常的涂鸦激情，连鸡笼和猪圈的墙壁也不肯放过。

在墙上涂抹时的苏东坡，是一个怎样的状态？他曾在友人郭祥正家中的白墙上涂抹了一幅竹石。私人房屋的白墙通常都不喜欢被人乱涂乱画，但主人这回十分慷慨，等苏东坡画完后不仅写诗相赠，还送给他两柄青铜剑作为礼物。受到这等待遇的苏东坡十分感激，写了一首诗回赠，这首《郭祥正家醉画竹石壁上，郭作诗为谢且遗古铜剑》是苏诗中的名篇：

> 空肠得酒芒角出，肝肺槎牙生竹石。
> 森然欲作不可回，吐向君家雪色壁。
> 平生好诗仍好画，书墙涴壁长遭骂。
> 不嗔不骂喜有余，世间谁复如君者。

"书墙涴壁长遭骂"说明他对自己的涂鸦本色认识得很清楚。诗的头四句是对涂鸦状态的文学描述。喝酒，大量的喝酒，然后五脏六腑生出了竹石。这些长出来的竹石在肚子里面上蹿下跳，最后只能用醉酒的方式呕吐出来，吐到郭祥正家的墙壁上便形成了画。这个过程是不是会让我们想到神仙吕洞宾《醉绘仙像》的故事呢？吕洞宾同样是在酩酊大醉后呕吐到绢上形成图画。实际上，苏东坡的朋友的确像是遇仙一样，在东坡醉后涂鸦的这面墙壁上看到了一个面壁的达摩。李之仪不久后到郭祥正家做客，看到了郭祥正小心翼翼保留的这面墙壁，便也写了一首诗《次韵东坡所画郭功甫家壁竹木怪石诗》："一杯未釂笔已濡，此理分明来面壁。我尝傍观不见画，只见佛祖遭呵骂。"

商业与壁画

大酒楼岳阳楼中有涂鸦粉壁，在另一种小酒馆中，其实也有壁画。出自山西右玉宝宁寺一套现存139幅的明代水陆画中，有一幅是画中壁画的极好例子。根据画面上的榜题，这是"右第五十四"幅，名为"仇冤报恨兽咬虫伤孤魂众"（图13-15）。为把这几个内容都画在一个画面里，画家把画面清楚地分成前后两个部分，在画面上体现为上下两个部分。上部，远山山谷中，骑马的旅人被老虎咬死，马惊慌而逃，这是表示"兽咬虫伤"的孤魂。画面下部是建筑物，分为两种。左边的是黑漆柱子，右边的是红漆柱子。黑漆柱子的建筑前面竖立着一个望竿，上面悬挂着一面酒旗，表明这个建筑是酒店。这也可以从屋内的物品和摆设得到证实。有几个大酒缸或大水缸，还有桌子，上面摆着酒坛、酒壶和酒碗。店内正在发生一起凶杀案。一男子目光狰狞，手持利刃刺向倒在酒缸上的男子，另一人死死抱住行凶者。无疑，这就是因为"仇冤报恨"而死的孤魂。酒店外有两位女性，一位是夫人，一位是丫鬟，从她们的动作来看，刚从屋里的行凶现场逃出。她们身后有红漆柱子的建筑，挂着匾额，应是官衙。大门两旁各画出两位身着官袍的官人。左边的两位官员身旁还有一位男子。两位逃出酒店的女性似乎正要前去官府报案。这个画面中，在酒店和官衙的建筑上都画有壁画。酒店的壁画就画在外墙，在窗户底下的墙面。画了一位醉卧的士人，他身着褒衣博带，袒露胸背，一手支着脑袋，一手扶地，闭着眼睛正在醉眠。他身前放着一盘水果，像是桃子。水果盘旁边还有一个精致的香炉，香炉上面有莲花纹样。身后则是一个放着酒舀的大酒瓮。仔细看，他用来当枕头的竟然是一个空酒壶。趁主人醉眠的机会，身后的小童终于可以大碗喝酒解馋了。这位醉酒士人的壁画画得非常生动，颜色也十分鲜艳，看起来比酒店内的场面更为真实。一个是安详而满足的醉眠，另一个是惨烈的仇杀，二者形成鲜明的对比。与酒店壁画形成另一个对比的是官衙大门两旁的水墨山水壁画。靠近酒店的一边，墙上壁画的主题明显可以认出是带有郭熙风格的蟹爪枯木。这里的空间画得有点暧昧不清，细看之下，大门左右的两位官员，手臂与大门形成叠压关系，这暗示着大门和墙上壁画之间有空间，可能是一个廊，壁画应该是画在大门后面建筑的墙上，是一铺六的枯木山水壁画。

在这幅水陆画中，壁画的作用非常明显，不同的建筑对应着不同的壁画，

图 13　明／山西右玉／宝宁寺水陆画／仇冤报恨兽咬虫伤孤魂众／120×60cm／山西博物院藏

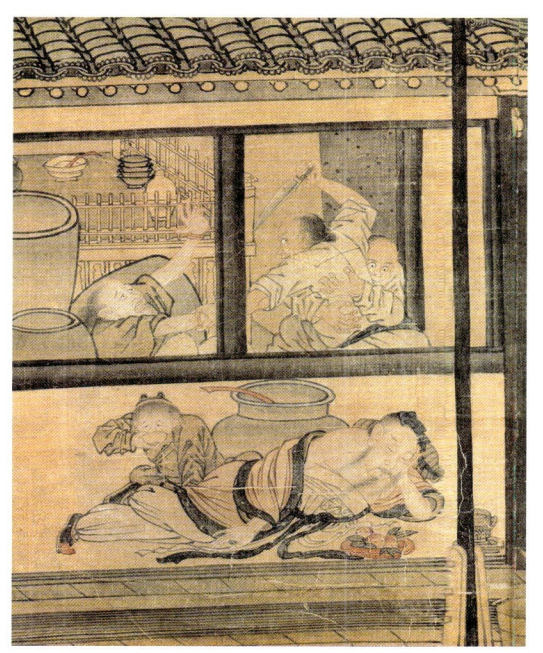

图 14　明／山西右玉／宝宁寺水陆画／仇冤报恨兽咬虫伤孤魂众／局部／山西博物院藏

图 15　明／山西右玉／宝宁寺水陆画／仇冤报恨兽咬虫伤孤魂众／局部／山西博物院藏

换句话说，壁画揭示和强调了建筑的性质，也提示了整幅画面的主题。郭熙风格的全景山水，体现出一种冷峻的政治气象，与官衙的庄重性质相吻合。而作为酒店，自然以装饰醉酒卧眠之人为首选。画中专门画出的官衙似乎也有某种所指。官衙前，一蓝衣官人手拿一金黄色的长条形物品，扭转身低头看着露出头和肩膀的一个男子。男子躬着身双手作揖看着蓝衣官人。这有可能是在表现官员收受贿赂，蓝衣官员手中拿着的是一块金条。那么这就是徇私舞弊的官衙了。与酒店内寻仇报恨恰好形成对比，都是会引起冤屈的不法行为。

让人觉得有些奇怪的是，为何画家要花如此多的笔墨来精确地描绘画中的壁画？画中那醉酒之人又是谁呢？

从其装束来看，是一位具有魏晋风度之人。但倘若要准确指认他的身份，还需要参考相关的文字描写。让我们来翻翻《水浒传》，这本小说中充满着英雄好汉的酒气。武松堪称水浒中酒量最大的几位之一。第廿九回"武松醉打蒋门神"是一幕经典，去找蒋门神的路上，武松但凡遇到酒店便进去喝几碗。其中一个酒店在武松眼里是这样的[17]：

只见官道旁边，早望见一座酒肆，望子挑出在檐前；看那个酒店时，但见：

门迎驿路，户接乡村。芙蓉金菊傍池塘，翠柳黄槐遮酒肆。壁上描刘伶贪饮，窗前画李白传杯。渊明归去，王弘送酒到东篱；佛印出居，苏轼逃禅来北阁。闻香驻马三家醉，知味停舟十里香。不惜抱琴沽一醉，信知终日卧斜阳。

所谓"壁上描刘伶贪饮，窗前画李白传杯"，讲的正是这个酒店的壁画。按照这个描述，这是武松还未进酒店里面，从外面看到的景象。第一印象是酒店的位置很好，在官道旁边。第二印象是环境也不错，掩映着池塘花木。第三印象，就是酒店装饰的壁画，这可能是从酒店外部就能看到的，所谓壁上、窗前，是指建筑内外墙面上的壁画。尤其是"窗前"，不正是宝宁寺水陆画中酒店窗户下的那个位置吗？装饰酒店的壁画主要是"竹林七贤"之一的刘伶和唐代的李白，二人都是有名的酒仙。撰写有《酒德颂》的刘伶，在南京西善桥南朝墓中出土的模印砖画里，就在喝酒。《晋书》中对他的记载也几乎都与酒有关[18]：

（刘伶）常乘鹿车，携一壶酒，使人荷锸而随之，谓曰："死便埋我。"其遗形骸如此。尝渴甚，求酒于其妻。妻捐酒毁器，涕泣谏曰："君酒太过，非摄生之道，必宜断之。"伶曰："善！吾不能自禁，惟当祝鬼神自誓耳。便可具酒肉。"妻从之。伶跪祝曰："天生刘伶，以酒为名。一饮一斛，五斗解酲。妇儿之言，慎不可听。"仍引酒御肉，隗然复醉。尝醉与俗人相忤，其人攘袂奋拳而往。伶徐曰："鸡肋不足以安尊拳。"其人笑而止。

李白传杯，更为有名，是指他著名的"举杯邀明月，对影成三人"诗句。李白被称作"饮中八仙"之一。宝宁寺水陆画中的醉眠之人，是醉酒刘伶无疑。他不但好酒，而且不耍酒疯。醉了就睡，酒品很好，也不与人争斗。这正影射画中酒店内争斗引起的凶杀。屋内争斗都是因酒而起，屋内桌上那攒在一起的四个大酒碗就是明证。自从景阳冈醉倒后，武松喝酒都是每个酒店只喝三碗。画中这四大碗，显然暗示着嗜酒与争斗。刘伶和李白作为酒店壁画的主角，可以在《水浒传》的许多地方看到。第三十二回"武行者醉打孔亮，锦毛虎义释宋江"，武松装扮成头陀逃离孟州，来到一个村落小酒肆[19]：

看那酒店时，却是个村落小酒肆。但见：

门迎溪涧，山映茅茨。疏篱畔梅开玉蕊，小窗前松偃苍龙。乌皮桌椅，尽列着瓦钵磁瓯；黄泥墙壁，尽画着酒仙诗客。一条青旆舞寒风，两句诗词招过客。端的是走骠骑闻香须住马，使风帆知味也停舟。

同样，远远映入武松眼帘的，也是酒店的位置、环境以及壁画。黄泥墙壁，而不是雪白粉壁，说明是乡村酒店的土墙，上面所画的"酒仙诗客"，酒仙指刘伶，诗客指李白。豹子头林冲也喜欢酒。《水浒传》第九回，"柴进门招天下客，林冲棒打洪教头"，林冲与押解他的两个衙役去酒店喝酒休息[20]：

三人当下离了松林，行到晌午，早望见官道上一座酒店。但见：

古道孤村，路傍酒店。杨柳岸，晓垂锦旆；莲花荡，风拂青帘。刘伶仰卧画床前，李白醉眠描壁上。社酝壮农夫之胆，村醪助野叟之容。神仙玉佩曾留下；卿相金貂也当来。

这个官道边的酒店和武松看到的类似，画有壁画。"刘伶仰卧画床前，李白醉眠描壁上"，可见画的也是这两位。在《水浒传》中，画着这两位酒仙的小酒店比比皆是。第四回，鲁智深离开寺庙找酒喝[21]：

远远地杏花深处，市梢尽头，一家挑出个草帚儿来。智深走到那旦，看时，却是个傍村小酒店。但见：

傍村酒肆已多年，斜插桑麻古道边。白板凳铺宾客坐，矮篱笆用棘判编。破瓮榨成黄米酒，柴门挑出布青帘。更有一般堪笑处，牛屎泥墙画酒仙。

尽管是个粗鄙的小酒馆，也可笑地在粗糙的土墙上画了酒仙壁画，不是刘伶就是李白。第六回，鲁智深来到独木桥边的"一个小小酒店"。但见[22]：

柴门半掩，布幕低垂。酸醨酒瓮土床边，墨画神仙尘壁上。村童量酒，想非涤器之相如；丑妇当垆，不是当时之卓氏。壁间大字，村中学究醉时题。

墙上既有"村中学究醉时题"的题壁书法，也有"墨画神仙"。

除了《水浒传》，其他的文献中也有一些对于酒店壁画的记载。明末胡文焕编辑的《群音类选·清腔类》卷四有一首曲，描述的就是乡间酒店，其中就有"素壁中间画刘伶"："酒旗竹篱掩映，买三杯消□，少助精神。素壁中间画刘伶，竹箸共磁瓯相称。香拨螃蟹，正当此景。菊花新酒，和谁宴饮，教人止不住思鲈兴。"[23]再稍晚一些，清初洪昇《长生殿·疑谶》中也有对长安酒店的描绘："是好一座酒楼也。敞轩窗日朗风疏。见四周遭粉壁上都画着醉仙图。"[24]

《水浒传》是元明之际的通俗小说，年代比宝宁寺水陆画早，后者一般被认为是 15 世纪中期所作[25]。为酒店画上刘伶、李白等酒仙壁画，招徕顾客，装饰店面，营造喝酒的氛围，的确也不见于宋代的记载。北宋的酒楼开始有了醉仙这个主题，但并未有记载画成壁画。《东京梦华录》的"中秋"一节记载到："中秋节前，诸店皆卖新酒，重新结络门面彩楼、花头画竿、醉仙锦斾。市人争饮，至午未间，家家无酒，拽下望子。"[26]所谓"醉仙锦斾"，并不是壁画，而是画在酒旗上面的醉仙，可能就是刘伶、李白等酒仙。倒是在传世的宋话本《宋四公大闹禁魂张》中，有与《水浒传》极为类似的描写：

> （宋四公）肚里又闷，又有些饥渴，只见个村酒店，但见：柴门半掩，破斾低垂。村中量酒，岂知有涤器相如？陋质蚕姑，难效彼当垆卓氏。壁间大字，村中学究醉时题；架上麻衣，好饮芒郎留下当。酸醨破瓮土床排，彩画醉仙尘土暗。

对比一下前面引用的《水浒传》第六回中鲁智深看到的酒店，二者的文字很像，只是诗句顺序稍有不同。《宋四公大闹禁魂张》其实出自明代《喻世明言》，很难讲保留了多少原始的宋话本。至少酒店中的酒仙壁画，就应是明代以后的创新。

但是，倘若说醉仙壁画是明代的通行做法，好像也不是很准确。因为除了在《水浒传》这样的文学性书籍中看到之外，在其他的文献中很少见到。既然酒仙壁画不止可以画在室内墙壁，还可以画在室外墙壁，按理来说对于绘画是较容易表现的，可是在存世的绘画中，除了宝宁寺水陆画的例子，尚未有见到其他的例子。也许一种可能的推测是，小酒店画酒仙壁画，是北方较多见的做法。《水浒传》中的那些酒馆都是在河北、山东等北方地区。《宋四公大闹禁魂张》设定的是北宋的东京开封府，宝宁寺水陆画则出自山西。宝宁寺水陆画，与《水浒传》有没有什么关系呢？这是一个有趣的问题。但我们无法找到直接的关系。或许宝宁寺水陆画的作者，对于流行的通俗小说烂熟于胸吧。

壁画的命运

在 1997 年出版的 *Pictures and Visuality in Early Modern China* 一书中，英国学者柯律格（Craig Clunas）开篇讲到了"壁画的式微"[27]。认为曾经在中国艺术中占据着重要位置的壁画，在明代逐渐衰落。他讲的是地上壁画，而那些古人几乎完全看不到的埋藏在地下的墓葬壁画，也在元代出现了"夕阳西下"[28]。这看起来是壁画的宿命，但仔细琢磨，地下的壁画和地上的壁画，有可能需要分开来谈。做出墓葬壁画衰落的判断，基于的是大量的考古材料。

而做出地上壁画式微的判断，更多依据的是文献材料。柯律格注意到："迄至明朝初年，品鉴传统已决然转与壁画为敌。"[29]他认为壁画在明代衰落的另一个理由是，明代艺术史上的重要画家大多不从事壁画绘制。他的看法看起来有道理，但细究起来又有些勉强。因为他实际上讲的是壁画在文人中的式微，是"精英群体与公共性质的图绘形式之间的互动在明代的衰落"[30]。倘若从本文的角度来看，假如说上文所讨论的图像中对于壁画的表现是一种"图像材料"，那我们可以说，这种"图像材料"向我们显示，即便是在壁画"全盛期"的唐宋时代，人们对于壁画的表现也极为稀少，反而在明代的图像中能找到更多的对于壁画的视觉表现。对于明代的人而言，在他们的生活中，墙上的壁画究竟是变得更重要还是更不重要？尽管我们不能简单的"以图证史"，但关于画中壁画的问题还是能够为我们思考壁画提供一些新的角度。画中的壁画也许可以让我们来看一看过去的人们是如何来记录壁画、如何来思考壁画的。我们至少可以说，对于壁画的（图像）记录，中国古代并未提供足够的、可供我们简单判定其消长的材料。其中原因，可能十分复杂。也许既与壁画本身的制作有关，也与对于壁画的认识和理解有关。和吕洞宾在罗浮山画的山水壁画一样，也许还是一个谜。

〔1〕 关于这幅画的讨论，可参见Craig Clunas, *Chinese Painting and Its Audiences*, Princeton University Press, 2017. pp.196-200.

〔2〕 （美）巫鸿《重屏：中国绘画中的媒材与再现》，文丹译，黄小峰校，上海人民出版社，2009年，页213。

〔3〕 对于闵齐伋《西厢记图》的研究，可参见陈研《如幻会真：闵齐伋刊〈会真图〉研究》，中国美术学院博士论文，2014年。

〔4〕 王耀庭《宋册页绘画研究》，《宋代书画册页名品特展图录》，台北故宫博物院，1995年。

〔5〕 柯律格也专门讨论了辽博本《清明上河图》中的这些图像，参见Craig Clunas, *Chinese Painting and Its Audiences*, pp.121-124. 对于孙思邈画像的讨论，参见黄小峰《看画治病：传宋人〈观画图〉研究》，《美苑》2012年第4期。

〔6〕 李慧漱《〈西湖清趣图〉与临安胜景图像的再现》，李凇主编《"宋代的视觉景观与历史语境"会议实录》，桂林：广西师范大学出版社，2017年。

〔7〕 方闻认为是南宋后期之作，参见方闻《超越再现：8世纪至14世纪中国书画》，李维琨译，杭州：浙江大学出版社，2011年，页232。大都会艺术博物馆官方网站上对此画的最新说明文字则认为画面的画法以及建筑样式与永乐宫壁画相近，因此可能是一件元末明初之作。

〔8〕 （元）苗善时编《纯阳帝君神化妙通纪·游戏岳阳第六十一化》第五卷第七，《正统道藏·洞真部·记传类·帝上》卷159—160，民国十二年上海涵芬楼影印本。

〔9〕 方闻认为画的就是骑着毛驴的吕洞宾，见《超越再现：8世纪至14世纪中国书画》，页236。

〔10〕 （明）臧晋叔编《元曲选》，北京：中华书局，1958年，页619。

〔11〕 《吕祖志》第六卷第二十三，《正统道藏·续道藏》卷1112—1114。

〔12〕 李慧漱认为白墙上的草书可能是表现历代著名文人在岳阳楼的留题，也可能暗示着吕洞宾自己的题诗。参见Hui-shu Lee, *Exquisite Moments: West Lake and Southern Song Art*, China Institute Gallery, 2001, p.110.

〔13〕 申万里《元代的粉壁及其社会职能》，《中国史研究》2008年第1期；徐燕斌《唐宋粉壁考》，《华东政法大学学报》2014年第5期。

〔14〕 （明）臧晋叔编《元曲选》，页527。

〔15〕 如大都会艺术博物馆官方网站上对此画的说明文字中就猜测是元末明初的某个丁巳年，可能是1377年。

〔16〕 转引自陈高华编《宋辽金画家史料》，北京：文物出版社，1984年，页405。

〔17〕 施耐庵、罗贯中《容与堂本〈水浒传〉》，上海：上海古籍出版社，1988年，页414—415。

〔18〕 （唐）房玄龄等撰《晋书·刘伶传》第5册卷49，北京：中华书局，1974年，页1376。

〔19〕　《容与堂本〈水浒传〉》，页452。

〔20〕　《容与堂本〈水浒传〉》，页126。

〔21〕　《容与堂本〈水浒传〉》，页63。

〔22〕　《容与堂本〈水浒传〉》，页92。

〔23〕　《群音类选·清腔类》卷四《画眉昼锦一套》册四，北京：中华书局，1980年，页2225。

〔24〕　（清）洪昇《长生殿》，北京：人民文学出版社，1983年，页44。

〔25〕　宝宁寺水陆画的诸多问题目前尚不十分明了，有关研究，可参见陈俊吉《宝宁寺水陆画的绘画制作年代与赏赐年代探究》，《书画艺术学刊》第六集，台北，2009年。

〔26〕　（宋）孟元老《东京梦华录》卷八，邓之诚注，北京：中华书局，1982年，页215。

〔27〕　中文版见（英）柯律格《明代的图像与视觉性》，黄晓鹃译，北京：北京大学出版社，2011年，页25—27。

〔28〕　王玉冬《蒙元时期墓室的"装饰化"趋势与中国古代壁画的衰落》，《美术学报》2012年第4期，页25—34。郑岩《夕阳西下——读兴县红峪村元代武庆夫妇墓壁画札记》，巫鸿等编《古代墓葬美术研究（第三辑）》，长沙：湖南美术出版社，2015年。

〔29〕　柯律格《明代的图像与视觉性》，页24。

〔30〕　柯律格《明代的图像与视觉性》，页28。

（作者单位：中央美术学院人文学院）

生与死——墓葬壁画中的世界

齐东方

人类对于死亡，恐惧又无法避免，因而产生了各种认识和处理方式。墓葬是生与死的对接，也是联系死者和生人的情感纽带，扑朔迷离又耐人寻味。它将抽象的生死观鲜活地展现，反映着人们在生与死两个世界的徘徊。在不同时代、不同地区、不同信仰的差别中，又是社会历史变迁的写照。

中国古代的丧葬，有牢不可破的原则，即"事死如事生""生，事之以礼；死，葬之以礼，祭之以礼。"[1]"丧礼者，以生者饰死者也，大象其生以送其死也。故事死如生，事亡如存，终始一也。"[2]由于这一思想观念及行为准则，人们把墓葬被称之为"阴宅"。"阴宅"包括建筑营造、壁画雕刻、随葬物品等，出现了既细致入微又奇幻丰富的创造，给死亡赋予了很多意义。了解了人们的生死观，不会感到墓葬阴森恐怖，那里虽是悲情的结尾，却是美妙故事的开始。

墓葬是"阴宅"，明确于棺椁葬法的出现。多重棺椁，除了安置尸骨的内棺，其他每重椁被设定了特殊的功能，置放不同类别的物品。大约在西汉中期以后，又开始用砖、石砌建墓葬，完成了由"椁墓"到"室墓"的转变，"阴宅"的面貌更加明确。

"室墓"可以依山开凿，也能用砖石建造，模拟阳间住宅的情景。大型墓葬，各个墓室可分别比定为客厅、寝室、仓厨、柴房、厕所等。人们相信，死者会在华丽的"阴宅"里继续享乐，有限的人生终结后，永恒的岁月刚刚开始。

然而，建造试图再现阳间生活的墓葬，毕竟有设计、材料、环境上的局限，对死亡复杂的向往无法全部表现。于是，作为补充手段，便在墓中绘制壁画、雕刻图像、放置器物。而壁画图像，使难以用墓葬形制和随葬品来展现的丧葬观念变得形象化。

在幽深黑暗的地底，通过图像表达对生与死的认识，从汉代到宋元经历了几次大变迁，体现出人们不断思考的过程。汉墓中的图像反映的是现实、历史和想像，最突出的是天堂仙界的世界观和"三纲五常"的道德观。魏晋以后，宴饮、仪仗成为主流，极力表达墓主人的身份、展示威仪。晚唐到宋元，人们不想带着惆怅步入仙境，也不满足对礼制的追求，希望在死后的家园中仍有歌舞升平，试图将生前的生活和死后享乐融为一体。三次大调整，是从幻想到礼仪，再到现实的转变，其间的继承、抛弃、创新，是对生与死思考的更新，徘徊的矛盾中的理性的提升。

一

河南永城柿园西汉早期墓[3]，判定的年代是在公元前136至公元前118年之间，墓葬壁画中令人瞩目的是，墓室顶部有"四神云气图"，即青龙、朱雀、白虎、怪兽遨游天空，周边用云气等勾勒，气氛神秘。还有"绶带穿璧"，璧的圆形孔道，一般被解释为"天门"，暗喻墓主人穿过玉璧的孔道登临仙界。

汉代人的神仙思想很盛，很多人认为人死后可以升天，体现这种意图的图像很多，江苏徐州铜山县洪楼村的画像石[4]中有河伯（海神）、风神、扶筇迎谒者、雷工、乘象者、雨师等的出行组合，也属天堂仙界之类的内容。

汉墓图像不仅要展示现实生活，还要表达人们的死后的理想追求。学者们将汉墓壁画及画像石的内容做过概括，认为主要是墓主仕宦经历、宴饮（图1）、生产活动、战争图等[5]，或者分为神异、鉴戒、纪实和装饰四种[6]，也被归纳为"幸福家园""天界"和"仙境"三类[7]。如果与后代的墓葬图像相比，最独特的是那些奇禽异兽、日月星辰（图2）、东王公、西王母（图3）、历史故事、神话传说、祥瑞图案。墓室装饰中，穹顶上有日月星辰永恒照耀，神仙异兽在墓壁云气中恣意遨游，都是当时的人们对死后处境的某些设想，可看作是这时墓葬壁画的主旋律。其寓意虽有不同的解读，但基本上都围绕着"神祇""天界"和"仙境"展开。

二

汉末出现战乱，经济凋敝，各方势力为战争筹措军饷，竟出现盗墓之风。盗墓的后果，迫使人们不得不思考：作为永恒庇护所的墓葬安全吗？因此，战乱稍有平息，曹魏、西晋的最高统治者就接连发布薄葬令。比起此前的汉代以倡导节俭为主旨的薄葬主张和诏令，新的薄葬主张，源于对死亡和死亡后如何处理的新认识，目的是要移风易俗。厚葬"死者不知，生者不得"[8]、"厚葬无益于死者"[9]的观念被更多的人接受。这使魏晋以后的墓葬出现了划时代的变化[10]，地上的石刻取消了，地下的多室墓向单室墓过渡，随葬物品简单了许多，壁画图像也重新寻找生死两界的沟通方式。

或许是薄葬的原因，汉代以后壁画墓一度沉寂，直到北朝才重新勃兴。重新勃兴的壁画并非是对传统的回复，而是以崭新的面貌出现。北魏早期的大同沙岭墓[11]、梁拔胡墓[12]，壁画的题材和构图相似，墓室后壁绘墓主夫妇或

图1 河南偃师辛村新莽墓壁画／宴乐图

图2 河南洛阳浅井头西汉墓壁画／伏羲图

图3 河南偃师辛村新莽墓壁画／西王母凤鸟图

男墓主人正坐在帷帐中的榻上，背后有屏风，榻前设案及食具，两侧绘侍者、鞍马、杂耍乐舞。墓室两侧壁一侧绘庄园生活图，另一侧绘车马出行图或山林狩猎图。有的墓还在绘门吏或门神、伏羲、女娲、青龙、白虎等。这一模式出现后得到了延续，智家堡北魏石椁壁画墓[13]，石椁内部北壁正中绘墓主人夫妇在帷帐中，并坐于榻上，旁有男女侍仆、树木、奉食图。东壁上部绘二羽人持幡，下部绘四男侍持莲蕾。西壁上部也绘二羽人持幡，下部绘四女侍持莲蕾。南壁绘牛车、鞍马、男女侍仆、树木。

沙岭墓的仪仗图，有鼓吹、稍、弓箭、幡节、扛鼓、持盾扛剑武士等。智家堡墓棺板上描绘的是盛大的车马出行队列。宁懋石室[14]雕刻以牛车为中心的仪仗图，还有手持仪剑和盾、戟和盾的武士形象。

与汉代不同，玄想式的内容几近消失，夫妇宴饮和仪仗队列成了新的主题。尽管汉代也有同样题材，但实际内容相差很大。这时的宴饮场面极为突出夫妇的形象，似乎还带有灵位的意味。仪仗是以牛车、鞍马为核心的队列，与汉代

图4 山西朔州水泉梁北齐墓壁画局部一

那些"海神出行""河伯出行""雷神出行"不同,而是现实生活中官员出行的场景。

在接下来的北齐河北磁县的湾漳墓、高润、茹茹公主墓,山西娄叡、徐显秀墓等[15],牛车、鞍马仪仗图变得声势浩大(图4),图像构成也形成了较为固定的模式,通常对称地描绘在墓道、甬道两侧,有的画在墓室内。湾漳墓是高等级的墓葬,墓道两侧、墓室的四壁、顶部甚至墓道地面均绘有华丽的壁画。在全长37米的墓道两壁,描绘的是神兽导引的106人组成的仪仗行列。茹茹公主墓墓道中也绘制了以青龙、白虎所引导的仪仗队伍,左右对称,每壁十四人。

仪仗人物手持用具可大体分为三类:一是矛、盾、剑、稍等兵器,作为行进中的前驱,以增加整个仪仗队伍的庄严。二是盖、伞、扇等礼器类,是整个仪仗队伍的中心,凸现墓主人的威仪。三是手持乐器的"鼓吹"队伍(图5)。

图 5 山西朔州水泉梁北齐墓壁画局部二

墓门处还常画持鞭、笏的胥吏(图6)。

除了高等级的大墓,北魏元怿墓、崔芬墓、北齐□道贵墓、崔博墓、颜玉光墓等[16],图像内容相通,只是规模较小。北周的仪仗图表现形式较为单一,但核心内容变化并不明显,李贤、宇文猛、田弘墓[17]均为持刀武士。无论是规模宏大还是简亿,都形成了一定的规范。

南方地区在云南昭通发现霍承嗣墓[18],满绘的壁画分为上下两层。上层为神兽、云气图。北壁墓主人像的旁边陈列着11件仪仗用具的兵兰,东壁下方为13人的持幡行列的仪仗。南朝早期的邓县画像砖墓[19],墓券门处绘有持剑武士形象,墓室内东西两壁的上嵌有对称的牛车两乘,另有持杖、盾、弓、箭、剑的武士、骁马乐队以及手持扇的侍从。南朝建山金家村墓葬是拼镶砖画,仪仗图靠近墓室后壁的东西壁下方,左右分别对应,最前面的为骑马武士,披甲背弓,随后为持戟武士,双手持长戟,腰佩仪剑。后面为持伞盖侍从。最后

图 6　山西太原北齐娄叡墓壁画／门官图

面的为骑马鼓吹。南朝墓葬的拼镶砖画中的仪仗图像组成较为一致，也暗示着这是一套较为固定的图像模式。

如何面对生与死？如何对待死亡后的去向？人们意识到汉代那些成仙的事例只是未见过的传说，四方神祇、羽化登仙等不过是虚幻的梦想。曹魏西晋之后人们对丧葬礼制进行的反复讨论和修订中，可见维系礼制同时也顾及了人的感情因素，尽量使礼与情达到交融的状态。反映在墓葬图像中不再出现汉代那种庞大、复杂的虚幻场景，无论是北方还是南方，仪仗图均被选为主要的内容。仪仗作为礼制的标志，最能体现人的身份，这一基本的构成，逐渐具有程式化的特点。

在思想活跃的南朝，墓室图像中新登场的还有竹林七贤，即嵇康、阮籍、山涛、向秀、刘伶、王戎、阮咸及荣启期。这些人物画面巨大，十分醒目，取代了以往仙境中的各种神。真实的人物，拉近了现实的距离，带有明确的人性关怀。这些图像的意义可从荣启期的出现得到提示，表面上很容易理解为是寻求墓葬空间装饰对称的需要，但将时代相差甚远、春秋时期的荣启期补充进来，表明重点不是强调每个人的故事，应是推崇他们共同的行为理念。荣启期也是"鹿裘带素，鼓琴而歌"的高士，性格行为与竹林七贤相当一致，他们不回避对人生、命运、生活的欲求。当人物的个体特点被淡化，普遍意义便显现出来，比起汉代那些难以读懂的图像，梦想与现实并不对立，欲使死亡变得肆意酣畅，竹林七贤等自享自足的游戏人生，才是应该追求的来世生活。

魏晋以后的思想不同于烦琐和迷信的汉儒，清谈、玄学、五灵说、神仙可学论等等，既反映了人们对人生价值的迷茫，也是人生价值的重新发现。汉代通过"荆轲刺秦王""孔子见老子"等明君、圣贤、义士等典故进行忠心、侠义劝勉的图像几乎不见，竹林七贤的人格魅力成为人们的榜样。另外，这一时期道、佛等宗教开始兴盛，宗教的生死观与传统的丧葬观念并非水火不相容，掺杂、融合各种宗教观念的图像如火焰宝珠、金翅鸟、莲花忍冬、狮子、天人、雷公、神兽，甚至还有供养人、结跏趺坐形象、僧人等也叩开了冥府的大门。图像定格在夫妇宴饮、仪仗以及糅杂佛、道元素，是一条新的主线，完成了与以往的切割。

这一现象一直持续到唐代前期。车马仪仗仍体现着礼仪制度的森严（图7），但游离于礼仪制度之外的生活情趣、款款而行的侍女（图8），甚至有群体宴饮、纯粹歌舞的祥和场景出现，尽管不占主流，却是一个信号，暗示着一场新的变革到来。

图7　唐太宗贞观五年（631）/陕西三原李寿墓墓道西壁/骑马仪卫图/陕西历史博物馆藏

图8　唐中宗神龙二年（706）/陕西咸阳永泰公主墓/宫女图/陕西历史博物馆藏

三

　　生死观念的转变，直接影响到墓葬中图像内容的选择，在生命的潮起潮落和岁月长流中，活生生的现实更激发起人们的兴趣。宋元墓葬壁画的主旋律，是对当下生活的满足、对未来更良好的预期。逝者的亲属、画师、工匠不需要煞费苦心地设计，借鉴现实现成的题材足矣，墓葬已经不像是生与死的中转站，而是现实中的欢乐场。

　　8世纪中叶，发生了震惊社会、历时八年的"安史之乱"。这场极大的动荡，使社会秩序失控，原有的精神依托受到怀疑[20]。在丧葬活动中，人们在寻找彼岸世界的答案时，对升仙的祈求不再执着，四神飞仙、云中车马只是偶然见到。仪仗出行不再恪守，竹林七贤等的超脱失去了吸引力，墓葬图像更多的是在礼仪制度视线之外，内容更为自由（图9-10）。与此同时，对风水堪舆逐渐重视，丧葬中摆道场、设水陆大会等开始兴盛。

　　梦想破灭，需要新的思想充实。想像世界太虚幻，夫妇宴饮有些拘谨，而仪仗带防范的紧张状态。宋元人抛弃了这些传统，世俗生活的场景成为主流，没有庄严肃穆，涌动着对生活的、生命的爱恋，从内容到形式开始了另一番的热闹。

　　宋元墓葬图像，多少有些我行我素，几乎无固定的模式，却令人耳目一新。

图9 唐德宗兴元元年（784）/唐安公主墓室西壁壁画/花鸟图/陕西历史博物馆藏

图10 盛唐/陕西西安南里王村韦氏墓墓室西间壁壁画/树下侍女图/陕西历史博物馆藏

夫妻对坐的图像虽然可以看做是对汉代、北朝的一脉相承，也有墓主灵座的意味，但人情味更浓。通常都以"芳宴"的形式出现，桌上摆上果食饮品，还增添了家居背景装饰，如同日常生活中夫妇秀恩爱（图11-12）。孝子图再度勃兴，是因为中国以孝为核心的牢固观念的延续，但这时大致固化为二十四孝的内容（图13）。早期可见的农耕图、庖厨图重新出现，但选择的范围更广，人们用笑脸从事着烧火做饭、拉磨、舂米等生活中的琐碎。喂马、宰杀等场景妙趣横生。扬场、耙地、耕耘充满欢快。整体氛围像是表达孝心，取悦死者。

戏曲歌舞并非是早期模式化、符号式的标签，而是真实表演的瞬间（图14）。奉酒、奉茶的场面，要极力表现全过程。点灯添油、妇人或童子掩门、携子母亲也纷纷入画，而且显得十分随意，成为一幅幅生动的民俗画（图15）。山水画尽管唐代或更早已经悄悄地出现，这时成为流行的题材。山西大同至元二年冯道真墓的山水画，直接题上"疏林晚照"，犹如一幅独立、供欣赏的作品，在阴宅中悬挂。有些山水画之中有人物的存在，可以取名为"隐逸图""高士图"，但仍和当时流行的山水画一致。

丧葬观念、习俗、礼仪和制度，以生死观念为基础，同样是对永恒不朽的追求，宋元时期关注人死亡后的快乐，墓中的图像充满人间烟火，几乎见不到悲观、消极，阖家欢乐是人们的普遍追求。一幅幅生活画卷就是现实生活，没有神秘，只有美好，完成了中国墓葬图像从幻想到现实的转变。

图 11.1　山西阳泉盂县皇后村宋金壁画墓北壁

图 11.2　山西阳泉盂县皇后村宋金壁画墓东壁

图 11.3　山西阳泉盂县皇后村宋金壁画墓东南壁

图 12　山西长治屯留县康庄工业园区元代 M2 壁画墓北壁

图 13.1　山西阳泉平定西关 M1 壁画墓东壁

图 13.2　山西阳泉平定西关 M1 壁画墓西壁

369

图 14.1　山西阳泉东村元墓北壁

图 14.5　山西阳泉东村元墓南壁

图 14.8　山西阳泉东村元墓西北壁

图 14.2　山西阳泉东村元墓东北壁

图 14.7 山西阳泉东村元墓西壁

图 14.3 山西阳泉东村元墓东壁

图 14.6 山西阳泉东村元墓西南壁

图 14.4 山西阳泉东村元墓东南壁

结语

　　图像常常是一种模糊的表意符号，功能有时不甚明确，诠释时的不确定性提供了更多的探索和思考空间。墓室图像不是纯艺术作品，而是丧葬活动的产物，人们很想知道古人墓葬壁画是如何思考、如何表现、尽力捕捉古人的心态，但墓室壁画是以独特的艺术语言和逻辑，述说着对生命去向的关怀和期望，对子孙幸福发达的影响，而这些最终都要归结为对生与死的认识。从汉代的幽虚飘渺，到魏晋隋唐礼仪庄重，再到宋元的世俗欢乐，墓葬壁画形成了文化转型的不同阶段。解读壁画，也是在解读中国思想史，探讨历史社会的演变。

〔1〕 杨伯峻译注《论语译注》卷二《为政》，北京：中华书局，2009年，页13。
〔2〕 王先谦著《荀子集解》卷一三《礼论篇第十九》，北京：中华书局，1988年，页366。
〔3〕 河南省商丘文物管理委员会等编《芒砀山西汉梁王墓地》，北京：文物出版社，2001年，页115—120。
〔4〕 王德庆《江苏铜山东汉墓清理简报》，《考古通讯》1957年4期，页33—38；徐州市博物馆《徐州汉画像石》，图85，南京：江苏美术出版社，1985年。
〔5〕 中国大百科全书总编辑委员会《考古学》编辑委员会《中国大百科全书·考古学》"汉画像石墓"条（俞伟超、信立祥撰），北京：中国大百科全书出版社，1986年，页178—179。
〔6〕 孙机《仙凡幽明之间——汉画像石与"大象其生"》，氏著《仰观集——古文物的欣赏与鉴别》，北京：文物出版社，2012年，页165—217。
〔7〕 （美）巫鸿著《黄泉下的美术——宏观中国古代墓葬》，北京：生活·读书·新知三联书店，2010年，页31—63。
〔8〕 （汉）班固撰《汉书》卷六七《杨王孙传》，北京：中华书局，1962年，页2908—2909。
〔9〕 （晋）陈寿撰，（南朝宋）裴松之注《三国志》卷三《魏书·明帝纪》注引《魏略》，北京：中华书局，1982年，页96。
〔10〕 齐东方《中国古代丧葬中的晋制》，《考古学报》2015年3期，页345—366。
〔11〕 大同市考古研究所《山西大同沙岭北魏壁画墓发掘简报》，《文物》2006年

10期，页4—24。

〔12〕 张庆捷《大同南郊北魏墓考古新发现》，国家文物局主编《2009中国重要考古发现》，北京：文物出版社，2010年，页106—111。

〔13〕 王银田、刘俊喜《大同智家堡北魏墓石椁壁画》，《文物》2001年7期，页40—51。

〔14〕 郭建邦编著《北魏宁懋石室线刻画》，北京：人民美术出版社，1987年。

〔15〕 中国社会科学院考古研究所、河北省文物研究所编著《磁县湾漳北朝壁画墓》，北京：科学出版社，2003年；磁县文化馆《河北磁县北齐高润墓》，《考古》1979年第3期，页235—243、234；磁县文化馆《河北磁县东魏茹茹公主墓发掘简报》，《文物》1984年4期，页1—10；山西省考古研究所、太原市文物考古研究所著《北齐东安王娄叡墓》，北京：文物出版社，2006年；太原北齐壁画博物馆编《北齐徐显秀墓》，太原：三晋出版社，2015年。

〔16〕 徐婵菲《洛阳北魏元怿墓壁画》，《文物》2002年2期，页89—93；山东省文物考古研究所、临朐县博物馆《山东临朐北齐崔芬壁画墓》，《文物》2002年4期，页4—26；济南市博物馆《济南市马家庄北齐墓》，《文物》1985年10期，页42—49；山东省文物考古研究所《临淄北朝崔氏墓》，《考古学报》1984年2期，页221—244；安阳县文教局《河南安阳县清理一座北齐墓》，《考古》1973年2期，页90—91。

〔17〕 宁夏回族自治区博物馆、宁夏固原博物馆《宁夏固原北周李贤夫妇发掘简报》，《文物》1985年11期，页1—20、97—100；宁夏文物考古研究所固原工作站《固原北周宇文猛墓发掘简报》，许成主编《宁夏考古文集》，银川：宁夏人民出版社，1994年，页134—147；原州联合考古队编著《北周田弘墓》，北京：文物出版社，2009年。

〔18〕 云南省文物工作队《云南省昭通后海子东晋壁画墓清理简报》，《文物》1963年12期，页1—5。

〔19〕 河南省文物局文物工作队《邓县彩色画象砖墓》，北京：文物出版社，1958年；杨泓《邓县画像砖墓的时代和研究》，《考古》1959年5期，页255—261。

〔20〕 齐东方《唐代的丧葬观念习俗与礼仪制度》，《考古学报》2006年1期，页59—83。

（作者单位：北京大学考古文博学院）

前朝楷模　后世之范
——谈新发现的南京狮子冲和石子冈南朝墓竹林七贤壁画

郑岩

新近出版的《南朝真迹——南京新出土南朝砖印壁画墓与砖文精选》一书[1]，系统公布了南京地区一批南朝墓的新材料，包括2010年发掘的城南雨花台区石子冈雨花软件园A1地块内5号墓、2012年发掘的雨花台区铁心桥小村乌龟山1、2号墓、2013年发掘的城东栖霞区新合村狮子冲北象山南麓1、2号墓（图1），其中4座墓出土竹林七贤与荣启期题材的模印拼镶砖壁画。就这些新发现的材料，本文抛砖论砖，仅谈一些初步的想法，期待其他学者玉成更为细致深入的研究成果。

乌龟山1号墓在封门墙中检出5块与竹林七贤与荣启期、龙、虎、天人等题材相关的模印砖。石子冈5号墓使用了竹林七贤与荣启期、龙、虎、狮子、天人题材的模印拼镶砖，但这些砖杂乱无章地与图案简单的花纹砖混用，未构成完整的画面（图2）。这两座墓长度都接近9米，说明墓主身份较高，发掘者认为其年代均为南朝中晚期。

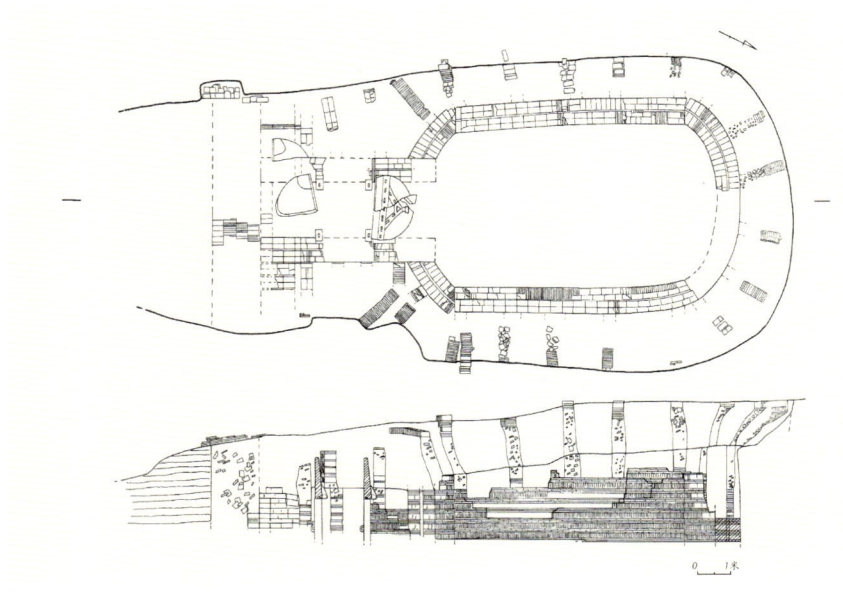

图1　江苏南京狮子冲1号墓平、剖面图（采自《南朝真迹》页64图6）

图2　江苏南京石子冈5号墓南壁壁画（采自《南朝真迹》插页1）

图3　江苏南京狮子冲1号墓西壁壁画／竹林七贤（采自《南朝真迹》插页2）

狮子冲两座墓的发掘因故中断，未清理到墓底。其中1号墓东壁破坏严重，至发掘停止的层面以上，仅见树木枝干、人物衣带和龙纹局部线条；西壁发现比较完整的羽人戏虎和半套竹林七贤与荣启期壁画，后者的人物由外而内依次为阮咸、阮籍、山涛和嵇康（图3）。2号墓东西两壁残损严重，东壁有羽人戏龙壁画，西壁有羽人戏虎壁画，皆仅存部分片段，此外还在填土中检出带有"向""嵇"文字的残砖，应是向秀、嵇康的题名，故可知该墓也有竹林七贤与荣启期壁画。狮子冲1、2号墓分别出土"中大通式年（530）"和"普通七年（526）"纪年砖，据有的学者研究，其墓主为萧梁昭明太子萧统及其生母丁贵嫔[2]。

南京、丹阳地区曾多次发现装饰竹林七贤与荣启期模印拼镶砖壁画的墓葬，包括1960年发掘的南京西善桥宫山墓[3]、1965年发掘的丹阳鹤仙坳墓[4]、1968年发掘的丹阳建山金家村墓[5]和1968年发掘的丹阳胡桥吴家村墓[5]。这些大墓平面呈"凸"字形，由甬道和墓道组成，甬道前有封门墙，设一至两重石门，墓室长6.85~10米，甬道或墓室两壁装饰大幅拼镶砖画。西善桥宫山墓在墓室两壁装饰竹林七贤和荣启期壁画（图4），长240厘米、高80厘米。根据题记，南壁由外而内依次为嵇康、阮籍、山涛、王戎四人，北壁自外而内

图4　江苏南京西善桥宫山墓壁画／竹林七贤与荣启期（采自姚迁、古兵《六朝艺术》，北京：文物出版社1981年，图版162、163）

依次为向秀（图5）、刘灵（刘伶）、阮咸、荣启期四人，画面两端和每个人物之间均有一树。鹤仙坳墓、金家村墓、吴家村墓除了竹林七贤与荣启期题材，还发现其他内容的壁画。以保存较为完好的建山金家村墓为例，其甬道两壁为蹲伏的狮子和披铠武士，顶部为日月。墓室两壁上栏前段东侧为羽人戏龙，西侧为羽人戏虎（图6），后段两侧为竹林七贤与荣启期画像。两壁下栏各有四幅画像组成的仪卫卤簿，由外向内依次是甲骑具装、持戟侍卫、伞盖仪仗、骑马鼓吹。鹤仙坳墓、金家村墓，以及新发现的狮子冲墓前方还有成对的石兽。此外，1961—1962年发掘的南京西善桥油坊村罐子山墓毁坏过甚，只在第一重石门外的甬道两壁中部发现一大幅狮子拼镶画，而未见竹林七贤与荣启期壁画[7]。学术界一般认为这几座大墓的墓主为南朝帝王[8]，此次发现的狮子冲墓再次证明这类墓葬的等级极高。

图 5　江苏南京西善桥宫山墓北壁向秀画像 / 郑岩摄影

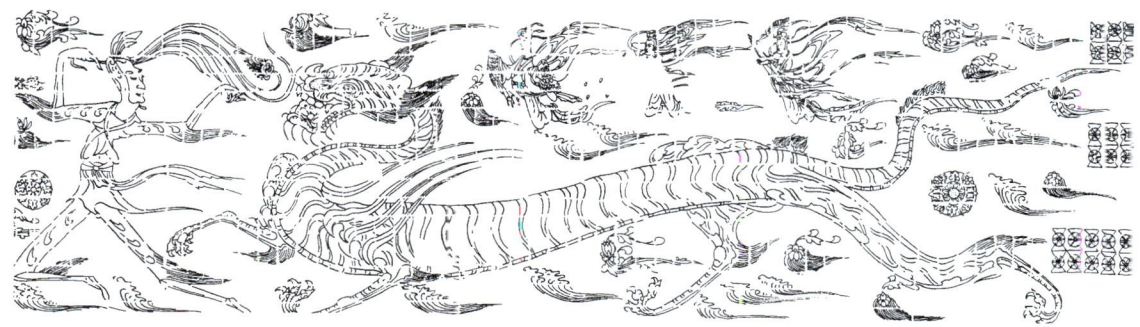

图 6　江苏丹阳建山金家村墓西壁羽人戏虎画像线图 / 郑岩绘图

图 7　江苏南京石子冈 5 号墓南壁局部 / 郑岩摄影

　　论者一般认为宫山墓所见竹林七贤与荣启期壁画最为完好地传达了画稿（或称"粉本"）原貌，而金家村墓和吴家村墓的构图与人物形象大体与宫山墓竹林七贤与荣启期画像一致，但细部有所改动，题记多有错乱。石子冈 5 号墓和狮子冲 1 号墓的情况更为复杂。发掘者仔细观察了石子冈 5 号墓的 6 块砖，发现这些砖与宫山墓砖"纹饰以及花纹在砖上的位置均相同"，因而推测二者"不仅是同一粉本，而且是同一模范制作出来的"[9]。耿朔、杨曼宁正在进行一项更为细致的研究，他们根据宫山墓壁画的布局，将石子冈 5 号墓竹林七贤与荣启期壁画的散砖（图 7）进行了复位，初步的结果显示，石子冈 5 号墓大量的散砖确与宫山墓壁画出自同一套模具。此外，该墓还存在多组图像重复的砖，应是利用同一模板多次印制的结果。他们提出，石子冈 5 号墓拼镶砖的来源至少有两种可能：其一，修建这座墓的人可能得到了宫山墓砖不完整的模具，并继续利用这套模具制作多套砖；其二，更大的可能性是，他们通过某种渠道得到了原来制备好的多套砖，但均已不完整[10]。

　　在此之前，已经有多位学者讨论过南朝大墓中数套竹林七贤与荣启期壁画彼此之间的关系，其中何慕文（Maxwell O. Hearn）的一项研究尤值得重视。他以金家村墓出土嵇康像与宫山墓的拓本比较，注意到前者一部分砖的线条与

 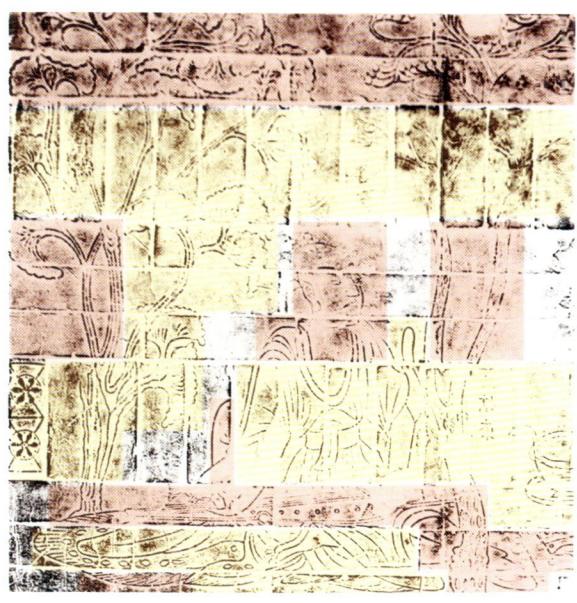

图 8　何慕文对丹阳建山金家村墓壁画的分析
　　左：南京西善桥宫山墓嵇康像　　右：金家村墓嵇康像
　　红色为与宫山墓壁画重合的部分　黄色为补加的部分　采自 China:Dawn of a Golden Age, 200—750 AD, p.207）

后者完全一致。他推测这是利用了与宫山墓相同的一套不完整的砖，重新翻制模具，再将缺失部分的模具补全，然后用这套修复后的模具印制出整套壁画（图 8）[11]。进一步看，金家村墓补加的部分在制作时大致遵循了原有的线条，应是参照了原画稿或其摹本。但新模具也有不少明显的出入，最为明显的是阮籍的身体前后翻转，致使左右手颠倒（图 9）；此外，题记也多有错乱，如向秀题记误为"王戎"，刘伶误为"山司徒"，阮籍误为"刘伶"，王戎误为"阮步兵"。

吴家村墓竹林七贤与荣启期壁画使用的是一套全新的模具，虽然构图和基本母题没有大的变化，但与宫山墓原图并无重合部分，风格也有一定的差距，如人物大多显得年龄较大。町田章指出："金山村墓的描绘与宫山墓相近，看来在细部上有退化的倾向。吴家村墓则与宫山墓有显著的区别，如以金家村墓作为中介的话，也应是同系统的东西。"[12] 何慕文也提到，吴家村的模具是在金家村墓的基础上重新制作的[13]。

狮子冲 1 号墓西壁所见七贤壁画使用的也是重新制作的一套模具，但距离宫山墓的原画稿更远，其中阮咸大致保持了宫山墓的动态，嵇康左右反转，宫山墓中长啸的阮籍改为饮酒，宫山墓中饮酒的山涛改为手持麈尾。可能流传多年的画稿已经散乱，狮子冲 1 号墓中四人的次序与宫山墓全然不符，题记也有错乱。其中嵇康画像的题记误作"阮步兵"。这种现象似可证明狮子冲 1 号墓的年代晚于金家村墓和吴家村墓，也进一步将后两座墓的年代确定在 530 年之前。

图 9　江苏丹阳建山金家村墓阮籍像（采自《六朝艺术》图版 217）

综合上述情况，这些大墓所见的几套竹林七贤与荣启期壁画之间的关系，包括以下几种：

1. 宫山墓，全面地呈现了画稿的原貌。
2. 金家村墓，利用旧砖制作新模具，并补齐失去的部分。
3. 石子冈 5 号墓，继续使用宫山墓不完整的旧砖或模具，却未能修补完整。
4. 吴家村墓，在原画稿的基础上重新绘制新稿，制作新的模具。
5. 狮子冲 1 号墓，重新制作模具时所依据的原始资源相当有限，仅在构图和人物动态上与原作类似。

图 10　江苏丹阳建山金家村墓画像／骑马鼓吹（采自《六朝艺术》图版 211）

　　出土模印拼镶砖壁画的几座大墓的年代问题，目前并没有得到彻底解决，一般认为丹阳的三座墓年代为南齐。对于宫山墓年代，学者们则持有不同的意见，从最早的东晋说[14]，到后来提出的晋、宋之间说[15]、刘宋说[16]、梁代之后说[17]、齐说[18]、齐至陈说[19]等，可谓言人人殊。如果我们更仔细地研究这几套壁画图像的关系，再结合墓葬位置、墓葬形制、随葬品等因素，或有可能在编年问题上取得新的突破[20]。此外，我在此提出其他几个值得注意问题，供有兴趣的研究者讨论。

　　第一个问题是：那些原始的砖或模具价值何在？模印拼镶砖壁画的制作要耗费大量工时，罗宗真对于其制作程序进行了推想："估计是先在整幅绢上画好，分段刻成木模，印在砖坯上，再在每块砖的侧面刻就行次号码，待砖烧就，依次拼对而成的。"[21] 此外，发掘时还在这些砖上发现过彩绘的痕迹。要保证整套砖或模具的完整和次序的正确，是十分不易的。金家村墓和石子冈 5 号墓所见，正是这套砖或模具散失的结果。在金家村墓骑马鼓吹画像中，还出现了局部画像砖倒置的现象（图 10）。

　　如金家村墓那样补加散失部分的模具，是一项相当复杂的工作。工匠需要首先将尚存的砖拼合起来，再在空隙部分补绘画稿，然后按照原有的工序制作出新模具，并尽可能地与原砖的线条衔接周密，以保证风格的统一。这样做，比另起炉灶、完整地制作一套模具可能更加困难。石子冈5号墓所见，则意味着工匠们知难而退，既未能补加失去的部分，也未重新制作一套新的模具。那些带有画像的砖固然十分散乱，但是，也许不能简单地理解为工匠将其当作普通的砖材使用，因为它们毕竟最终被砌筑在了墓室的墙壁上，仍以一种特定的方式确认了原有模具、砖材和图像的价值。即使那些不得已重新制作的整套新模具，也以原有的画稿为样板。对于原作局部的误解，可能只是因为缺少原始依据。实际上，包括狮子冲1号墓在内，新的模具都没有从根本上颠覆原作的母题、构图和风格。原始砖或模具似乎具有某种"神圣性"，不能被轻易更改和遗弃。

在模具复刻、翻印的过程中，"模"的字面意义得以强化，即作为一种标准而存在，并不断衍生出其化身。链条的部分环节有所中断，但工匠们仍努力坚守、修补、复建这根链条。贯穿这根链条的"神圣性"并非存在于作为工具的印模本身，也不寄身在脱胎于这些印模的材质平平的砖块中，而是其背后的画稿。由此衍生出第二个问题：原始的画稿有什么特殊的意义？

这套画稿已不复存在，从某种意义上讲，它已超越了某种具体的材质，只是借助于砖块，留下作为"痕迹"的图像。但我们可以凭借痕迹追踪其真身，正如许多研究者所指出的，宫山墓竹林七贤与荣启期壁画是目前所见这一时期绘画水平最高的作品，其画稿应出自某位著名的艺术家。的确，当时有不少重要的画家绘有七贤，如《晋书·顾恺之传》云："恺之每重嵇康四言诗，因为之图。"[22]《世说新语·巧艺》记顾恺之论画嵇康《送秀才入军诗》曰"手挥五弦易，目送归鸿难"[23]。见于唐人张彦远《历代名画记》所载，绘七贤的画家有东晋顾恺之、史道硕、戴逵，宋陆探微、宗炳，齐毛惠远、宗测等[24]。关于宫山墓画稿的具体作者，此前有顾恺之[25]、陆探微[26]、戴逵[27]等推断，还有学者认为两壁的稿本并非出自同一人之手[28]。由于这些画家并无可靠的作品传世或见于其他考古发现，壁画中也无作者署名，所以这个问题终究难以论定。但是，这套作品的艺术水准的确无出其右者，上述几座大墓的砖和模具传承、修补、复制的现象，也有力地证明了画稿的权威性。

被宋人郭若虚誉称为"万古不移"之论的谢赫"六法"中有"传模移写"一法[29]，一作"传移模写"[30]。虽然张彦远认为此"乃画家末事"[31]，但从临摹开始，与古为徒，却是中国绘画最基本的学习方式。书法的学习也是从描红、临写入手。大量书画作品因缣素易灭而难以存留真身，也依赖于勾描、临写、摹绘等复制方式，得以保存下其图像。

谢赫称戴逵"善图圣贤，百工所范"[32]，一些名家作品为其他寂寂无闻的画家和工匠所临摹，是常见之事。我们固不必将谢说中的"模"简单地理解为模具，其本意应是一种比喻或引申，但是在墓葬系统中，竹林七贤与荣启期

图 11　江苏丹阳胡桥吴家村墓东壁画像／羽人戏龙画／局部／郑岩摄影

壁画的制作确以其特有的技术和程序，实践了对于经典作品一次次的"传移"。

在南朝帝王陵墓发展的过程中，金家村、吴家村等墓增加了其他内容的壁画，但这些不同的题材在构图上和竹林七贤与荣启期壁画缺少有机的关联，在风格、水准上与之有明显的差异，如羽人戏龙、虎画像中使用了一些长线条（图11），人和动物的造型更为程式化；而卤簿仪仗和守门武士（图12）的造型则显然逊色许多，恰如张彦远所言"粗善写貌，得其形似，则无其气韵"[33]。但是，尽管如此，这些新增加的画面，都采用了线描的方式，力求与竹林七贤壁画保持一致性。

竹林七贤与荣启期画像在墓葬系统中的"传移模写"，固然与艺术自身的规律相一致，但另一方面，绘画的理论和实践并不是主导这一过程的唯一因素，这是我要谈的第三个问题。诚如许多学者所指出的，这些壁画传承的背后，是一种丧葬的礼制。在这种制度中，其他题材的壁画可以增益，但竹林七贤与荣启期壁画却成为长期稳定的内容。就目前所见材料来看，这一题材在南朝只限于帝王一级的大型墓葬。在等级较低的邓县学庄南朝墓中[34]，墓葬两壁相应的方位出现的不是竹林七贤，而代之以孝子、南山四皓、王子乔和浮丘公等故事[35]，这些内容多是一砖一画，和竹林七贤与荣启期壁画不可同日而语。2011—2012年发掘的浙江杭州余杭小横山南朝1号墓属于地方豪强的墓，其中虽然出现了画幅巨大的羽人戏龙、戏虎拼镶砖壁画[36]，但却不见竹林七贤

图 12　江苏丹阳建山金家村墓 / 武士画像 / 郑岩摄影

与荣启期壁画。只有当这一题材影响到北朝墓葬时，才突破了南朝墓等级的局限，出现于诸如崔芬等中级官员的墓葬中[37]。

绘画成为墓葬制度的组成元素，也印证了这一时期艺术史的一个重大变化。在东晋南朝，艺术开始进入一个"自觉的时代"，许多帝王、世家大族、文士进入艺术领域，他们参与绘画创作，探索理论问题，也成为艺术作品的收藏者和艺术创作的赞助者，绘画艺术的社会地位得以大大提升。虽然两汉墓葬中多见壁画、画像石和画像砖，但采用这些艺术形式的墓葬多属社会中层，或集中于某个特定的区域，或与某种信仰相关联，而等级高的墓却少见绘画。南朝新建立的墓葬制度与汉代重要的差别之一，便是绘画成为其中重要的组成部分。同样的现象也见于北朝，在邺城为中心的东魏、北齐墓葬中，一致性的壁画题材和布局成为贵族墓葬规制的重要特征[38]。只是由于其技术与材料的差别，我们无法像对南朝大墓这样更精确地观察北朝墓葬壁画彼此的传承关系。

第四个问题涉及这组壁画的题材与意义。竹林七贤是魏晋时期的七位名士，按照《世说新语·任诞》所说，"陈留阮籍、谯国嵇康、河内山涛三人年皆相比，康年少亚之。预此契者，沛国刘伶、陈留阮咸、河内向秀、琅琊王戎。七人常集于竹林之下，肆意酣畅，故世谓'竹林七贤'。"[39]这些人物的政治立场和思想倾向彼此不同，但他们好酒谈玄、不拘礼法、清虚无为的特征却是一致的。至于传说中曾与孔子对话的隐士荣启期，则富有道家色彩。这些人物成为南朝上层社会的精神楷模而受到追捧，诚如韦正所言，"南朝玄学清谈的继续盛行，是七贤在时人心目中依旧新鲜生动的基础"。韦正还指出，刘裕出身低微，"刘宋皇室将竹林七贤画进墓室，与七贤同列，既可以满足对一流名士的倾慕，又可以掩盖自卑心理"[40]。这些背景，的确是七贤等图像能够进入上层社会的日常生活和礼仪系统的一个重要前提。但在另一个层面，竹林七贤与荣启期壁画能够在墓葬系统中延续下来，还应该与当时的丧葬观念相关。町田章[41]、赵超[42]、李若晴[43]等学者曾谈到竹林七贤的神仙化问题，我也曾对此做过讨论[44]。在我看来，这两个层面并不矛盾，前者从思想史、政治史入手解释了为什么竹林七贤会受到南朝帝王的追捧，后者从宗教、信仰的视角回答了这些题材之所以成为墓葬制度组成部分的原因。

以上四个问题，从"模"的本意出发，推进到其引申意义，即楷模、样板、模范、典范、范式……涉及技术、艺术、制度与观念等各个不同的方面。需要说明的是，这四个问题彼此有着内在的关联。模具和原砖的使用、修补、重制，使原画稿被经典化；绘画经典化，反映了绘画艺术社会地位提升，从而成为上层建筑、意识形态的组成部分。反过来，也正是因为时代观念的变化，导致了人们对于艺术品的重视；对于杰作的珍重，又成为人们制作、使用、保存、修补模具和原砖的背景。

装饰竹林七贤与荣启期壁画的这些墓葬，至少跨越了南朝二至三个朝代，画稿的历史则有可能更为久远。改朝换代，伴随着政治动荡、军事冲突。那些拼镶程序极端复杂的砖或脆弱的模具，如何能够跨越不同的王朝，被认真地保存、修补？那些往昔的绘画经典，如何能够被彼此对立的统治者所共同珍视？那些前朝制定的葬制，为何能够在江山易色之后继续延续和发展？那些昨天所推崇的圣贤，为何在后世仍具有其精神和宗教的力量？对于这些问题，这篇小文无法一一给出答案，因为要全面、深入地作答，几乎需要重新写一部《南朝文化史》。

附记：感谢王志高、许志强、耿朔等师友的帮助！

〔1〕 南京市博物馆总馆、南京市考古研究所编著《南朝真迹——南京新出土南朝砖印壁画墓与砖文精选》，南京：江苏凤凰美术出版社，2016年。

〔2〕 许志强、张学锋《南京狮子冲南朝大墓墓主身份的探讨》，《东南文化》2015年第4期，页49—58；王志高《再论南京栖霞狮子冲南朝陵墓石兽的墓主人身份及相关问题》，氏著《六朝建康城发掘与研究》，南京：江苏人民出版社，2015年，页285—295。

〔3〕 南京博物院、南京市文物保管委员会《南京西善桥南朝墓及其砖刻壁画》，《文物》1960年第8、9期合刊，页37—42。

〔4〕 南京博物院《江苏丹阳胡桥南朝大墓及砖刻壁画》，《文物》1974年第2期，页44—56。

〔5〕 南京博物院《江苏丹阳胡桥、建山两座南朝墓葬》，《文物》1980年第2期，页1—17，图版2—5。

〔6〕 同上。

〔7〕 罗宗真《南京西善桥油坊村南朝大墓的发掘》，《考古》1963年第6期，页291—300、290。

〔8〕 如罗宗真认为宫山墓为宋孝武帝刘骏景宁陵（罗宗真《六朝考古》，南京：南京大学出版社，1994年，页132）。王志高认为墓主为陈废帝陈伯宗及王后（王志高《简议西善桥"竹林七贤"砖印壁画墓时代及墓主身份》，《中国文物报》1998年12月30日，第3版；氏著《六朝建康城发掘与研究》，页329—331）。冯普仁认为墓主属王侯一级（冯普仁《南朝墓葬的类型与分期》，《考古》1985年第3期，页269—278）。发掘报告认为，鹤仙坳墓是齐景帝萧道生（建武元年卒，494）修安陵，金家村墓可能是齐废帝东昏侯萧宝卷（永元三年卒，501）墓，吴家村墓可能是齐和帝萧宝融（天监元年卒，502）恭安陵。曾布川宽认为金家村墓可能是齐明帝萧鸾（永泰元年卒，498）兴安陵（曾布川 寛「南朝帝陵の石獣と磚画」，「東方学報」第63冊，1991年，页115—263）。

〔9〕 南京市博物馆总馆、南京市考古研究所编著《南朝真迹——南京新出土南朝砖印壁画墓与砖文精选》，页9。

〔10〕 耿朔、杨曼宁《试论南京石子冈南朝墓出土模印拼镶砖的相关问题（暂定名）》，稿本。

〔11〕 Maxwell O. Hearn, "Seven Sages of the Bamboo Grove," James C. Y. Watt ed. *China: Dawn of a Golden Age, 200—750 AD*, New Heaven and London, Yale University Press, 2004, pp.206—209.

〔12〕 町田章著，劳继译《南齐帝陵考》，《东南文化》第2辑，南京：江苏古籍出版社，1987年，页43—63。

〔13〕 Maxwell O. Hearn, "Seven Sages of the Bamboo Grove," p.208.

〔14〕 中国科学院考古研究所《新中国的考古收获》，北京：文物出版社，1962年，页94。

〔15〕 该墓发掘报告持此说。

〔16〕 町田章和韦正皆认为该墓年代在刘宋中后期,见町田章著,劳继译《南齐帝陵考》,页60;韦正《南京西善桥宫山"竹林七贤"壁画墓的年代》,《文物》2005年第4期,页75—87。

〔17〕 宋伯胤《竹林七贤砖画散考》,《新亚学术集刊》第4期,1983年,页218。

〔18〕 曽布川 寬《南朝帝陵の石獸と磚画》,《東方学報》第63册,1991年,页230—231。

〔19〕 王志高《简议西善桥"竹林七贤"砖印壁画墓时代及墓主身份》。

〔20〕 基于何慕文的研究,我倾向于认为西善桥宫山墓的年代早于其他几座装饰竹林七贤与荣启期壁画的墓葬。只有一种情况可以将这座墓葬的年代推到其他几座墓之后,即先用完整的模具制作出一整套画像砖,在保存很多年之后,砌筑在一座晚期的墓葬中。但是,很难想象这套砖会完好无损地按照原有的次序跨越一两个朝代保存下来,因此这种可能性较小,石子冈5号墓就是一个反证。

〔21〕 南京博物院、南京市文物保管委员会《南京西善桥南朝墓及其砖刻壁画》,页41。

〔22〕 《晋书》,北京:中华书局,1974年,页2405。

〔23〕 刘义庆撰,刘孝标注,杨勇校笺《世说新语校笺》,修订本,北京:中华书局,2006年,页647。

〔24〕 张彦远著,俞剑华注释《历代名画记》,上海:上海人民美术出版社,1964年,卷五,页98、107、120、124;卷六,页126、131;卷七,页137、146。

〔25〕 南京博物院、南京市文物保管委员会《南京西善桥南朝墓及其砖刻壁画》,页42。

〔26〕 林树中《江苏丹阳南齐陵墓砖印壁画探讨》,《文物》1977年第1期,页71—72;林树中《再谈南朝墓〈七贤与荣启期〉砖印壁画》,《艺术探索》第19卷第1期(2005),页11—23。

〔27〕 金维诺《我国古代杰出的雕塑家戴逵和戴顒》,氏著《中国美术史论集》,北京:人民美术出版社,1981年,页83—89。

〔28〕 巫鸿(Wu Hung)提到这个看法,见Yang Xin, Richard M. Barnhart, et al., *Three Thousand Years of Chinese Painting,* New Haven: Yale University Press, and Beijing: Foreign Languages Press, 1997, p.46.

〔29〕 郭若虚著,黄苗子点校《图画见闻志》,北京:人民美术出版社,1963年,卷一,页14;张彦远著,俞剑华注释《历代名画记》卷一,页23。

〔30〕 钱锺书断句为"传移,模写是也",见氏著《管锥编》,北京:中华书局,1979年,页1353。

〔31〕 张彦远著,俞剑华注释《历代名画记》卷一,页24。

〔32〕 同上书,卷五,页123。

〔33〕 同上书,卷一,页24。

〔34〕 河南省文化局文物工作队《河南邓县彩色画像砖墓》,北京:文物出版社,

1958年。

〔35〕 其中有些画像砖是在墓室堆积的乱砖中检出的,具体位置不详。

〔36〕 杭州市文物考古研究所、余杭博物馆《余杭小横山东晋南朝墓》,北京:文物出版社,2013年。

〔37〕 临朐县博物馆《北齐崔芬壁画墓》,北京:文物出版社,2002年。

〔38〕 郑岩《魏晋南北朝壁画墓研究》,北京:文物出版社,2002年,页181—208。

〔39〕 刘义庆撰,刘孝标注,杨勇校笺《世说新语校笺》,页653。

〔40〕 韦正《地下的名士图——论竹林七贤与荣启期墓室壁画的性质》,《民族艺术》2005年第3期,页89—98。

〔41〕 町田章著,劳继译《南齐帝陵考》,《东南文化》第2辑,南京:江苏古籍出版社,1987年,页51。

〔42〕 赵超《从南京出土的南朝竹林七贤壁画谈开去》,《中国典籍与文化》2000年第3期,页4—10。

〔43〕 李若晴《升仙之路:试谈"竹林七贤与荣启期"画像砖的图像内涵》,《美术学报》2006年第1期,页67—72。

〔44〕 郑岩《魏晋南北朝壁画墓研究》,页209—235。

(作者单位:中央美术学院人文学院)

壁上之墨 万象由生
——以壁画材料观察唐代山水画与佛教思想的关联

李星明

六朝时期是山水画观的形成时期，也是山水画艺术的萌发时期。东晋晚期至刘宋前期，由宗炳、王微所阐发的山水画观，是在玄学盛行、名士与名僧辩论佛教义理的思想环境中产生的，山水画观一开始就具有道家哲学、玄学和佛教义理的思想根基[1]。从文献记载来看，山水画在南北朝早期到初唐的发展似乎并不是很快。考古发现显示，北朝后期和隋代墓葬所出壁画和石葬具线刻画中有几例山水画屏风和山水画羽扇图像[2]，它们最大的意义在于告知我们至少到南北朝后期已经存在独立成幅的山水画[3]，并且在贵族中流行。但是，由于这些山水画屏风或羽扇是作为器具出现在场景中的，其上的山水画仅具轮廓大貌，在构图、笔墨和敷色等技术层面所显示的信息并不比同时期敦煌石窟壁画中作为背景的山水图像更多。

从20世纪40年代至今，学者们使用日本奈良正仓院所藏唐朝器物上的山水图像[4]、敦煌石窟壁画和出自莫高窟第17窟藏经洞的绢画山水图像、传世山水画摹本、画史文献、壁画墓山水图像等材料，探讨唐代山水画，并且取得了许多重要的研究成果[5]。其中唐代壁画墓出土的山水图像随着考古发掘工作的不断推进，数量在逐渐增加，而且独立成幅的山水壁画已经发现多例，预计唐代墓葬出土山水壁画的数量在不久的将来会逐渐增加，这将是改变唐代山水画研究格局的一个极其重要的契机。

唐代是山水画发展的关键时期，画史文献关于山水画家和山水画的记载相对两晋南北朝隋代而言，骤然增多。除了画史文献之外，由于山水画的迅速发展，唐代还出现一种新的山水画文献，就是山水画诗。画史文献与这些山水画诗的综合使用，将会在很大程度上拓展对唐代山水画的认识。唐代流传下来的为数可观的山水画诗，直接记述和吟咏当时的山水画和山水画家，不仅记述了画家的身份、交游、修为、作品和风格，往往还透露当时山水画作品的物质形态、展示场所、流传状况、画家创作现场情景、诗文作者观赏心得、时代画风的流变等等。画史和山水画诗还在一定程度上反映了山水画在唐代社会不同阶层和不同文化场域的接受状况，山水画已经占有了各种场所，诸如佛寺禅房、道观、官府衙署、私人住宅居室书斋、皇室宫殿以及墓葬等等，以其不同的功能性质与长于表现道德戒鉴、阐扬功勋、宗教偶像和幻想世界的人物画分庭抗礼。

山水画之所以在唐代迅速发展,其中原因是多方面的。本文主要根据现存唐代佛教石窟壁画 山水图像和墓葬壁画山水图像为实物材料,会同唐代山水画诗和画史文献,观察唐代山水画发展与佛教的关联,试图阐释山水画何以在唐代迅速发展的一种思想动因。

一、唐代文献中长安、洛阳和成都等地佛寺中的山水画

张彦远《历代名画记》、朱景玄《唐朝名画录》、黄休复《益州名画录》、段成式《酉阳杂俎》等文献和山水画诗所记录的唐代山水画作品,有多种物质形态,如壁画、屏风画、挂图或挂轴、手卷、扇面、未具装裱形式之绢素上的画作等等,其中壁画和屏障画为数最多,主要集中在长安、洛阳、成都等地的佛寺之中,这些山水画除佚名之外均是当时著名画家的作品。

《历代名画记》卷第三《记两京外州寺观壁画》[6]:

1. 长安慈恩寺大殿东廊从北第一院有山水画家郑虔、毕宏、王维的画作,院内东廊从北第一房间南壁有常粲所画《松树》。

2. 唐安寺北堂内西壁有朱审《山水》。

3. 荐福寺律院北廊有张璪、毕宏的画作。

4. 兴唐寺东殿般若院有杨廷光《山水》。

5. 宝应寺西南院小堂北壁有张璪《山水》。

6. 崇福寺西库有牛昭、王陀子所画《山水》,刘整在崇福寺东山亭画有《山水》,陈积善在崇福寺亦有壁画《山水》。

7. 陈静眼在懿德寺三门西廊画有《山水》。

8. 清源寺有王维《辋川》壁画。

9. 洛阳敬爱寺西禅院北壁门西有何长寿《山水》。

10. 王陀子曾画《须弥山海水》壁画,被揭取存于浙西甘露寺。

《唐朝名画录》:

1. 张藻(璪)曾在长安宝应寺西院画《山水》和《松石》壁画[7]。

2. 朱审曾在唐安寺讲堂西画《山水》壁画[8]。

3. 王维在"京都千福寺西塔院有掩障一合,画《青枫树》一图"[9]。

4. 长安慈恩寺东院,山水画家王维与毕庶子(毕宏)、郑广文(郑虔)各画一小壁,时号三绝[10]。(与前述慈恩寺大殿东廊从北第一院郑虔、毕宏、王维的画作,应是同一处。)

《酉阳杂俎》：

1. 长安靖善坊大兴善寺行香院堂后壁梁洽于元和年间（806—820）画《双松》。
2. 常乐坊赵景公寺三阶院院门上阎立德画有《白画树石》。
3. 安邑坊玄法寺西廊壁刘整画有《双松》。
4. 招国坊崇济寺曼殊堂画有松数株，佚名[11]。
5. 张璪在荆州陟屺寺斋壁曾画《古松》，符载赞之，卫象诗之[12]。

《益州名画录》：

1. 孙位在光启年间（885—888）受无智禅师之请在成都应天寺画壁画《山石》两堵和《龙水》两堵，应休梦长老之邀在昭觉寺画壁画《松石墨竹》，又应悟达国师之请在眉州福海院画《松石》和《龙水》壁画[13]。
2. 李昇受应悟达国师之请在成都圣寿寺画《出峡图》《雾中山图》壁画各一堵，又在大圣慈寺真堂内画《汉州三学山图》《彭州至德山》各一堵[14]。
3. 张询应休梦长老之请在昭觉寺大慈堂后画壁画《早景》《午景》《晚景》各一堵，时称《三时山》[15]。
4. 另外，成都大圣慈寺六祖院罗汉阁上中和年间（881—885）画有《峨眉山》《青城山》《罗浮山》《雾中》壁画四堵，圣寿寺东廊下维摩诘堂内景福年间（892—893）画有壁画《山水松石》和《风候云气》，均佚名[16]。

山水画诗记录了一些存于地方寺院或某位僧人禅房中的山水画，这些画作有壁画、屏障、图卷或团扇等不同形式。诗文中往往可以看出诗人与僧人通过山水画进行互动，从山水画中得到精神上的感悟，兹举例如下：

1. 李白《莹禅师房观山海图》："真僧闭精宇，灭迹含达观。列嶂图云山，攒峰入霄汉。……即事能娱人，从兹得消散。"诗人言与莹禅师在禅房中观览山海图的情景[17]。
2. 杜甫《题玄武禅师屋壁（屋在中江大雄山）》："何年顾虎头，满壁画瀛州。赤日石林气，青天江海流。"诗人在玄武禅师禅房观赏山水壁画，联想起瀛洲神仙世界[18]。
3. 钱起《题礼上人壁画山水》："连山画出映禅扉，粉壁香筵满翠微"。诗人题咏的"礼上人壁画山水"，有两种可能，一是壁画是礼上人画的，二是画在礼上人禅房壁面上的画。诗文中有"连山画出映禅扉"，可以确定山水壁画是在礼上人的禅房中[19]。
4. 王建《寄画松僧》言"天香寺"有善画松树的僧人，而且还讲述了其喜作"临江两三树"的构图特点[20]。
5. 刘商《与湛上人院画松》讲述诗人兼画家的刘商在湛上人的禅院中画松树，并将湛上人比附曾经在天台寺住过的猷公[21]。

6.朱湾《题段上人院壁画古松》，言诗人题咏段上人禅院的壁画古松，比之为"孤标"，并联想到"支公道场古"，直接将壁画古松与修行悟道联系起来，直追东晋高僧支道林的修为[22]。

7.柳公权《题朱审寺壁山水画》题咏朱审画在一所寺院墙壁上的山水画，与王维、张璪、毕宏等山水画家一样，朱审也在寺院壁面上画山水画，当时著名的山水画家一般都在寺院作过画[23]。

8.李群玉《长沙元门寺张璪员外壁画》记录了张璪在长沙元门寺画松石壁画的史实[24]。

9.郑谷《传经院壁画松（一本题上有西蜀净众寺五字）》："危根瘦尽耸孤峰，珍重江僧好笔踪。得向游人多处画，却胜涧底作真松。"诗人提示传经院的壁画松树是僧人画的，并言"得向游人多处画"，点明是画在游人多的地方[25]。

10、荆浩《画山水图答大愚》："恣意纵横扫，峰峦次第成。笔尖寒树瘦，墨淡野云轻。岩石喷泉窄，山根到水平。禅房时一展，兼称苦空情。"荆浩以画山水画答赠僧人大愚，他们共同在禅房中展画观赏，从中体悟空苦无常[26]。

上述记载表明，唐代佛寺是山水画的重要赞助者，寺僧也有擅画山水松石者，山水画在僧人与寺院修行生活中占有相当重要的地位。同时，来寺院祈福的世俗各界人士除了礼拜瞻仰佛陀菩萨造像，观看墙壁和屏障上的经变画之外，大多会顺便在寺院中游览，当然也会驻足在山水画前。那么，这里有两个问题值得注意：一、以人物为主的佛画和以山石树木为主的山水画，对观赏者来说会产生不同感受，一种是面对直接的说教，一种是超越性的观照，但这两种体验又同处于一种宗教空间。二、唐代佛教寺院是一种极具社会性的宗教空间，不仅是僧人修行礼拜的地方，也是不同阶层信众聚集之处。讲经说法、礼拜神佛、节日集会等活动吸引大批的僧俗人士到寺院来，寺院中的山水画是当时观赏人数最多的山水画，塑造着更多的山水画受众，对山水画流行具有推波助澜的作用。

现在已经无法看到唐代地面上佛寺建筑中的山水画。但是，在陕西西安市临潼区发现的开元二十九年（741）庆山寺地宫中[27]，舍利精室东壁南侧绘五位僧人结跏趺而坐，其身后有六屏山水画图像[28]。这应是对当时地面寺院佛堂或禅室中陈设屏风的模拟，但是仍然可以从佛教的宗教空间来理解这一山水画屏风图像。另外，敦煌莫高窟第156窟晚唐维摩诘经变画中坐在帷帐中的维摩诘身后为山水画屏风，也是当时居士和僧人钟情山水画风气的反映。

二、唐代佛教经变画中的山水图像

言及佛教经变画[29]，现存最早者见于四川成都万佛寺遗址出土的南朝三通造像碑，即川博4号造像碑（刘宋元嘉二年造像碑）、川博1号造像碑和川博3号造像碑。川博4号造像碑、川博1号造像碑背面雕刻法华经变，表现的是《法华经·观世音菩萨普门品》的情节（图1）；川博3号造像碑背面则刻雕刻弥勒经变[30]。这些经变的构图均以大面积的山丘和树木作为背景，连绵重叠的山丘营造出一定的空间深广度，人物活动于其中。其构图与敦煌石窟唐代经变十分相似。这三通南朝造像碑上的经变图像是目前已知年代最早的经变图像实例。尽管南朝佛教遗迹留存至今者十分有限，但是正史和佛教文献均表明南朝的政治文化中心建康、江陵和成都等地是当时佛教的中心，寺院林立。建康作为南朝国都更是文物鼎盛、佛教发达之地，自东吴以来历代帝王皆崇信佛教，特别是齐竟陵王萧子良和梁武帝萧衍对大乘佛教在江南的发展贡献巨大，使大乘佛教逐渐深入人心。建康京畿地区的佛教氛围促生了向广大信众宣扬大乘佛教义理的经变图像，并且流行开来。成都所出造像碑上具有较多山水元素的经变图像的策源地就是建康京畿地区。这种具有较多山水元素的经变图像，与当时初步兴起的山水画之间的关系值得注意。

据《历代名画记》记载，经变画在东晋就已经出现。东晋张墨和顾恺之、刘宋陆探微和袁倩、萧梁张僧繇等均画过《维摩像》或《维摩诘变》，梁武帝还命张僧繇在佛寺中作画，张僧繇之子张儒童曾画过《释迦会图》和《宝积经变》[31]。这些经变画是什么样的，现在只能由成都所出造像碑经变图像推测而知了。隋朝统一南北之后，南北佛教也随之相互融合，天台宗的兴盛即是这种趋势的反映。经变画也在长安流行起来，当时活跃于长安的展子虔画有《法华变》，董伯仁画过《弥勒变》，杨契丹画过《佛涅槃变》和《杂佛变》[32]。到了唐代，在长安和洛阳两京地区的寺院中大量流行经变画，佛教经变画进入鼎盛时期。

《历代名画记》卷三《记两京外州寺观壁画》记载当时著名画家所画的经变壁画：

1. 长安荐福寺西廊菩提院吴道子《维摩诘本行变》。
2. 慈恩寺殿内杨庭光《经变》，塔之东南中门外有张孝师《地狱变》。
3. 光宅寺东菩提院尉迟乙僧《降魔变》和尹琳《西方变》。
4. 资圣寺大三门东南壁姚景《经变》，寺西门直西院内杨廷光《经变》。
5. 宝刹寺佛殿南有杨契丹《涅槃等变相》，西廊有陈静眼《地狱变》，净土院有吴道子《金刚经变》《西方变》和李生《金光明经变》。
6. 净域寺三阶院东壁有张孝师《地狱》。

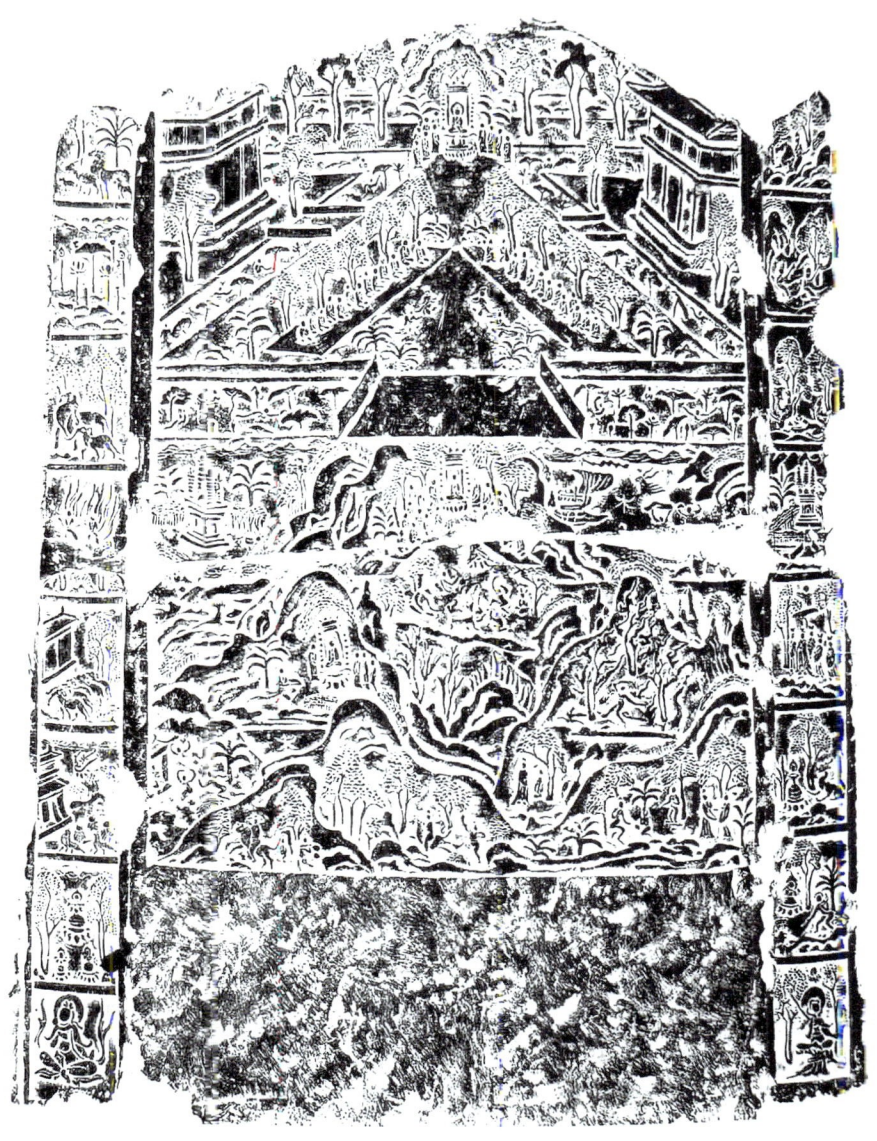

图 1　川博 1 号南朝造像碑背面及两侧面拓本（四川博物院、成都市文物考古研究所、四川大学博物馆编著《四川出土南朝佛教造像》，北京：中华书局，2012 年，第 106 页，图版 36-2）

7. 景公寺中门之东有吴道子《地狱》。
8. 安国寺殿内有吴道子《维摩变》《西方变》和杨廷光《涅槃变》。
9. 云花寺小佛殿有赵武端《净土变》。
10. 千福寺西塔院韩干《弥勒下生变》。
11. 化度寺卢棱伽《地狱变》。
12. 定水寺孙尚子《维摩诘》。
13. 懿德寺中三门东西有佚名《华严变》。

14. 净法寺殿后有张孝师《地狱变》。

15. 褒义寺佛殿西壁有卢棱伽《涅槃变》。

16. 永泰寺东精舍有郑法士《灭度变相》。

17. 洛阳福先寺三阶院有吴道子《地狱变》。

17. 洛阳敬爱寺大殿内有刘茂德《法华太子变》(可能是《妙庄严王本事品》)、赵武端《西方佛会》、刘阿祖《十六观》及《阎罗王变》,西禅院有张法受《华严变》、王韶应和董忠所绘《西方弥勒变》、吴道子和翟琰所画《日藏月藏经变》及《报业差别变》,东禅院殿内武净藏《十轮变》、苏思忠和陈庆予所画《西方变》,山亭院有武静藏《十论经变》和《华严经》。

18. 大云寺有尉迟乙僧《净土经变》和《婆叟仙》。

19. 昭成寺有程逊《净土变》和《药师变》。

20. 圣慈寺西北禅院有杨廷光《维摩诘》[33]。

《酉阳杂俎》所记:

1. 长安常乐坊赵景公寺有吴道子《白画地狱变》,三阶院西廊下范长寿所画《西方变及十六对事》。

2. 道政坊宝应寺有韩幹所画《下生帧弥勒》。

3. 安邑坊玄法寺东廊南观音院卢奢那堂内槽北面有壁画《维摩变》。

4. 平康坊菩提寺食堂前东壁吴道子所画《智度论色偈变》,佛殿内槽后壁面吴道子所画《消灾经》[34]。

《益州名画录》记载:

1. 范琼、陈皓、彭坚三人在成都大圣慈寺、圣寿寺、圣兴寺画《大悲变相》《西方变相》[35]。

2. 辛澄建中元年(780)在大圣慈寺画诸变相[36]。

3. 左全在大圣慈寺画《菩萨变相》《降魔变相》《金光明经变相》《地狱变相》和《维摩诘变相》[37]。

4. 张南本在圣寿寺画有《宾头卢变相》和《灵山佛会》,在大圣慈寺画有《大悲变相》[38]。

辛澄所画经变的底本来自泗州,左全所画地狱变仿自长安景公寺吴道玄地狱变相,可知成都画家所画经变的样式来自长安和中原一带。

在寺院中画经变画的画家诸如展子虔、吴道子、杨庭光、卢棱伽、王韶应等同时也擅长画山水画,应该说他们在继承南朝经变画样式的基础上对经变画容纳更多的山水元素具有推波助澜的作用,使得经变画具有明显的"山水画化"[39]的倾向。其中,吴道子在长安平康坊菩提寺"画《消灾经》事,树石古险",这幅经变画中树石等山水元素十分引人注意,透露出经变画中存在山水元素的信息。另一方面,擅名当时的山水画大家诸如郑虔、毕宏、王维、朱

图2 甘肃敦煌莫高窟初唐第217窟南壁法华经变局部（敦煌文物研究院编《中国石窟·敦煌莫高窟·三》，文物出版社，1999年，图版100）

图3 观无量寿经变日想观甘肃敦煌莫高窟盛唐第172窟南壁壁画（敦煌研究院主编《敦煌石窟全集·18·山水画卷》，商务印书馆，2002年，第142页，图版118）

审、张璪、李昭道、刘整、何长寿、王陀子、李昇、张询纷纷应邀在长安、洛阳和成都等地寺院中创作山水画，寺院僧伽对独立成幅的山水画的追求和喜爱并不是个别现象，这不由得使得我们询问在佛教的宗教空间中的山水画对于佛教本身具有何种意义。

由于经过了会昌灭佛，张彦远《历代名画记》所记录的寺院壁画只是两京寺院中曾经存在的大量壁画中的一小部分。在这些壁画中，除了佛像、菩萨像、护法神王、高僧、佛传等外，经变画为大宗。虽然现在已经无法看到这些经变画，但是两京地区的佛教绘画是当时潮流的标杆，为各地所追模，辐射到西域、朝鲜半岛和日本等地。河西走廊敦煌石窟中现存唐代壁画无疑反映了当时两京地区主流样式的影响。两京地区寺院经变画的种类在敦煌石窟中大多可以找到，特别是西方净土变、观无量寿佛经变、药师净土变、弥勒下生成佛经变、法华经变、维摩诘变等，在敦煌石窟唐代壁画中扮演着重头戏[40]。其中具有代表性的有：莫高窟第220窟东壁北侧初唐《维摩变》、莫高窟第321窟南壁初唐《法华经变》、莫高窟第217窟南壁初唐《法华经变》（图2）和北壁《观无量寿佛经变》、莫高窟第103窟南壁盛唐《法华经变》、莫高窟第23窟顶部盛唐《法华经观音普门品》、莫高窟第445窟北壁盛唐《弥勒下生经变》、莫高窟第320窟北壁盛唐《观无量寿佛经变》、莫高窟第172窟南壁和北壁两幅盛唐《观无量寿佛经变》（图3）、莫高窟第112窟南壁中唐《金刚经变》和北壁《报

图4 甘肃敦煌莫高窟中唐第159窟西壁北侧下部五台山图（敦煌文物研究所编《中国石窟·敦煌莫高窟·四》，北京：文物出版社，1999年，图版76）

恩变》、莫高窟第158窟东壁北侧中唐《金光明经变》、莫高窟第159窟西壁南北侧中唐《文殊变》和《普贤变》、莫高窟第154窟南壁中唐《唐金光明经变》、安西榆林石窟第25窟北壁中唐《弥勒经变》、莫高窟第138窟东壁北侧晚唐《报恩经变》和东壁南侧《维摩诘经变》、莫高窟第98窟南壁五代《法华经变》和北壁五代《贤愚经变》、莫高窟第61窟西壁五代《五台山图》和南壁五代《法华经变》等等。

这些经变画均以山水为背景，通过山峦沟壑和岩石树木来间隔由人物和建筑等组合的情节场景。在中唐时期，敦煌石窟流行在佛龛内壁面画屏风画来衬托佛、菩萨、弟子和护法神的等塑像，这些屏风画一般绘佛传或本生故事，人物和建筑较小，而作为背景的山水图像往往成为画面的主体。与此同时，在石窟四壁经变画的下端也常常配置连续的屏风画，其内容是对上方经变画的补充。比如，上方的大型经变画是观无量寿佛经变，下方的屏风画则是十六观和未生怨的内容。又如，上方是文殊变，下方的屏风就画五台山（图4）。这些屏风画一般均以山水图像为主，人物和建筑点缀其间，整体望去好似山水画。个别屏风画甚至没有画人物，完全是山水，例如莫高窟第154窟龛内两侧的屏风画面。敦煌石窟唐代经变画中的山水元素，大约可以分为两种情况：第一种是作为背景环境的山水树石，在整个经变画中具有协同人物和建筑叙述故事、阐释经义、烘托主体、间隔人物活动空间的作用，这种山水元素在唐代经变画中具有普遍性。第二种是与某种特定的信仰相关，例如文殊与五台山信仰，莫高窟中唐的第222窟、159窟、237窟、361窟和晚唐的第9窟、144窟均具有不同形式的五台山图。但是无论哪一种，都使得经变画具有"山水画化"的倾向，是佛教艺术中国本土化的表现。在印度和中亚的佛教雕刻和绘画中，表现佛传和本生故事等的图像，主要用一些植物和建筑表现背景环境，并无由山川、林木和岩石构成的具有广阔空间的自然环境。

三、佛教义理与山水画

南北朝晚期至唐代，佛教在中国日趋本土化，南北交融，各宗派迭相发展，其中天台宗是最早成熟、影响巨大的教派。天台宗九祖湛然（711—782）言天台宗"所用义旨以《法华》（《妙法莲华经》）为宗骨，以《智论》（《大智度论》）为指南，以《大经》（《大般涅槃经》）为扶疏，以《大品》（《大般若经》）为观法，引诸经以增信，引诸论以助成。观心为经，诸法为纬。"[41]天台宗创立者陈隋时期的智顗（538—597）继承慧文的"一心三观"和慧思（515—577年）的"定慧兼修"，以"五时八教"判教将《法华经》奉为佛陀最高境界的说法，以"一念三千"和空、假、中"三谛圆融"的观念阐释世界，认为森罗万象皆为法性真如的显现。天台宗虽然奉《法华经》和《大般涅槃经》为圭臬，其实综合圆融了大乘佛教各经部的义理，与三论、华严、律宗、禅宗、净土、密教等宗派虽有争论，但均有关联，并对其产生影响。天台宗和禅宗对推动《涅槃经》所言佛性内涵的阐发具有重要作用。两晋时期，佛经传译虽然渐多，但尚未完备，法显所译6卷本《大般泥洹经》言佛性是众生成佛的根据，佛性与善根同义，有善根者有佛性，断绝善根的"一阐提"无佛性。这种观点成为当时关于佛性的一般看法。竺道生以为这种看法并不符合佛教众生平等的根本立论，宣称"一阐提"也有佛性。及至昙无谶译出40卷本《大般涅槃经》，证实了竺道生的主张。智顗根据《大般涅槃经》中的三因佛性观念，以空、假、中三谛喻三因，认为缘因即佛性，言："佛性即中道，因缘生法，一色一香，无不中道。"[42]缘因化万物，万物皆具中道实相，实际上已经揭示了无情也具有佛性。三论宗创立者吉藏，曾得益于智顗《法华玄义》，他对佛性进一步阐发："若欲明有佛性者，不但众生有佛性，草木亦有佛性。"[43]萧梁真谛所译《大乘起信论》言："即此法身是色体，故能现于色。所谓从本已来，色心不二。以色性即智故，色体无形，说名智身；以智性即色故，说名法身遍一切处。"已经明确提出"法身周遍一切"的观点[44]。湛然基于智𫖮"一念三千"的观念和《大乘起信论》"法身周遍一切"的思想，认为"万法是真如，由不变故；真如是万法，由随缘故。子信无情无佛性者，岂非万法无真如耶。故万法之称宁隔于纤尘，真如之体何专于彼我。""我及众生皆有此性故名佛性，其性遍造、遍变、遍摄。世人不了大教之体，唯云无情不云有性，是故须云无情有性。"[45]湛然论证了无情自然之物诸如山川、岩石、草木、瓦砾等无一不有佛性。与湛然同时的禅宗六祖的弟子慧忠是唐代玄宗、肃宗和德宗三朝的国师，他明确阐述了这种观点。"僧问忠国师：'古德云：青青翠竹尽是法身，郁郁黄花无非般若。有人不许，云是邪说。亦有信者，云不思议，不知若为。'国师曰：'此盖普贤文殊境界，非诸凡小而能信受，皆与大乘了义经意合，故《华严经》云：佛身充满于法界，普现一切群生前。随缘赴感靡不周，而恒处此菩提座。翠竹既不出于法界，岂非法身乎？又《般若经》云：色无边故般若亦无边，黄花既不越于色，岂非般若乎？'"[46]其实，无情有佛性的观念还包含无情昭示佛性的思想，智𫖮就讲过"水鸟、树林、风声、乐响，皆说苦空，闻者常起念佛、念法、念僧之心。"[47]《佛说观无量寿佛经》亦言"水鸟树林及与诸佛，所出音声皆演妙法。"[48]也就是说，无情诸如树林、风声等不仅有佛性，而且在说法。慧忠最为直截了当地讲出无情既有佛性也在说法。"师曰：'若执无情无佛性者，经不应言三界唯心。宛是汝自违经，吾不违也。'问：'无情既有心性，还解说法否？'师曰：'他炽然常说，无有间歇。'"[49]在慧忠看来，无情世界诸如山川、岩石、树木、花草、瓦砾等无时无刻不在说法，法音遍流世界，只是人们能不能领悟而已。

总之，天台宗、三论宗和禅宗高僧大德们所阐释的"无情有性"的思想，拓展了佛性（法身、般若、真如、实相）的内涵，使佛教义理本土化，与中国传统的道家思想融通无碍，其特点是以缜密圆融的方法阐释了无情世界与佛性的关系，使人洞然开悟。在唐代，具有巨大社会影响力的天台宗、禅宗和净土宗，使得这种"无情有性"的世界观深入人心，特别是那些与高僧往还密切或者崇信佛教的士大夫文人更是能够体味其中三昧。原本在六朝时期由道家思想、玄学与佛教般若学的氛围中培育起来的山水观和山水画观，在这时候与已经处于圆融状态的新佛教义理相契合，为山水画艺术的迅速发展提供了新的思想源泉。

唐代士大夫深受佛教思想的浸润，关于这一点，学者多有论述，其中张弓《唐代士人的"始儒终佛"》一文[50]，以唐代许登《润州上元县兴福寺碑序》所言"夫教始于儒，中于道，终于释，释之时义大矣哉"[51]为引子，言及唐代许多名士在儒、道、佛多元修养的思想背景下，或外儒内佛，或先儒后佛，或和合儒释道，均有心契佛学的共同特征。这个时期也正是天台宗、华严宗、禅宗、净土宗等宗派所代表的唐代佛教走向圆融并产生广泛影响的时候。张弓列举了初唐的褚亮、虞世南、房玄龄、萧瑀，盛唐的裴宽、王维、孟浩然、李华、杜甫，中唐以后的刘长卿、独孤及、卢纶、韩翃、耿湋、钱起、韦皋、韦丹、梁肃、崔涣、刘晏、第五琦、陈少游、柳宗元、刘禹锡、白居易、白敏中、裴休等人。其中有些人直接与当时的高僧大德往来，例如裴宽向神秀弟子普寂执弟子礼，王维与慧能弟子神会禅师交游，孟浩然赠诗天台宗九祖湛然，李华向湛然问学智顗《摩诃止观》，独孤及也曾与湛然交往，梁肃则是湛然的弟子，韦丹与东林寺僧灵澈往来，裴休问道于华严五祖宗密等。张弓未提及的类似人物还有许多，例如符载、张璪、刘商等。在上述这些人当中，王维的诗文和山水画深契禅意是众所周知的，张璪的"外师造化，中得心源"山水画论名句与佛学的渊源也得到朱良志的论证[52]。作为山水画家，王维和张璪在画技和画理方面均对唐代山水画具有无与伦比的贡献，是推动唐代山水画发展的关键人物。曾经师法张璪、善画山水树石的刘商，是中唐时期一位重要的山水画家。

现存于台州天台山智者塔院的唐代《台州隋故智者大师修禅道场碑铭》，碑文就是前述梁肃遵湛然之命撰写的[53]。梁肃在碑文言："今湛然大师，道高识远，超悟辩达。凡祖师所施之教，形于章句者，必引而伸之，后来资之以崇德辩惑者，不可悉数。"讲述了湛然阐发智顗《法华文句》《法华玄义》《摩诃止观》三部精义，广布天台教法。梁肃还引述湛然的话："是山之佛陇，亦邹鲁之洙泗。妙法之耿光，先师之遗尘，爰集于兹。"湛然将天台山佛陇道场与孔子曲阜洙泗聚徒讲学相提并论，极言天台宗之影响力。碑文所言并不虚妄，盛唐以后，天台宗再度兴盛，朝野悉崇，教法风行海内外。新罗僧人法融、理应和纯英，远道来天台，问学于玄朗和湛然，将天台教法传到朝鲜。中唐时日僧澄最继鉴真东渡之后再次将天台经籍传至日本，开创日本天台宗。可以推测，江南吴越之地，尤受天台教法之熏染。

盛唐和中唐前期，唐代著名的山水画家诸如李思训、李昭道、吴道子、何长寿、张諲、郑虔、卢鸿、王维、张璪、朱审、毕宏、刘商、萧祐等，主要集中在长安洛阳两京地区和中原一带，京畿地区是山水画发展的核心地区。其中张諲、张璪、朱审本是江南人，均到京畿宦游。张諲为永嘉人，早年来到嵩山，与王维、李颀交游，而后官至刑部员外郎，又游历蜀中，隐居襄阳时与孟浩然相识，再后又移居宣城和濠州，天宝年间回故里而卒。张璪为吴郡人，经王缙奏为检校祠部员外郎官，后贬衡州和忠州司马，德宗建中年间（780—783）尚在长安。朱审为吴郡人，曾在长安唐安寺画过山水壁画，建中年间闻名，"自江湖至京师，壁障卷轴，家藏户珍"。此三人均在京畿以山水画擅名，其山水画必受京畿同时期山水画家的影响。

中唐以后，文化中心更加多元化，就山水画而言，蜀中和江南均有重要画家活动。蜀中有王宰、孙位、李升、张询等人影响较大，其中孙位、李升、张询均与高僧交往，并曾在寺院中画山水壁画。会稽人孙位和南海人张询，均曾住帝京，中和年间（881—885）随僖宗入蜀。李升为成都人，曾研玩张璪的山水画轴。可见，蜀中山水画的发展直接受到了京畿地区的影响。见诸画史记载的江南吴越之地的山水画家，如项容、王墨、顾况等，虽然在儒道释三教逐渐交融的背景中有不同倾向，共同特点是均有出世情怀，更重要的是他们在山水画方面有着源自京畿地区一脉相承的师承，其源头出自在京畿负有盛名的郑虔。安史之乱后，郑虔流贬台州司户参军。著名的天台处士项容师承郑虔，其贡献在于将山水画中的水墨运用推向一个新境界，荆浩《笔法记》言其"用墨独得玄门""不失真元气象"。王墨早年师从郑虔，后又以项容为师，创"泼墨"之法。顾况从王墨学山水画。顾况为至德二年（757）进士，建中二年（781）为润州刺史、镇海军节度使韩滉之幕府判官，贞元三年（787）入朝任著作佐郎。贞元五年（788）贬饶州司户参军，曾在苏州与韦应物有诗酬唱，晚年隐居茅山，号华阳山人，撰有《华阳集》。从他们的师承来看，当时的京畿山水画风格经郑虔传到江南，并在吴越自然环境和宗教思想氛围中，使水墨山水画得到空前的发展。另外，大约同时期以诗词和渔隐扬名的会稽人张志和（玄真子）也是一位山水画家，在湖州一带与颜真卿、陆羽、裴修、皎然等人交游，根据皎然《奉应颜尚书真卿观玄真子置酒张乐舞破阵画洞庭三山歌》一诗的描述，他的山水画亦偏重水墨运用。画僧道芬也是会稽人，从窦庠《赠道芬上人》一诗看，他应是天台僧人。除窦庠之外，顾况、刘商和徐凝均有诗吟咏其山水画。道芬作画勤奋，以至过劳而卒。在晚唐，江南的水墨山水画持续发展，据睦州青溪人方干（836—903）的山水画诗记载，陈式[54]、项信[55]、卢卓山人[56]、项洙处士[57]等均是活跃在吴越之地擅长水墨山水画的画家。上述诸人使得江南成为中晚唐的水墨山水画重镇，开五代南唐山水画之先序。

再回顾一下成都所出南朝造像碑经变图像，其中川博4号造像碑和川博1号造像碑背面是阐释法华经义的经变图像（见图1）。据《历代名画记》所记，隋代展子虔也画过《法华变》，唐代刘茂德曾在洛阳敬爱寺大殿内也有画《法华太子变》（即《法华经·妙庄严王本事品》变相）。长安安定坊千福寺中三门外有颜真卿所书《法华感应碑》（即《大唐西京千福寺多宝佛塔感应碑》，现藏西安碑林博物馆）。此碑文记楚金和尚修持《法华经》，造多宝塔之事，其中描述道俗礼拜多宝塔的场面虽然带有想象和夸张性质，但是却与敦煌经变画图像内容十分吻合，可见当时流行的经变画样式已经深入人心。碑文中还记述了因画《普贤变》而得感应舍利之事，也折射出当时寺院绘制经变画的情况。此外，碑文还记述了楚金和尚法契天台宗慧思、智顗二祖以及法华圆教要义。千福寺西塔院北廊堂内还有慧思、智顗等法华七祖及弟子画像。敦煌石窟唐代壁画中法华经变画为常见的经变画种类，例如莫高窟第321窟、217窟、103窟、23窟等均画有法华经变，这些经变画均包含大面积的山水图像。《法华经》

是天台宗的根本经典，法华经变的流行，表明其思想在道俗之间受到推崇。敦煌石窟唐代经变画中属于净土宗者数量很多，这些经变画中也包含大量的山水图像。与天台宗在"无情有性"观念上有相同或类似思想的净土宗和禅宗，在中晚唐盛行于世，天台宗对佛教经籍义理阐发所形成的完整严密的思想体系，对净土宗和禅宗来说则是有益的经教义理支持。净土宗和禅宗则在不同层面上推动佛教完全本土化的进程，特别是禅宗与道家思想融通，将"无情有性"的观念化为中国思想文化的底色元素，也使得中国人的山水观和山水画观进入一个新境界。

中晚唐时期，士人们关于山水和山水画的许多诗文，都会自然流露出这种底色性质的思想。兹略举五例：

1. 于邵《吴使君厅郑华原壁画松树赞》："贵之者真，得之者难。松有劲质，匠乎笔端。森疏空倚，挺拔上干。如出绝壑，若生大寒。枝蟠龙变，皮拆龟攒。青萝若挂，白鹭愁看。美华原之墨妙，能入室而思禅。愿主人之比寿，从君子之静观。"[58]其中"美华原之墨妙，能入室而思禅"之句，即言通过观赏笔墨精妙的松树图而能进入观想，体悟真如。

2. 顾况《范山人画山水歌》："山峥嵘，水泓澄。漫漫汗汗一笔耕，一草一木栖神明。忽如空中有物，物中有声。复如远道望乡客，梦绕山川身不行。"[59]"一草一木栖神明"之句言范山人画中山水草木皆有灵性，可理解为万物有灵，也可从佛教角度理解为无情之山水草木皆具法性。

3. 符载《江陵陆陟岊寺云上人院壁张璪员外画双松赞》："世人丹青，得画遗迹。张公运思，与造化敌。根如蹲虬，枝若交戟。离披惨淡，寒起素壁。高秋古寺，僧室虚白。至人凝视，心境双寂。"[60]"至人凝视，心境双寂"之句，言有修行的人可以通过凝神谛视壁上的双松图进入涅槃寂静的状态。

4. 司空曙《寄工明府常见短靴褐裘又务持诵是以有末句之赠》："柴桑官舍近东林，儿稚初髫即道心。侧寄绳床嫌凭几，斜安苔帻懒穿簪。高僧静望山僮逐，走吏喧来水鸭沈。翠竹黄花皆佛性，莫教尘境误相侵。"[61]"翠竹黄花皆佛性"则是当时非常流行的表达"无情有性"思想的口头禅。

5. 杜荀鹤《夏日题悟空上人院》："三伏闭门披一衲，兼无松竹荫房廊。安禅不必须山水，灭得心中火自凉。"[62]"安禅不必须山水"在此是反语，实际上表明山水正是僧人通常借以悟禅见性的媒介。

相比佛教寺院而言，唐代文献对道教宫观中的山水画记载很少，《历代名画记》仅有一处记载，即李昭道在万安观南行屋门外北壁画有《山水》[63]。在山水画诗中所见与道观和道士有关的山水画也很有限，本文目前仅见三例：

1. 孟浩然《与王昌龄宴王道士房》："归来卧青山，常梦游清都。漆园有傲吏，惠我在招呼。书幌神仙篆，画屏山海图。酌霞复对此，宛似入蓬壶。"[64]

2. 皎然等《道观中和潘丞观青溪图联句》："画得青溪样，宜于紫府观。"[65] 上述两首诗文中的"清都""蓬壶"和"紫府"均是道教关于仙境的专用词，这两首诗均显示了山水画在道教观想中的作用。

3. 杜甫《题李尊师松树障子歌》："老夫清晨梳白头，玄都道士来相访。握发呼儿延入户，手提新画青松障。"与杜甫来往的这位玄都观李尊师是一位善画松树的画家[66]。

实际上，山水画与道家思想有着天然关联，在出世的道教情境中是一种非常自然的存在，但是从唐代文献的记录来看，山水画在佛教宗教空间的存在远比道教普遍。

四、关于唐代墓葬山水画的认识

前面从文献和遗迹两方面大致梳理了唐代寺院石窟山水画和山水图像以及山水画发展与佛教思想之间的关联。关于山水画在皇宫、官府衙署、私人居室等世俗空间的存在，唐代文献也有相当多的记载。从这些记载中，我们可以观察到山水画的社会属性，在社会不同阶层和不同文化场域的接受状况[67]。唐代的山水画已经占有了各种场所，以不同的功能出现在不同情境之中，说明山水画具有极大的文化涵容度和超越性。

山水画除了在生人世界的各种场合中扮演重要角色之外，还用来构造死后的想象世界。在唐皇室成员和高官壁画墓里，在协助墓葬建筑结构表现居室内景的壁画图像系统中，围榻屏风山水画、团扇山水画等被当作内室景观构成元素绘制在墓内墙壁上，这种做法是以生人世界的居室为蓝本的。尽管丧葬习俗被赋予了特别的观念，墓葬明器性质的壁画拥有自己的特性，所谓壁画墓中的模拟府邸居室景观的图像系统，是一套相对模式化的图像配置程序，不是也不可能是对生人世界完全忠实的模拟，观念构造的成分始终存在于壁画墓。但是，壁画墓图像配置毕竟源自生人世界，与生人世界的联系亦无法被割断。在一般情况下，壁画墓既反映了对死后世界观念性的构想，又为我们讨论历史问题提供了珍贵的材料，因此我们也可以用墓葬出土的山水画图像来论证当时的山水画的基本状况。

目前发掘公布的唐五代墓葬中已有7座出土独立成幅的山水画：

1. 陕西礼泉县昭陵陪葬墓永徽二年（651）段蕳璧墓第三天井东壁持扇侍女图中团扇上的平远小景山水画[68]。

2. 河南偃师李弘恭陵的祔葬墓开元六年（718）哀皇后墓出土一件陶瓶，器身一周画有山水图[69]。

3. 西安长安区庞留村开元二十五年（737）贞顺皇后（武惠妃）敬陵墓室

图5 陕西西安市长安区庞留村开元二十五年（737）贞顺皇后敬陵墓室西壁／六屏山水画（郑岩《唐韩休墓壁画山水图刍议》，《故宫博物院院刊》2015年第5期，页94，图8）

图6 陕西富平县吕村乡朱家道村开元二十五年（737）李道坚墓墓室西壁／六屏山水画（郑岩《唐韩休墓壁画山水图刍议》，《故宫博物院院刊》2015年第5期，页94，图9）

西壁六屏山水画（图5）[70]。

4. 陕西富平吕村乡朱家道开元二十七年（739）李道坚墓墓室西壁六屏山水画（图6）[71]。

5. 陕西西安长安区郭庄村开元二十八年（740）韩休墓北壁东侧山水画（316页图16）[72]。

6. 河北平山县王母村天祐元年（904）崔氏墓墓室砖石椁室内北壁通屏山

水画[73]。

7. 河北曲阳五代后梁龙德三年（923）王处直墓中出土两幅山水壁画，一是前室北壁通屏山水画，二是前室东耳室东壁台屏山水画（324页图22）[74]。

这些山水画是唐五代有纪年的原作，是了解唐代山水画最可靠最直接的材料。

还有一些皇室贵戚壁画墓，例如陕西礼泉县唐昭陵陪葬墓咸亨二年（671）燕妃墓[75]、神龙二年（706）懿德太子李重润墓和章怀太子李贤墓[76]、西安市长安区韦曲景龙二年（708）韦浩墓[77]、富平县宫唐定陵陪葬墓景云元年（710）节愍太子李重俊墓[78]、蒲城县唐桥陵陪葬墓开元十二年（724）惠庄太子李撝墓[79]等，虽然没有独立成幅的山水画，但有作为人物活动背景的山水、岩石和树木的图像，而且面积较大，描绘细致，是观察诸如墨线勾勒、水墨皴染和色彩晕染等山水画技法的绝佳实物。

根据唐代画史、山水画诗和上述墓葬所出山水画图像的综合分析[80]，可得以下认识：

1. 至开元时期，山水画构图已经基本成熟。这些山水画分别使用了"主峰式""峡谷式""山谷式""树石平远式"和"平湖远山式"等构图样式，奠定了唐代及其以后山水画基本构图样式，可以对应于郭熙、郭思《林泉高致》总结出来的"三远法"。这时的画家既善于画以树石为主的小景山水，也能够以高山、峡谷、溪流、湖水构造全景山水，在画面上营造悠远之势和深幽之境。

2. 山水画的最基本表现技法诸如线条勾勒、敷色、皴法、点苔法和点簇法等在开元时期均有不同程度的发展。从墨线勾勒、水墨皴染和色彩晕染三个技术层面上观察，中宗、睿宗时期（705—712）是一个转捩点，之前流行单一的着色山水画，之后出现淡彩水墨山水画，并在盛唐时期流行，贞顺皇后墓、李道坚墓和韩休墓的山水画可为实证。值得注意的是，贞顺皇后墓墓室西壁的六屏山水画中，南侧两屏是已完成的淡彩水墨山水画。北侧四屏则是未完成作品，只进行了墨线勾勒和淡墨皴染，而色彩渲染未及进行，客观上成为已知中国最早有纪年的纯水墨山水画。这幅未完成的六屏山水画透露出两个重要信息：其一，张彦远《历代名画记》记载吴道子、韩幹、杨廷光、董谔等在长安寺院制作壁画时，先画好形象，然后往往让工人布色。王维画山水有时也"指挥工人布色"。此墓六屏山水画恰好印证了唐代作画程序分为两个步骤，先用墨勾勒和皴染，然以颜色渲染。其二，这种只有墨线勾勒和水墨皴染的山水画能够被监管人员接受，有如段成式《酉阳杂俎·寺塔记》所记阎立德所画《白画树石》在长安赵景公寺被接受一样，可以使我们看到纯水墨山水画最初起源的某些情景。

3. 中唐后期，从淡彩水墨山水画衍生出来的纯水墨山水画开始流行，山水画风格种类逐渐增多，这是唐代山水画最重要的变化。画史文献、山水画诗、张彦远的水墨观以及晚唐崔氏墓和五代王处直墓的水墨山水画可以共同印证这一点。文献记载中晚唐擅长水墨山水画的画家明显增加，与水墨山水画相关的重要术语也已经出现，如"水墨""笔墨""墨色""泼墨""破墨""焦墨""点簇"等等。刘商《与湛上人院画松》之"水墨乍成岩下松，摧残半隐洞中云"是山水画诗中最早使用"水墨"一词的例子。晚唐有些山水画诗甚至以"水墨"为诗题，例如方干的《陈式水墨山水》[81]《观项信水墨》[82]《项洙处士画水墨钓台》[83]和《水墨松石》[84]，李洞的《观水墨障子》[85]。诗人们题咏山水画时也很注重水墨的运用。例如，皇甫冉《刘方平壁画山》言"墨妙无前，性生笔先。"柳公权《题朱审寺壁山水画》言"朱审偏能视夕岚，洞边深墨写秋潭。"其中的"墨妙"和"深墨"之词均显示诗人对画家用墨的关注。《历代名画记》所载，从王维和张璪的"破墨"到王墨的"泼墨"，显示了水墨表现潜力得到进一步的发掘，从技术层面为水墨山水画的发展开辟了新天地。皎然《观裴秀才松石障歌》言"谁工此松唯拂墨，巧思丹青营不得。"方干《卢卓山人画水》言"每色未将蓝汁染，笔锋犹傍墨花行。"[86]郑谷《朝直》言"孤峰未得深归去，名画偏求水墨山。"[87]这些诗句似乎只关注山水画中的水墨效果，而忽视色彩的作用。荆浩《笔法记》言"夫随类赋彩，自古有能，如水晕墨章，兴吾唐代。"[88]其实就是中晚唐水墨山水画兴起并流行的写照。张彦远在《历代名画记》中言："夫阴阳陶蒸，万象错布。玄化亡言，神工独运。草木敷荣，不待丹碌之采；云雪飘飏，不待铅粉而白；山不待空清而翠，凤不待五色而綷。是故运墨而五色具，谓之得意。意在五色，则物象乖矣。夫画物特忌形貌采章，历历具足，甚谨甚细，而外露巧密。"这段话不仅仅是讲述了水墨的表现力，更重要的是阐释了中晚唐以来的水墨艺术观。水墨晕染的随机晕化与阴阳万物的运化相契合，与色彩相比，其单纯性和自然性更益于涤除尘念和体悟万物的元真，或者从佛教义理的角度来讲，水墨是一种观想媒介，使人于无常变幻之中了悟万物的法性或佛性。水墨的这种玄思性和超越性，十分符合那些心契佛道的士人的视觉预期。平山崔氏墓和曲阳王处直墓的墓主人地位悬殊，但均有水墨山水画，可以推知当时不用颜色的水墨山水画已经广泛流行多时了。这两座墓均在河北，前后相隔约20年，跨越唐末和五代前期，与水墨山水画巨匠荆浩大致同时。五代北方水墨山水画的兴盛与中唐京畿地区水墨山水画的发展之间的环节，现在更加清楚了。

4. 李洞《观水墨障子》言"研尽一寸墨，扫成千仞峰。……只为少颜色，时人看意慵。"这首题画诗一方面说明画作是水墨山水画，另一方面又表明水墨山水画主要在文化修养较高的精英群中流行，着色浓艳的山水画仍然有其市场。安西榆林石窟第25窟北壁弥勒经变画中下方左右两侧画有老人入

图 7　甘肃安西榆林窟第 25 窟北壁弥勒经变老人入墓场景（敦煌研究院编《中国石窟·安西榆林窟》，北京：文物出版社，1997 年，图版 23）

墓和婚嫁宴会的场景，分别有水墨为主的山水画屏风和青绿山水画屏风的图像（图 7-8）[89]，证明在中晚唐不同风格的山水画同时流行。

五、结语

　　唐代山水画和山水图像与佛教文化空间有密切的交集。长安、洛阳和成都等地各寺院延请当时名家画了许多山水画。众多寺院对山水画的需求，是推动山水画发展的重要原因。寺僧对山水画的喜好与他们的止观修行相关。敦煌石窟唐代经变画普遍包含山水元素或有明显的"山水画化"倾向。由于敦煌石窟

图8 甘肃安西榆林窟第25窟北壁弥勒经变婚宴场景（敦煌研究院编《中国石窟·安西榆林窟》，北京：文物出版社，1997年，图版24）

经变画样式源自京畿地区，可知京畿地区寺院中众多经变画中必然存在"山水画化"的倾向。寺院中"山水画化"的经变画与独立成幅的山水画同时存在，那些兼善人物画和山水画的画家在画经变画时以山水图像主导构图，自然也会受到寺院雇主的赞许，进一步促成了唐代佛教经变画的"山水画化"倾向。山水图像在经变画中不仅仅是画面场景的构图元素，同时也是表达佛教义理的图像，与经变画在形式和思想上契合无间。

当时重要的山水画家大多与高僧交往，受到佛教思想的熏陶。僧人当中也不乏善画山水者。画史和山水画诗也记录了许多寺院禅房中的山水画以及一些善画山水画的画僧。唐代山水画的发展节奏与佛教天台宗、三论宗、禅宗的高僧大德们阐发"无情有性"观念及其在士人中的普及大致同步,这不是一种单纯的巧合现象。从思想史的角度来看,佛教经过南北方融合之后,各宗派迭相发展,较之当时的儒家和道家,在思想上最为活跃,许多高僧就是当时杰出的思想家,其缜密圆融的佛性观和世界观对士人们具有普遍而深刻的影响。在六朝时期玄学与佛教般若学氛围中形成的山水观和山水画观,到了唐代得到新佛教义理的滋润,促使山水画艺术迅速发展。

从初唐生涩拘谨的着色山水画,到盛唐清健舒爽的淡彩水墨山水画,再到中唐以后潇洒恣意的水墨山水画,山水画益加成熟,风格类型趋于多样。就山水画的技法和风格类型而言,敦煌石窟壁画及绢画中的山水图像提供了相当多的标本,除了以石青、石绿和赭石为主的青绿着色山水和淡彩水墨山水之外,还有白画树石、浅绛山水、水墨山水,后世山水画的主要类型均已经具备。画史和山水画诗记录了中晚唐江南水墨山水画的兴盛,人才济济;而河北平山崔氏墓和曲阳王处直墓的水墨山水画则以实物展现了晚唐五代之际北方水墨山水画风格及流行状况的某些信息。南北方综合起来看,中晚唐水墨山水画已经风靡大江南北,其源头均来自盛中唐时期的京畿地区。我们对中晚唐山水画有了更加清晰的认识。

唐代壁画墓中独立成幅的山水画已经完全剔除了叙事性,山水树石是唯一的观照客体,是一种超越文字、超越叙事、超越特定指向的意象。无论是道家的幽微大道,还是佛教的真如法性,藉由对山水的观想与冥思,在变幻不居、空寂无常的万象中均可以得到体悟。唐代山水画至少在玄宗开元时期就已经不是画家对山川树石形象的简单描绘了,早已与当时的宗教哲学思想会通,成为中国人表达难以言表的人生和自然至理的一种睿智的艺术形式。

〔1〕 中国山水画的思想源头古远而多元,山岳崇拜、仙山信仰、堪舆风水、儒家山水仁智之乐、帝王江山的政治理念等等,均是山水画的文化遗传基因,本文主要关注山水画作为一种艺术种类从六朝的思想环境中发轫之后,在唐代迅速发展的一种思想动因。众所周知,从魏晋南朝到唐代,对中国人观念改变最大的是西来的、本土化进程中的佛教思想,其影响涉及社会各个方面。

〔2〕 郑岩《妙迹苦难寻 兹山见几层:早期山水画的考古新发现》,上海博物馆编《翰墨荟萃——细读美国藏中国五代宋元书画珍品》,北京:北京大学出版社,2012年,页100—113。

〔3〕 本文所用"山水画"与"山水图像"两个概念有所不同。"山水画"与通常的山水画概念相同,专指独立成幅的以山水为主体和主题的画作;"山水图像"是指一切画面中由山川、岩石、树木、花草、云水等构成的自然景物,

可以是作为人物活动的背景，也包括独立成幅的"山水画"，本文主要是指前者。本文还用了"山水画图像"和"山水画化"两个概念。前者是指在特定空间图像程序中被模拟的具有一定物质形态的山水画，譬如壁画墓中所模拟的屏风山水画，有时为了方便也直接称为"山水画"；后者则指本来并非以山水为主题的画作，但由于山水图像占据了相当大的面积或者成为画面的主体，具有成为山水画的趋向性，但因为画作本身具有明确的叙事主题，还不能被称为"山水画"。"山水画化"概念的使用主要是为了方便描述那些具有较多山水图像元素的叙事性画作，是一个富有动态性的概念。它表达的是一种趋向山水画的"矢量"，在特定情况下，比如观赏者知识背景的不同，或者画作游离历史原境，均会使画作本身具有不确定性。例如，中国绘画史上有许多叙事性画作，后来均被看作是山水画。

〔4〕 参见注释3。

〔5〕 松本荣一《正仓院山水图研究》（1—8），《国华》第596、597、598号，1940年；第602、604、605、606、608号，1941年。米泽嘉圃《中国绘画史研究·山水画论》，东京：东京大学东洋文化研究所，1961年，页37—127。Michael Sullivan, *The Birth of Landscape Painting in China*, Berkeley, Los Angeles: University of California Press, 1962. Michael Sullivan, *Chinese Landscape Painting in The Sui and Tang dynasties*, Berkeley, Los Angeles, London: University of California Press, 1980. Anil de Silva, *Chinese Landscape Painting: in the caves of Tun-huang*, New York : Crown Publishers, 1967 (first edition, London,1964)。秋山光和《敦煌壁画に表される山水画について》，《中国石窟·敦煌莫高窟（三）》，東京：平凡社，1982年。徐复观《中国艺术精神》（此书于1966年由台中中央书局首次出版），上海：华东师范大学出版社，2001年，页153—164。Wen C. Fong, *Images of the mind: Selections from the Edward L. Elliott Family and John B. Elliott collections of Chinese calligraphy and painting at the Art Museum*, Princeton University, N.J.: Art Museum, Princeton University, 1983. Wen C. Fong, "Rivers and Mountains after Snow (Chiang—shan Hsueh—chi), Attributed to Wang wei (A. D. 688—759)," *Archives of Asian Art*, vol. 30 (1976), pp. 6—33. 王去非《试谈山水画发展史上的一个问题——从"咫尺千里"到"咫尺重深"》，《文物》1980年第12期，页78—81。傅熹年《几幅传为李思训画派金碧山水画的制作年代》，《文物》1983年第11期，页76—86。陈传席《"山水之变，始于吴，成于二李"——澄清唐代山水画史上一个问题》，《新美术》1983年第3期，页34—35。陈传席《论故宫所藏几幅宫苑图的创作背景、作者和在画史上的重大意义》，《文物》1986年第10期，页70—75。王伯敏《莫高窟壁画山水探渊》，《1983年全国敦煌学术讨论会论文集·石窟艺术编》，兰州：甘肃人民出版社，1987年。赵声良《敦煌莫高窟唐代前期山水画试论》，《敦煌研究》1987年第3期，页14—20。赵声良《敦煌石窟唐代后期山水画》，《敦煌研究》1988年第4期，页65—68。陈传席《中国山水画史》，

南京：江苏美术出版社，1988年，页51—127。王伯敏《莫高窟早中期壁画山水再探》，《敦煌石窟研究国际研讨例会论文集·石窟艺术编》，沈阳：辽宁美术出版社，1990年。杨新、班宗华、聂崇正、高居翰、郎绍君、巫鸿《中国绘画三千年》，北京：外文出版社，1997年，页58—84。王伯敏《敦煌壁画山水研究》，杭州：浙江人民美术出版社，2000年。徐涛《吕村唐墓与水墨山水画的起源》，《文博》2001年第1期，页53—57。赵声良《敦煌石窟全集·山水画卷》，香港：商务印书馆，2002年。李星明《唐代墓室壁画研究》，西安：陕西人民美术出版社，2005年，页319—359。赵声良《敦煌壁画风景研究》，北京：中华书局，2005年。石守谦《移动的桃花源——东亚世界中的山水画》，北京：生活·读书·新知三联书店，2015。刘呆运、赵海燕《韩休墓出土山水图的考古学观察》，《文博》2015年第6期，页26—30。郑岩《唐韩休墓壁画山水图刍议》，《故宫博物院院刊》2015年第5期，页87—109。葛承雍《"初晓日出"：唐代山水画的焦点记忆——韩休墓出土山水壁画与日本传世琵琶山水画互证》，《美术研究》2015年第6期，页22—28。张长虹《中唐后水墨松石图的兴起及其禅学背景——以张璪为中心的研究》，《中国美术研究》2017年第1期，页54—64。

〔6〕（唐）张彦远著，俞建华注释，《历代名画记》，上海：上海人民美术出版社，1964年，页60—75。

〔7〕（唐）朱景玄，《唐朝名画录》，（明）王世贞编，（明）朱衣、姚汝循同校《王氏画苑》卷之六，万历庚寅岁（1590）夏五月王氏淮南书院重刊，页7。

〔8〕前揭《王氏画苑》卷之六，页8。

〔9〕前揭《王氏画苑》卷之六，页9。

〔10〕前揭《王氏画苑》卷之六，页9。

〔11〕（唐）段成式《酉阳杂俎》，北京：中华书局，1981年，页245—264。

〔12〕前揭《酉阳杂俎》，页117。

〔13〕（北宋）黄休复，《益州名画录》卷上，（明）王世贞编，（明）朱衣、姚汝循同校《王氏画苑》卷之九，页1。

〔14〕前揭书《王氏画苑》卷之九，页18。

〔15〕前揭书《王氏画苑》卷之九，页37。

〔16〕前揭书《王氏画苑》卷之九，页38—39。

〔17〕（清）彭定求等编，《全唐诗》，北京：中华书局，1980年，页1870。

〔18〕前揭《全唐诗》，页2459。

〔19〕前揭《全唐诗》，页2687。

〔20〕前揭《全唐诗》，页3427。

〔21〕前揭《全唐诗》，页2462。

〔22〕前揭《全唐诗》，页3476。

〔23〕前揭《全唐诗》，页5447。

〔24〕前揭《全唐诗》，页6610。

〔25〕前揭《全唐诗》，页7733。

〔26〕 前揭《全唐诗》，页8335。

〔27〕 临潼县博物馆《临潼唐庆山寺舍利塔基精室清理记》，《文博》1985年第3期，页12—37。杨效俊《临潼庆山寺舍利地宫壁画试析》，《文博》2011年第3期，页88—94。

〔28〕 参见注释3。

〔29〕 佛教经变，一般认为有广义和狭义两种：广义的经变，是指一切根据佛经制作的具有叙事性的图像；狭义的经变，专指依据某部佛经制作的内容较为完整、构图较为复杂、场面较大的图像。本文取其狭义。参见施萍婷《敦煌经变画》，《敦煌研究》2011年第5期，页1—13。

〔30〕 董华锋《四川地区的南朝佛教故事与佛教经变浮雕》，四川博物院、成都市文物考古研究所、四川大学博物馆编著《四川出土南朝佛教造像》，北京：中华书局，2012年，页243—251。

〔31〕 前揭《历代名画记》，页94—153。

〔32〕 前揭《历代名画记》，页160—164。

〔33〕 前揭《历代名画记》，页60—75。

〔34〕 前揭《酉阳杂俎》，页245—264。

〔35〕 前揭《王氏画苑》卷之九，页2—3。

〔36〕 前揭《王氏画苑》卷之九，页7。

〔37〕 前揭《王氏画苑》卷之九，页8。

〔38〕 前揭《王氏画苑》卷之九，页9。

〔39〕 参见注释3。

〔40〕 关于敦煌经变画的研究论著，参见王惠民《敦煌经变画的研究成果与研究方法》，《敦煌学辑刊》2004年第2期，页67—76。

〔41〕 （唐）湛然述《止观义例卷上》，大正新修大藏经第46册，No.1913。

〔42〕 （陈—隋）智顗说《妙法莲华经玄义卷第六下》，大正新修大藏经第33册，No.1716。

〔43〕 （隋—唐）吉藏撰《大乘玄论卷第三》，大正新修大藏经第45册，No.1853。

〔44〕 （天竺·1—2世纪）马鸣菩萨造、（萧梁）真谛译《大乘起信论》，大正新修大藏经第32册，No.1666。

〔45〕 （唐）湛然述《金刚錍》，大正新修大藏经第46册，No.1932。

〔46〕 （宋）蕴闻编《大慧普觉禅师普说》卷第十五，大正新修大藏经第47册，No.1998A。

〔47〕 （陈—隋）智顗说《净土十疑论》，大正新修大藏经第47册，No.1961。

〔48〕 （刘宋）三藏畺良耶舍译《佛说观无量寿佛经》，大正新修大藏经第12册，No.0365。

〔49〕 （宋）道原撰《景德传灯录》卷第二十八《诸方广语一十二人见录·南阳慧忠国师语》，大正新修大藏经第51册，No.2076。

〔50〕 张弓《唐代士人的"始儒终佛"》，《第七届儒佛会通学术研讨会论文集》，台北：华梵大学，2003年，页54—63。

[51] （清）董诰等编《全唐文》，北京：中华书局，1983年，页4496—4498。

[52] 朱良志《"外师造化，中得心源"佛学渊源辨》，《中国典籍与文化》，2003年第4期，页87—94。

[53] 胡可先《〈台州隋故智者大师修禅道场碑铭〉事实考证与价值论衡》，《浙江社会科学》2015年第7期，页121—130。

[54] 前揭《全唐诗》，页7452。

[55] 前揭《全唐诗》，页7466。

[56] 前揭《全唐诗》，页7477。

[57] 前揭《全唐诗》，页7482。

[58] （北宋）李昉等撰《文苑英华》，北京：中华书局，1966年，页4143。

[59] 前揭《全唐诗》，页2945。

[60] 前揭《文苑英华》，页4143。

[61] 前揭《全唐诗》，页3325。

[62] 前揭《全唐诗》，页7981。

[63] 前揭《历代名画记》，页63。

[64] 前揭《全唐诗》，页1622。

[65] 前揭《全唐诗》，页9840。

[66] 前揭《全唐诗》，页2305。

[67] 参见李星明《唐代山水画的形状——基于山水画诗和墓葬出土山水图像的新观察》，巫鸿、朱青生、郑岩主编《古代墓葬美术研究》第四辑，长沙：湖南美术出版社，2017年，页170—214。

[68] 昭陵博物馆《唐昭陵段蕳壁清理简报》，《文博》1989年第6期，页3—12。

[69] 郭洪涛《唐恭陵哀皇后墓部分出土文物》，《考古与文物》2002年第4期，页9—18。谢明良《记唐恭陵哀皇后墓出土的陶器》，《故宫文物月刊》2006年第6期，页68—83。据两唐书所载，太子李弘死于上元二年（675），谥孝敬皇帝，当年葬于缑氏县恭陵。中宗复辟之后，追赠李弘妃裴氏为哀皇后，景云元年（710）议孝敬皇帝和哀皇后神主祔庙之事，可知裴氏在此前已故去。《新唐书》则显示其在永昌元年（689）之前就已亡故。《旧唐书》明言哀皇后于开元六年（718）祔葬恭陵，《全唐文》亦言开元六年由先殡迁祔恭陵，因此，哀皇后裴氏在开元六年祔于恭陵。见（后晋）刘昫等撰《旧唐书》，北京：中华书局，1975，页2828—2831页；（北宋）欧阳修、宋祁撰《新唐书》，北京：中华书局，1975，页3588—3590页；（清）董诰等编《全唐文》，北京：中华书局，1983，页2998—2999。

[70] 屈利军《新发现的庞留唐墓壁画初探》，《文博》2009年第5期，页25—29。

[71] 井增利、王小蒙《富平县新发现唐墓壁画》，《考古与文物》1997年第4期，页8—11。陕西省考古研究院于2017年对此墓进行正式发掘，据陕西省考古研究院副院长王小蒙研究员惠告，此墓出土墓志，墓主为唐高祖李渊第十九子李灵夔之孙李道坚，卒于元二十七年（739），《旧唐书》卷六十八《列传第十四》和《新唐书》卷七十九《列传第四》李灵夔传附有其传。

〔72〕 刘呆运、程旭《陕西长安唐韩休墓首次发现独屏山水图壁画》,《中国文物报》2014年12月5日,第1版。本刊编辑部《"唐韩休墓出土壁画学术研讨会"纪要》,《考古与文物》2014年第6期,页101—117。程旭《长安地区新发现的唐墓壁画》,《文物》2014年第12期,页64—80。

〔73〕 河北省文物研究所、平山县文物保管所《河北平山唐崔氏墓》,中国文物信息网,http://www.ccrnews.com.cn/index.php/Pingxuantuijie/content/id/63390.html,发布时间:2017—02—20,撷取时间:2017年6月20日。河北省文物研究所韩金秋《河北省平山县王母村唐代崔氏墓的发现》,2017年8月18—20日"第五届古代墓葬美术研究国际学术会议"发言稿,芝加哥大学北京中心。

〔74〕 河北省文物研究所、保定市文物管理处《五代王处直墓》,北京:文物出版社,1998年。

〔75〕 陈志谦《昭陵唐墓壁画》,《陕西历史博物馆馆刊》第1辑,西安:三秦出版社,1997年,页114—119。

〔76〕 陕西省博物馆、乾县文教局唐墓发掘组《唐懿德太子墓发掘简报》,《文物》1972年第7期,页26—31。陕西省博物馆、乾县文教局唐墓发掘组《唐章怀太子墓发掘简报》,《文物》1972年第7期,页13—19。

〔77〕 陕西省考古研究所《陕西新出土唐墓壁画》,重庆:重庆出版社,1998年。

〔78〕 陕西省考古研究所、富平县文物管理委员会,《唐节愍太子墓发掘简报》,北京:科学出版社,2004年。

〔79〕 陕西省考古研究所、蒲城县文体广电局《唐惠庄太子墓发掘简报》,《考古与文物》1999年第2期,页3—21。陕西省考古研究所《唐惠庄太子李㧑墓发掘报告》,北京:科学出版社,2004年。

〔80〕 参见李星明《唐代墓室壁画研究》,西安:陕西人民美术出版社,2005年,页319—359。李星明《唐代山水画的形状——基于山水画诗和墓葬出土山水图像的新观察》,巫鸿等主编《古代墓葬美术研究·第四辑》,长沙:湖南美术出版社,2017年,页170—214。

〔81〕 前揭《全唐诗》,页7452。

〔82〕 前揭《全唐诗》,页7466。

〔83〕 前揭《全唐诗》,页7482。

〔84〕 前揭《全唐诗》,页7488。

〔85〕 前揭《全唐诗》,页8287。

〔86〕 前揭《全唐诗》,页7477。

〔87〕 前揭《全唐诗》,页7752。

〔88〕 (五代)荆浩撰,王伯敏标点注译,邓以蛰校阅,《笔法记》,北京:人民美术出版社,1963年,页5。

〔89〕 敦煌研究院编《中国石窟·安西榆林窟》,北京:文物出版社,1997年,图版12、23、24。

(作者单位:复旦大学文史研究院)

唐墓壁画中的渊明嗅菊与望云思亲

沈睿文

迄今为止，考古发现的唐代壁画墓主要分布在陕西、山西地区。山西地区唐墓壁画内容以"树下老人"屏风画为主，今知有 9 座，其中绝大部分见于太原地区。太原地区唐墓"树下老人"屏风画具有明显的共性和特殊性，且异于长安地区唐墓，从而为学界所关注，其内容多经考辨可为定谳[1]。不过，仍有未论断者。本文即以太原金胜村 6 号唐墓为例，考辨其中的两幅屏风画内容。

太原金胜村 6 号唐墓墓室壁面在东、北、西三面上绘有树下或竹下老人图，每幅周围均有长方形边框，构成一具六扇屏风，围绕在棺床的三面[2]。这 6 扇屏风画自东向西逆时针依次是：第 1 幅树下老人图（不详）、第 2 幅苏武牧羊、第 3 幅随侯珠、第 4 幅曾子负薪、第 5 幅王裒泣墓、第 6 幅竹下老人图（不详）[3]。本文所要讨论的便是其中的第 1、6 幅。

一、渊明嗅菊

第 1 幅屏风画位于墓室东壁的最北端，其南依次为侍女及文吏图。该屏风画中的树下老人高 33 厘米，着黄色巾、乌靴、黄袍，两腮有短须，面向西南，背后绘树一株，左右有山和草，天空有四雁[4]（图 1）。其鼻子嗅左手所持枝条状物。类似的屏风画尚可见于太原金胜村 337 号及 4 号唐墓。

金胜村 337 号唐墓墓室有 4 幅树下老人图，其中第 4 幅（西壁北侧）画面正中是一棵树，两侧有丛石花草。一戴冠穿长袍的老翁站立树下，左手抱胸前，右手拿一小枝树叶伸于脸前[5]（图 2）。

金胜村 4 号唐墓墓室有 8 幅树下老人图，其中第 1 幅（西壁中间）绘一柳树，树下立一老翁，树旁绘野花石头。老翁身穿红袍，腰系白色宽带，头戴冠，足着如意履。右手捏一朵红花作嗅状，面对树向南[6]（图 3）。

商彤流注意到上述三幅屏风画内容的一致性，认为该屏风画内容是"蔡顺为母采椹"的孝子故事，而金胜村 4 号墓西壁中间的画面，树下老翁"右手捏一朵（红花？）作嗅状"恐即表现"赤者自食"[7]。

蔡顺拾椹供亲的故事见载于《东观汉记》卷一五"蔡顺"条：

图2 山西太原金胜村337号唐墓墓室第4幅屏风画

图1 山西太原金胜村6号唐墓墓室第1幅屏风画

图3 山西太原金胜村4号唐墓墓室第1幅屏风画

蔡君仲,汝南人。王莽乱,人相食,君仲取桑葚,赤黑异器。贼问所以,君仲云:"黑与母,赤自食。"贼义之,遗盐二斗,受而不食。[8]

但是,在《后汉书》本传中并不见该故事。《后汉书》载:

〔周〕磐同郡蔡顺,字君仲,亦以至孝称。顺少孤,养母。尝出求薪,有客卒至,母望顺不还,乃啮其指,顺即心动,弃薪驰归,跪问其故。母曰:"有急客来,吾啮指以悟汝耳。"母年九十,以寿终。未及得葬,里中灾,火将逼其舍,顺抱伏棺枢,号哭叫天,火遂越烧它室,顺独得免。太守韩崇召为东阁祭酒。母平生畏雷,自亡后,每有雷震,顺辄圜冢泣曰:"顺在此。"崇闻之,每雷辄为差车马到墓所。太守鲍众举孝廉,顺不能远离坟墓,遂不就。年八十,终于家。[9]

图4 北魏／孝子石棺／孝子蔡顺／美国纳尔逊艺术博物馆藏

上引文中包含了蔡顺求薪（即啮指痛心）、蔡顺伏柩以及蔡顺环冢等三则孝道故事。从文献传载来看，在很长时间里，此三则故事占据了蔡顺事迹的全部。相反地，蔡顺分椹的故事似乎并没有得到传扬。

美国纳尔逊艺术博物馆所藏北魏孝子石棺，两侧线刻蔡顺、董永、舜、郭巨、孝孙原谷等人故事[10]。关于蔡顺孝道故事，该石棺表现的是他"抱伏棺柩，号哭叫天"的场景（图4）。实际上，求薪、环冢两则故事亦有其他主角，在《二十四孝》中分别为曾子、王裒。

《二十四孝》的故事大都取材于西汉经学家刘向编辑的《孝子传》，也有一些故事取材《艺文类聚》《太平御览》等文献。在"二十四孝"确定下来之前，同一内容而主角不同的现象，在孝子故事中并非少见。这种现象说明上述内容被公视为忠孝之行为，所以才成为不同时代不同人物的共同选择。而《二十四孝》的最后定型正是对他们进行筛选、排比的结果。如蔡顺环冢和王裒绕墓的故事可共见于唐代文献。如《艺文类聚》卷二、卷三五记载蔡顺环冢[11]。不过，同书卷二尚载有王裒绕墓[12]，这是另一则只是主角不同而内容相同的故事。值得注意的是，在《艺文类聚》中并无蔡顺拾椹供亲的记述。但是，在敦煌写本《孝子传》中，闻雷泣墓的主角是王褒（裒），"为亲负米"（即啮指痛心）的主角是曾参，而与蔡顺有关的则成为拾椹供亲。敦煌写本《孝子传》共缉写26则孝行故事（凡5个写卷，重复条不计），大多被元代郭居敬编纂的《二十四孝》编入[13]。因此，应可判断唐五代时"蔡顺拾椹供亲"已基本成型。蔡顺在北魏石棺和敦煌文书中表现的内容不同，恰反映二十四孝是一个动态的形成过程。

郭居敬编纂《二十四孝》中关于蔡顺拾椹供亲的内容如下：

> 蔡顺，汝南人，王莽末天下大荒，顺拾桑椹，黑赤异器盛之。赤眉见而问之。曰，黑者奉母，赤者自食。贼知其孝，乃遗米三斗牛蹄一双而去。[14]

所载与《东观汉记》大同。可见，桑椹以及所盛之器是该故事的两个重要元素。

桑葚为落叶灌木或小乔木，桑椹是桑科桑属多年生木本植物桑树的果实，椭圆形，长1~3厘米，表面不平滑。未成熟时为绿色，逐渐成长变为白色、红色，成熟后为紫红色或紫黑色，味酸甜。《本草新编》有"紫者为第一，红者次之，青则不可用"的记载[15]。

从该图像来看，并不见盛器的存在，谈何所谓"异器盛之"？同时，所绘花瓣极为明显，可知老者手中所持应为枝状花朵无疑。如上所言，桑椹的外形是颗粒状的，显然跟上述屏风中的花朵状不同。因此，可知上屏风内容并非是蔡顺拾椹供亲。结合图像中老者闻嗅花朵的动作，我们认为它很可能表现的是渊明嗅菊。

陶潜，《晋书》本传载，陶氏曾撰《五柳先生传》自况："'性嗜酒，而家贫不能恒得。亲旧知其如此，或置酒招之，造饮必尽，期在必醉，既醉而退，曾不吝情。环堵萧然，不蔽风日，短褐穿结，箪瓢屡空，晏如也。常著文章自娱，颇示己志，忘怀得失，以此自终。'其自序如此，时人谓之实录。"[16]

陶潜《九日闲居序》称："秋菊盈园，而持醪靡由。空服其华，寄怀于言。"[17]《宋书·陶潜传》说："尝九月九日无酒，出宅边菊丛中坐久，值〔王〕弘送酒至，即便就酌，醉而后归。"[18]

昭明太子萧统《陶渊明传》曰："尝九月九日出宅边菊丛中坐，久之，满手把菊，忽值〔王〕弘送酒至，即便就酌，醉而归。""郡将常候之，值其酿熟，取头上葛巾漉酒。漉毕，还复著之。"[19]这二则说的都是陶潜嗜酒的事情。关于饮酒，陶渊明还专门以《饮酒》为题写诗，其中不乏脍炙人口的诗句，如"采菊东篱下，悠然见南山"，便是出自《饮酒》中的千古名句。陶渊明有《饮酒》二十首、《止酒》等诗，其他虽不以酒命名而写到饮酒的句子就更多了

图5 宋／梁楷／东篱高士图／台北故宫博物院藏

以致有陶渊明诗"篇篇有酒"的说法[20]。在这些场景与诗句中，酒是陶渊明借来驱遣其苦闷的，而与酒伴出的则多是菊花（图5-6）。

于是乎，菊花、松树和酒是陶渊明的标志，也成为绘画中代表陶渊明的元素，以至于一提起陶渊明便想到菊和松，一提起菊和松便想起陶渊明。一幅画当然不一定把这些元素都用上，也可以强调某一种或几种元素，甚至加上画家自己的想像，画出虽无文献记载但有可能存在的情况，如嗅菊之类[21]。

虽然在陶渊明的传记中既没有"嗅菊"之事，在他的诗文中也没有提到"嗅菊"二字，但要在图绘中表现陶渊明与菊花的紧密关系，显然莫过于嗅菊这一

图6 明／张风／渊明嗅菊图／北京故宫博物院藏

动作了。"嗅"的动作绝好地体现了主客体之间紧密的互动关系。这应该是脱胎于东篱采菊的诗句。"满手把菊""采菊"都是手持菊花的形貌,很自然地可以表现为"嗅菊"。陶渊明之后,宋范纯仁、王十朋、谢翱等在诗中写到嗅菊,正是这种情况在文学中的反映。在这些文学作品中,"嗅菊"既源自陶渊明的象征,实也成为作者自况陶渊明高行的符号。

《宣和画谱》卷五《郑虔》载:

郑虔,郑州荥阳人也。善画山水,好书,常苦无纸。虔于慈恩寺贮柿叶数屋，逐日取叶隶书，岁久殆遍。尝自写其诗并画以献明皇，明皇书其尾曰："郑虔三绝。"画陶潜风气高逸，前所未见，非"醉卧北窗下，自谓羲皇上人"同有是况者，何足知若人哉？此宜见画于郑虔也。虔官止著作郎。今御府所藏八：摩腾三藏像一、陶潜像一、《峻岭溪桥图》四、《杖引图》一、《人物图》一。[22]

引文所谓"前所未见"，说明在郑虔之前便有画家绘画陶潜画像的情况。其所绘"陶潜像"则突出陶潜的醉酒及道术。前者便是所谓"醉卧北窗下"，后者则是所谓"自谓羲皇上人"。陶潜《与子俨等疏》有谓："常言：五六月中，北窗下卧，遇凉风暂至，自谓是羲皇上人。"[23] 又《晋书·陶潜传》亦云："尝言夏月虚闲，高卧北窗之下。清风飒至，自谓羲皇上人。"[24] 醉卧，即卧游也。"羲皇上人"为何？杜甫与郑虔交往颇深，其《醉时歌》有云："先生（郑虔）有道出羲皇，先生有文过屈宋。"由此可知时人是把羲皇上人视作有道之人的。换言之，自比"羲皇上人"的陶潜亦是有道之士。可见，到了郑虔生活的时代，嗜酒贪杯、有道仍是陶潜的重要形象之一。高逸之高士恐怕便是陶潜形象出现在这批唐墓屏风画中的主要原因。

值得注意的是，出现"渊明嗅菊"屏风的上述三座墓葬中，都各自与下文要讨论的第6幅屏风画的图像共存。

二、望云思亲

第6幅屏风画位于墓室壁面西壁最北侧，为一竹下老人图（图7），其南侧绘侍女、文吏。据简报称，该竹下老人，高32厘米，着黑靴，红绿色袍，右手持杯，左手向上高举，面向东南，左右有山丘、绿草，身后有青竹二株，上空有一朵彩云及飞雁七只[25]。从唐墓壁画中树下老人图的构图来看，可知树下老人图中竹子、松树、柏树可以替换，它在整个图像中对其中人物蕴意表达并非重要，更多的只是画工绘画装饰上的一种手法。当然，此缘于上述三物皆为高尚情操的象征，故可相互替换。

跟同类墓室屏风构图相比，该图像最为显著的特点便是画中人物右手持杯上举，并回首与之对视，以及右上方的云彩。需要指出的是，该云彩是沿着人物右手上举的方向，寓示着云彩与人物之间的关联。同样的图像还见于太原金胜村第4号唐墓墓室北壁中部偏西第4幅[26]（图8）、金胜村337号唐墓北壁东侧第2幅[27]（图9）以及焦化厂唐墓北壁西侧第4幅[28]（图10）。

该竹下老人图中人物手头所指应为云气，而非长啸之气[29]。该屏风人

图 7 山西太原金胜村 6 号唐墓墓室第 6 幅屏风画

图 8 山西太原金胜村 4 号唐墓墓室第 4 幅屏风画

图 9 山西太原金胜村 337 号唐墓墓室第 2 幅屏风画

图 10 山西太原焦化厂唐墓墓室第 4 幅屏风画

物实系右手高举,指向彩云。这与该地其他唐代壁画墓中手指云气的形象类似[30]。根据图像的构图要素,该屏风应即狄公望云思亲。

狄仁杰(630—700),唐代并州太原(今属山西)人,字怀英,生于贞观四年(630),卒于武则天久视元年(700)。

狄公望云思亲的故事发生在狄氏赴任并州法曹的途中。《大唐新语》卷六《举贤第十三》载:

〔阎立本〕特荐〔狄仁杰〕为并州法曹。其亲在河阳别业,仁杰赴任,于并(州)登太行,南望白云孤飞,谓左右曰:"吾亲所居,近此云下!"悲泣,伫立久之,候云移乃行。[31]

又《旧唐书》卷八九《狄仁杰传》载:

〔阎立本〕荐授〔狄仁杰〕并州都督府法曹,其亲在河阳别业。仁杰赴并州,登太行山,南望见白云孤飞,谓左右曰:"吾亲所居,在此云下。"瞻望伫立久之,云移乃行。[32]

后人遂以"望云思亲"或"白云孤飞"来记述该故事。因上述二则文献中"南望",在《新唐书》中做"反顾"[33],故该典故又云"狄公反顾"。

《白孔六帖》卷二五"违离"条云:"陟彼岵兮,瞻望父兮;陟彼屺兮,瞻望母兮。父曰:'嗟予!子行役。'母曰:'嗟予!季行役。'父母在,不远游,游必有方。喜惧之年,靡瞻匪父。"[34]诗有:陟岵陟屺,君子于役,弗忘其亲。此公之谓与?吁嗟乎!孝之至也,忠之所由生乎![35]望云思亲和倚门之恩[36]是表示远行思亲,并被视为忠孝的行为。

赵彦卫《云麓漫钞》卷一〇载:

狄人(仁)杰见白云孤飞,曰:"吾亲舍其下。"人以为思亲事。梁瑄不归,弟璟每见东南白云,即立望,惨然久之,复以为思兄事。[37]

黄裳《演山集》卷一三云:

狄仁杰登太行山。南望孤飞之云,感吾亲舍其下,惟其爱亲也。笃,则其事君也忠,及人也恕。是故,唐之基绪不断如线。仁杰果能蒙耻奋忠,安其神器,恤刑爱人,号为长者,然则瞻望其亲之际,则仁之类存焉,是亦充之而已。[38]

狄仁杰卒于武则天久视元年，他的上述事迹是否可能在其生时便已出现广泛的影响？史载，狄仁杰生时，百姓便在魏州为其立有生祠。

《元和郡县图志》卷一六"贵乡县"条载：

> 狄仁杰祠，在〔贵乡〕县东南四里。〔狄仁杰〕为魏州刺史，百姓为立生祠。[39]

又，《通志》卷七三载：

> 魏州刺史狄仁杰生祠碑……右张庭珪八分书。[40]

《太平广记》卷三一三"狄仁杰祠"条引《玉堂闲话》云：

> 魏州南郭狄仁杰庙，即〔狄仁杰〕生祠堂也。天后朝，仁杰为魏州刺史，有善政，吏民为之立生祠。及入朝，魏之士女，每至月首，皆诣祠奠醑。仁杰方朝，是日亦有醉色。天后素知仁杰初不饮酒，诘之，具以事对。天后使验问，乃信。[41]

《新唐书》一一五《狄仁杰传》载：

> 万岁通天中（696），契丹陷冀州（今河北临漳），河北震动，擢仁杰为魏州（今河北大名）刺史。前刺史惧贼至，驱民保城，修守具。仁杰至，曰："贼在远，何自疲民？万一虏来，吾自办之，何预若辈？"悉纵就田。虏闻，亦引去，民爱仰之，复为立祠。俄转幽州都督，赐紫袍、龟带，后（武则天）自制金字十二于袍，以旌其忠。[42]

"立祠"，在《旧唐书》中做"立碑以纪（狄仁杰）恩惠"[43]。综合视之，应以"立生祠"，而生祠立有"生祠碑"为准确。这说明在狄仁杰健在之时，百姓便已因爱仰而供奉他，想必其望云思亲故事也在传颂着。

宦游于外，不能忘其亲。在狄公望云的故事中，"云"的主题被赋予了游子、故乡、母亲的意义，明清时期更发展成为"云山图"，成为山水画中一种常见的形式，画面中常常是低矮的山峰，浓重的云雾缭绕其间。在14世纪，云山图开始成为绘画史中一个流行的绘画类型。此时云山图的主要欣赏者是官僚，在官僚公事之余的休闲生活中观看与欣赏。可用来表达对同僚的离情、对父母的孝思、对出仕之前的故乡隐居生活的向往[44]。明代王翰《题望云思亲图》诗便很好地总结了望云思亲的构图及意蕴。其诗云：

草铺平野树苍苍，游子登临倍感伤。
鸿雁去边生客思，白云飞处望亲乡。
山遮故国身难越，水接遥天恨共长。
何日得归盱水上，一樽春酒寿高堂。[45]

又，明吴与弼《王锦衣望云思亲诗卷》云：

使节驰驱南复南，高堂华发梦毵毵。
一杯春酒归心切，指日云边落锦帆。[46]

而用"孤云""一片"描述白云，则意在寓示亲人的孤单。如明谢晋《题伊宗启望云思亲图》云：

朝望云兮云孤飞，暮望云兮无依云。
悠悠兮无定山，嗟游子兮胡不归；
却褰裳兮陟岵，山万重兮霭烟雾。
虽楚尾兮吴头，水惊渡兮难度。
聊兀坐兮徘徊，见长干兮日暮。
忽云去兮空山，我思亲兮如故。[47]

又，明钱仲益《李叙班望云思亲诗》云：

白云一片影霏霏，孝子遥瞻目力微。
定向玉泉山上出，却来金殿阙前飞。
身同抱日从龙起，心逐因风傍鹤归。
愿托思亲今夕梦，蓟门千里觐庭闱。[48]

王翰《望云思亲图》云"不羡梁公为令子，但存忠孝古犹今"[49]，则直接点名望云思亲的主角是狄仁杰，并以之自比。

可见，孤云、顾望以及酒（酒杯）是构成望云思亲的三个主要元素。第6屏的图像内容正与之相吻合，因此可知该屏应即狄公望云思亲。

狄公望云屏风画为何会集中出现在上述太原金胜村唐墓中？太原金胜村唐墓表现出极大的共性，不仅代表其地方性特点，更可能是墓主同一种族文化和政治身份的反映。其中太原金胜村5号墓出土1合墓志，用两块单面绳纹方砖做成，志盖磨成盝顶，用白粉篆写四字，篆法不规正，志盖四坡以白粉绘卷草纹。志盖纵宽33.4，横宽34.5，厚6.7厘米。砖志面上浅刻成方格子，志文亦用白粉书写，多已模糊不清，或已全漶灭。共11行，行11字，直书左行。砖志文曰：

君讳祖字仁乐平郡人也
缘家之　旦道　至
启运之朅　投节从戎
指麾万里　机改　殉
故敏　德足将　精
之宝　并详诸史　可言
曾祖　杨公祖　史父
任京师司户学穷义理文
词宗骤足驰驰嗣方奄
　铭曰寘寘　路杳杳
万　　勒此铭[50]

图11　山西太原金胜村5号唐墓墓志盖铭文摹本

可知，该墓主的父亲任京州司户，则5号墓墓主可能只是个下级军官，而太原唐墓可能只是一些低级官员或者富裕平民的墓葬[51]。京州为京都或陪都所在地，后改称府。墓主父亲曾任京州司户，即在太原担任司户。狄仁杰为并州人氏，亦曾任并州都督府法曹。这可能也是金胜村5号墓中出现狄公望云思亲屏风的一个原因，盖以此图像自勉。这是一幅地域性特点浓厚的图像。由此亦可反衬出太原金胜村唐墓的文化渊源相同、政治身份相近，很可能为太原元从中的粟特裔，其中也不排除存在家族墓地的可能（图11）[52]。

三、余论

目前，考古学界认为太原金胜村337号唐墓、6号唐墓、金胜村唐墓M4以及太原焦化厂唐墓的年代集中于武周时期（690—705）[53]。如果该屏风画的内容确为狄仁杰望云思亲，那么太原金胜村这几座唐墓的年代很可能在狄仁杰退冀州突厥、武后自制金字于袍之后，即在万岁通天（696）之后。换言之，至迟在万岁通天之后便有狄公望云思亲及渊明嗅菊的图像。有意思的是，此二者可以说跟陶渊明都有着间接或直接的关系。

就现有材料来看，望云思亲的意象应该跟陶潜《停云》诗有关。陶渊明有《停云》诗四首，约作于晋安帝元兴三年（404）春，当时诗人四十岁，闲居于家乡浔阳柴桑（今江西九江）。"停云"，凝聚不散的云。这首诗的内容，就是序中所说"思亲友也"[54]，抒发了诗人对好友的深切思念之情及诗人关怀世难的忧心。《停云》序中有云："思亲友也。罇湛新醪，园列初荣"，同样提到了酒，罇湛新醪，罇，即酒杯。这说的是酒杯中倒满了新酒。"罇湛新醪"的用意并非自斟自饮，而是要请亲人饮用。这跟该屏风画中人物右手持杯上举的形象正吻合。因此，可言望云思亲的构图与陶潜《停云》诗的意象有关。但是，如上所述，因与之共存的有"渊明嗅菊"，鉴于在同一座墓葬屏风画中，同一人物的题材一般不会重复出现，所以可以断定第6屏表现的是狄公望云，而非陶潜停云。

就目前情况而言，如果第1幅为渊明嗅菊，则它是现今所知最早的与陶渊明有关的画像了。今知文献记载较早而且比较著名的陶渊明画像，当推唐代郑虔（691—759）所绘《陶潜像》[55]。郑虔是盛唐时期著名的山水画家，狄仁杰卒于武则天久视元年，此时郑虔年方十岁。可知，上述唐墓壁画中的狄公望云图像与郑虔无关。

值得注意的是，唐人表达对陶潜理想向往的还有南山及桃花源。

在很多唐代文学作品中频繁出现"南山""商山"一词。该典出自陶潜的诗句"采菊东篱下，悠然见南山"。终南山位于唐长安城南，因其特殊的地理位置而与长安城的政治、社会生活形成微妙的互动。"终南捷径"便是这种地缘政治的社会产物[56]。而在家居环境里面，唐人也会布置盆池山水，视之为南山。白居易《秦中吟十首·伤宅（一作"伤大宅"）》云：

> 谁家起甲第，朱门大道边？丰屋中栉比，高墙外回环。
> 累累六七堂，栋宇相连延。一堂费百万，郁郁起青烟。
> 洞房温且清，寒暑不能干。高堂虚且迥，坐卧见南山。
> 绕廊紫藤架，夹砌红药栏。攀枝摘樱桃，带花移牡丹。
> 主人此中坐，十载为大官。厨有臭败肉，库有贯朽钱。
> 谁能将我语，问尔骨肉间。岂无穷贱者，忍不救饥寒？
> 如何奉一身，直欲保千年？不见马家宅，今作奉诚园！

甚而中晚唐墓葬屏风画中"金盆（盆池）花鸟"样式[57]的出现或亦与此观念有关。在唐墓中也发现与此有关的随葬品，如陕西中堡村唐墓（盛唐时期）便随葬有山水亭池小景[58]（图12），而咸阳底张湾唐墓（天宝六年，747）随葬游山群俑[59]（图13）恐亦与此有关。

《桃源图》是唐人绘画的主要题材之一。唐李思训的儿子李昭道绘有《桃源图》。而韩愈所作七古《桃源图》，已经提到根据《桃花源记》绘图的情况："流水盘回山百转，生绡数幅垂中堂。武陵太守好事者，题封远寄南宫下。南宫先生忻得之，波涛入笔驱文辞。文工画妙各臻极，异境恍惚移于斯。"[60]

图12 陕西中堡村唐墓出土山水亭池小景

图13 陕西底张湾唐墓出土游山群俑

图14 明／丁云鹏／桃源图／上海博物馆藏

由此可知，这幅画是在生绡上所绘，是武陵太守某人寄给南宫（礼部）某郎官的，南宫先生在画上题了诗，韩愈这首诗也许就是赓和之作。至于绘图的人已不可考其姓名了[61]。明杨慎《丹铅续录》卷六"桃源图"条曰：

> 唐人画桃源图，极为工妙。舒元舆作记云："烟岚草木，如带香气。熟视详玩，自觉骨夏青玉，身入镜中。"韩退之亦有《桃源图诗》，盖题此画也。予及见元人临本。[62]

给予唐人所绘桃源图以高度评价（图14）。

显然，在这样的时代背景下，郑虔绘画陶潜形象并不为奇。但为何唐时唯独郑虔绘画陶潜最为传神？这还要从郑氏自身来讲[63]。《新唐书》卷二〇二《郑虔传》载郑虔：

> 善图山水，好书，常苦无纸，于是慈恩寺贮柿叶数屋，遂往日取叶肄书，岁久殆遍。尝自写其诗并画以献，帝（玄宗）大署其尾曰："郑虔三绝。"迁著作郎。[64]

《历代名画记》的记载可补其详。该书卷九载：

> 郑虔，高士也。苏许公为宰相，申以忘年之契，荐为著作郎。开元二十五年，为广文馆学士，饥穷坎坷。好琴酒篇咏，工山水、进献诗篇及书画。玄宗御笔题曰："郑虔三绝。"与杜甫、李白为诗酒友。〔安〕禄山受（授）以伪水部员外郎，国家收复，贬台州司户。[65]

引文称郑虔为高士，其特点是"好琴酒篇咏"，并因此与李、杜为诗酒友。"好琴酒篇咏"，亦为陶潜之重要形象。

上佳之作，若非作者朝夕揣摩熟练于心，便是与所绘对象在精神上有戚戚焉，如此下笔方能如有神助，更何况是传神之作。前述与郑虔交往颇深的杜甫撰有《醉时歌》，云："先生（郑虔）有道出羲皇，先生有文过屈宋。"由此可知郑虔与陶渊明同样嗜酒，同样被视为有道术、承自"羲皇上人"，至此，我们有理由认为郑虔之所以绘画陶渊明，在于他以后者自比，意在托画言志，而且他本人很可能也是一位奉道之士。

至此，我们也就明白郑虔所绘陶潜何以成为传神之作，也能理解为何《宣和画谱》在对山水画家郑虔的记述中特别言及所绘陶潜像。

〔1〕 赵超《"树下老人"与唐代的屏风式墓中壁画》,《文物》2003年第2期,页69—81。

〔2〕 山西省文物管理委员会《太原市金胜村第六号唐代壁画墓》,《文物》1959年第8期,页19—22。

〔3〕 赵超:同上揭文,页69—81。案,关于随侯珠的故事,赵超提出另一种解释,认为或许是孙叔敖打死两头蛇的误解或装饰。不过,他并没有否定可能是表现随侯珠的故事(页77)。的确,从该屏风图像来看应即随侯珠无疑。另,该墓屏风画的编号为笔者所加。

〔4〕 山西省文物管理委员会《太原市金胜村第六号唐代壁画墓》,页22。

〔5〕 山西省考古研究所、太原市文物管理委员会《太原金胜村337号唐代壁画墓》,《文物》1990年第12期,页15。

〔6〕 山西省文物管理委员会《太原南郊金胜村唐墓》,《考古》1959年第9期,页473。

〔7〕 商彤流《太原唐墓壁画之"树下老人"》,《上海文博论丛》2006年第9期,页23。

〔8〕 (汉)刘珍等撰,吴树平校注《东观汉记校注》,北京:中华书局,2008年,页671。

〔9〕 《后汉书》卷三九《周磐传》附《蔡顺传》,北京:中华书局,1965年,页1312。

〔10〕 宫大中《邙洛北魏孝子画像石棺考释》,《中原文物》1984年第2期,页48—53。

〔11〕 (唐)欧阳询撰,汪绍楹校《艺文类聚》,上海:上海古籍出版社,1982年,页35、624—625。案,到了宋代,蔡顺环墓的孝子故事仍可见。

〔12〕 《艺文类聚》卷二,页34。王裒绕墓见载于《晋书》卷八八《王裒传》:"庐于墓侧,旦夕常至墓所拜跪,攀柏悲号,涕泪著树,树为之枯。母性畏雷,母没,每雷,辄到墓曰:'裒在此。'"《晋书》,北京:中华书局,1974年,页3278。案,据"攀柏"二字或可推断山西省文物管理委员会《太原南郊金胜村唐墓》(页177)图版肆.7左图为王裒泣墓的另一版本。另,据《艺文类聚》卷二(页34)尚载有竺弥绕冢。可知绕冢的形式应该是当时表现孝道的一种主要方式。

〔13〕 曲金良《敦煌写本〈孝子传〉及其相关问题》,《敦煌研究》1998年第2期,页156—164。

〔14〕 (元)郭居敬编纂《新刊全相二十四孝诗选》,大阪:全国书房影印西本愿寺文库藏本(嘉靖十二年(1533)朝鲜刊本,室町时代中期抄写),1946年,图19及相关文字。此处参考日本龙谷大学网站:http://rwave.lib.ryukoku.ac.jp。

〔15〕 http://baike.haosou.com/doc/5348449—5583902.html。

〔16〕 《晋书》卷九四《陶潜传》,页2462—2463。

〔17〕 袁行霈《陶渊明集笺注》卷二,北京:中华书局,2003年,页71。

〔18〕 《宋书》卷九三,北京:中华书局,1974年,2288页。

〔19〕 袁行霈《陶渊明集笺注》附录一，页612。

〔20〕 （梁）萧统《陶渊明文集序》，袁行霈《陶渊明集笺注》附录一，页613。

〔21〕 袁行霈《古代绘画中的陶渊明》，《北京大学学报》（哲社版）2006年第6期，页21。

〔22〕 王群栗点校《宣和画谱》，杭州：浙江人民美术出版社，2012年，页56—57。

〔23〕 袁行霈《陶渊明集笺注》卷七，页529。

〔24〕 《晋书》卷九四，页2462—2463。

〔25〕 山西省文物管理委员会《太原市金胜村第六号唐代壁画墓》，页22。

〔26〕 山西省文物管理委员会《太原南郊金胜村唐墓》，页474；图版伍，4。

〔27〕 山西省考古研究所、太原市文物管理委员会《太原金胜村337号唐代壁画墓》，页15；图版五：2。

〔28〕 山西省考古研究所《太原市南郊唐代壁画墓清理简报》，《文物》1988年第12期，页53，图七。

〔29〕 商彤流以为云气是"长啸之气"，由此误判该壁画人物是"嗜酒能啸"的阮籍。详所撰《太原唐墓壁画之"树下老人"》，页23。

〔30〕 赵超《"树下老人"与唐代的屏风式墓中壁画》，《文物》2003年第2期，页73。

〔31〕 （唐）刘肃撰，许德楠、李鼎霞点校《大唐新语》，北京：中华书局，1984年，页92。

〔32〕 《旧唐书》卷八九《狄仁杰传》，页2885。

〔33〕 《新唐书》卷一一五《狄仁杰传》，北京：中华书局，1975年，页4207。

〔34〕 （唐）白居易原本，（宋）孔传续撰《白孔六帖》卷二五"违离"条，《景印文渊阁四库全书》册891，台北：台湾商务印书馆，1986年，页397。

〔35〕 （清）金柘岩辑，张立华点校《孝经传说图解》第二辑，安徽人民出版社，2013年，页106。

〔36〕 案，"半启门"的题材表现的是倚门之恩，详沈睿文《"妇人启门"构图与意义之关系》，载《中国中古史集刊》（第二辑），北京：商务印书馆，2016年，页422—431。

〔37〕 （宋）赵彦卫撰，傅根清点校《云麓漫钞》，北京：中华书局，1996年，页175。

〔38〕 （宋）黄裳《演山集》，《景印文渊阁四库全书》册1120，台北：台湾商务印书馆，1986年，页105。

〔39〕 （唐）李吉甫撰，贺次君点校《元和郡县图志》，北京：中华书局，1983年，页448。

〔40〕 （宋）郑樵《通志》，北京：中华书局，1987年，页850下栏—页851上栏。

〔41〕 《太平广记》，北京：中华书局，1961年，页2478。

〔42〕 《新唐书》卷一一五《狄仁杰传》，页4210。

〔43〕 《旧唐书》卷八九，页2889。

〔44〕 黄小峰《从官舍到草堂：14世纪"云山图"的含义、用途与变迁》，中央

美术学院2008年博士学位论文。

〔45〕（明）王翰《梁园寓稿》卷五，《景印文渊阁四库全书》册1233，页295。

〔46〕（明）吴与弼《康斋集》卷五，《景印文渊阁四库全书》册1251，页450。

〔47〕（明）谢晋《兰庭集》卷上，《景印文渊阁四库全书》册1244，页438。

〔48〕（明）钱公善《三华集》卷一二，钱仲益《锦树集二》，《景印文渊阁四库全书》册1372，页129。

〔49〕（明）王翰《梁园寓稿》卷六，《景印文渊阁四库全书》册1233，页306。

〔50〕山西省文物管理委员会《太原南郊金胜村唐墓》，《考古》1959年第9期，页475—476。

〔51〕赵超《"树下老人"与唐代的屏风式墓中壁画》，页74。

〔52〕案，太原金胜村这批唐墓的葬俗颇具胡风，其墓主或为胡裔。详沈睿文《太原金胜村唐墓再研究》，载《丝绸之路研究集刊》第2辑，北京：商务印书馆，即刊。

〔53〕宿白《西安地区唐墓壁画的布局和内容》，《考古学报》1982年第2期，页147脚注（2）。

〔54〕袁行霈《陶渊明集笺注》卷一，页1。

〔55〕袁行霈《古代绘画中的陶渊明》，页5。

〔56〕王静《终南山与唐代长安社会》，载荣新江主编《唐研究》第九卷，北京：北京大学出版社，2003年，页129—168。

〔57〕刘婕《唐代花鸟画研究》，北京：文化艺术出版社，2013年，页244。

〔58〕陕西省文物管理委员会《西安西郊中堡村唐墓清理简报》，《考古》1950年第3期，页34—38。

〔59〕陕西咸阳底张湾唐墓出土游山俑，《文物参考资料》1954年第9期，封面。

〔60〕钱仲联集释《韩昌黎诗系年集释》卷八，上海：上海古籍出版社，1998年，页911。

〔61〕袁行霈《古代绘画中的陶渊明》，页13。

〔62〕（明）杨慎《丹铅续录》，丛书集成新编据明《宝颜堂秘笈》本排印本，台北：台湾新文丰出版公司，1984年，册13，页142。

〔63〕关于郑虔的研究可参：任军伟、郭建设《郑虔生平及其书画艺术探微》，《荣宝斋》2006年第5期，页54—69。

〔64〕《新唐书》，页5766。

〔65〕（唐）张彦远《历代名画记》，杭州：浙江人民美术出版社，2011年，页152。

（作者单位：北京大学考古文博学院）

壁画的保护与修复

北齐徐显秀墓壁画价值及其原址保护

汪万福

在中华文明上下五千年的历史长河中，留下了不同历史时期各具特色的优秀文化遗产，壁画墓就是其中的重要类型之一。据不完全统计，截至目前我国已经发掘的自秦汉至明清时期的壁画墓有 300 多座，对壁画墓的科学保护一直是学术界关注的热点。受自然环境、保存条件和技术等因素制约，20 世纪 70 年代以前，我国对于发掘清理的壁画墓，主要采取封存回填式保护。70—80 年代，在陕西、甘肃、河南、河北、山西、吉林等多个省份开展了大量古墓考古发掘工作，大多采取对壁画揭取搬迁进行异地保护方式。这种回填或搬迁异地的保护措施，使大量出土珍贵壁画得到了抢救性保护，但遗产本身信息的真实性与完整性却未能得到充分体现。20 世纪 90 年代初，随着科技的发展，考古发掘与文物保护技术有了较大提高，特别是保护理念的不断创新，使壁画墓保护进入到探索原址保护发展的新阶段。

2000 年 12 月，徐显秀墓在太原市迎泽区郝庄镇王家峰村东 1 公里处的一片梨园中被发现。随后，太原市政府向山西省文物局和国家文物局进行了专题汇报。经国家文物局批准，成立了由山西省考古研究所和太原市考古研究所联合组成的"王家峰北朝壁画墓考古队"，同月 25 日徐显秀墓正式展开抢救性发掘工作，于 2002 年 10 月田野考古工作顺利结束。王家峰北朝壁画墓考古发掘被评为"2002 年度全国十大考古发现""2002 年度全国田野考古三等奖"，2006 年王家峰墓群被国务院公布为"第六批全国重点文物保护单位"。

为了进一步加强遗址保护与展示利用工作，2009 年底太原市政府批准成立了太原市徐显秀墓文物保管所，专门负责徐显秀墓的保护、研究、利用和管理。2011 年 9 月，又更名为太原北齐壁画博物馆，定位更加明确。随后，太原北齐壁画博物馆以壁画墓原址保护和壁画馆建设作为主要目标任务，开展了一系列工作。

从 2007 年至今，敦煌研究院与徐显秀壁画墓原址保护研究团队从对徐显秀墓及其壁画的价值认知开始，借鉴前人在壁画墓原址保护方面的成功经验，从墓葬所处地质环境、气候条件、土壤特性与水分状况、墓室结构的稳定性、墓道锚固、壁画保护修复及监测预警体系构建等多角度出发，在综合研究的基础上，通过工程实施，有效地保护了墓葬及其壁画，并总结出了一套适合徐显秀墓壁画原址保护的程序和技术方法。现简要介绍如下：

一、徐显秀墓壁画价值

结合已经过考古发掘的北齐墓葬相关资料，通过对徐显秀墓壁画艺术的研究，再联系徐显秀生活的北齐社会环境，徐显秀墓壁画的价值表现在以下几个主要方面：（1）对理解古城晋阳在北齐政治格局和中古时期北方多元文化交融中的特殊位置有重要意义。（2）独特的壁画构图方式和墓葬结构，对研究中国古代墓葬制度史和北齐墓葬整体研究有重要的学术价值。（3）墓葬中大量带有中亚西域特色的图像因素，配合文献相关记载，是研究北齐社会"胡化"的第一手资料。（4）徐显秀墓壁画（图1），是继北齐东安王娄叡墓壁画之后，了解北齐以"画圣"杨子华为代表的"简易标美"新画风的珍贵图像资料。（5）徐显秀墓壁画中丰富的粟特美术图像，为持续热潮的粟特学研究和中西文化交流研究增添新的资料，有重要的学术研究价值。（6）完整的大型场景墓室壁画，是研究北朝墓葬绘画技法的第一手资料。具体包括起稿、用色、晕染和线

图1　山西太原北齐徐显秀壁画墓／出行仪仗图

图 2　山西太原北齐徐显秀墓墓主人图

条等多项技法的展现（图 2）。（7）徐显秀墓壁画反映独特而多元的宗教因素，为研究北齐时期的宗教信仰提供了重要的史料。

二、徐显秀壁画墓原址保护面临的主要问题

一般而言，墓葬原址保护面临的主要问题可以归纳为环境控制不力、地下水作用和结构性破坏等。就徐显秀墓而言，在制约其原址保护的诸多因素中，解决墓室结构稳定和控制环境是其中的关键，对于墓葬壁画活动性破坏源的控制和根除尤为重要，对墓葬本身的结构形变、墓道和墓室的结构稳定、甚至坍塌区域的修缮是从宏观上保全墓葬壁画的重要途径。

墓葬赋存环境条件方面，主要表现为降雨、灌溉、土壤水分入渗、墓室湿度大等。从壁画支撑体方面看，主要反映在墓室墙壁不均匀沉降、变形（图 3），墓道两侧裂隙发育等。而壁画本体方面，主要有不同程度的空鼓、酥碱、起甲、污染甚至局部脱落等病害（图 4）。

图 3　墓室墙壁不均匀沉降、变形及壁画空鼓变形和局部脱落

图 4　墓道壁画酥碱与裂隙发育

三、试验研究及保护修复加固

（一）环境研究

1. 降水入渗规律及对墓葬的影响

徐显秀墓所处地貌单元属太原东山山前中等切割的洪积、坡积黄土台塬区，地势平坦开阔，附近无地表水系，无沟谷分布。降水季部分雨水转化为地表径流，大部分则通过地表渗入地下转化为土壤水，降水入渗是地下水补给和形成的重要途径，土壤水分迁移的空间尺度的动态变化直接影响墓葬的防护和壁画的安全。

为了解徐显秀墓葬周围土体水分的再分布过程及迁移转化规律，科研人员在土壤入渗特性分析的基础上，于2011年7月12日~10月15日雨季期间在墓葬东侧相距约40米的梨园中现场测定自然降水条件和人为控制入渗条件下不同深度、不同时间的土壤含水率。结果表明，地表60厘米深度内，受降水、蒸发影响，土壤含水率变化剧烈；60厘米以下含水率变化较小。在降水和蒸

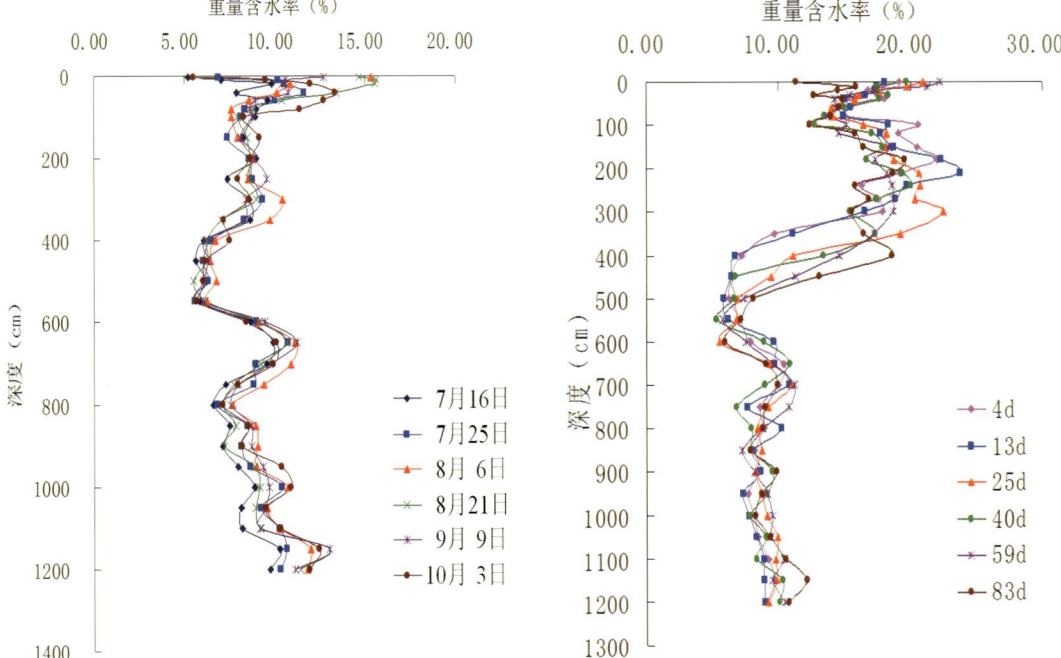

图 5　自然降雨条件下不同时间含水率变化　　　图 6　东南侧 43m 入湾池入渗池中心含水率变化

发条件下，土壤湿润峰在 60~100 厘米深度范围内变化，降水、蒸发等气象要素在试验期内的最大影响深度小于 1 米（图 5）。

为研究极端降水条件下，土壤水分沿垂直和水平方向的运移状况，在主室东南侧相距 43 米处构筑 5 米 ×5 米的入渗池，2011 年 7 月 12 日一次性灌水 20 立方米，相当于 800 毫米降水量，加上试验期自然降水 281.4 毫米，这一模拟量远大于多年最大年降水量，灌水入渗时间约 26 小时。结果显示，灌水后水分迁移主要集中在入渗池附近（图 6），距池中心 8 米（图 7）及更远处土壤含水率与自然降水观测点变化趋势相同，即这些监测点土壤含水率仅与降水、蒸发等气象因素相关，受入渗池水分迁移的影响甚微。由于墓葬周围黄土的垂直节理发育，土体的垂向透水性较强，在入渗池灌水与降水双重作用下，土壤水分运动以垂直迁移为主，水平迁移距离在距入渗池 5.0 米内。

因此，建议保护区范围应大于入渗水平影响范围。墓址区地形东北高、西南低，东北方向为地表径流和地下水的来水方向，东侧与北侧保护区范围需适当加大，避免上游水分入渗后对墓址产生影响。据此确定保护区边界与墓址最小距离：东侧为 90 米，西侧为 22 米，南侧为 27 米，北侧为 42 米。在此基础上，

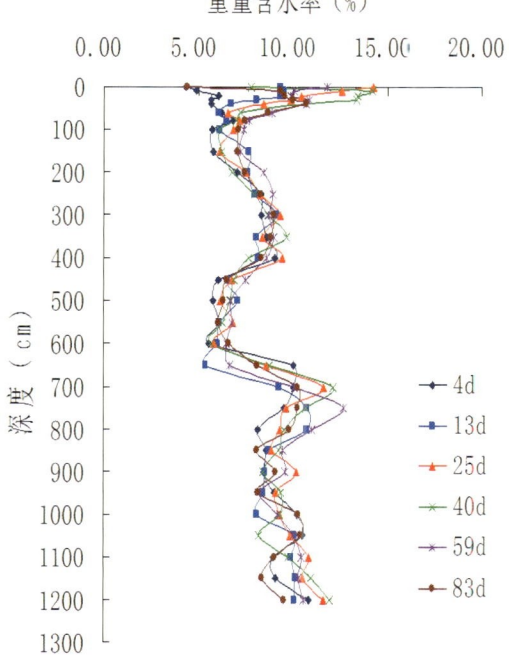
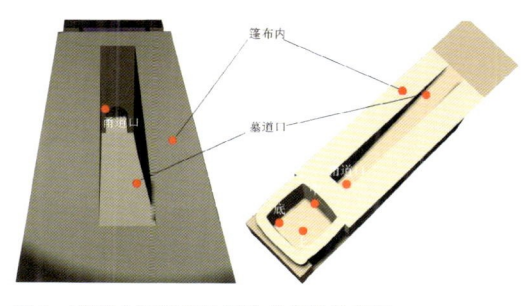

图 8 墓葬内温湿度监测位点布设示意图

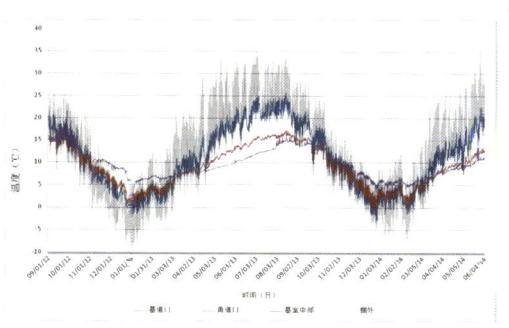

图 7 水平 8m 处含水率变化

图 9 墓室内外各监测点温度变化曲线图

对墓葬周边区域采取地面硬化、设置截洪沟与排水沟等措施，减少墓葬周边降水及短时地表径流的入渗，保持墓内微环境相对稳定。

2. 墓葬微环境监测与分析

环境温湿度与墓葬保存及壁画病害类型、程度及产生机理密切相关。为探索遗址内微环境温湿度时空变化特征，及其与文物病害间的关联，在不同位点布设温湿度自动记录仪（HOBO U23—001），布设位置为彩钢板房入口处、帆布棚内、墓道口、甬道口、墓室地面、墓室壁披转接处、墓室穹顶等 7 处（图 8）。

如图 9 所示，彩钢棚入口、墓道口、甬道口、墓室内的温度波动依次减缓，平均温度分别为 11.89℃、10.79℃、8.94℃、9.46℃；最高温度分别为 35.21℃、17.18℃、25.70℃、21.56℃；最低温度分别为 -9.13℃、-3.21℃、-1.30℃、-0.26℃。在外界温度发生剧烈变化时，墓室内温度变化较平稳，墓道和彩钢棚对墓室内的温度变化起到了一定的缓冲作用（图 9）。

在甬道口，7 月、8 月空气温度低于露点温度（图 10），会发生结露现象，产生凝结水。这解释了每年 7 月、8 月在甬道口石门上方有水珠形成，而且墓室顶部有小水滴掉落地面，以及甬道口和墓室内相对湿度基本达到 100% 的原因。

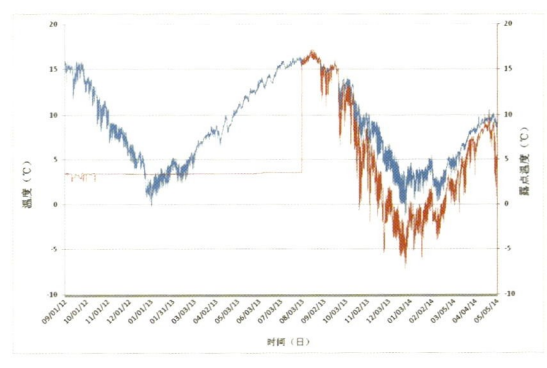

图 10　墓葬甬道口温度与露点温度对比曲线图

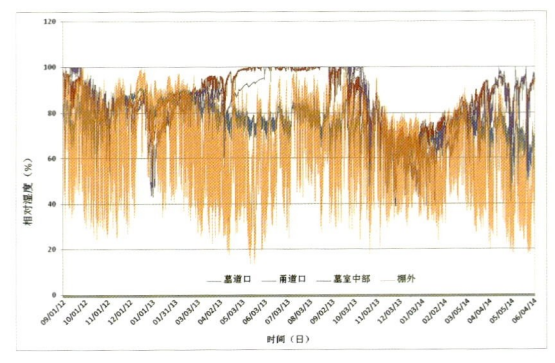

图 11　墓葬内外各监测点相对湿度对比曲线图

各个监测点相对湿度变化曲线如图 11。彩钢棚入口处相对湿度受到外界降水和空气温度的影响而变化剧烈，墓道口、甬道口、墓室底部、墓室中部、墓室顶部的相对湿度变化幅度逐渐平缓，其平均相对湿度分别为 76.2%、86.7%、81.4%、82.9% 和 94.5%，在每年 1 月各个监测点相对湿度最低，然后逐渐升高和波动（图 11）。

温、湿度监测表明，1 月份彩钢棚、墓道和墓室中部温度低于零度，使墓道和墓室内发生冻融现象的风险增加，增大了墓室及墓道内壁画产生裂隙、酥碱和脱落等病害风险。7 月和 8 月在甬道口、墓室顶部、墓室中部和底部空气的温度低于露点温度，有结露现象发生（凝结水形成），结露诱发的可溶盐的潮解—结晶循环可能加重壁画酥碱、疱疹等盐害程度。

（二）结构保护技术研究

1. 墓道加固技术

墓道开挖后失去了回填土的支撑，在后期人为活动及地表植物根系等的影响下，引起局部结构变形，墓道两侧出现不同程度的贯通裂隙（图 12），严重威胁到墓道及壁画的安全。

在充分分析墓道各类病害产生原因的基础上，通过室内及现场试验，筛选出料礓石与石英砂按 1:1 混合，水灰比为 0.5，这种材料强度适中，含水率低，收缩小，适合在徐显秀墓土体锚固中做灌浆材料。具体灌浆加固工艺是：（1）揭取壁画；（2）布设临时安全支护，确保施工人员和文物安全；（3）定位放线，结合墓道壁画及结构位置需求，确定锚固位置，尽可能避开画面；（4）成孔，采用螺纹钻和人工钻孔相结合的方式，钻孔深度 1.5~3 米，成孔角度一般略向上倾斜，倾斜角度小于 5°，成孔直径 40~70 毫米；（5）灌浆；（6）安装锚杆，

图12 墓道东壁修复前（左）后（右）对比

注入浆液后应随即插入直径为25毫米锚杆，待浆液初凝前再次轻击入杆；（7）根据锚板的尺寸凿槽，深度30毫米左右，表面应平整；（8）安装锚具；（9）回贴壁画。

2. 墓室加固技术

据考古发掘记载，上世纪80年代，当地农民引水灌溉农田，导致水从封门砖缝、盗洞进入墓室，地面积水痕迹约30厘米。墓室地基受水浸泡而不均匀沉降，支撑墙体局部受力不均，扭曲变形，局部应力集中致使大部分砖块压碎、坍塌。为了从根本上解决墓室结构稳定性问题，研究人员在现场详细勘察的基础上，初步设计了3个可选方案：一是局部拆除砖砌体砌补支顶；二是隐蔽钢结构结合砖砌体支顶；三是外设钢结构支顶。后经专家咨询论证，确定采用第一方案进行墓室结构加固。技术要点包括：（1）采用刚柔性相结合的方式支顶墓室拱门洞口，偏向西侧；（2）拆除拱券下东侧歪闪青砖砌体，下部留有70厘米高，拆除过程中留出马牙槎，确保新砌补砖砌体与原有结构良好连接，提高墙体的整体稳定性；（3）采用同样砖砌体，素土浆砌筑，待达到一定强度后拆除所有支顶措施；（4）砖砌体表面修复，确保墙体观感；（5）布设变形监测点，长期观测墓室墙体的整体稳定，必要时再采取针对性措施加以保护。（图13-14）

（三）壁画保护修复

1. 壁画结构

墓室壁画是以青砖墙体为支撑体，抹上1~2厘米的白石灰为地仗层，再着色制作而成。而墓道壁画是在土体上刷白灰水后直接作画（图15）。

2. 制作材料分析

采用 X—射线衍射法（日本 Rigaku D/Max 2500V，转靶 40 kV、100mA，θ/2θ 连续扫描）分析了墓室采集的红色、黄色、白色、黑色等颜料样品 11 个，墓道和过洞处地仗样品 4 个。

分析结果显示，壁画颜料大都为矿物颜料，其中红色颜料主要以朱砂和土红为主（图16），白色为方解石和石膏，黑色中检出有碳酸铅，因其氧化所致，而黄色颜料和一个红色颜料样品的显色成分未检出（表1）。地仗各样品 X—射线衍射分析结果见表 2 和图 17（图 17）。

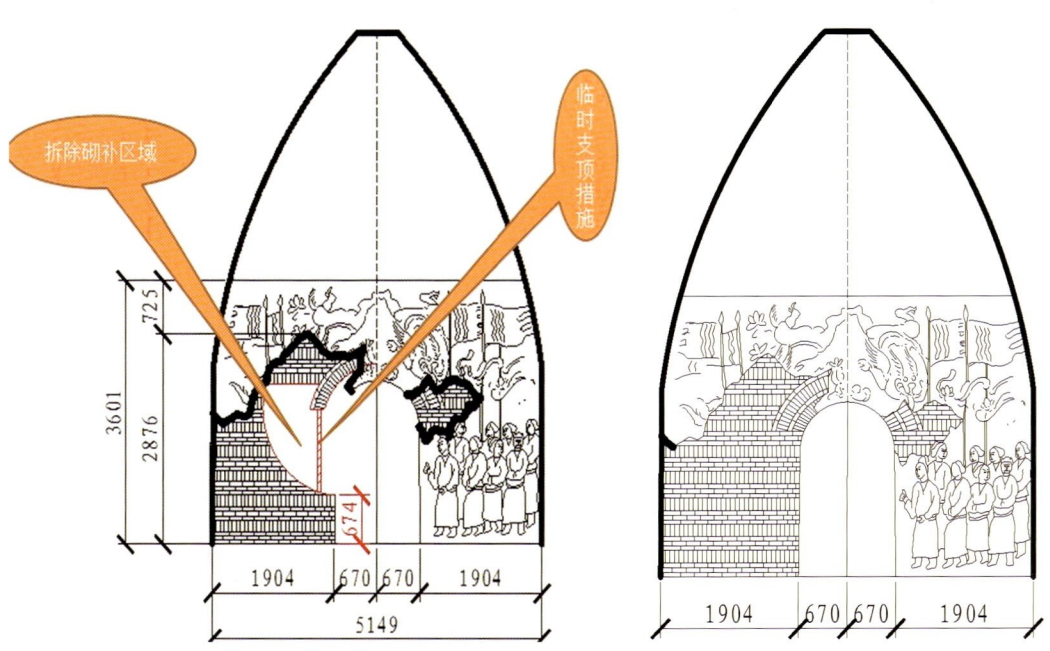

图 13　墓室加固施工设计（左）和加固效果（右）图

图 14　墓室南壁支撑体更换加固前（左）和后（右）对比图

3. 壁画修复材料、工艺筛选及保护修复加固

古代壁画保护修复材料筛选遵循"最大兼容，最小干预"的基本原则，选用低黏度、粘性适宜、无眩光、无变色、透气性强、耐老化以及良好的可逆性和可操控性的粘结材料。尽可能利用当地材料以增强其相容性，辅之以必要的添加材料和胶粘剂。

起甲壁画修复材料及工艺筛选：通过室内实验和现场试验，确定丙烯酸乳液和有机硅丙烯酸乳液混合使用对地仗和颜料层加固效果好，二者浓度均为 0.5%，按 1:1 混合。在石灰层较为疏松的情况下，二者 1% 浓度按 1:1 混合时

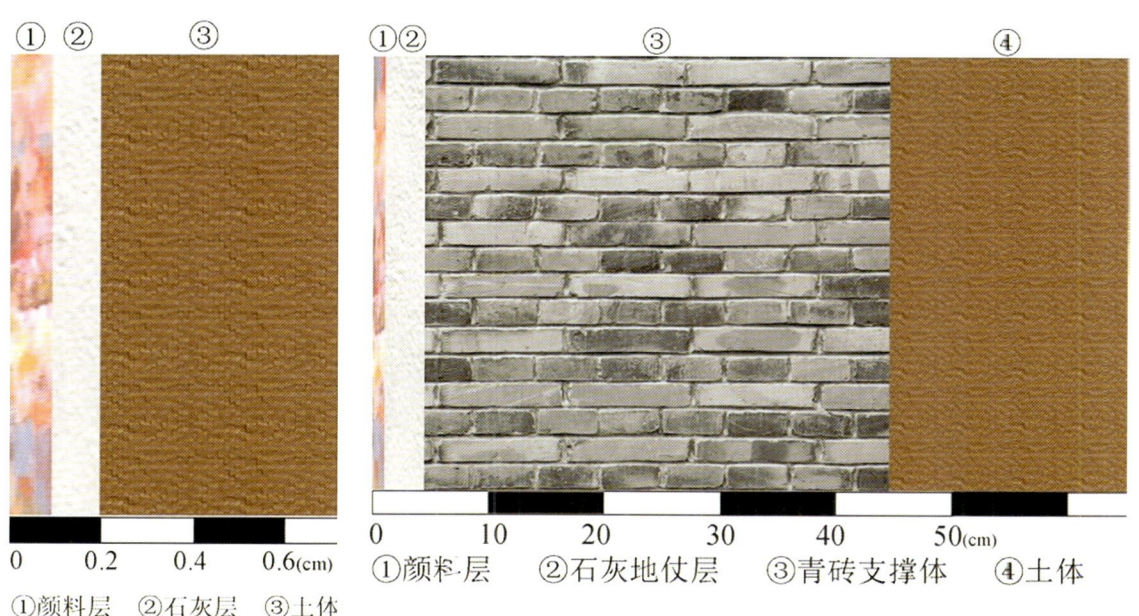

图 15　墓道与墓室壁画结构图

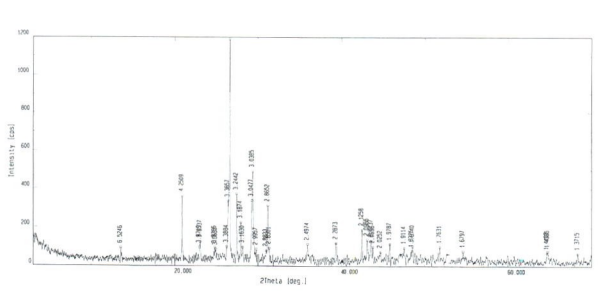

图 16　墓壁画红色颜料样品 5 的 X 射线衍射分析谱图

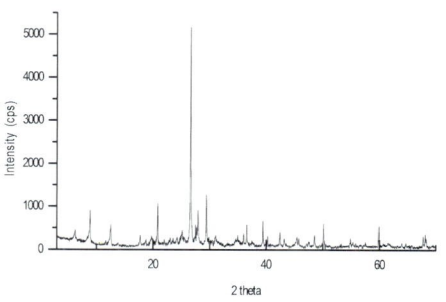

图 17　TY-XXXM-Y-1 地仗样品的 X 射线衍射谱图

表1 徐显秀墓壁画颜料样品 X 射线衍射分析结果

样品编号	取样位置	颜色	矿物成分	显色成分
1	距地面72cm，距南壁26cm（东壁第二人）	黄色	方解石、石英	未检测出
2	距地面33cm，距南壁51cm（东壁第四人左脚）	棕色	石英、石膏、方解石	未检测出
3	距地面67cm，距南壁102cm（东壁第六人裙）	黑色	碳酸铅、方解石、石英	碳酸铅
4	距地面73cm，距南壁157cm（牛腿）	红色	石膏、方解石、石英	未检测出
5	距地面95cm，距东壁18cm（北壁第二人裙）	红色	方解石、朱砂、石英	朱砂
6	距地面51cm，距东壁58cm（北壁第三人靴）	灰色	方解石、石英	碳酸铅
7	距地面72cm，距北壁35cm（东壁北—南第二人）	棕色	碳酸铅、石英	碳酸铅
8	距地面162cm，距北壁119cm（东壁北—南六人）	黑色	碳酸铅、方解石、石英	碳酸铅
9	距地面159cm，距西壁32cm（南壁西—东第二人）	棕色	碳酸铅、朱砂、方解石	朱砂、碳酸铅
10	距地面143cm，距西壁32cm（北壁西—东第三人琵琶）	白色	方解石、石英	方解石
11	距地面148cm，距北壁27cm（西壁北—南第二人上衣）	白色	石英、方解石	方解石

表2 壁画地仗样品的 X—射线衍射分析结果

样品编号	取样位置	样品描述	矿物成分
TY—XXXM—Y—1	墓道西壁 距墓口3.5m，距地表1m	地仗	石英、伊利石、绿泥石、长石、方解石、角闪石
TY—XXXM—Y—2	墓道东壁 距墓口4m，距地表1m	地仗	石英、长石、绿泥石、云母、方解石
TY—XXXM—Y—3	墓道西壁 距墓口8.5m，距地表5m	地仗	石英、绿泥石、长石、方解石、云母
TY—XXXM—Y—4	过洞顶部	脱落残块	石英、方解石、长石、绿泥石、伊利石

加固效果最佳（图 13）。

起甲壁画的修复工艺包括除尘、棉纸封护、注射粘结剂、回贴颜料层、揭去封护棉纸、滚压壁画、喷涂加固和软胶辊滚压画面等 8 道关键工序。

空鼓壁画灌浆材料及工艺筛选：空鼓壁画灌浆材料的骨料为熟石灰和当地土按质量比 3:1 混合，粘结剂为 10% 的丙烯酸乳液，水灰比为 0.6 时粘结强度能达到加固空鼓壁画的目的（图 19）；同时这种填料及配比更接近于地仗材料，具有较好的兼容性和可操作性。

空鼓壁画的灌浆加固工艺主要包括除尘、开设注浆孔、内窥镜检查、埋设注浆管、支顶壁画、灌浆、灌浆效果检查和修复注浆孔等 8 道关键工序。

酥碱壁画修复材料及工艺筛选：经过反复试验，结合徐显秀墓酥碱壁画的特点，筛选出以 0.5% 的丙烯酸乳液与 0.5% 的硅丙乳液以体积比 1:1 混合修复加固酥碱壁画效果较好。

酥碱壁画修复工艺包括除尘、填垫泥浆、注射粘结剂、回贴颜料层、再次注射粘结剂、滚压、压平壁画、敷贴吸水脱盐垫、更换吸水脱盐垫、二次脱盐等。

图 18　墓室东壁颜料层起甲粉化壁画修复前（左）后（右）对比

图 19　墓室北壁东侧下部空鼓破损壁画修复前（左）后（右）对比

（四）微生物监测与防治

1. 样品采集

空气微生物：使用国际通用的空气微生物采样器（Buck Bio-Culture™ Sampler），采样位点如图20所示，采样器距离地面1.25米，水平距壁画1米（图20）。

壁画微生物：使用无菌棉签和无菌解剖刀采集样品（图21），采样过程应尽可能避免对壁画本体造成损伤。部分样品可能包含壁画的颜料层、地仗层等结构的基质材料，因此总体称为壁画基质样品。

2. 可培养细菌多样性

研究发现，壁画中可培养细菌序列属于3门23个属，厚壁菌门Firmicutes（81.5%）为绝对优势群落，其次为放线菌门Actinobacteria（18.1%）。芽孢杆菌属Bacillus（81.4%）为壁画优势细菌类群。在墓葬空气中，可培养细菌有3门13个属，多数为厚壁菌门Firmicutes（55.3%），其次为变形菌门Proteobacteria（25.1%）和放线菌门Actinobacteria（19.6%）。墓葬空气中可培养细菌主要由溶杆菌属Lysobacter（23.7%）、芽孢杆菌属Bacillus（23.5%）和短芽孢杆菌属Brevibacillus（22%）组成（图22）。

壁画中可培养细菌的群落结构在不同取样地点差异较大。在墓室中共20个属，其中节细菌属（36.7%）是优势类群，其次为细杆菌属（29.5%）和芽孢杆菌属（26.5%）。在墓（甬）道中共有10个属，其中芽孢杆菌属（87.4%）和细杆菌属（12.5%）占有绝对优势（图23）。

墓室空气中可培养细菌平均浓度为 $3.28 \pm 0.53 \times 10^2$ CFU/m^3，墓（甬）道空气中可培养细菌平均浓度为 $2.30 \pm 0.36 \times 10^2$ CFU/m^3，外环境为 $2.71 \pm 0.01 \times 10^2$ CFU/m^3，三者间无显著差异。

3. 空气真菌浓度

分析结果表明，青霉属Penicillium、枝孢属Cladosporium和链格孢属Alternaria 3个属在空气、壁画表面和壁画画层3个样品中占有优势，分别占86.35%、88.67%、68.46%。经一维方差分析和多重比较后发现，墓室二层空气真菌在墓葬大气环境中浓度（3.1309 ± 0.043 CFUcfu/m^3）显著高于其他点的浓度，其余各点间差异不大。影响空气真菌多样性的主要环境因素是相对湿度、温度和采样位置深度，而影响壁画真菌多样性的因素为颜料。

4. 抢救性防护杀菌剂筛选

在确定墓道优势病害菌为白色侧齿霉菌（Engyodontium album）的基础上，根据实验室条件抑菌圈大小和现场试验筛选最佳浓度（图24-25）。结果表明，双氯酚（0.5%，溶于75%乙醇）对于病害菌白色侧齿霉菌的抑制能力和杀灭能力均最强，在壁画病害区域杀灭处理取得了较好的效果。

图 20 空气微生物样品采样位点分布图。E、S、W 和 N 分别代表在主墓室一层东南西北四壁上采样点；Es：主墓室二层东壁；I：甬道；T：墓道底部；M：墓道上部；O：户外。

图 21 壁画样品采样位点。a-d：红色和白色颜料处取样；e 和 f 分别为红色和白色颜料处取样。

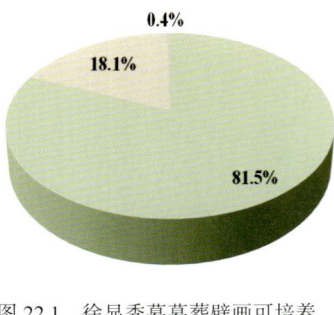
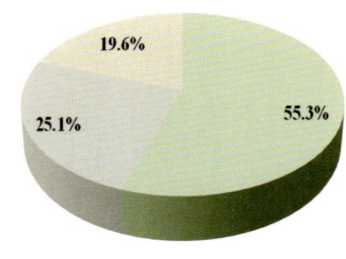
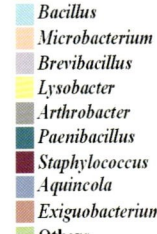

图 22.1 徐显秀墓墓葬壁画可培养细菌优势门百分比。

图 22.2 空气可培养细菌优势门百分比。

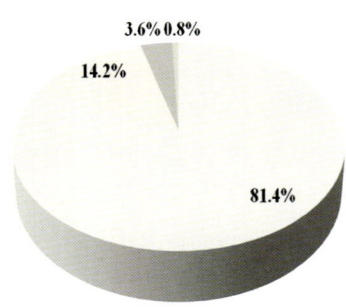
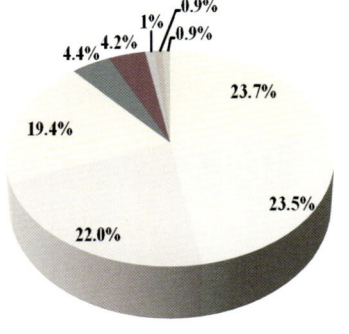

图 22.3 壁画可培养细菌优势属百分比。

图 22.4 空气可培养细菌优势属百分比。

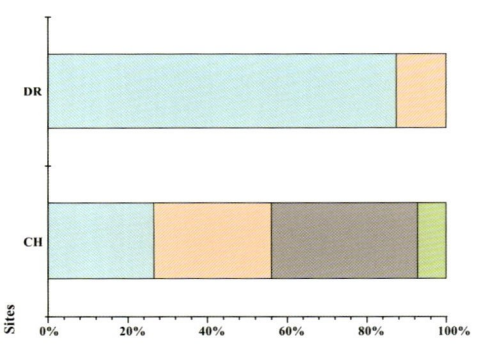

图 23.1 徐显秀墓墓葬不同位点壁画细菌优势属相对丰度。

图 23.2 不同位点空气细菌优势属相对丰度；CH，墓室；DR，墓（甬）道；OD，外环境

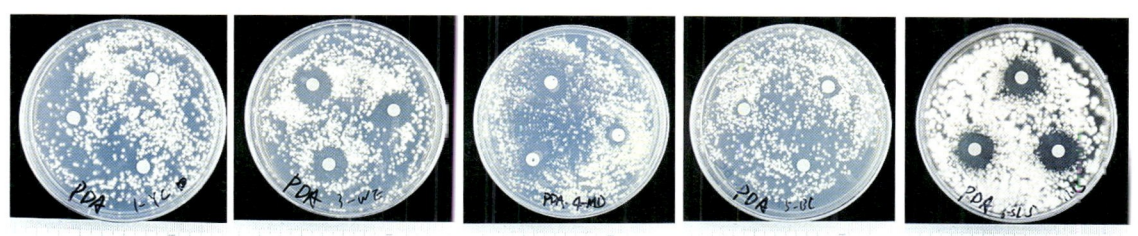

图 24　基于抑菌圈实验筛选杀灭剂及其最佳使用浓度

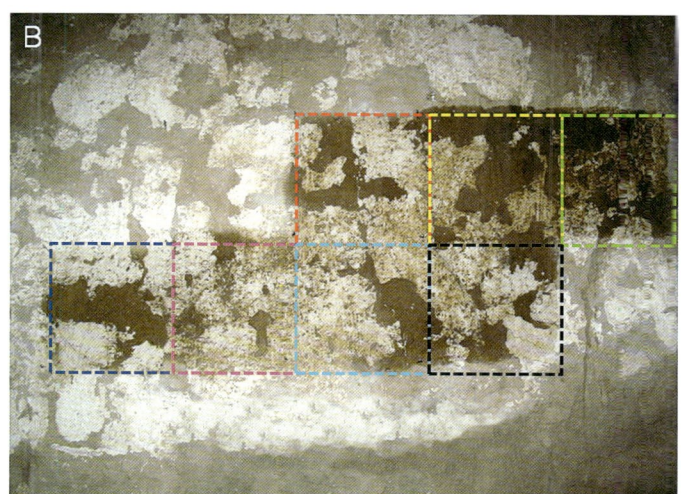

图 25　杀灭剂最佳使用浓度现场试验

四、探地雷达技术在墓葬保护监测中的应用

（一）对壁画空鼓病害检测及灌浆加固效果的评价

1. 壁画空鼓病害检测

检测区域（图 26）位于墓室北披中下部，长 2.4 米、高 0.8 米，布置水平测线 9 道、竖向测线 13 道，水平道间距为 0.1 米、竖向道间距为 0.2 米，同时对中间 0.8 米 × 0.8 米的区域按网格模式进行检测。

综合分析水平测线 H2、H3、H4、H6、H7、H8、H9 和竖向测线 V1、V7、V8、V9 的探地雷达剖面中反映壁画空鼓病害的特征非常明显。将各条测线的空鼓部位投影到检测区域中（图 27），发现壁画空鼓病害主要分布于测区的中上部、左上部和中下部，测区左上部和左下部的壁画保存状况相对较好，空鼓程度较轻。

图26　墓室北披检测区域

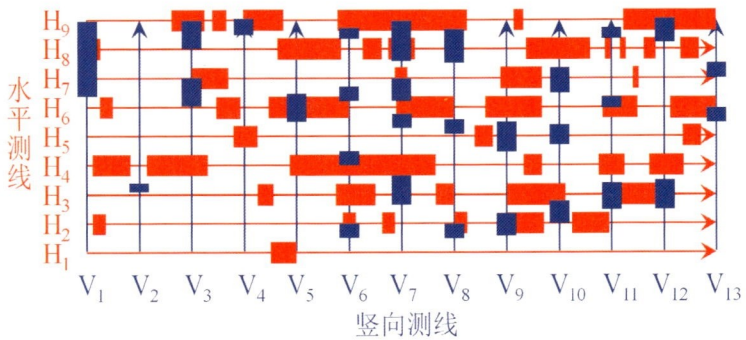

图27　正交化雷达剖面综合解译成果

2. 空鼓壁画灌浆加固效果的评价

墓室北披检测区域的空鼓壁画经灌浆加固后，壁画地仗层与壁画支撑体（砖砌体）之间的空鼓区域大部分被灌浆材料有效充填，粘结牢固，地仗层—灌浆材料以及灌浆材料—支撑体等电磁阻抗界面处的雷达反射回波基本淹没在背景图像中（图28），说明灌浆效果良好。

（二）墓葬周围植物根系检测

根据探地雷达水平切片图可知，900MHz 天线在封土堆周边梨树生长区域的探测深度为152厘米。分析发现，在35~126厘米深度范围内信号所反映的未知物体为连续的枝状物体，呈圆柱状或棱状，大部分信号分布在树干周围的区域，且由树干向外发散，由此推断，这些枝状信号是梨树根系的反射。

图29是探测区域深度35~66厘米范围内的水平切片图（图29）。图中分

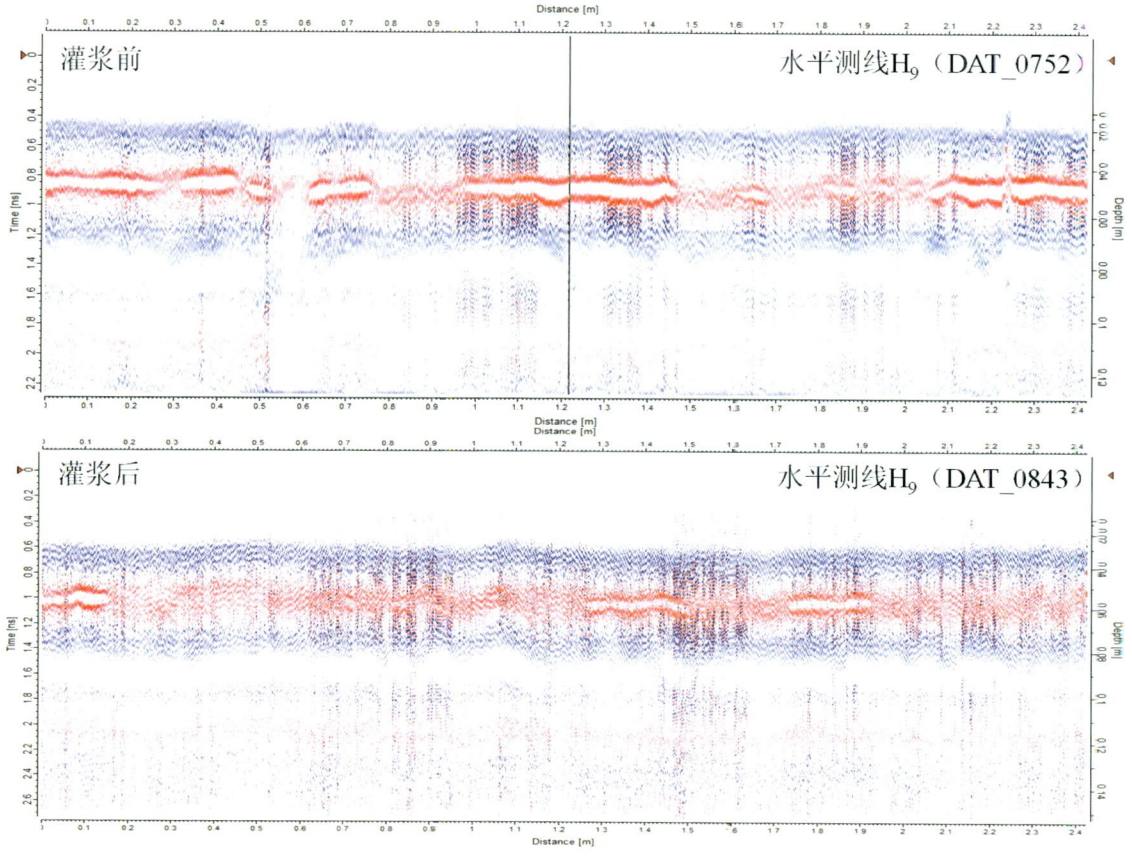

图 28　墓室北披检测区域灌浆前后雷达剖面对比

布两条相对集中的枝状信号,且信号较强。一条由树干位置向南延伸,开始时信号连续性差,随着深度的增加,信号强度和连续性都增强,信号面积增大,而后逐渐减弱至消失,根径约为 20 厘米;另一条由树干位置向西延伸,开始时信号较连续,之后信号呈较强圆形,随深度增加,信号面积逐渐减小,强度减弱,直至消失。由此判断,该根系向西生长后又向地下延伸,根径约为 15 厘米。根系分布 X、Y、Z 轴向侧视图可看出树干周围大根系的分布和生长方向(图 30)。

在探测区域深度 152 厘米范围之内,有 3 条根径在 25 厘米以上的根系向南面墓室封土堆方向延伸,对墓室穹顶和壁画存在潜在的威胁,在对墓室封土堆以及墓室壁画修复时,应考虑此处梨树根系的影响,并采取必要措施阻断梨树根系继续延伸。

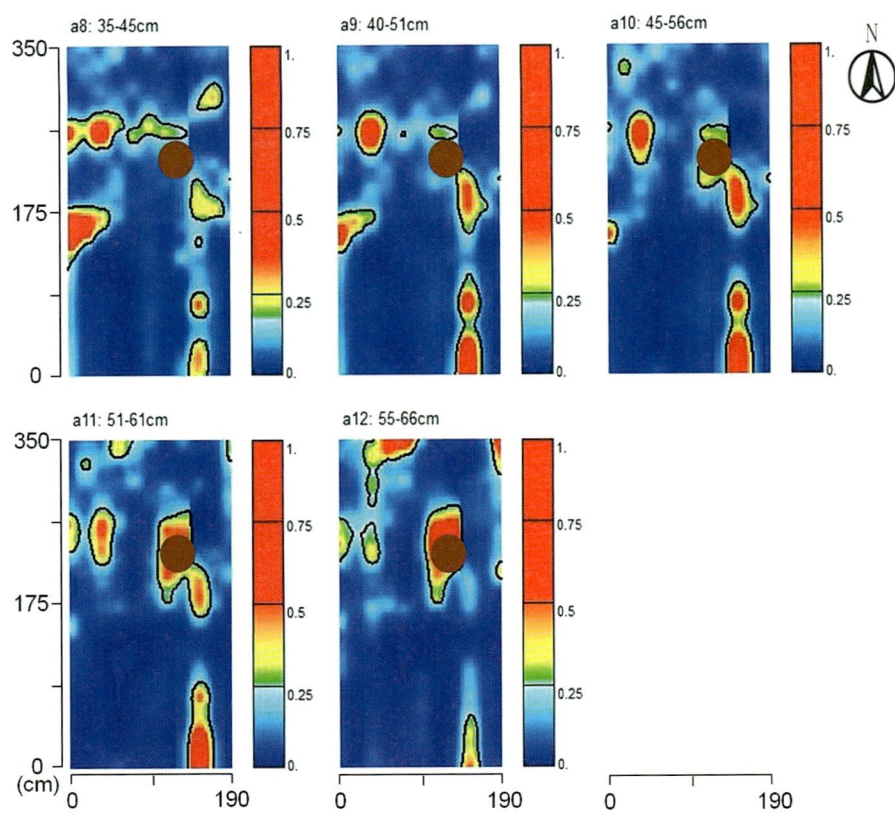

图 29　探测区 35-66cm 深度范围水平切片图（图中棕色圆圈代表树干位置）

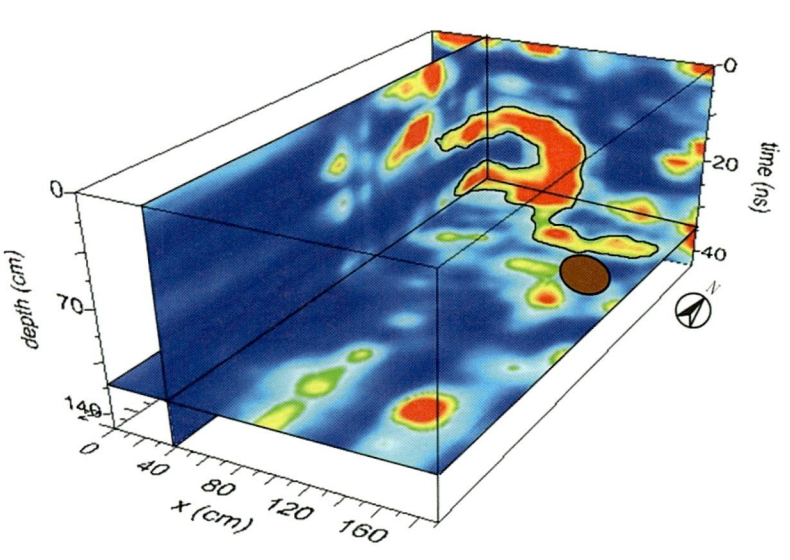

图 30　根系分布 X、Y、Z 轴向侧视图（图中棕色圆圈代表树干位置）

五、监测预警体系初步构建

（一）意义

遗产监测是对遗产地进行科学管理和制定保护决策的重要依据，保证决策的时效性和科学性，已成为遗产保护最基本、最重要的工作内容之一。北齐徐显秀墓监测预警体系的建立和初步完善，能够及时发现和解析墓葬、壁画、附属建筑及其赋存环境的细微变化，实现遗址气象、微环境、本体、载体、展陈和游客监测信息集成和资源共享，促进各相关部门间的协同合作关系，同时还可依据遗产保护、研究、管理、利用中所遇事件的轻重缓急，提出相应的报送、预警和响应机制，提高遗址地管理水平，促进遗址从抢救性保护到预防性保护的顺利过渡。

（二）目标

通过监测预警体系的建设，全面实现徐显秀墓动态监测和信息化管理；实现相关监测指标动态信息报送、分析、统计、发布，以及信息查询与检索的功能，从整体上提高监测管理水平；通过监测信息管理，建立监测预警机制，制定应急处置方案，实现变化可监测、风险可预报、险情可预控、保护可提前的保护管理目标，从而进一步提升徐显秀墓的保护、监测、研究和管理水平。

（三）指导思想

严格遵照"保护为主、抢救第一、合理利用、加强管理"的文物工作方针，引入风险管理理论，科学系统分析其所面临的自然和人为风险因素，针对保护中存在的相关问题，进行徐显秀墓监测方案的编制。运用物联网技术、传感技术等相关技术，创建"风险监测—综合预报—提前预警—及时处置"的遗产保护管理模式，最大限度地降低各种风险因素对遗产所造成的危害，确保遗产地的真实性、完整性。

（四）监测内容及方法

根据徐显秀墓所处地理位置及目前保存实际状况，监测内容主要包括区域环境、墓室微环境、文物本体、文物载体、游客、展陈、工作人员及管理工作等。监测方法主要参考和借鉴不同行业不同对象监测的仪器设备、技术指标、操作规程，结合文化遗产保护的特点，确定最佳的监测技术措施，确保监测实效与遗址科学保护。

领导　　监控工作人员　　相关业务部门　　社会大众　　上级管理部门

业务应用系统：信息报送系统　公共发布系统　分析预警系统　报表生成系统　墓室管理系统　设备管理系统　监测信息人工采集系统　游客管理系统　监测信息集成显示系统

实时监测信息采集：区域环境　墓室微环境　文物载体　壁画　游客　安防　全自动气象站　全自动空监测站　无线微环境传感器　无线图像传感器　人流计数系统　遥感图像　VOC传感器　视频摄影机　振动传感器　直线位移计　照度传感器

数据管理平台：
分析报表数据　实时监测数据　基本信息数据　地理信息数据　元数据

业务系统支撑平台：多维统计分析　中间件　GIS　视频服务系统　数据库

基础设施支撑平台：服务器及存储系统　基础网络平台　信息安全系统　监控中心硬件系统　短信系统

图 31　山西太原北齐徐显秀墓监测预警体系框架图

（五）监测预警体系结构

针对徐显秀墓保护管理中存在的诸多风险因素，借鉴国内其他类似遗产地预警体系建立的实践，综合运用传感技术、计算机技术、网络技术、自动控制技术和文物保护工程技术，构建徐显秀墓监测预警体系框架（图31）。

综上所述，针对徐显秀墓壁画原址保护面临的诸多问题，以《中国文物古迹保护准则》为指导，在全面评估保存现状及其价值的基础上，系统研究了徐显秀墓原址保护尤其是墓葬赋存环境、墓室结构稳定性和壁画病害特征等因素间的关联性。通过对徐显秀墓文物价值的认知、墓葬环境研究、壁画制作材料与工艺研究、壁画病害机理研究、修复材料与加固工艺筛选、墓室结构失稳研究、墓道土体锚固与裂隙灌浆、植物根系对墓室结构影响及有害生物综合防治等系列研究和现场试验，形成了徐显秀墓的保护研究方法和保护技术。集中体现了文物保护工程中科学研究贯穿于工程实践全过程的重要特点，为实现重要墓葬壁画原址保护进行了有益探索，同时拓展了同类遗址保护研究的方法与技术，有利于提升我国墓葬壁画保护技术的科学化和规范化。

古墓葬壁画的原址保护，至今仍是个世界难题，影响因素多，保护管理难。能做到良好的长期保存，又能长久对外开放展示的案例，少之又少。壁画墓原址保护的工作还任重道远，要充分认识到壁画墓葬保护和展示开放的复杂性与艰巨性，尤其是今后的管理与监测显得十分重要。在当前墓葬壁画的小环境控制尚未完善的情况下，对壁画的健康状况，要做长期、精确的监测工作，采取通风调节等措施，维持微环境温度、湿度的稳定，还要控制因开放参观，观众带入的污染物与有害气体。总之，我们要不断完善壁画墓原址保护的理论与实践，使这份珍贵遗产能够完整地、真实地留给子孙后代。

（作者单位：敦煌研究院保护研究所）

加拿大皇家安大略博物馆藏壁画《弥勒说法图》的保护

Bonnie McLean, Ewa Dziadowiec and Roumen Kirinkov
邦妮·麦克利恩　伊娃·奇亚多维克　卢曼·奇利科夫
朱亮亮　译

2005年，皇家安大略博物馆（Royal Ontario Museum）对远东部藏品中的一幅元代《弥勒说法图》壁画的表面及内部进行了细致的修复。上世纪30年代，博物馆购入这幅壁画后，由乔治·史道特将其固定在美森耐复合纤维板上，置于怀履光主教纪念展厅的北墙上展出。壁画残片的固定处理使用了史道特和葛腾斯在哈佛大学福格艺术博物馆（Fogg Art Museum）工作时发明的一种技法。本文将介绍壁画在历次修复时所用的手段及壁画的保存情况，同时简要介绍史道特采用的这种大量使用聚醋酸乙烯（PVA）树脂的保护方法。2005年的修复，主要针对的是龟裂和纤维板之间粘合材料脱落的问题，以及对壁画表面的清理和加固。为了解决粘合剂不稳定的问题，博物馆选择了一种无孔交联聚乙烯泡沫材料——帕拉斯特（Plastazote）LD45泡棉，这种材料较好的伸缩性及在一定湿度环境下的防水性都更适于填充在纤维板之间。

一、简介

元代壁画《弥勒说法图》（The Paradise of Maifreya）为加拿大皇家安大略博物馆远东部重要藏品。2005年夏，博物馆对其进行了一次全面的修复。此次修复与博物馆所辖10间主要展厅的整修工程同时进行，2003年开工，2005年12月结束。这幅壁画为博物馆所藏三件最大的中国寺观壁画之一，宽5.8米，长11.8米，表现"未来佛弥勒在诸菩萨、诸天和众弟子的簇拥下向众生说法"[1]的情形。这幅壁画被放置在怀履光主教纪念展厅北壁，两侧展出两幅较小型的道教壁画。

此铺《弥勒说法图》于1928年运抵皇家安大略博物馆时约为69片残片（此段所使用的术语见表1）。1933年，史道特使用几年前与同事R.J·葛腾斯在波士顿哈佛大学福格艺术博物馆发明的修复技术，将处理后的残片进行了处理和拼接。这项技术先用稀释的聚醋酸乙烯合成树脂（大部分为美国硬质合金与联合化工公司生产的Vinylite牌A型产品，AYAF或AYAT）[2]将破裂的颜料表层加以固定，然后把颜料表层背面起支撑作用的粘土及薄石膏清理掉，将暴露的颜料层粘合在准备好的纤维板上。多个残片固定在一起后被粘在一块块独立的纤维板上，纤维板的大小及形状依据组合起来的残片构成的大小及形状而变化。修复共使用了26块纤维板，大部分用来粘合组合成的画面，但也有少数几块"背景"板作为残损画面的空白部分使用，以保持画面原始的长方形构图。最后，再将这些纤维板用木板条组装起来，固定在展厅的墙上。纤维板之间的空隙从0（紧密贴合）到3厘米宽不等。较宽的间隙之间用纤维板垫片和亚麻布填充，表面涂上聚醋酸乙烯合成树脂的混合物。上述的工序一确立，史道特就返回了福格，把后续工作留给了博物馆的工作人员。在返回福格后，史道特与皇家安大略博物馆一位工作人员[3]保持通信。信中表明，他预测到了在干燥的过程中纤维板会收缩，从而导致板子之间出现松动。皇家安大略博物馆的工作人员在修复画面和补绘残损的细节时，也在持续进行纤维板空隙的填充，直到1938年完成修复（图1）。

随着时间的推移，纤维板接合处的问题越来越严重，填充材料不断开裂，表面也出现了变形。在上世纪80年代早期，皇家安大略博物馆的藏品保护部门只有很短的时间应对这些问题，用蜡、轻质木材和亚麻暂时性地处理了一下接合处的开裂。到2003年时，这一次的修补也已经开始开裂，一些接合处已经开始从固定的木板条上鼓出。

表1 修复工作表述中使用的术语[4]

（Fragment）残片	僧人剥取壁画时切割成的壁画切块
（Gap）间隙	多块壁画残片固定在同一块纤维板上时，块与块之间留下的部分
（Joint）接合处	美森耐复合纤维板之间连接时的水平或竖直的接合处
（Space）空隙	美森耐复合纤维板中间的空隙
（Panel）纤维板	美森耐复合纤维材料做成纤维板，用于辅助支撑一块或多块壁画残片
（Reconstruction）复原	重新绘制壁画的缺损细节

2003年，在皇家安大略博物馆即将进行大规模整修前，为2005年进行壁画的再次修复做前期准备，博物馆工作人员撰写了一份壁画现存情况报告，将颜料样本送检，进行了壁画表面清理测试，并在壁画表面覆上了保护纸[5]。展厅翻新期间，壁画前树立了临时保护围墙。此时壁画受损情况已经相当严重，

图1 1933年至1938年间拍摄的修复中的壁画老照片显示了画面修复前、纤维板间空隙及壁画残片间缝隙的填充情况。背景板上已经完成了一些画面补绘（头光）/图片：皇家安大略博物馆，©ROM

博物馆意识到必须进行一次全面的保护修复。2005年6月，由巴里·布里奇斯、帕维尔·马利克、邦妮·麦克利恩、卢曼·奇利科夫及黛西斯拉娃·博拜娃组成的五人小组，在皇家安大略博物馆文物修复师伊娃·奇亚多维克的指导下，开始进行壁画修复工作。修复工作的范围最初包括清理掉表面的保护纸、尘土及残留的聚醋酸乙烯合成树脂（1933年组装时残留），同时加固壁画背面的薄石膏层与史道特加入的织物夹层之间的局部开裂。显而易见，纤维板接合处填充物的不断开裂是修复工作中最迫切需要解决的问题。出现这种情况的主要原因是竖直的接合处缺乏足够的支撑、博物馆附近运行的地铁对展厅墙壁造成的震动以及展厅湿度变化造成的纤维板胀缩。1933年修复时使用的填充材料、1983年修复时使用的蜡和轻质木料都需要进行替换。为此，必须找到新的填充材料，以及支撑最不稳定的竖直接合处的方法。新型填充材料不仅要能够适应纤维板的移动变化，还可以在修复完成后，不影响壁画展出时的视觉效果。同时，修复需要在较短的时间内完成，以迎接怀履光主教纪念展厅2005年的重新开放。

二、说明

（一）图像研究

这铺寺观壁画原绘于中国山西省西南稷山县小宁村兴化寺的后殿墙壁上，由朱好古在其弟子张伯渊的协助下绘制完成[6]（图2）。这是一种典型的"建

图 2 《弥勒说法图》壁画全图,弥勒佛居中。其左侧为文殊师利菩萨,象征无上的智慧,弥勒佛右侧为普贤菩萨,象征最高的德行。发黑的方框线是组合和修复残片时留下的旧的填充物的痕迹/图片:由 B·博伊尔拍摄,1998,皇家安大略博物馆,©ROM

图 3.1 文殊菩萨左侧裹现的是人间的一处佛教仪式:剃度礼。接受僧人剃度的男子可能是蠰佉王或梁武帝/图片:皇家安大略博物馆,©ROM

图 3.2 普贤菩萨的右侧是与图 3.1 相似的剃度场面。图中一位天神在为一位女性剃度,这位女性可能是蠰佉王之女舍弥婆帝或是北魏胡太后/图片:皇家安大略博物馆,©ROM

筑装饰绘画"[7],这种绘画形式可以上溯到公元 1—2 世纪。兴化寺内的一处题记表明,壁画完成于 1298 年。图 2 为整铺壁画全貌,图 3 为壁画局部[8]。这一铺壁画"描绘了未来佛弥勒在诸菩萨、诸天和众弟子的簇拥下向众生说法的情形。过去佛释迦牟尼曾预言了此次说法:弥勒原在兜率净土(欲界六天的第四天)为菩萨,后下生为人,修行得道,将设三会普度众生,将有无数人追随弥勒。弥勒两侧的显贵正在剃度,受戒进入佛门。突出表现这两个人物,因为他们为为千万信众做出了表率。"

（二）技法

1. 墙面的准备

中国寺观壁画在（干燥后的）涂有泥灰的墙壁上绘制，用来形成"雕塑神像的美学及宗教意义上的背景"[9]。壁画所在的墙壁往往是非承重墙，所用材质质量不高，施工也相对简单。在砖墙表面上层层抹泥使之平整后才能进行绘画。先在砖墙上打一层粗糙的，掺有草茎或竹屑的黄泥，再在上面抹上几层细粘土、沙子和搅碎的大麻混合成的泥层[10]。最后，在其上抹上细粘土或高岭土，使表面平滑，以便画工在其上作画。画工可以直接在上面画，也可以再刷一层石灰作为防水层。

2. 底稿与轮廓

毛笔画底稿完成后，画工用淡墨将其转画到墙面上，再用更深的墨色加深轮廓线（黑色颜料），这些线条"果断、有力，连续且粗细一致"，然后在墨线轮廓内施以其他多样的色彩。在高岭土涂抹的底色上施以白色颜料作为女性神祇的肤色，男性神祇的肤色则是在颜色较深的底色上用黄褐色的颜料画成。

3. 颜料溶解液

这些图画是用干壁画的技法完成的，很难确定使用的颜料溶解液类型，此类壁画中残留的原始溶解液极少[11]。加拿大文物保护研究所（CCI）进行的一项分析实验从中发现了一些蛋白质。这一时期常见的案例表明，这些壁画使用了蛋彩，可能是掺入胶中使用的。

4. 颜料

葛腾斯对中国壁画曾做过这样的描述："六种天然颜料与水和胶混合，这六种颜料分别为：从煤烟中提取的炭黑、洁白的高岭土、赭红、石绿、石青和从丹砂中提取的朱红。此外还有两种用更复杂的工艺提取出的颜料，铅朱和铅白。"这些颜料在加拿大文物保护研究所（CCI）于1983年和2003年两度进行的实验[12][13]中都检测到了。除了葛腾斯指出的这几种中国寺观壁画普遍使用的颜料外，CCI还检测到从黄色和橙色的氧化铁中提取的黄色颜料。所有的颜料都涂抹在白色的高岭土上。在聚醋酸乙烯（PVA）合成树脂残留物（史道特修复过程的残留）中发现了多种颜料及多种草酸盐。在青绿颜料中发现了草酸铜水合物，据推测可能是制作石青、石绿颜料时生成的。草酸钙水合物则在不同颜色的所有颜料中都有所发现[14]。虽然尚不能肯定草酸钙的来源，以及青绿颜料中草酸铜出现的原因，但目前的研究已经提出了多种假说，包括微生物反应生成、表面处理时生成及颜料成分等。

三、从原址剥取

上世纪 20 年代，山西省局势动荡，兴化寺中的僧侣为了保护这些壁画，将它们切割成块后装箱保存起来。切割线小心地避开了画面的主要组成要素，如人物的面部等。壁画的主要部分得以存留，但顶部作为背景的天空和画面的其他一些区域遗失了。切割线造成的画面残损宽度不等，最宽有 5-6 厘米。僧人们将壁画切割并剥离后，画面朝下放在了两层松软的芦苇杆上，然后在上面覆上了几层棉絮。用这种方法处理好一块之后，再在其上放上第二块壁画，画面朝上，覆上包裹材料。之后，两块一组捆绑起来放入垫着亚麻、芦苇垫子的木箱中。据推测，1929 年皇家安大略博物馆收入这批壁画残片时，它们还保持着这样的包裹方式。壁画是怀履光主教（1873—1960）向一个中国古董商组织买入的，他于 1909 至 1934 年任河南省圣公会主教，是皇家安大略博物馆那些享誉世界的中国艺术品收藏的主要贡献者之一。

四、修复

（一）古代修复

2005 年修复时，发现了早期在中国原址时对壁画进行修复的证据。画面残损的部分被清理掉了，重绘了底色并对细节进行了细致的补绘[15]。这次修复可能是在 1303 年山西忽然发生地震致使壁画受损后进行的，也有可能是明朝永乐年间（1403—1425）官府推行的大规模壁画修复工程[16]的一部分。这些在其原址上进行的、采用了中国传统技法的修复重绘已经历史性地融入了壁画的整体之中。2005 年的修复对这些印记予以完整的保留。

（二）20 世纪的修复工作

20 世纪初，世界各大博物馆都开始收藏《弥勒说法图》壁画一类的艺术品，这也催生了一部壁画残片修复史[17][18][19]。尽管并非全部如此，但大部分壁画修复工作采用的方式是清除或削薄壁画背面原有的粘土块，将其安装到辅助的支撑物上进行清理、加固和表面修复。半个世纪之后再检视这些修复工作可以发现，其中很多都出现了问题，如颜料剥落、原始壁画层从新的支撑物上脱开及接合处填充物脱落等。

在北美，卢瑟福·J·葛滕斯和史道特是中国壁画修复领域的两位先驱。他们在波士顿哈佛大学福格艺术博物馆发展出一套壁画修复和组装技术。两人于 1932 年[20]发表论文，对这种修复技术进行了阐释。一系列文章表明，福格艺术博物馆馆藏中国寺观壁画早期的处理工作也许是由葛腾斯和史道特[2]

二人亲自完成的，或者是受他们的修复方法启发而完成的。葛腾斯与史道特的修复方法主要依赖于一种当时的新型人造材料聚醋酸乙烯合成树脂，特别是 Vinylite "A" 型聚醋酸乙烯树脂被运用于连接和加固过程中。与之不同的是，较为传统的修复方法在将壁画固定在辅助支撑板上之前，它在残片背面加熟石膏或其他加固材料进行支撑，汉娜、李和福斯特合著的文章中有所提及，并且上世纪30年代大英博物馆就采用这种方法对壁画残片进行了修复。1935年，《艺术领域的技术方法研究》杂志发表了葛腾斯和史道特的论文，阐述了他们使用聚醋酸乙烯（PVA）合成树脂进行艺术品修复的基本方法，尤其是针对中国壁画这种含有大量粉状或磨砂状材质的艺术品：

"在修复此类壁画时，要十分注意的是，在向壁画表面覆上纸膜或布膜之前，要先做好固定，以避免破坏脆弱表面上的蛋彩颜料层。去掉这层覆膜后就可以用溶剂清洗颜料层，洗掉表面的污迹和水渍，同时又留有足够的树脂膜保护颜料……"[22]

聚醋酸乙烯合成树脂不仅被用来固定残片，还被用于粘合削薄的壁画与新的支撑系统："需要粘合两个表面时，涂上浓度为20%的聚醋酸乙烯溶液，让表面干燥几分钟，将两个表面压合，即可将两者紧密地连接在一起。"

（三）史道特1933年对《弥勒说法图》的修复

1933年，皇家安大略博物馆聘请史道特对《弥勒说法图》进行修复，并提供一个方案保证这幅壁画在展厅中作为常设展品展出。尽管博物馆中保存有许多关于这铺壁画的文件资料，但我们却没有找到史道特的修复报告。下文中列出的修复步骤是根据以下材料整理：其中包括威廉姆·陶德[23]的笔记——陶德是皇家安大略博物馆的修复师，并于1933年壁画修复期间担任史道特的助手，史道特1937年撰写的一份文章手稿，以及2005年修复过程中，谨慎清除史道特使用的填充物时进行的信息记录。修复步骤为：

1. 对每块残片进行简单的清洗，包括擦去尘土，用物理方法去除泥点，用海绵蘸取水和乙醇按1:1比例混合成的液体轻轻擦拭。史道特强调，粘土层和颜料层都十分脆弱、易碎[24]。

2. 在壁画的表面涂一些聚醋酸乙烯合成树脂制剂，配制方法为浓度为5%的Vinylite牌A型溶液稀释在二氯乙烯、双丙酮醇和乙醇的比例为1:2:4的溶液里。在使用PVA树脂之前，先在画面上刷上双丙酮醇，后续反复刷涂PVA树脂涂层（一般刷5-6层）时，在涂层之间也要刷上双丙酮醇，以增强粘合剂的渗透力，加强画面与下层粘土的粘着程度。

3. PVA树脂涂层干透之后(1天时间)，向鼓包和断裂的部分填入湿粘土团。

将壁画残片安放在正确的位置,并调整在同一个平面上。

4. 在壁画表面再涂一层 PVA 树脂涂层(20% 浓度),作为铺装覆盖膜前的必要保护程序。

5. 用陶土和稀米糊制成的混合物擦除厚重的 PVA 树脂涂层表面,以保证覆盖膜上使用的含水粘合剂的效果。

6. 用主要成分为米糊、鱼胶、甘油和玉米浆制成粘合剂,将由两层日本宣纸和一层细棉布组成的覆盖膜粘合在壁画表面。

7. 覆盖膜干透后,基本可以认为颜料层是稳固的。将残片面朝下放置,手工清除掉支撑颜料层的粘土,"一直剥除到颜料浸染的土层","几乎完全露出蛋彩颜料"。用锯子锯入距离颜料层 3.2 毫米左右的深度,将粘土块分割成小方块后,用轴承刮刀取下来。反复刮下粘土块,直到浸有 PVA 树脂涂层的部分,此时,用研磨机(低档位)或金刚砂完成清除粘土层的收尾工作。

8. 在清除了粘土层的壁画背面覆盖上用 PVA 树脂固定住的陶土薄涂层,磨平所有不平滑的部分。涂层最终的厚度应小于 1 毫米。

9. 以 PVA 树脂为粘合剂,将平展的、上好胶的亚麻布粘在壁画的背面,先用 20% 浓度的稀析胶(之后可以用 10% 浓度的),PVA 树脂的浓度则分别为 10% 和 25%。在亚麻布上刷上一层薄粘土,上面涂上浓度为 10% 和 25% 的 PVA 树脂,然后将覆有保护膜的壁画安放好。此时可以去掉正面的保护膜。

10. 将经过上述处理的壁画安装在美森耐复合纤维板上,仍使用 PVA 树脂作为粘合剂(浓度为 20%),并用力压紧。每块纤维板的大小、形状依据相应的壁画残片的大小及形状而定。板子平均为 3.5 米长,1 米宽。美耐森复合纤维板通常为 1 12 厘米厚,但也有一些例外,如顶部右侧的一块宽度为 0.87 厘米。纤维板主要用来支撑壁画残片,但也有几块用来将整个画面补齐为长方形,使缺失的背景部分呈现统一的颜色。每块复合纤维板上可固定两块或更多的壁画残片,有些可多达七块。壁画残片之间留有间隙,代表切割时造成的缺损,也为补绘这些缺损的细节留出了空间。

11. 为了平均分配各复合纤维板承担的压力,每块纤维板背后都粘合了一层纤维层。

12. 当背后的支撑板干燥后,可以去掉其上的保护膜。

13. 在展厅的墙壁上安装红木板条做成的支撑系统:竖直摆放的木板条直接固定在墙壁上之后,在最顶部的一根板条上固定上水平板条(图 4)。竖直板条的间距为 48 厘米,水平板条的间距为 80 到 90 厘米。对角线方向再增加一些起加固作用的木板条。由于复合纤维板只固定在水平板条上,它的竖直接合处其实并没有得到支撑。将纤维板排成一线,一块块顺序安放在正确的位置(图 5)。用铜螺钉扣调节纤维板边缘的空隙,使其与水平板条的宽度一致。

图 4　支撑美耐森复合纤维板的木板条布局图／图片：皇家安大略博物馆，©ROM

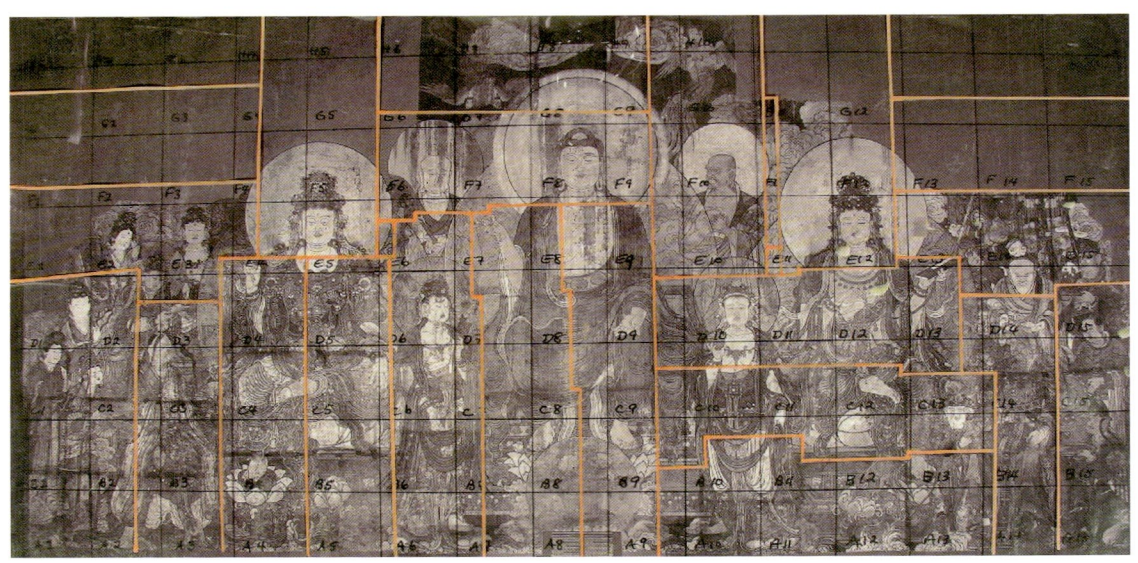

图 5　纤维板分布示意图。美耐森纤维板沿边缘被加固在水平的木板条上／图片：皇家安大略博物馆，©ROM

一些螺钉拧得过深，穿透了颜料层。包括代替顶部缺损的天空部分的纤维板在内，一共使用了 25 块复合纤维板。修复工作完成后，壁画的总长度为 11.78 米，宽度为 5.79 米。

14. 当复合纤维板接合处的间隙为 0.3 厘米或更大时，在其中填充浸泡了 PVA 树脂的螺旋状亚麻布（图 6）。在另一些接合处则使用了薄垫片。纤维板间接合处的空隙从 0（紧密接合）到中等宽度（3 毫米）及较宽（1.5 到 3 厘米）不等。

图6 史道特用来填充壁画残片间空隙的螺旋形亚麻布条已经从纤维板的接缝处露出/图片：皇家安大略博物馆，©ROM

图7 史道特用来填充纤维板之间的亚麻布夹层、粘土-聚醋酸乙烯树脂已经从两块板子间露出/图片：皇家安大略博物馆，©ROM

15. 在纤维板的接合处填充进PVA树脂和粘土的混合物，以调整最终的整体形态（图7）。

这些修复过程是根据记录在案的笔记和对壁画本身进行检测的过程中发现的各种证据整理而成，也从多方面印证了早期记载的葛腾斯与史道特开展的、或按照他们开创的方法进行的修复工作，与二人就此发表的一系列论文也很吻合。

（四）《弥勒说法图》后续修复工作

1933年秋，史道特返回了波士顿。他与皇家安大略博物馆工作人员格林纳威女士的通信表明，当年12月，由于填充物在固化的过程中发生收缩，纤维板之间的竖直接合处已经有开裂的迹象。史道特已经预料到这种情况的发生，并希望任由这个过程继续发展以便"在最终对接合处进行填充和清理之前，达到其实际的变化极限"。

威廉姆·陶德完成了清理工作，并在1934年秋季时，完成了去除多余的PVA树脂的工作。他还在左侧的一组人物所在位置的颜料层加上了PVA树脂，以解决其起泡的问题[25]。皇家安大略博物馆档案记录表明，博物馆工作人员进行了接合处的拼接安装，并对壁画画面进行了一些修复，这些工作大本上于1938年完成[26]。博物馆工作人员补绘了顶部缺失的天空部分及背景部分的一些细节，头光的颜色也修复如初，并画上了一只拂尘以使画面更加完整，工作人员还对一些褐色的污块进行了淡化处理。

1979 年，皇家安大略博物馆的北翼开始施工。施工期间，博物馆在《弥勒说法图》上覆盖了纸和浆糊做成的保护膜和一层"隔绝覆盖物"以保护壁画。尽管没有专门的文件记录下这一阶段复合纤维板接合处的情况，但从 1983 年已经开始对这些部分进行补救性修复的事实来看，当时接合处可能已经出现了较为严重的、结构性的不稳定问题。

1983 年修复工作期间，伊丽莎白·菲利摩尔及其工作团队去掉了表面的覆盖膜，对壁画表面进行了检测及修复，并对颜料样本做了成分分析。在此之前，皇家安大略博物馆对馆藏的另外两幅中国寺观壁画也进行了修复工作。菲利摩尔于 1982 年发表的文章及其 1984 年与戈登合作的文章中，介绍了对这两幅规模较小的道教壁画进行的修复工作。虽然 1983 年对《弥勒说法图》的修复工作不及对另两幅道教壁画的修复工作全面，但对填充物开裂问题的处理手法非常相似。菲利摩尔及其工作团队在修复中，用蜂蜡和轻质木料薄片处理道教壁画的纤维板接合处的缝隙问题。同样的材料在修复弥勒说法图时，则被用来修补 1933 年修复后出现的填充物开裂、剥落问题。此次使用的新的填充物上涂刷了 Rhoplex 牌 234 号水稀释溶液，并用 Acryloid 牌 B67 及粉末颜料对画面进行了修复。

2003 年，皇家安大略博物馆准备对十个新的展厅进行大规模修复，用于馆藏远东艺术品的展示。《弥勒说法图》所在的墙面紧邻施工现场，极易受到工程振动及扬尘的影响。馆方此次对壁画进行了全面深入的检测，拍摄了一系列照片，对颜料样本进行了进一步分析，为新的修复计划撰写了情况报告。此时，工作人员认为需要再次对壁画进行清洁，并对再次出现的接合处的断裂问题加以修复。博物馆制定了于 2005 年对壁画进行全面修复的计划。此前，为了在修复施工期间保护壁画，馆方为壁画表面覆上了甲基纤维素保护膜，并在壁画整体上罩上了聚乙烯薄膜，围绕壁画竖起了临时木质围墙。

（五）2005 年保护性修复

1. 表面清洁及加固

在"新展厅计划"即将结束之际，博物馆开始着手聘请文物修复团队开展《弥勒说法图》的修复工作，以迎接于 2005 年 12 月举办的盛大的展厅重新开放仪式。修复团队于 2005 年 6 月组建完成，并立即着手深入了解壁画的历史、查询以前的情况报告和历次修复记录，对壁画的表面及复合纤维板接合处情况进行检查，钻研接合处的替代技术及填充材料，采购、收集、以及制作修复工

图8 2003年重新复制了此前为进行摄影工作设置的网格，以便建立档案并设置工作区。每一个方块区域约为 80cm×80cm ／图片：皇家安大略博物馆，©ROM

作需要的工具、材料及设备等。还需要对修复人员进行安全知识培训，配备人身防护设备，以便保证通过施工现场及在脚手架上工作时的人身安全。为了能在脚手架无法使用的阶段（搭建之前及拆除后）开展壁画最顶端的部分的工作，修复小组还参加了剪式升降机的操作方法的培训课程。

2005年7月，两层的脚手架搭建完成，对画面上聚乙烯薄膜及其他保护膜的清理工作正式开始。保护膜是用氨水（浓度为1~3%）溶液清除的，这种溶液还被用于清理表面的灰尘及残留的甲基纤维素。修复小组复制了2003年为档案照片拍摄而设置的网格（图8），网格大小约为80厘米×80厘米，全部按照数字-字母结合的方法进行了编号。这样就可以更简捷地对修复工作的进展进行跟踪，并留下更为准确的修复记录。

对壁画颜料表层的检查及溶液测试发现，尽管用氨水对表面进行了清理，仍有一些PVA树脂、褪色了的重绘痕迹及一些灰尘残留。在与研究员进行沟通后，小组决定对壁画表面进行彻底的清理，去除灰尘、PVA树脂残留物和当代历次补绘的痕迹（这项工作从壁画入藏后就在不断进行）。实验表明，用棉签蘸取丙酮、乙醇或两者混合的溶液，可以有效地去除灰尘、PVA树脂残留物及补绘痕迹，而不会伤及PVA树脂浸泡的颜料层（图9）。

站在地面可以够到的画面上，有一些刻画的或是用毛笔和墨写上去的符号，这些痕迹是在《弥勒说法图》在兴化寺原址供信众瞻仰时留下的，应该已有数百年之久（图10）。这些"涂鸦"被作为壁画历史的一部分，在修复中予以保留。

图 9 清理工作：清除尘土及 PVA 树脂残留物／图片：皇家安大略博物馆，©ROM

图 10 画面上留下的古代涂鸦及书迹／图片：皇家安大略博物馆，©ROM

图 11 用聚酯薄膜标记出的隐蔽的缝隙，位于图 8 网格图中的 D1 和 D2 区域／图片：皇家安大略博物馆，©ROM

图 12 1983 年修复时填充在纤维板间空隙处的蜡已经鼓起并开裂／图片：皇家安大略博物馆，©ROM

图 13 1983 年修复时填充在纤维板间竖直空隙处的最初的粘土—聚醋酸乙烯树脂及蜡质鼓起并开裂／图片：皇家安大略博物馆，©ROM

图 14 1983 年修复时填充在纤维板间竖直空隙处的最初的粘土—聚醋酸乙烯树脂及蜡质被取出。（修复前情况见图 13）／图片：皇家安大略博物馆，©ROM

修复人员还通过用手指轻敲表面来探测内部隐蔽的缝隙。主要在西侧亦即画面左侧的网格D1、D2部分发现了这些隐藏的缝隙（图11）。对于壁画表面起甲的部分，则通过注射器向其中注射15%的PVA AYAT溶液（用丙酮或乙醇按照1：1的比例配制）来解决。在工作中修复人员还发现，亚麻布层与复合纤维板之间也有开裂现象。

确定壁画表面的清洁和稳固程度达到要求后，修复小组便开始集中精力进行接合处的修理与复原工作。

2. 修理，结构性支撑，填充与复原

接合处填充物（即史道特在纤维板之间的空隙中填充的），尤其是边缘没有经过木板条加固的，纤维板竖直方向上的接合处里的那些填充物，发生了严重的开裂和凸起。很多纤维板的竖边不在同一平面上，有的甚至相差0.5厘米。水平接合处的填充物也有一些开裂现象，并且能明显地看出已经发生了位移。1983年修复时在竖直接合处加入的蜡质填充物，主要分布在粘土—PVA树脂填充层上方，也同样发生了严重的断裂和鼓起，出现了明显的变形（图12）。多处变形使得组装的壁画呈现出的视觉外观与原画产生了不小的出入，各块纤维板的切割线也显露了出来。

在对接合处情况进行了彻底的评估后，结合展厅的条件，修复小组决定对接合处所有的旧填充物进行替换（包括水平的与竖直的），这些填充物的状况不一，从严重损坏到尚好的都有（图13）。1933年修复时，对固定在同一块纤维板上的壁画残片之间的空隙也进行了填充物，这些填充物已经开裂、凹陷，质地变得很滑。这些空隙里的填充物边缘经常翘起，高出旁边的残片，形成了一长条轻微的隆起。但这一问题超出了此次修复的预期范围，因此没有做出处理。

同时，修复小组对1983年填充在水平和竖直接合处的蜡质填充物进行了手工清理。先用丙酮、乙醇或两者的混合溶液对这些纤维板接合处的填充物进行软化，然后用手将已经变软的部分大块揭下，最后用溶剂清理边缘。大体上浸有PVA树脂的织物和粘土层、美森耐垫片、轻质木薄片和蜂蜡等都被清理干净了（图14）。当修复人员发现松动的铜质螺钉时，就用1.6厘米长的罗伯森6号不锈钢螺钉将其替换。

修复工作从一开始就重视对各种材料和技法的尝试，以便从中选取最切实可行的手段，现场完成对纤维板接合处的修整。由于修复时间有限，将纤维板拆卸下来进行处理是不可能的。选择这幅壁画的修复方式时，必须更加注意到这些由多种材料混合而成的纤维板中吸潮材料的胀缩问题，需要选择一种能够适应纤维板的收缩和膨胀，以及地板和墙壁传输到壁画上的破坏性振动的填充

图 15 黑色聚乙烯无孔泡棉 LD45 薄片在修复中被用于连接纤维板之间的空隙 / 图片：皇家安大略博物馆，©ROM

图 16 用 BEVA® 牌 371 黏胶粘合的双层聚酯纤维纸，作为夹层放置于作为连接物和表面填充物的聚乙烯无孔泡棉 LD45 之间 / 图片：皇家安大略博物馆，©ROM

图 17 彩色的画作表面填充物，由大地色的宝利菲拉高分子腻子、玉牌 403 粘合剂以及不同浓度的高登牌石榴石凝胶与宝利菲拉高分子腻子混合而成 / 图片：皇家安大略博物馆，©ROM

物。这种填充材料必须保证相当的硬度，足够支撑壁画上的保护膜，同时可压缩，不易发生化学反应，能够与 PVA 乳胶粘合剂及 BEVA® 热固粘合剂兼容。工作人员对一系列相关产品进行了测试，其中包括泡沫芯板材（Foam-Core）、发泡聚乙烯泡沫等。最终，帕拉斯特（Plastazote®）牌 LD45 型号产品，一种无孔的聚乙烯泡棉被选中。这种材料惰性较强，防热性及防化学侵蚀性都较好，也能达到修复要求的强度、硬度、延展性和抗压弹性[27]。

将片状的帕拉斯特 LD45 聚乙烯无孔泡沫切割成 1.2 厘米厚，用威尔邦 PVA 乳胶粘合，填充在纤维板之间的接合处（图 15）。两层聚酯纤维纸（Hollytex®），用 BEVA®371 黏胶粘合后压紧，加热后嵌入暴露的美森耐复合纤维板与聚乙烯泡沫之间（图 16）。这种方式使得复合纤维板之间的连接既有力又过渡自然。

聚酯纤维纸和聚乙烯泡沫一经固定好之后，就用掺入大地色无机颜料的高分子腻子（Pollyfilla®）与玉牌（Jade®）403 粘合剂去离子水溶液（比例为 1:1）混合，涂在其表面。403 粘合剂可以使填充物变得更柔软。这一涂层干燥后，会在聚酯纤维纸表面形成一层薄薄的、有色的、有纹理的表面。这些纹理是加入了高登（Golden®）公司生产的浓度不等的石榴石凝胶后，与填充物中的高分子腻子混合后形成的（图 17）。

当这一层彻底干透之后，用酪蛋白硼砂溶液浸润着的干颜料在其上涂色。

图 19　将 T-Cell 无孔交联的聚烯烃泡沫 EVA 填充在较薄的纤维板背后，使其厚度接近较厚的纤维板 / 图片：皇家安大略博物馆，©ROM

图 20　在两块纤维板之间钉入临时性的、带木扳子的套挂螺栓，在用泡沫连接纤维板及加入填充物的过程中，套挂螺栓都发挥着作用 / 图片：皇家安大略博物馆，©ROM

图 18　接合处重新填充后用酪蛋白硼砂溶液调制的颜料进行补绘 / 图片：皇家安大略博物馆，©ROM

图 21　上了色的铜扳手与周围的画面融为一体 / 图片：皇家安大略博物馆，©ROM

用酪蛋白液进行处理，结果是可逆的，同时这种浑浊哑光的效果也适合于对原作进行重绘（图 18）。这种处理方法没有在画作上加清漆层。

两块复合纤维板厚度不统一的问题，需要用另外的办法解决。修复人员松开螺丝钉，将较薄的纤维板从水平的红木板条取下并朝前方拉动，以便在后面加入厚度适宜的填充物，使其与其他纤维板的厚度相匹配，填充物采用了 T-Cell® 公司生产的无孔交联聚烯烃泡沫 EVA（图 19）。完成之后再用螺丝钉将纤维板固定回红木板条上。

在用聚醋酸乙烯泡沫连接纤维板并在中间加入填充物期间，修复小组将 24 个带木扳子的套挂螺栓打在复合纤维板上（图 20）。在 6 块间隙较大（1.5 厘米及以上）的重要纤维板上，修复人员用制作了带铜扳手（2.5 厘米 × 4 厘米）的永久性固定螺栓，穿透纤维板对接合处加以固定。这些永久性固定螺栓对于稳固整体架构起着重要的作用，因此为此牺牲了一些视觉上的美观性。这些铜扳手需要先喷白漆，再对其上色以使之与周边相协调（图 21）。

图 22　2005 年修复后的《弥勒说法图》／图片：皇家安大略博物馆，©ROM

五、结论及未来的挑战

　　修复工作在预期时间内完成，展厅于 2005 年 12 月 26 日面向公众开放。无论视觉上还是质地结构上，新的填充物与壁画整体的结合度都很高，画面的整体效果也更加紧密了（图 22）。壁画所处的展览环境与过去没有不同（湿度的季节性变化及周边的持续震动），但柔韧度更高的新型填充材料聚乙烯无孔泡棉 Plastazote® 有望更好地适应复合纤维板在形状和准线上的微小变化。如修复小组所预料的，修复完成不到一个星期，在壁画中间部分两处纤维板竖直间隙大于 2 厘米处，出现了断裂。这两处的断裂都是不连续的，而且没有扩大到纤维板之间的接合处。按照预计，其中填充的聚乙烯无孔泡棉在受到挤压后在被卸压时，可以承受接合处释放出的压力。修复小组对壁画进行常规的视觉观察及环境监测，希望能够发现接合处填充入新材料后，随着环境的变化而出现的新问题。

　　美森耐复合纤维板是另外一个需要保持关注的问题，这些纤维板情况持续恶化将对壁画本身产生严重的影响。对于复合纤维板寿命的研究将对预测其未来较长一段时间的状态有所帮助，也将为如何对这件重要的艺术品进行有效监控和长期保护提供帮助。

鸣谢

　　笔者对修复工作小组中的其他成员表示诚挚的谢意，没有这些工作人员的参与，修复工作就不可能成功地按期完成。他们是：巴里·布里奇斯、帕维尔·马利克和及黛西斯拉娃·博拜娃；也非常感谢皇家安大略博物馆策展人克拉斯·卢廷比克、曾嘉宝的帮助，感谢博物馆世界文化部图书馆提供中国壁画的历史信息及历次修复手法；感谢皇家安大略博物馆画家乔治亚·冈瑟，她用高超的技艺对壁画进行了修旧如旧的补绘；感谢博物馆文物保护部向我们分享他们的各种设备和用品；感谢 RenROM 工作人员帮助我们进行现场的准备工作；感谢博物馆设备部制作并提供了铜制扳手；感谢加拿大文物保护研究所专家斯科特·威廉姆斯在确认无孔泡沫过程中给予的帮助；感谢克里斯托化学泡沫制造公司的克里斯·惠特利先生向我们提供无孔泡沫样本，并介绍了其特性和使用方法；感谢马里安·梅吉尔信托公司对博物馆远东艺术藏品保护的慷慨捐赠。我们还要对助理编辑温蒂·贝克对本文提出的各种建议和在写作中提供的帮助表示感谢。

此壁画现为加拿大皇家安大略博物馆怀履光主教纪念展厅展品
（The Bishop White Gallery, Royal Ontario Museum, Canada）
本文原载于Journal of the Canadian Association for Conservation (J. CAC), Volume 33 © Canadian Association for Conservation, 2008

[1] 曾嘉宝（Ka Bo Tsang），"The Paradise of Maitreya: a Yuan Dynasty Mural from Shanxi Province," Orientations, the Magazine for Collectors and Connoisseurs of Asian Art, April 2006, pp. 60-65.

[2] 早期的乙烯基树脂产品主要包括美国硬质合金与联合化工公司（现改名为联合硬质合金公司）生产的四个系列：A系列为聚醋酸乙烯，Q系列为聚氯乙烯，V系列为共聚氯乙烯，X系列为聚乙烯醇缩丁醛。联合硬质合金公司将乙烯基树脂AYAF和AYAT都列入了他们的聚醋酸乙烯树脂系列产品中——两者分子量稍有不同，但都溶于丙酮和甲苯溶剂。这些都可以作为干树脂使用，或经预溶解后使用。参见：H·S·布恩（Bunn, H.S.），"Versatile Vinylite Resins," in:Bakelite Review, no. 4, January 1940, p. 3, <http://www.powerhousemuseum.com/collection/database/?irn=238241&search=australian+made+dolls&images=&c=1&s=>.（2008年1月15日访问）凯伊·里德（Reed, Kay），"Vinyl Resins," in:The Painter's Guide to Studio Methods and Materials,(Englewood Cliffs, New Jersey: Prentice-Hall Inc.,1983), <http://www.notesaccess.com/Materials/VinylResins.htm>.（2008年1月15日访问）

[3] 根据史道特与皇家安大略博物馆的格林纳威（Greenaway）女士于1934年1月3日的通信。信件保存于皇家安大略博物馆世界文化部远东图书馆。

[4] 参见巴里·布里奇斯（Briggs, Barry），Treatment Report Paradise of Maitreya January 11, 2006.存皇家安大略博物馆，本文写作时该报告尚未公开出版。

[5] 参见Bishop White Gallery Conservation Project: The Paradise of Maitreya Wall Painting (933.6.1) Phase One, May to July 2003，Royal Ontario Museum, 2003. 本文写作时该报告尚未公开出版。

[6] 参见The Bishop White Gallery, Shansi Wall Paintings and Sculptures from the Chin and Yuan Dynasties, Royal Ontario Museum Publication (Toronto: Charles J. Musson Ltd., 1969).

[7] 李·安尼·杰克(Jack, Lee-Anne)，"Man on a Mission," Rotunda, The Magazine of the Royal Ontario Museum, vol. 38, Number3, (Toronto: The Royal Ontario Museum, 2006) p. 34.

[8] 更多图像细节参见The Bishop White Gallery, Shansi Wall Paintings and Sculptures from the Chin and Yuan Dynasties, Royal Ontario Museum Publication (ref. 6). 图1、图2、图3的文字说明也来自这一文献。

[9] 威廉姆斯·C·怀特（White, William C.），Chinese Temple Frescoes: a Study of Three Wall Paintings of the Thirteenth Century (Toronto: University of Toronto Press, 1940).

[10] E·菲利摩尔(Phillimore, E.)，"Initial Report on the Treatment of Two 13th Century Chinese Wall paintings in the Royal Ontario Museum, Toronto," in: Preprints of the 10th Annual Conference of the American Institute for Conservation, Milwaukee, 26-30th May 1982, (Washington: American Institute for Conservation, 1982), pp. 150-159.

［11］ J·特维利(Twilley, J.)，K·加兰德(K. Garland)，"Painting Materials and Deterioration Phenomena in a Yuan Dynasty Wall Painting", in: *Scientific Research on the Pictorial Arts of Asia*, Proceedings of the Second Forbes Symposium at the Freer Gallery of Art, Smithsonian Institution, Washington D.C.,2003 edited by Paul Jett, John Winter and Blythe McCarthy(London: Archetype Publications, 2005), pp. 109-119.

据作者介绍，对颜料层进行气相色谱—质谱法检测的结果显示，密苏里州堪萨斯的纳尔逊—阿特金斯美术馆藏元代壁画的颜料含有"一种蛋白质，其氨基酸成分包括动物性胶质。几百年以来的水淹及微生物孳生可能降低了颜料溶剂的成分。"

［12］ E·莫法特(Moffatt, E.)，赫尔维格·K(K. Helwig)，"Analysis of Samples from *The Paradise of Maitreya*", *Canadian Conservation Institute Analytical Report*, ARS No. 4191, September 24, 2003. 本文写作时该报告尚未公开出版。

［13］ E·莫法特(Moffatt, E.)，阿达尔·N(N. Adair)，"The Lord of the Northern Dipper" and "*The Paradise of Maitreya*,"*Canadian Conservation Institute Analytical Report*, ARS 2095, June 6, 1983. 本文写作时该报告尚未公开出版。

［14］ E·莫法特(Moffatt, E.)，阿达尔·N(N. Adair)，扬·G (G. Young)，"The Occurrence of Oxalates on Three Chinese Wall Paintings", in: *Applications of Science in Examination of Works of Art*, Proceedings of the Seminar, 7-9 September1983, edited by P.A. England and L. van Zelst (Boston: Museum of Fine Arts. 1985) pp.234-238.

［15］ 根据2005年6月与安大略博物馆世界文化部助理策展人曾嘉宝(Ka Bo Tsang)的私人交流。

［16］ 汉娜·S, N·李(Hanna, S., N. Lee),G·福斯特(G. Foster)，"Three Bodhisattvas: The Conservation of a Fifteenth Century Chinese Wall Painting in the British Museum Collection," in: *Preprints for the UKIC 30th Anniversary Conference, Conservation Today*, London,10-14 October, edited by Victoria Todd (London: UKIC,1988) pp. 130-134.

［17］ 萨利·马兰卡(Malenka, Sally)，贝丝·A·普莱斯(Beth A. Price)，"A Chinese Wall Painting and a Palace Ceiling: Materials, Technique and Conservation", in: *Conservation of Ancient Sites on the Silk Road*, Proceedings of an International Conference on the Conservation of Grotto Sites, Getty Conservation Institute, the Dunhuang Academy, and the Chinese National Institute of Cultural Property, Dunhuang, Peoples' Republic of China, 3-8 October 1993, edited by Neville Agnew (Los Angeles: The Getty Conservation Institute, 1997) pp. 127-138.

［18］ 埃里克·高登(Gordon, Eric)，"Conservation Treatment of Two Ming Dynasty Temple Wall Paintings", in: *Conservation of Ancient Sites on the Silk Road*, Proceedings of an International Conference on the Conservation of Grotto Sites, Getty Conservation Institute, the Dunhuang Academy, and theChinese National

Institute of Cultural Property, Dunhuang,Peoples' Republic of China, 3-8 October 1993, edited by Neville Agnew (Los Angeles: The Getty Conservation Institute, 1997) pp. 112-119.

[19] C·卢克（Luk, C.），I·纽曼（I. Neuman），J·马丁（J. Martin），贝利·C·库尼（Berry C. Kuniej），J·格林菲尔德（J.Greenfield），"The Treatment of Two Chinese Wall Painting Fragments"，in:*Conservation of Ancient Sites on the Silk Road*, Proceedings of an International Conference on the Conservation of Grotto Sites, Getty Conservation Institute, the Dunhuang Academy, and the Chinese National Institute of Cultural Property, Dunhuang, Peoples' Republic of China,3-8 October 1993, edited by Neville Agnew (Los Angeles:The Getty Conservation Institute, 1997) pp. 95-104.

[20] 乔治·史道特(Stout, George L.)，卢瑟福·J·葛腾斯(Rutherford J. Gettens)，"Transport des Fresques Orientales sur de Nouveaux Supports," *Mouseion*, XVII-XVIII (1932), pp. 107-112. 史道特和葛腾斯简要地介绍了中国壁画在绘制中使用的材料后，认为传统的使用"水泥或此类材料"作为支撑物以及用醋酸纤维素制作保护膜的方式并不适合这类脆弱的、对湿度非常敏感的壁画。福格艺术博物馆对馆藏的一幅85厘米、宽57厘米的明清时代的壁画进行了一次试验性修复。用聚合性PVA树脂材料制作壁画的保护膜，这种材料是用5克干的A型乙烯基树脂（美国硬质合金与联合化工公司，纽约）溶解在100毫升的甲苯、乙醇、二氯乙烯和乙酸溶纤剂混合溶液中制成的。然后，用粘土和沙子的混合物，将比较严重的缺损部分填补好。之后，对壁画上第二层PVA树脂保护膜，但这一层保护膜的浓度要提高到20%。上保护膜的方法包括喷涂和粉刷，作为粉末颜料的加固材料以及防护膜（针对纸质和布质）及含水防护膜粘合剂的保护层。将两层高岭土涂到PVA树脂表面，并用乙酸溶纤剂软化PVA树脂，使这两层保护膜融合。这样可以制作出"粗糙"的表面效果，保证兔皮胶更好地粘合纸质防护膜及水洗布防护膜。纸质及布质防护膜安装好之后，将壁画的画面朝下，将背面原始的粘土层剥除到1毫米厚，再涂上一层A型乙烯基树脂（大约20%浓度的溶液，参见注19）。所有凸凹不平的部分都用掺有PVA树脂的粘土补平。此后，再刷上最后一层PVA树胶，晾干。这时，再一次性组装好壁画的支撑板：一层薄布加上由硅酸盐水泥和石棉绒组成的7毫米厚的覆盖物，用同样的20%浓度的PVA树脂粘合在壁画背面。用重物压48小时后，组合好的支撑板便可以安装上墙了。此时用温水去掉壁画表面的保护膜，并用甲苯和乙醇去掉多余的PVA树脂。

[21] 埃里克·高登(Gordon, Eric)，伊丽莎白·菲利摩尔(Elizabeth Phillimore)，"The Treatment of Two Thirteenth-century Chinese Wall Paintings in the Collection of the Royal Ontario Museum"，in: *Preprints, 7th Triennial Meeting, ICOM Committee for Conservation*, vol.2, Copenhagen, 10-14 September 1984, edited by Diana de Froment (Paris: ICOM Committee for Conservation, 1984),pp. 12-14.

〔22〕卢瑟福·J·葛腾斯（Gettens, Rutherford J.），"Polymerized Vinyl Acetate and Related Compounds in the Restoration of Objects of Art", in: *Technical Studies in the Field of Fine Art*, vol. 4 (New York: Garland Publishing, 1935), pp. 15-27.

〔23〕威廉姆斯·陶德（Todd, William），*Notes on Mounting of Buddhist Wall Paintings*, (Toronto: Royal Ontario Museum, 1933).本文写作时该报告尚未公开出版。

〔24〕参见乔治·史道特（Stout, George L.）1937年1月16日寄给皇家安大略博物馆馆员格林纳威（Greenaway）女士的手稿，题为"The Assembly of Transferred Fragments of Chinese Wall Painting,"保存于皇家安大略博物馆世界文化部远东图书馆。

〔25〕根据威廉姆·陶德（Todd, William）与史道特（Stout, George L.）于1937年2月25日的来往信件，保存于皇家安大略博物馆世界文化部远东图书馆。

〔26〕根据1979年12月斯黛拉·古尔德（Stella Gould）对E·菲利摩尔（Phillmore, E.时任皇家安大略博物馆文物保护部主任）的采访手记。保存于皇家安大略博物馆世界文化部远东图书馆，该资料显示，斯黛拉·古尔德也参加了1938年整合接合部的工作。

〔27〕文物保护使用级的材料帕拉斯特牌（Plastazote）LD45乳胶是一种惰性、高密度的无孔交联聚乙烯泡沫材料，密度可达45千克/立方米。这种产品经常被修复工作者用在需要缓冲的部分作为衬垫使用。有3毫米、12毫米和30毫米厚三种规格，黑白两色。

（作者原单位：加拿大皇家安大略博物馆）

（译者单位：北京大学建筑与景观设计学院）

授权说明：
文章经作者和加拿大文化财产保护协会授权翻译并出版。

Credit Line:
Translated and reprinted with permission of the authors and the Canadian Association for Conservation of Cultural Property.

本书校订得到霍小骞、曹媛、童亚琦、张坤、王婕、刘琳、朱晰、梁彦、王吉、邱明敏、吴天任等人相助,在此一并致谢!

图书在版编目(CIP)数据

壁上观——细读山西古代壁画/上海博物馆编.—北京:北京大学出版社,2017.12
(博物新知丛书)
ISBN 978-7-301-28956-3

Ⅰ.①壁… Ⅱ.①上… Ⅲ.①壁画—研究—山西—古代 Ⅳ.①K879.414

中国版本图书馆CIP数据核字(2017)第280572号

书　　名	壁上观——细读山西古代壁画
著作责任者	上海博物馆　编
主　　编	石金鸣（特邀）　　葛兆光（特邀）　　杨志刚
策　　划	陈曾路　郭青生
统　　筹	高秀芹
责任编辑	梁　勇
特约编辑	庄　妤　　邱慧蕾
书籍设计	曹文涛
标准书号	ISBN 978-7-301-28956-3
出版发行	北京大学出版社
地　　址	北京市海淀区成府路205号　100871
网　　址	http://www.pup.cn　新浪微博:@北京大学出版社　@阅读培文
电子邮箱	编辑部 pkupw@pup.cn　总编室 zpup@pup.cn
电　　话	邮购部 010-62752015　发行部 010-62750672　编辑部 010-62750883
制　　版	北京印艺启航文化发展有限公司
印刷者	北京启航东方印刷有限公司
经销者	新华书店
	787毫米×1092毫米　16开本　30.25印张　571千字
	2017年12月第1版　2025年6月第5次印刷
定　　价	150.00元

未经许可，不得以任何方式复制或抄袭本书部分或全部内容。
版权所有，侵权必究
举报电话：010-62752024　电子邮箱：fd@pup.cn
图书如有印装质量问题，请与出版部联系，电话：010-62756370